復刻版
婦人のこえ

第2巻

1955年1月～12月
(第3巻第1号～第12号)

六花出版

復刻版『婦人のこえ』第2巻

刊行にあたって

一、本復刻版は、雑誌『婦人のこえ』（一九五三年一〇月〜一九六一年九月）を全8巻に分けて復刻するものである。

一、第1巻巻頭に鈴木裕子氏による解説を掲載した。

また、第8巻巻末に「総目次」のデジタルデータをCD－ROMに収録し付した。

一、本巻の原資料収集にあたっては、左記の機関及び個人のご協力を得た。改めて御礼を申し上げます。（順不同）

東京大学社会科学研究所、鈴木裕子氏

一、資料の中には、人権の視点から見て不適切な語句・表現・論もあるが、歴史的資料の復刻という性質上、そのまま収録した。

一、刊行にあたってはなるべく状態の良い原資料を使用するように努力したが、原本の状態や複写の環境等によって読みにくい箇所があることをお断りいたします。

（六花出版編集部）

［第2巻 目次］

巻号数●発行年月日

●全巻収録内容

第1巻	一九五三年一〇月〜一九五四年一二月	解説＝鈴木裕子
第2巻	一九五五年一月〜一二月	
第3巻	一九五六年一月〜一二月	
第4巻	一九五七年一月〜一二月	
第5巻	一九五八年一月〜一二月	
第6巻	一九五九年一月〜一二月	
第7巻	一九六〇年一月〜一二月	
第8巻	一九六一年一月〜九月	

婦人のこえ

1月號

1955

謹賀新年

本誌編集委員

河崎なつ
榊原千代
藤原道子
山川菊榮
（五十音順）

頌春

本誌社友

淡谷のり子
桑原小枝子
田所芙美子

賀正

國鐵勞働組合
民同有志一同

合成化學產業
勞働組合連合
委員長　太田薫
副委員長　宮武豊
書記長　西野六郎

恭賀新春

社會黨

參議院議員　野溝勝
衆議院議員　永井勝次郎
衆議院議員　松原喜之次
衆議院議員　和田博雄

婦人のこえ

1955年
1月號

一月號目次

随筆

まるはだかにされた家康

河《か》崎《さき》なつ

ここでいう家康とは、もちろん、征夷大將軍、右大臣、東照大權言として、位人臣をきわめ、權威四海を壓して、德川家三百年の安泰をかちとるためには、日本の封建制度を完成して、百姓は殺さぬほどに生かすべし。雜穀を食べて、米をムザと食べてはならない、女はワラで髮を結べばよい、四十過ぎまでは物見遊山、寺社詣での外出をつつしめ、と農民と女の人間生活を押しひしいだ德川家康をさすのである。

その家康が、まるはだかにされているのであるから、昔なら畏れ多いことであり、今なら痛快なかぎりである。

これは私の誇大報告や、捏造によるのでなく、當時の將軍家御用掛、一代の名繪師狩野探幽が御用命によつてかいた、日光の東照宮藏の國寶「東照大權現緣起」に描かれているのだから、正眞正銘である——國華五〇八號昭和十四年一月號——

繪柄はかうである、三河の岡崎城内の奥御殿で、若き父松平廣忠と、若き母水野忠政の女とが、一歳兒の家康の竹千代を中に、なごやかに談笑しているのである。御殿は若夫婦の居間とはいえ、廊下には御簾もかかつた大廣間であり、若き父は淸楚な衣冠の貴公子であり、若き母は、おすべらかしの髮に、裳と打掛をきた美しい貴妃であり、後に二人の侍女も控えた盛んな一座である。

この若夫婦は、いま嫡子の家康への愛撫に微笑をかわしているのである。若き母は、その盛裝の袖をひかえて、兩手で抱えたまつぱだかの一才兒の家康の竹千代を、若き父の前にさし出し、父は抱き取ろうと、いま右手を差出しているところである。

そして家康の竹千代は、全裸のまるまると太つた手足を張り廣げ、ことに父の方にその圓い顔を向けて、兩手を廣げて抱かれようとしているところである。

子供だといつても、大名の嫡子であり、兩親の盛裝に對して家康のこのまるはだかはどうしたことであろうか。探幽の誤筆であろうか、きものを濡らした家康への母のこらしめであろうか。

ところで、そのいずれでもなくて、日本では、この頃まで——庶民社會ではもつと後まで、東北地方の僻地では今日でも——子どもは、はだかで、母のふところにヂカ肌に抱かれ、また母の背のきものの中にヂカ肌に負われていたのであつて、貴族の竹千代の家康がまるはだかで母の手にいることは、いまの先まで、この美しく取りすました若き母のふところにいたことを——或は侍女のふところに——物語るものであることに、何の不思議もないのである。

だから、御用掛の當代隨一の繪師、狩野法眼探幽も、當然の姿として、琵瑟《きんひつ》相和している中心に、はだかの竹千代の家康を描いたのである。みんながしているから正しいと人は思い定める。

いまは日本では胸に抱くか紐で背に負つている。洋服に靴をはいても、パーマネントにしても、子どもは背に負つている。寒い時はその上からネンネコをきて後ろからシゴキでしばつておく、子どもはこうするものだと安心している、外に考えようとしない。

だから用があればそのままで自轉車を走らせ、田草をとり、米をつき、授産所へも内職にも出かけるし、（十一月二十六日、朝日新聞寫眞）でなければ、子どもの兄姉が負つて學校にもゆく。（アサヒ・グラフ、十一月十日文盲部落の分教場）（映畫ともしびの栃木縣の山村の學校）

負ひ手がないと北海道の鎌倉胡城は

簞笥に子くくり餅を
背負ひに出る

となげき、「朝日」は今年の六月の農繁の家の柱にくくり殘されている子どもの寫眞をのせている。でなければ、東北地方はワラで造つたイヅミコに、關西ではモッコに入れられて、畦《あぜ》の風に吹きさらされるか、薄暗い家の中にひとり殘されるかしている。

いまの日本では、これが、みんながしている、子どもへの當り前の仕方だとされて、母も、父も、世間も國家も、すましている。

背負いはおろか、秤棒で荷つて、子賣りに出かけた昨日までの支那が、中國となつて國家の責任で、李德全氏や宋慶齡氏らが、保育所や少年宮をいとなんで、子どものために、社會の支柱を打ち立て出した。廣大な中國のことだから、多くの歳月がかかるであろうが明るい希望をすべての母は、その子の上に持てるようになつた。

世界に聞えた國々は暫くおき、聞き洩しがちな、ウルグワイやニュージイランドも、すでにすべての子どもは母の懷から背から、施設に引き取つて、社會の手で守り育てる政治に專念している。

日本はすでに「裸の家康」は淸算したが、母娘任せの、背負う日本から、政治は一歩も進まうとしない。ここから脱皮しないかぎり日本の子どものしあわせは、世界から取りのこされること明白である。

俳句

星《ほし》野《の》立《たつ》子《こ》選

生ること次第にたのし日記から　旭川　對馬節子

歳晩の人に押さるるかたくなに　兵庫　宮本唯子

刈上がすめば在所に居らぬ子等　京都　池田兎美

明日といふ日はなき如く大晦日　東京　中田秀子

賣娘われ身をいたはりて十二月　鹿兒島　宮里明子

一人いき二人か唄ふ手まりかな　大阪　安達つかさ

春着きて母に前向き後向き　宇治　井上和子

人の世の女と生れ足袋をつぐ　鎌倉　上野泰

凍きびしかがみでも躬を起しても　市川　島田光子

ブック・ガイド

マルクス・エンゲルス
スターリン・レーニン

「婦人論」

大《おお》内《うち》節《せつ》子《こ》

本書は、科學的社會主義の創始者であるマルクスとエンゲルス、およびその思想を實践にうつして現實に社會主義國家を建設したレーニンとスターリンとが、婦人の地位について、折にふれて書いたり講演したりしたものを、イギリス共産黨書記長ハリー・ポリットがてぎわよく抜萃し、一五〇頁ほどの文庫版にまとめあげたものである。ハリー・ポリットはいう「前世紀の婦人運動は婦人たちが正しいと信じることのために立ちあがるときの、その勇敢さ、その組織する才能と、能力とを證明した、しかし過程全體についての深い理解がその背後になかつたというせいもあつて、この運動は、それに參加したもつともすぐれた人人の切々たる希望を滿足させることができなかつた、しかもマルクスとエンゲルスの敎えだけが、この過程全體を深く理解する手がかりをあたえてくれるのである」と。だからマルクスやエンゲルスの書いたもの、さらにその發展たるレーニンやスターリンのそれを深く研究するとき、はじめてわれわれは、現代における婦人問題のあり方を正しく見とおしうるのではないか――。ポリットはこのような意圖をもつて、本書を婦人の自覺と前進のためにさしだすのである。

本書は三部から成りたつている。第一部の「婦人の奴隷化」は、主として、エンゲルスのすぐれた著書、「家族、私有財産および國家の起源」からの抜萃である。ここでは、婦人の男性にくらべての劣位、すなわち婦人の男性への隷屬は、けつして自然な狀態ではないこと、婦人が本來の獨立と平等とを失い、從屬と不平等の地位におしこめられるにいたつたのは、ひとえに私有財産制の産物であることが、エンゲルスの豐富な歴史の知識によつて裏ずけられつつ、明快に説明されている。彼によれば、原始社會においては、男性が獵にでかけているあいだ菜園の面倒をみた婦人は、社會的生産において男性とおなじ重要な役割を演じた。かかる社會においては母系によつて血統がたどられ、家のなかでは、婦人が支配權を握つていた。しかし家畜の飼養がおこなわれるようになると、牛や羊など畜群の世話をする男性はしだいにそれらを自己の財産として私有するようになり、これを母系によらずして自分の息子に相續させたいと願うようになつた。その結果母權は簡單にくつがえされ、男系による血統と父方の相續權とがうちたてられたのである。「母權の轉覆は女性の世界史的な敗北であつた」とエンゲルスは述べている。いつたん私有財産を自己のものとした男性は、以後家のなかでも支配權を握るようになり、婦人は以前の地位からけおとされて、男性に隷屬させられ、たんに子供を生む道具となつたのである。

　このような婦人の從屬的地位は、社會がその原始的段階をはなれるとともにはじまり、それが奴隷社會、封建社會をへて資本主義社會に到達した今日においても、少しも變るところがない。いずれの社會においても、私有財産のにない手たる男性だけが一個の人格としてみとめられ、婦人はさながらその私有財産の一部であるかのように扱われてきた。婦人はただ男性の富を相續すべき子を生み、それを育てさえすればよかつたのである、すなわち婦人は社會的生產的勞働からしめだされ一生、家庭内のつまらない仕事に追いまわされることになつたのである。その結果婦人は臺所と子供部屋で手一杯になつて、精神的にはきわめて貧しい狀態にとりのこされることとなつた。だから婦人が社會の生產的勞働からしめだされているかぎり、婦人の解放、男女の平等は畫にかいた餅である。「婦人の解放は、女が大規模に生產に參加することができて、家內勞働がもうほんのわずかしか女をわずらわさないようになるときに、はじめて可能となる。そして、こういうことは大々的に婦人勞働を許すだけでなく、本式にそれを要求し、さらに私的勞働をもしだいに公的產業に解消しようとつとめる、近代の大工業によつてはじめて可能となつたのである」というエンゲルスの言葉は、まことに味わいふかいものがあろう。

第二部は、「資本主義のもとにおける婦人」として、まずマルクスの「資本論」から、あるいはエンゲルスの「一八四四年におけるイギリスの勞働者階級の狀態」からの拔萃によつて、資本による婦人の搾取のかずかずのむごたらしい光景が物語られる。イギリスの產業資本主義の時代には、工場や鑛山において婦人や子供が安價な勞働力としてかり集められ、飢餓賃銀と劣惡な環境のなかで長時間こきつかわれた。その結果勞働者階級の家庭生活は破壞されたが、他方、ブルジョアの家庭においても、婦人の地位はひきさげられ、婚姻は金錢上の取引に附隨しておこなわれた。――かくてこの第二部は、レーニンやスターリンの、社會主義のためにたたかう婦人にたいする力强い呼掛けをもつて結ばれる。レーニンの「婦人を公務に、民兵に、政治生活にひきよせなければ、婦人を愚鈍にする家庭と臺所の境涯から彼女を救いださなければ、眞の自由を確保することはできない」という言葉は、婦人は社會主義革命によつてでなければ解放されないという主張にもとずくものである。というのは、婦人はただに資本主義によつてうちひしがれているばかりでなく、もつとも骨のおれる、もつとも人を愚鈍にする臺所仕事によつておしつぶされている。婦人はまさに「家內奴隸」だ。婦人をこの狀態から救いうるのは、小さな家計を共同經濟にうつし、家事勞働を公的產業にうつすことによつて、婦人を社會的生產的勞働に參加させるものでなければならない。そしてそれをなしうるものはただ社主義だけだからである。このレーニンの主張は、が第一部にみたエンゲルスのそれと完全に一致するのである。

第三部「社會主義と婦人の解放」は、以上のような見地にたつレーニンとスターリンの實際的な、政策的な主張である。ここでは、彼等が現實に社會主義國家を建設し、そこにおいて婦人はいかなる自覺をもつべきか、いかなる目標に向つて前進すべきかが、はげしい、しかし深い人間性にもとずく言葉をもつて語られている。それはわれわれに、將來の兩性關係にたいする展望をあたえてくれる。

以上本書をつうじてくりかえし述べられていることは、婦人の男性への從屬はけつして自然の狀態ではなく、有史以來繼續してきた私有財產制の結果だあるということである。これは忘れられてはならない。こういう婦人の從屬的地位を永久化しようとおもう人々は男性の優越をその生理學的原因にのみ求めようとする傾向が强いのだが、婦人の劣位はそういうものではなく、それは一定の社會制度の產物にすぎないことを認識するのは重要である。それと共に婦人が本來の平等と獨立とをとり戻すためには、男性とともに生產的勞働に參加しなければならないということ、しかもそのような可能性は近代的工業によつてすでに整えられているにもかかわらず、その近代的生產が資本の私的所有によつて支配されていることがなお婦人の解放をさまたけていることを理解するならば婦人が、自己の解放のためにはなにを目標とすべきかはおのずと明白になるであろう。(一一ページへつづく)

時評

根◇強◇い◇保◇守◇勢◇力

山《やま》川《かわ》菊《きく》榮《え》

とうとう吉田內閣ものたれ死をとげました。終戰後七年にわたる長い政權の間、無計畫・無方針、アメリカ一邊倒とその都度外交、憲法無視の再軍備、汚職と指揮權發動、インフレとデフレによる國民生活の破壞、勞働運動の彈壓、教育二法案の强行等、逆コース一本槍で日本を暗礁へのりあげてしまいました。吉田氏はヨーロッパ諸國に比べていかに日本の復興がおくれているかを歸國のあいさつの中に述べましたが、こんなことは五千萬圓もつかつて大名旅行をしてこなくても分つているはずです。その責任もまた久しく政權をとつていた自分たちにあることを思わず、國民の側にあるようなロぶりも人を驚かせました。しかしとにかくこの時代おくれのワンマンも腹心の家の子郎黨にさえ見限られて、醜いむくろを舞臺の外に蹴落され、野黨第一黨たる日本民主黨と左右兩社會黨の動きが舞臺の正面を占めることとなりました。

戰前文相として夫の姦通は離婚原因にすらならず、妻の姦通は犯罪となりえた舊民法を批判した瀧川教授を罰して京大事件を起し、自分は妻以外の女性に生ませた子を他人の戸籍に入れて戸籍法違反の訴訟まで起された反動政治家、ヒトラー禮讃のファシスト、いま憲法改正、公然の再軍備を主張している鳩山一黨、吉田內閣にまさるとも劣らぬ保守的性格の、無節操きわまる政權亡者にバトンが渡されたとて、誰が安心できるでしょう？　議會を解散しても勝つ見こみがないのでこれをさけた自由黨緒方派の面々は、機を見て保守合同を的に賣込むでしょうし、民主黨の方でもこれと手を握つて自己政權の安定をねろうでしょう。蟻の甘きにつくが如く、ただ御用議員たることをのみ志願する我利我利亡者の集まりで內部の統制は困難を極めるとしても、一旦くわえた餌を放さないためには、自由黨の敗殘兵であろうと何であろうとかき集めて使うでしょう。首相が變り、黨の名前は變つても保守反動たる性格資質に變りがない以上日本の將來にとつて危險なことに變りはありません。私たちはますます結束を固めて保守主義のとりでを掘りくずし、一日も早く新しい社會の基礎をきずいて日本のおくれをとり戻さなければなりません。

アメリカが吉田氏に「おみやげ」をもたせなかつたことは、この上彼を助けることは反米氣分をあおるばかりで、アメリカの利益にならず、もはや彼に利用價値の乏しいことを見ぬいたからでした。財界もまた彼に見きりをつけたからこそ、同じ自由黨の中でもがむしやらな解散に同意せず、將來の立場を考えて一歩を讓り、財界の望む保守合同のために餘裕を殘す政策をとる一派が勢力をもつたのでしよう。

保守合同によるいわゆる政局の安定はアメリカも日本の財界も共に望むところ。吉田であれ誰であれ、その邪魔になる者が首をすげかえられるのは朝飯前の話です。このつもりですげかえた首に國民がだまされたらとんでもないことになります。かりに鳩山內閣ができるとしても、それはいわゆる選擧管理內閣でなければならず、總選擧によつて多數を得た黨が正式に國民の信頼をえて內閣を作るべきです。總選擧をさけて、舞臺うらの取引でずるずるにできた保守合同で議會を押切り、多數派の威力で無理をおし通すならば、吉田內閣以上に國民の迷惑となるでしよう。國民はそういうことのないように監視を怠らず、世論の聲を高めるべきです。

憲法改正――再軍備への警戒

民主黨はソ連、中共との正常國交、貿易擴大ということをいい出しました。もちろんそれはよいことですが、ただそれだけで民主黨を進歩的だと早がてんしてはまちがいます。

中共の實力は世界各國の間に認められ、その國連加入はすでに時間の問題となつています、最近にアメリカでも、氣ちがいじみた反共を賣物にしたマッカーシーは沒落し、中間選擧では民主黨が進出した影響もあり、アイゼンハワーの對中共政策はだいぶおだやかになりました。どこでも國と國との間は、個人のつきあいとはちがい共産主義や資本主義が好きとか嫌いとかいう感情や、正しいとか正しくないとかいう道義的觀念や思想上の立場をはなれて冷靜な、客觀的な、政治的、經濟的利害關係から交際を結ぶものなのです。日本でも井伊大老が極めて保守的、封建的な外國嫌いにもかかわらず命をまとに開國條約に調印した例は、その間の事情をよく語つています。現在ソ連と資本主義國のみならず、回敎國とキリスト敎國でも、その他いろいろの國々の間に思想や信仰の問題とは別に正常な國交が結ばれている場合の多いのもその例です。

一九一七年ロシア革命の當時、世界中の社會主義運動はこれを支持し、新政府の承認を主張しました。英國では勞働黨政府がロシアを援助するために公債を起し、その金でロシアの建設に必要な機械を作つて送り、同時にそれによつて英國內にあふれる失業者に職を與えるという一石二鳥の計畫をたてたのですが保守黨の反對にあいその逆宣傳に會つて內閣はつぶれました。しかしその保守黨もロシアの新政權が資本主義國の武力干渉でも倒れないのを見ると、これを承認し、これと通商することに反對はしませんでした。日本の軍閥官僚の內閣でさえ同じことで、進歩的勢力の強い反對を抑えてシベリア出兵などをあえてし、多くの人命と、國民からしぼつた税金を浪費したあげく、結局ロシアの實力を認め、これを承認して通商をしなければならなかつたのです。これは先方のためでなく、日本の政治上、經濟上の必要から出たことでした。アメリカは最もがんこで他國より十年もおくれてロシアを承認しましたが、これは國が遠くはなれているのと大國ではあり、英國や日本ほど、ロシアとの貿易にさし迫つた必要を感じなかつたからです。

いま中共に對する英國の態度にも同じ傾向が現われています。第二次大戰後廣大な植民地を失い、殘つている植民地もどの道獨立を與えなければならず、本國は氣候の惡い小さな島で食料の半分、工業原料の大量を輸入しなければならないとして輸出貿易に必死の勢です。そこで大事な市場を失うまいと思えばこそ、いち早く中共を承認したのですが、ベヴァン氏ら勞働黨左派は中共を壓迫すればするほどソ連の方へおいやることになる、といつて、アメリカ一邊倒の政策に反對していました。ここ一兩年保守黨內閣も商賣氣で中共との取引に身をいれ、それが成功して内閣の人氣ともなつていますが、一方ドイツの再軍備、南東アジア防衛機構などには左派の反對を尻目に參加しています。

曾て日本でも反動内閣がロシアの共産黨政權を承認した時、軍國主義は緩和される代りにますます强化され、治安維持法が實施されて勞働運動は彈壓され、着々として侵略主義のキバがとがれていつたのです。民主黨がソ連、中共との國交正常化をはかることそれ自身はもちろん必要な、支持されてよい政策ですが、それ故にその反動的性格そのものが變つたように考えるのは大まちがいです。これに限らず反動家は或は汚職を罵り、或は婦人兒童の福祉、或は社会保障制度の擴充とか、人聞きのいいお題目で人をだましにかかる。あの「昭和維新」を呼んだファシストでも倫理道德の生れ變りのようなことをいつたではありませんか。反動政治家のいうような國民生活の安定や社會保障制度が、彼らの主張する憲法改正、再軍備と兩立するかどうか、彼らの言葉がどこまで信頼できるか、過去の行動にてらしてよく判斷しましよう。

私たちとしては國際的にはあくまで一邊倒を排して自主中立、國内的に民主主義の徹底とそれの裏づけとなる經濟的改革、要するに平和憲法を守り、再軍備を排して平和産業の發展に努め、眞劍に日本の建て直しをやる決意と實行力とをもつ進歩的な黨を育てていくのが、私たちの幸福になる一番確かな道でしよう。

ティトー、ネール會見

近くユーゴのティトー大統領がインドのネール首相を訪います。ユーゴといえばバルカンの小國ですが位置からいうとヨーロッパとアジアの境目ののど首にあたり、軍事的にも經濟的にも大事なところで國際政治の上に重要な役割を勤め、諸國の關心は非常に强い國です。第二次大戰の間にドイツ、イタリーの侵略軍と戰い、それらに協力した國内の反動勢力と戰つて民族獨立と同時に社會主義革命を達成した國ですが、政權をとつた共産黨はソ連と衝突し、ファシスト、裏切と世界中に宣傳されつつ、獨自の道を歩みました。大統領ティトーはまだその國がオーストリーの植民地時代貧農の子に生れ十二歳から雇われて働いた勞働者、革命時代のロシアに捕虜として六年をすごし、ユーゴ共産黨を育てた人ですが、官僚主義と中央集權とを排し、權力及び經濟力の地方分權と民族自治、勞働者の生産管理という新しい方式で自國の建設に努めている。サンフランシスコ講和條約は日本に不利として加わらず、東洋問題については常にインドと行動を共にする方針で來ている國です。

スターリン時代、ユーゴをコミンフォルムから除名し、ティトーの政府を倒せとその國民によびかけたソ連は、スターリンの死後友好關係の復活に努め、昨今ユーゴが衛星國としてでなく對等の國としての正常な國交が兩者の間に回復されました。私はユーゴの旅行中中國の民族革命に心から同情し、その成功を喜ぶ人々の言葉を聞きました。そして中共政府にもホーチミン政權にもユーゴは疾に承認を與えたのに返事がない、恐らくソ連が抑えているのだろうということでしたが、いま双方の間の正常な國交の開始はどちらにとつても大きな喜びでしよう。ベヴァン氏はユーゴと中共とを共に訪問して、兩者の間によく似通つたものがあるといつていますが、それぞれ獨自の社會主義への道を切りひらいているこの東西二つの國の歩みは、國の大きい小さい、遠い近いを別として、各國の社會主義者の同情と關心をひいています。ユーゴでは昨年スターリン死後まもなく起つたソ連の内外政策の變化は、皮相的、一時的なものでなく、深い所に根ざした、極めて注目すべき永續的な變化の始まりだと評していました。ティトー、ネール兩首相の會談はアメリカ及びソ連への一邊倒を避ける平和地域の問題を中心にすることでしようし、近東から中東及び東南アジア、（一一ページへつづく）

保守新黨が生れても何の新しい政策も發表されない。進歩的な國民の望まない憲法改正再軍備、家族制度復活というような逆コースをわめいているようなかつこうです。吉田自由黨で閣僚になれなかつたひとびとが自分の位置をつくるために計畫したような氣がします。こんな黨はだんぜんつぶしてしまわなければならない。いずれ總選擧が近いうちにあることでしよう。選擧民の半分以上を占めている婦人の自覺する時は今です。私たち婦人は一人殘らず眼を開かなければなりません。

明年四月には地方選擧が行われます。このごろ議員さん達の視察旅行が流行しています。やれ箱根熱海行き、北陸和倉、山中行、いや九州雲仙湯島行。いつたいそんなに温泉地に視察することがあるでしようか。それも來年三月任期が終るというのに。村を、町を、市を、縣を、ほんとうの視察で、改善指導しようとするならば選擧された最初に行うべきではないでしようか。視察旅行でなく、お手もりの慰安旅行というならうなづけます。私は婦人が地方議員の三分の一か四分の一を占めていたら都合がよいと思います。

讀者欄

選擧にのぞんで

松《まつ》平《だいら》すゞ

＊＊

さる八月近所で夏期講座が開かれ市川房枝先生が來られた時、私はお願いした。「過渡期として地方選擧、特に田舍の町村では必ず全議員の四分ノ一乃至三分ノ一せめて四、五人の婦人議員を入れることを國會できめて下さい」と。市川先生は、「それを國會に出しても女の議員が少いから否決される。とにかく一人でも多く婦人の國會議員をつくることが先決問題である」と。どうしてもこんどは婦人議員を一人でも多く出さなければならない。しかし第一、私の附近、縣內でも候補者に立つ人がない。どこに行つてもそうだと思います。學識あり人格ある婦人であの人ならと思うほどの人は決して立候補しない。あの人ではと思う人が立つ場合が多い。これは現在の社會がそうさせているからです。女のくせに、という考えが男ばかりではなく女の人の頭の中にもしつかりと詰めこまれています。あられもない婦人議員が女のくせに亂闘の仲間入りするなんて、女の議員はもう出してはいけない、なんていう話が婦人會などの寄り合いで語られる場合があります。もちろん壇上で言うわけではなく、寄り寄り二三人でぼそぼそと女のくせにあの寫眞は見るもはづかしい、と話すのです。どうしたらよいでしようか。

今度の總選擧には選擧民として貫き一票を婦人は婦人に投票しようと思つても候補者として立ちません。學識あり人格ある婦人に立つていただきたいものです。男の候補者はいう「女の人に何ができるか」、私は汚職のない政治、正直な政治をしていただくよう、男の議員さん達を看ていてもらいたい。

＊＊

地方議員にも婦人の大いに進出することを望みます。そして日本を失業者のない、就職難、住宅難のない住みよい社會にしたいものです。もつともつと社會政策を取り入れることを希望してやまないのであります。

（一一・五）

働く婦人の歴史（九）

中世より近世へ

三《さん》瓶《ぺい》孝《こう》子《こ》

前の藤原氏が支配した平安朝は十二世紀の中頃に亡び、ついで平氏が政權を取つたが、「おごる平家は久しからず」で、貴族文化におぼれた平氏は間もなく亡んで、源頼朝によつて鎌倉に幕府が開かれたのが西紀一一九二年であつた。これから室町時代を經て戰國時代の終る十六世紀の半頃までが中世といわれ織田信長から豊臣秀吉の時代が近世初期である。

藤原貴族は地方に廣大な莊園といわれる土地をもつていたが、その土地の監督は人まかせで、自分達はそこから納められる産物でもつて榮華の生活を送つていた。しかし土地を耕す百姓を直接に支配していた地方の豪族達の實權の方が、中央で月や花に遊び暮す貴族より强大となつた。というのは地方豪族は實際の生産力たる百姓を握つていた。こうした地方の豪族から起つた中で最も强いのが關東武士の源氏であつた。關東には北條氏、三浦氏、千葉氏、伊東氏など强い武士がいて源頼朝を助けた。

鎌倉幕府は地方を治める役人として守護、地頭を置いたが、これらの守護、地頭は次第に勢力を增し、その職を世襲して大名化していつた。室町時代（一四世紀の初から一六世紀の初まで）には、これら守護大名は全國を割據しておのおの封建國家を作つた。大名達は、自分の住む城のもとに城下町をつくり、いろいろの産業を起し封建領土內の自給自足をはかつた、そのために食糧生産としての農業は發達し、從來朝廷や貴族の專屬の工人達が、獨立した職人となつて、一つの産業を形づくると共に職人層をつくるようになつた。

この時代には製茶業、陶磁器、製紙業、製藍業も民間の産業として起つた。後の時代においても、これらの業には女性が多く從事するものであるが、この時代にももちろん女性が多く從事したことであろう。前の時代から發達した商業もこの時代には問屋が發生し、同業者の組合としての座なども結ばれるようになつたから、婦人で商業に從事する人も多くなつたわけである。

ただ前時代と異なることで、婦人にとつて有難くないことは、封建制度が次第に確立するにつれて男子中心の、後の家族制度というようなものが形づくられ、それにつれて婦人の地位が社會的にいつそう低くおとされたことである。この時代から職人層の發達と共に産業上で職人は重要な地位を占めるに至り、その職に從事することに特權をもち、またその職業があまり廣がらないように祕密主義をとつて、その家業は世襲とした。女子は、たとえその仕事に實際に從事しても社會的に職人となることは出來なくなつた。職人の世襲《ヨツギ》は男の子供に限られ、女の子は職人たる親の職をつぐことが出來ずに養子を迎えて職をつがねばならぬことになつた。そして製造上の祕傳は、その男子たる養子に傳えられた。

農業は當時の封建國家の經濟の基礎であつたから人口のほとんどが農民であり、その半數の女子が田植に、草取りに、とり入れに働いたことも前と同である。金のシャチホコで有名な名古屋城の襖《フスマ》繪に田植、稻刈の圖がある。

名古屋城は加藤清正の築城だから、德川時代の初め頃に繪かれた繪であろうから、ここでいう時代よりは少し後世のものであるが、これには尻をはしより、タスキをかけ、市女笠《いちめ》をかぶつて田植をしている女性が繪かれている。とり入れの樣子も繪かれているが、明治時代の作業とほとんど同じようである。これから考えても婦人の農業勞働は、同じような作業の仕方で——少しは新しい道具がはいつて變つたが——連綿としてつづいたことが察せられる。

この時代にも農民は稻の外に、貢租として苧、綿、胡麻油、酒、麻布などを納めたから婦人の仕事も前の時代と同じく多くあつたことと考えられる。

前にものべたように、この時代には大名が城下町をつくり城下町にいろいろの職人を集めて工業を起したが、それは住民の生活必需品というよりは、大名初め武士階級の需要のためのものであつた。埼玉縣喜多院という古い寺には桃山時代に繪かれた、狩野吉信筆の職人盡圖屛風がある。これは當時の城下町の新興職業を繪いたものと思われるが、その中で婦人が仕事をしている樣を拾つてみると、扇づくり、組物（組糸、これは劍刀の飾や鎧の飾につける）袴仕立屋、機織（機織といつても庶民の着るものではなく、武家が鎧下に着る飾や、その他武家用の高級品を織る機織である）染物、刺繡、皮細工、鍛冶屋などがある。こういう仕事は前からあつたものであるが、この時代になつて新しい職業として營まれるようになつたものである。それだからこそ、こうした繪として記錄されたものであろう。例えば今日なら、ストリップ劇とか、寳くじ賣り、サンドウイッチマンというようにその時代の特徵を表わしているものと思われる。

右の繪の中の染物屋では染色は男子で、女はしんし張をしている。今日でも染色は男の仕事となつているが、婦人はしんし張や染料を煮る釜のかきまわしなどに從事したのであろう。嬉遊笑覽という德川時代に書かれた本には「紺がきなどの職は昔は皆女なり」とあるが、紺屋の染料釜の掻きまわし役のことである。

豊臣秀吉の時代になると商業も工業も非常に發達したので、前にのべた職人圖のようにいろいろの工業が獨立した職業として起つたので、それにつれて家事と農業以外に、新しい職業に働く婦人も多くなつた。もつともこれは多くは雇われるのではなく、家業として從事するのであつたろうが。

訂正　十二月號で本項を「働く婦人の歴史」（十一）としたのは（八）の誤りにつき訂正します。

（一五ページよりつづく）

なお本書をよまれた方には、婦人の地位をよりよく自覺するために、前にあげたエンゲルスの「家族、私有財產および國家の起源」およびベーベルの「婦人論」をあわせて讀まれることをすすめたい。（本書は國民文庫社版。エンゲルス、ベーベルの前掲書は岩波文庫におさめられている）

（八ページよりつづく）

極東の日本にいたるまで、この線が貫かれたなら世界平和に寄與することは大きいでしよう。やがてアフリカの諸民族もこれに加わりまたヨーロッパでも勞働黨左派もこれにくみし、西ドイツ社會黨もこの線に反對ではない筈ですからこれに加わらぬともいえません。軍事同盟ではないこの民主的な、平和的な民族の集團が世界の將來に及ぼす影響は大に期待してよいと思います。アジア社會主義會議はそのためにカナメの役割をはたすのではないでしようか。

平和と希望はアジアから

ウー・バー・スエー氏の演說によせて

榊《さかき》原《ばら》千《ち》代《よ》

汚職と疑獄という言葉でその性格を規定してもいいかとさえ思われた吉田政權も、世論の前に遂に退却を餘儀なくされ、鳩山新政權が成立して、今年早々には總選擧が行われようとしています。アジアの一角に立つ日本の運命と世界に對して負うその使命についてまた新しく考えて國の政治の方向を注意してみつめたいと思います。

昨年十一月東京でアジア社會黨幹事會が開かれました。議長のビルマ國防大臣ウー・バー・スエー氏の開會演說は實に堂々として、その中に多くのアジアの問題とそれらと深い關わりや結びつきをもつて今後の日本の進んでいく方向が示唆されていますので、その演說の一部をここに紹介したいと思います。

「千九百五十三年一月ラングーンでアジア社會黨會議が設立されてから約二年になりますが、この短かい期間に私たちは國際問題の發展に多くの影響を與えたと思います。〃平和地域の擴大〃という我々のスローガンは世界中の平和愛好國民によつて普く受け入れられ朝鮮の休戰やインドシナ問題についてのジュネーヴ會議に少からぬ貢献をしました。インド、ビルマ、セイロン、パキスタン、インドネシア等の首相のコロンボ會議は多少とも同樣の態度をとり、こうして〃平和地域擴大〃のスローガンは國際問題に對して現實性をもつてきました。このことは世界中の緊張をやわらげ、世界を破滅に導く原子兵器で武裝された二つの勢力圏の正面衝突を防ぎました。

私たちは幾度か國と國、政府と政府の間の對立は戰爭の手段に訴えないで、平和裡に解決できるものだと言明し、圓卓會議で解決するように熱心に勸告してきました。全世界はお互の意見の違いや爭いを仲よく話しあつて解決する方が威かくし合うことよりもはるかによい結果をもたらすということ、そうして社會制度は違つてもすべての民族は確實に平和的に共存できるという方向へ進みつつあるということを知つています。原子兵器の時代には人類の絶滅か、平和共存か二者擇一の道しかありません。世界の政治家がお互の對立や爭いを平和的に解決する方法を採用するならば平和共存は實現し、原子力は平和的建設的な目的のために利用できるでしょう。

アジアの社會主義者たちはしかしゆだんなく警戒し、二つの勢力があるという事實によつてひき起される戰爭の危險とつねに闘つて世界の純粹な平和的な勢力を强めるよう、できる限りの努力をしなければなりません。

人類社會の平和的發展のためにもう一つの非常に主要な要因があります。それは世界の未開發地域の問題であります。

これまでに成就された經濟的進步というものはすでに經濟的に高度に發展したある地域に限られていました。こうして貧乏と悲慘な狀態は世界の大部分に存在しつづけてきました。これらの後進國の多くは先進國の無慈悲なさく取の對象でありました。後進國の人民が彼等の生活水準の向上のために先進國に對して正當な要求をもつ權利があるということを主張することは公平です。このことが早晩實現しないと經濟的な不平等がつづき、そうして人類社會をそこなうような後退が起つて安定した平和をおびやかすでしよう。

　國際連合も今日ではこれらの地域に注意を向けはじめましたが、私たちとしては最初からこうした經濟の成行の重大さをさとつていました。

　私たちはここで、世界平和にとつて恐らく最大の脅威である植民地の問題にぶつかります。植民地が存在するかぎり、植民地を支配する勢力の間に競爭があり、まさつはさけられません。だから私たちは植民地の存在は世界平和のために最も大きな脅威だと考え、植民地解放のために全力をつくさなければならないと思います。

　十月三十日に私たちは社會主義インターと協力して〝植民地國民の自由の日〟を祝いました。世界中で大集會が開かれ、デモンストレーションが行われて、すべての植民地國民の自由のための決議が通りました。それは成功であつたし、たしかに自由のために鬪つている植民地の人々に非常に必要なインスピレーションを與えました。

　さて、ここで世界一般、殊にアジアにおいての最近の事情をみてみましよう。

　まず第一に私は皆さんにインドや中華人民共和國やビルマの首相によつて提唱された平和五原則を歡迎して貰いたいと希望します。これらの五原則が忠實に守られるならば今後長くアジアの國々に平和が保障されるでしよう。そうして赤色中國の眞の意圖についての近隣の國々の人々の恐れや疑い――それは朝鮮やインドシナでの中國のかつてのやり方やその廣大な領土や實力、またはこれらの國々にいるおびただしい華僑の數などから生じるのですが、そうした恐れや疑いを充分拂いのけるでしよう。

　第二に社會主義者として私たちは冷い戰爭をさらに强め、そうして平和の努力をおこたるような侵略不侵略のための軍事同盟を造るくわだてにはどうしたつて參加できません。

　第三に私たちはインドシナでの二つの勢力の武力による鬪いがジュネヴァ會議の結果として終結したという事實を認めなければなりません。そこではアメリカ、イギリス、フランス、ソヴィエット、中華人民共和國の代表者が始めて同席して話し合いによつて九年間兩勢力の爭いのもとであつたインドシナの將來について一つの協定に達したのです。

　私たちが今日の世界をみるならば〝平和地域〟の擴大という考え方がすべての平和愛好國民によつて廣く受け入れられ、民主々義陣營とか共產圏とかいう考え方が排撃されるに至つたということを發見するでしよう。いいかえれば今日の世界は彼等の最も善い關心のうちにアジア社會黨の態度を承認し始めたといえるでしよう」

　この演說を聞きながら「平和と希望はアジアから」という言葉が浮びました。世界の歷史は偉大な權力者から彼らの壓迫や搾取によつて苦惱してきた多くの人間が、少しづつ自らの權利をうばい返しながら人間の世界が少しづつ、明るくなつてきたことを示しています。アジアの廣大な地域は西歐の支配や搾取によつて、無智で貧乏で悲慘でありました。民族主義が激しい勢で頭をもたげ、國內的にも人間間の差別が取り除かれようとして社會主義の理想が、この世界に實現しつつあります。例えば吉田前首相が上京した時くつろぐ場所として目黑の世にも豪華な公邸が國民の血稅で、月三十萬圓の家賃が拂われていた一方では、四疊半の部屋に六人も七人もの家族が雜居して骨肉の爭が絕えなかつたり、性的不道德や犯罪の溫床となつたりするようなことの平氣で行われることのないように、國內の政治にも深い關心をもつと同時に、アジアの大衆とともに我ら大衆の素朴で健康な願いが實現するために一人々々が小さいながらできるだけの努力をしたいと思います。

中國の働く婦人

☆☆その保護と施設☆☆

武《たけ》内《うち》　シン

（南京電話局附屬托兒所を訪問中の筆者）

中國で私は勞組婦人の懇談會や晩餐會の席上で婦人たちからきまつてこういう言葉を耳にした。

それは話しの結びや乂乾杯のとき必ず「婦人と子供の福祉のために」とか「婦人の權利を守りましょう」と言われる言葉である。

人民政府が婦人と子供の福祉のために深い關心を示していることは、土地改革において農村婦人にも土地を分配し、經濟的にも獨立し、さらに婚姻法（一九五一年）の施行により封建的な鐵鎖を立ち切り、婦人は家にしばられることもなく、主婦の座も職場における婦人の地位も高められたことでも知ることができる。

しかし、憲法にしても婚姻法にしても、婦人自らが法律を生かし、實行させるようにしなければなんにもならない。中國の婦人は自分たちを護る法律知識の普及徹底と、完全に實行されているかどうかを、常に婦人の組織(民主婦女連合會、勞組婦人部)を通じて監視している。その點はあなたまかせではない。

婦人は經濟的に獨立し解放された。働こうと思えば、職場は未婚者はもちろんのこと、既婚者も男子と同様に門戸を開いて受入れている。解放前は男子さえ職もなく、失業者が街にあふれていたという。電話局でも定員の二〇%だけしか女子を雇用せず、結婚すれば退職しなければならない規定があつたため、結婚をかくさなければならな當時に比較すれば、婦人勞働者が明るい表情をしているのもうなずけるのである。

どこの職場でも男とか女とかの性別は問題にされず、能力があれば昇進の道も開かれている。人民法院の院長、工場長、職場長、雑誌の編集長というように多方向にわたつて數多くの婦人が指導的な地位で活躍している。

私が見學した紡績工場は從業員が五千名もいる大工場だつたが、そこの工場長はまだ若い婦人だつた。いま第一線で指導的立場にいる婦人たちは革命運動に參加した人たちが多い。職場はどこでも男女同一賃金同一勞働の原則が守ら、れそれも婦人の肉體的ギャップ(出産、育兒、生理)を認めた上で眞の男女平等が確立されていることである。

職場に働く婦人のための諸施設はいたれりつくせりで充分考慮がはらわれている。婦人の職場進出を可能にしているのは、施設の面と家事勞働の負擔が輕減されているからだと思う。食事は職場の食堂が完備されているので大部分は夫婦ともそこで濟ましている。

施設はどうかと見ると立派なものも中にはあるが、大抵は粗末なものだが、清潔であつた。南京電話局にある職場附屬の托兒所は局舍の前にある二階建の立派な建物で遊戯室と食堂と清潔なベットが設置されていた。案内をしてくれた人事科長の揚さんは勤續十年の若い婦人で托兒所について説明してくれた。

子供は生れて五六日目から二歳まで預かりそれ以上は地域の托兒所に預けるという、母親の都合でどうしても職場の托兒所でないと困る場合は四歳まで預つてくれる。預かる時間は宿直があるので朝六時から晩十時までで保母は子供五名に一名の割合で配置されている。保母は保育院養成班を出た人たちばかりだという。そのせいか子供たちに對して細心の注意をはらつていた。また醫務室の人たちも協力しているということであつた。

托兒所施設の種類は全托と日托とがあり、地域と職場に附屬した施設になつている。費用は、人件費と設備費は國庫負擔になつている。全托の場合は月曜日から土曜日の歸りまで預け、その晩と日曜日は家で親子團らんの時を過ごして、また月曜日の朝預けるので親と子の愛情が薄れるということはない。

（上海・國營第十九紡績工場に働く婦人）

全托の場合の食費代（三食）は一ヵ月約一二萬元（日本金二四〇〇圓）で日托はおやつ代と被服代七、八萬元を子供の親が負擔する。もし負擔することが困難な場合は、日托、全托を問わず、勞働保險條令によつて保險から1/3が補助されることになつている。

托兒所の運營は合理的で母親を必要とする時期（五六日目から二歳まで）は、職場附屬の托兒所に預け、二歳以上になると地域の托兒所（二歳から五歳）に預けるようになつている。

朝子供を托兒所に預けると、保母は一應子供の熱などを計り、病氣があれば直ちに病院に入院させるというように萬全の注意が拂われている。北京にある婦人幼兒保健實驗院の中にある托兒所では「集團生活における子供の健康」という點を重要視して實驗している。また托兒所管理についても同樣に研究し指導している。このような實驗院は北京だけでなく他にも設置されているので行きとどいた管理が行われているようである。

妊娠した婦人勞働者に對しては一般の休息の他に一時間の休養が與えられ、しかも休養室は別に設置されている。休養室は粗末だが木造の寢椅子が數臺置かれ、休養に來た姙婦はその椅子に腰掛けて休む。室の周圍には美しい色刷で無痛分娩の方法と、胎兒の位置が月毎に變化してゆく過程を畫いたポスターが貼つてあつた。なかなかいい啓蒙方法だと思つた。

　妊婦たちがその室で休養を取りながらお産するまでに自然と視覺教育によつて無痛分娩の知識を得るわけである。

　婦人勞働者は、どのように法律で保護されているかというと、一九五四年九月二十日制定された憲法第九六條に「中華人民共和國の女子は政治、經濟、文化、社會、家庭などの各方面の分野で男子と平等の權利を享有する。婚姻家庭、母親および子供は國家の保護をうける」と規定してある。從つて、憲法によつて婦人に對する保護は物神兩面からなされているのである。婦人勞働者に附與された諸休暇はすべて有給になつている。中國には、世界に類がないと言われる日本の勞働基準法にも規定されていない「つわり休暇」がある。日數は十五日、産前産後五六日、双見七〇日、難産七〇日、早産三〇日、授乳時間三時間二〇分と規定されている。それでも健康が恢復しない場合は病氣休暇(有給)で休むことができる。その他に妊娠六ヵ月のものは殘業させることはできない。また出産後一年間は解雇することは許されないという。私たちにとつて關心の深い生理休暇は法律に規定されていないが病氣休暇として休むようになつており、諸休暇に對する休暇要員が配置されているので安心して休むことができる。休んだからといつて昇進に影響がない。ある紡績工場で「生理」の個人別狀況を調べていたが、それは日本のように豫定と實際の日數に開きがあると「生理休暇」は與えないほうが婦人の雇用面から言つても職場をせばめないだろう、という方向に持つていかれるのと違つて、健康を重要視していることである。

　働く婦人に對する施設と保護が完全に近かいまでになされているのは勞働組合の婦人部の活動に負うところが多く、婦人と子供の福祉に關することはどしどし發言している。職場の委員にも婦人が多く、組合員の中に積極的に入り、困つている問題や要事を吸上げるが、そのまま問題を上部の婦人部に提出するのではなく、解決に對する意見を出し、共に解決する方法をとつている。婦人部は常に勞働組合の中で婦人のことが考えられているかどうかを監督し、總工會が政府に勞働保護の問題を要請する場合、婦人部は意見を出すことになつているという。勞働組合に婦人部の存在が大きく認められ、その特性が充分に生かされている。

　婦人部の活動の一つとして、勞働者の「家族」に對する教育が行われている。日本の家族組合が中國では家族委員會という形で組織されている。

　この教育には勞組婦人部と民主婦女連合會との密接なレンケイのもとに行われ、地域に分散している家族の指導は婦女連、寮と工場等は婦人部というように相互に連絡を取りながら指導をしている。文字を知らない主婦のためには、識字班や、新聞讀むグループなどが、自主的に組織され、學習が盛に行われている。

　封建的な思想の改造は婦人に對する保護法などの解說を通じ、その他に人民政府の政策を話すので次第に主婦たちは時局の問題にも理解を深め、社會主義社會の建設に自分たちは何をなすべきか、ということがわかつてきたという。

　勞働者の生活は逐次よくなつていく。勞働者住宅はどんどん建てられ、困つているものから優先的に入ることができる。生産に勵むのも、自分だけがよくなるだけでなく、みんなが良くなるのだということが、日々の生活が安定していくことにより一層はつきりと勞働者農民にきざみこまれてゆくことだろう。

　老人も若い人も明るく希望にあふれた表情をしている。その中でも婦人は解放された喜こびでヒトミががやいていた。

　(筆者は全電通勞働組合中央本部勤務、昨秋中國の國慶節に招かれ、婦人代表の一員として渡航されました)

主婦のこえ

母子福祉金庫のゆくえ

増田《ますだ》多喜子《たきこ》

先日私は掛りからの依頼を受けて母子福祉金庫の貸出審議會に出席しました。この金庫の貸出資金は、國費及び縣費と、それに未亡人會が一般から一口百圓の寄附金を募つたものを合わせたものです。

從つてこの寄附を募つた時は、形はともかくとして、その內容は私たちの生活費の一部をもろうのですから、心ではくやし泣きしつつ表面は物乞根性を丸出しにして賴み廻つたものでした。私達がこうした募金をするのは未亡人會が自己資金をもたなければ、縣からの資金が減らされるとのことでしたが、その點に私は疑問を持つております。

さて、貸出し審議會では地域毎に出された貸附申請額を審議の結果割當てるのですが、資金が少い上に申請者が多いため、例えば一萬圓申請した人には五千圓、五千圓の人には三千圓という具合に削り、またあまり緊急を要しないと見られる人は除かれて次期廻しとなるのです。

從つて正當に實際に必要な貸出しを申請してもその貸附金がこのように機械的に削られる結果、それは燒石に水というのが實情でしょう。私は申請者の中の知つている方の生活の實情を思い浮べ、申請額を修正するペンの先をじつと見つめつつあの人が三人の子供をかかえ、これだけのお金ではたして立直ることができるだろうか、と思う時、もつと他に何か方法があるのではないかと考えていました。

假りにこれらの小額なお金が借りられたとして、それがどこへ使われるか、そのゆくえは凡そはつきりしています。例えば借金の返濟か赤字の家計の穴うめかそれが關の山でしよう。その上規定が嚴格で一定のわくがありますために、すぐほしいと思つても數ヵ月も待たねばならないので、明日の生活のかてに困つている本當にほしい人には、間に合わないという缺陷が多いのです。

しかも借りたものは借りたもので、みな私たち自身の肩にかかつて來るわけですので、うかうかと借りる氣にはなれません。こう考えて來るとこの制度は未亡人の中の大多數の困つている人には、かえつて餘り恩惠のない制度だと云うことができます。

これは何らかの社會的な原因（戰爭、病氣、失業）の犧牲となつて不幸に落ち込んだ私たちの生活に對する爲政者の僞善的な政治の仕方としか受取れません、私達は他人にすがつて遊んで暮したいとは決して思いません。いくら働いても暮すことのできない今の生活からぬけ出て、一生懸命働けば必ず暮して行ける、というような不安のない生活のできることのみを望んでおります。一方に於て政治家がリベート、または政治獻金の名目で、つかんだお金の代りに何十倍もの國民の血税を一部の人に吸わせている事實、また前にのべた未亡人達と、これらの人達とのちがいが餘りにも大きすぎることは、端的に現在の日本の世相を物語つているのではないかと思うのです。この矛盾の解決は私たちの物乞的な運動から引出されるものでもなく、間に合わない母子金庫のような制度をつみ上ることによつてできるものでもなく、もつと根本的な政治の改革にあるのではないでしょうか。

母子福祉資金の貸付對象

——厚生省の答に添えて——

編《へん》集《しゅう》部《ぶ》

昭和二五年の國勢調査によるとわが國の未亡人數は四九六萬。女全體に對する比率は一八%、昭和一五年の三八九萬八千人に對し、百萬人増加しています。また女世帶主の數は一七二萬九千四百人で、男世帶主の一千五百六三萬七千人に對し一一・八%となつています。

この多數の未亡人の大半は生活難に直面しすでに轉落したものもあれば、その一歩手前にあつて生活不安におびえている人々も少くありません。こういう人々のために、二七年十二月母子福祉資金貸付制度が立法化され、翌二八年四月から實施されています。しかし何といつても雀の涙ほどの社會保障費と地方財政の貧困から、とうてい看板通りの成果はみられないというのが實狀で、從つて前掲の増田さんのような疑問も當然起つてくるのではないかと思います。

増田さんの疑問に對し、母子福祉資金貸付の立法化に蔭の力となつて活躍された厚生省兒童局企畫課の植山つるさんは次のよう答えています。

母子福祉資金は生活保護と違い、困つている母子家庭なら誰れでも借りられるというものではない。生活の安定や向上を願い、またその能力もあつて、ほんのちよつと手を貸してあげれば浮び上れるという、いわゆるボーダー・ラインにある人を對象としたものである。例えば住宅があつて、何か商賣を始めたいという人で、十五萬圓資本がいる場合、十萬圓は自分で工面できるが後の五萬圓がどうしても足りない人とか、あるいは美容師とか洋裁師として立ちたいが技術を習得する餘裕がないという人々で、とにかく目下の生活はなんとかなるが、それでは不安だから生活を安定させるために積極的に働きたいという人々が貸付對象となるわけである。しかしそういう自立精神を持つている人でも係が調査して商賣に向かないとか、希望する技術を習得する能力がなく返済の見込がないと認定された時は拒否する場合もある、とのこと。從つて貸付金が生活費の一部となつてしまうような人にはこの資金設定の建前から言つて貸出せず、そういう人たちは生活保護に廻つて貰うことになつている、と割切つたお答えでした。

恐らく厚生省の建前と、それを實際に運營している末端の係員の母子家庭に對する理解の程度、及びこの資金貸付に對する一般の認識不足などから誤解が起つてくるのではないかという印象を受けました。

いずれにしても、その大半が直接、間接の戰爭犧牲者として生活苦に喘ぐ母子家庭を放つておくことは社會問題としても許されないし、また母子福祉資金のような中途半端なもので事足れりとしているとすれば、僞瞞政治の現れと言つても言い過ぎではないだろうと思います。しかしこれらの母子家庭の問題も失業問題同樣、日本の政治が大きく變らない限り解決困難なものでしよう。ところがそれをますます困難にしているのが常に弱いものにシワよせする保守政黨の政治ではないでしようか。

と、言つて、一擧に政治を變えることも困難なことであつてみますれば、現在の段階にあつては既存のものでも、いいものは出來るだけ活用すべきではないでしょうか。次にこの資金によつて救われているひとびとはと、港福祉事務所を訪ねて最近の狀況をうかがつてみました。

廿八年度の貸付件數三十三、そのうち成功した例をあげると、

青山の五三歳の婦人、ブリキ職の主人が三月に急死したあと六月に四萬圓の更生資金を申込み八月許可、居宅を改造して雑貨とパン類の商賣をはじめ、母子三人の生活がなり立ち、返濟金も正確に履行している。

麻布の三七歳の未亡人、夫なき後ビニール加工で生計を立てていたが、會社が二つに分れたため機械を取り上げられてしまつた。そこで自己資金十萬圓を集め、後の五萬圓を生業資金として借受けて機械を買入れ、現在一日八百圓の收益をあげている。

芝の三五歳の戰爭未亡人　戰没者家族として保護を受けていたが、事業資金三萬圓でバラックに、ペンキ塗裝して店舗を設けケースを入れてお菓子屋さんを始めて順調にいつている。これは生活保護から立派に自立した好例。その他保健所から度々店内衛生で注意されていた魚屋さんの母子家庭が事業繼續資金で救われた例などここの事務所で取扱つたものは殆んど成功しているということでした。

しかし中には借金や滯納等の穴埋めに貸出して失敗した人もあるとか。總じて計画性のない人とか、世間體や體裁を氣にしている人はうまくいつていないそうです。

なお母子福祉資金貸出し時期は以前は年四回でしたが今では毎月貸出しているので、少くも港福祉事務所で取扱つたもので貸出しが遲れて役に立たなかつたということはないとのこと。また、正確な計算を出せば、貸出額を減すということもない、と言つています。

これによりますと、地域的に例えば大都會と地方とでは非常な違いがあるということが分ります。

なお、この資金は、有夫の婦人でも、夫が身體障害者か、あるいは精神病者等で、妻が生活の中心になつている家庭にも適用されますから、そういう方もお出で下さい、と港福祉事務所の母子相談員林幸子さんはおつしやつておりました。（菅谷）

短歌

萩《はぎ》元《もと》たけ子《こ》選

子を送ると療友《とも》出でたるか床《ベット》の上に赤き風船が二つころがる　小泉節子

霞草一花一花が目をあいてま白く覺むるわが家の茶の間　高崎亘代

我が一票投ぜし人は圏内か人垣のあとより伸び上り見る　向坂壽惠子

子の試驗終りし宵はちち母も氣輕くなりてラヂオ樂しむ　鈴木千代

肩に持つ水筒の水が電車の振動にかすかに立つる音を愛しむ　大山敦子

★ルポルタージュ★

三鷹婦人會館

働く新世代の結婚式場

菅谷　直子

ふだんは生活合理化とか、簡易生活とか唱えながら、いざ結婚式となると一生の盛典とばかり古い習慣に押されて、收入不相應な出費をして後でその負擔に苦しむという例は少くないようです。そのためお金がなくて結婚出來ないと歎いている人も案外多いのではないでしようか。そういう人たちのために自宅を解放して、無料結婚相談に應じ、擧式披露宴まで實費で引受けている婦人がおります。三鷹婦人會館（三鷹市下連雀二六一）の鈴木千代子さんがその人。鈴木さんは產婦人科病院長の奥さまで、また三鷹市の市會議員でもあります。このほか、働く婦人のために夜間週三回生花、點茶、お料理の實費講習をも開いています。

結婚相談所はお役所式を排して館長さん御在宅の時は早朝でも夜分でも相談に應ずるという便宜を計つています。廿八年九月開所以來、すでに百組餘りの話をまとめ、近頃は近くの吉祥寺、國立、立川はもとより遠く都內の荒川台東からも申込んでくるということです。

結婚紹介や斡旋は都營のそれとほぼ同様手堅い方法をとつていますが、ここでは單にカードを見せて條件に合つた相手を紹介するというようなことをせず、所長自らよく本人を見極めて境遇、性格、趣味を知つた上で斡旋するという懇切な方法によつています。

生活改善は人生のスタートが大切という鈴木さんの主旨によつて擧式用の新郎新婦の衣裳、着付、披露宴の費用を入れて最高一萬圓以下で済ませている由、結納金は人身賣買の遺風で廢止しなければならない、という御意見だそうですが一擧に改めることはむつかしいので、これまで二萬圓だつたものは一萬圓に、一萬圓は五千圓に、という方法をとつている由です。

さて、一萬圓の結婚式とはどんなものか、參考までにうかがつてみると、新婦の衣裳、着付、化粧料合せて千圓、新夫のモーニング代三百圓、擧式その他雜費五百圓、計千八百圓。披露宴はテイパァテー式で一人三百圓、日本料理一人五百圓の內容は九寸の折に刺身お椀、酢のもの、赤飯またはお銚子一本、鶴亀のお菓子がつく。お料理だけだと四百圓。

この折だけでデパートでは五百圓しています、というタイのお頭つきの折を見せられて、どうしてそう安く上るのかと尋ねてみましたら、社會福祉事業となつているので稅金がかからないことと、お魚さんや美容院の協力による結果という說明でした。

歸りにちよつと式場をのぞかせて頂くと入口正面に貼つてある式次には、

一、參列者入場、一、館長入場、一、新郎新婦入場、一、婚姻届に新郎新婦の署名、一、記念帳に新郎新婦の署名、一、夫婦ちぎりの盃、一、館長祝のことば（憲法第二十四條を基礎としたはなむけのことば）一、新郎新婦誓のことば、（以下略）等が列んでおりました。

神主さんや牧師さんは立合わないというところに改新的な思想を持つ鈴木さんの理想が示されている、と言えましよう。

新郎、新婦の記念署名簿の扉には、

　二人の幸福は何人の幸福

　仲よき事は美しき哉

という武者小路實篤さんの歌が作者自身のあの特長的な筆致で墨痕鮮やかに記されてありました。

《地方政治の解剖》(1)

土建ボスのはびこる地方議會

……學校建築不正事件の眞相

小《お》畑《ばた》マサエ

業者と土建業のなれあい

土建業者が地方議員を兼ねて、自治體豫算の大半を自由にしていることは、自治廳でも認めている。東京都議會では、議員定員百二十名のうち、職業別にみると土建業者が四十名にのぼり、S區議會では定員四十五名のうち、土建業及び土建業と關係のある議員が十二、三名にのぼつている。土建議員は互に廻りもちで區の行う入札に參加し、また名目だけの顧問になつて月、數萬圓の顧問料をとつて土建會社の利益代表になつている。

これらの議員は學校建築、道路、河川などの建設工事に參加し、入札に際し理事者と事前の談合を行い、自治體の入札工事を專斷、檢査に壓迫を加えて、工事の手ぬきを行い指定登錄業者としての適格條件をそなえていないのに、進んで工事を請負つて、實際は下請業者にやらせ、工事金のピンハネを行うなど、あらゆる毒素をまきちらしている。

築後半月で天井の落ちた校舎

一昨年の春S區M小學校が四月の入學式に間に合わせるように暮から春にかけて、突貫工事で校舍を增築した。やつと入學式を終えて二週間後天井が落ちる仕末で、PTAで大騷ぎとなつたが、同時期に增築した隣接K校の建築を參考に見學に行つてみて、同じ建築基準で入札價格もほぼ同額なのに、大變な差があることを發見したPTAでは、會長(婦人)名で區議會に對して「學校建築の監査」を請求した。

M校の建築監査を行うかどうかで議會は開かれたが、監査を贊成したのは野黨派の五名と與黨の一部議員だけで大多數の與黨議員は監査の必要なしとして、これを否決してしまつた。

なぜ建築の監査を否決したか

問題のM小學校增築工事を請負つた業者は區議會自由黨Y幹事長の經營するT建設會社で、監査されれば、かならず工事のズサンさが暴露されることを恐れたのと、議員の中に同業者が多數いるので一ヵ所やられると、次には自分のところに飛火するおそれがあつたことがわかれば、與黨の多數が監査請求を否決した理由が判つきりとすると思う。

否決されつぱなしでは收まらない良心的な議員達は、住民に訴えて監査請求の署名運動を行い(有權者五十分ノ一)ついに「昭和二十六、七年度に建築された區立小、中學校監査」の請求を法的根據によつて成立させることができた。(昭和二十六、七年度に限つたのは二部教授解消で學校建築豫算を重點的にとつた兩年度を特に指定したもの)

そこで區の監査委員は、建築技術に關しては、東京都建設業希議會の應援を求め、區を離れて獨自の立場から調査を進めた。

明るみに出た不正建築

調査費用百數十萬圓をかけた監査の結果が發表されたのは昨年二月、その內容は慘たんたるものであつた。

S區が昭和二十六年度二十二校、昭和二十七年度三十四校、百五十六敎室の新增築總額二億二千萬圓の經費をそそぎ込んだうち、とくに手を抜かれた疑いのある九校について檢査を行つたが、合格したものわずか一校で、その他は設計圖とほとんど違い、とくに危險だとされたものまで出てきた。しかも工事請負は、區の會計規則に違反して一般競爭入札によらず、指名、または隨意競爭入札で行われ、K建設、T建設、T土建の三社が全工事の半分、請負金額の六九%を占め、三社が事業を獨占していることが明らかにされた。

入札前豫定價格を洩らした疑いは、豫定價格と落札價格がほとんど同額か、わずかの開きしかないことによつて明らかにされ、契約の不履行についても、二十六年度五校、二十七年度八校にのぼつているが、會計規則による延滯違約金は徴收されていなかつた。

工事の檢査も專門の知識をもつた檢査員が當つていないのが多く、むしろ土建會社の現場監督におどかされたり、飲まされたりして手抜きをそのまま見過していた仕末である。この結果に驚いた東京都教育廳では、S區だけでなく、二十三區の教育長に對して建築基準を無視して手をぬいた學校建設工事に對して嚴重な警告を發した。また善後處理のための臨時區議會が開かれて、危險校の早急補修と業者や理事者の責任が追及されたが、最高責任者の區長は半年前に死亡して、助役や收入役は知らぬ、存ぜぬの一點ばりで通した。

しかし死亡直前に區長は監査で摘發されたK建設で二百萬圓と評價される自宅の增築を行い、その建築費は支拂われていない事實をみても、兩者の結託がわかるであろう。

土建議員絶滅のため條令制定を

善後處理のための區議會は、各派から委員を出して特別委員會を設けて審議したが、業者及び理事者の責任追及はウヤムヤのまま、土建業者や、土建議員の壓力で委員會は解散させられ監査で摘發された代表的業者は再び入札に參加することを承認されてしまつた。

滿一ヵ年にわたる住民及び良心的議員の土建ボス追及運動は、かくてウヤムヤのうちに葬られようとしている。ことに、學校豫算の執行に發言力をもつS區教育委員會が終始默りこんで、意志表示をしなかつたことは、たとえ政治的中立を標ぼうしようとも、每日、校舍で學習している學童の生命に關する危險建築について、餘りにも無關心過ぎると思われる。また問題はPTAが、けつ起したところから始まつたが、近ごろ地域社會の淨化運動に熱心な意慾を持ち出している各種婦人團體も自分達の足もとにこのような適切な大きな材料があることを見逃さないで欲しい。

S區では、最近またまた建築に關し、設計違反と材料の省略が發見され、土建議員の半數がこれに關係あることが明らかになつた。どこまで續くぬかるみぞ!

現職議員が土建業者を兼職して、その選出自治體の入札に參加することを禁止する以外に、このような問題の起るのを防ぐことは絶對にできない。そのための條令制定運動がS區議會では今後の大きな課題になつている。

(筆者は世田谷區議)

厚生省は昭和二九年四月一日無作爲に選んだ五〇才未滿の夫婦一二萬三千組につき受胎調節の調査を行つた。回答率七六。回答者約九萬四千。

實施率

	全國	市部	郡部
二九年調査	三三・二%	三七・二%	三〇・四%
二七年調査	二〇・七%	二六・一%	一七・六%

實施率は子なしの夫婦一一・五%、二人の子持は四二・二%、三人の子持は四一・八%。市部では二人の子持、郡部では三人の子持が最高の實施率を示している。

人口問題と計画生産

西《にし》尾《お》くに子《こ》

毎日新聞に發表された英國勞働黨首アトリー氏の中ソ訪問記には次のように述べてある「中國人はこのぼう大な人口が生存のための手段を壓迫するかもしれないという點についてはなんら心配していない樣子だ。農民がまるで手入れの行屆いた庭園のように土地を耕作しても、もはやこれ以上增産はできないように思われるのだが、中國人は感情的に機械化というものの萬能を信じ込んでいる」と書いている。アトリー氏の心配に正當な根據があるのか、それとも中國人の信念の方が正しいのか。これは一口に斷定することはむずかしい。がとにかくこの報道によると中國人は人口の壓迫を感じないで、いかにも幸福のようだが、日本ではまるで反對に國民こぞつて人口過剰を悲しんでいるようである。

人口問題に對する國民の感じ方は中國と日本ではこのようにあべこべだが、近頃の中國見聞記によると、生活水準の方は電灯とランプの違い程に日本の方が高いと言う。

高い生活水準にするための産兒調節だとすれば、日本よりは中國の方に産兒調節の必要があるという理窟になりそうである。ところが中國人は中共政府になつて、地獄が天國に變つたくらいに思つているらしい。なるほど昨日まで苦力で有名だつた中國人民が今日は、せまいながらも樂しい我が家に住み、失業の心配も無い生活をするようになつたのだから、他國の暮しの方がもつと良いとか悪いとかいうことはどうでもよいことで、子供が生れたら心からめでたいと思うのが自然かも知れない。中國がアトリー氏の心配したようになるかどうかは、今後、國の經濟力が人口の增加する速度より以上に早く發展するか、どうかということできまる。中國は資本主義國ではないから、扶養力と人口とを計画的、意識的に調節することが今後可能であろう。

大部分の人口論は日本が社會主義的計画經濟でなく、資本主義國であるということを忘れるか、無視するかして、次のように說いている。日本全國民が生活物資を仲良く分け合つたが、人口が多過ぎるから分前が少くなつて貧乏するのだ。今度の戰爭で國土の四四%を失い、三千萬の人口しかなかつた德川時代と同じ四つの島で、資源も少いのに今では八千萬以上の人口が生活するのだから貧乏するのはあたりまえだ、という思想の上に立つている。だから日本の小さい扶養力に對して、多過ぎる人口をへらして扶養力と人口とが均衡するように調節するのだというのである。

ところが資本主義制度では兩者が均衡し安定するということはない。假りに人口がへるとしても失業を造り出す。失業者に飢えずにすむだけの保險金が與えられない限り、扶養力は失業者にとつてはあつてもなくても同じことである。人口が過剰であろうとなかろうと全人口の中には失業人口が資本の法則によつてちやんと造り出される。

アメリカは世界最高の生産力と扶養力をもち、民衆の生活水準も世界最高であり、人口は廣大な國土に比べて少いが、そこで失業が絶えない。ただ恐慌や不景氣の時は失業人口が增大し、好景氣や戰爭の時は、一時的にそれが動員される、という風な波動があるにすぎない。

人口の自然增加に對して、生活物資の增産がおくれるから人間は食物に飢えるという理論は、多くの歴史的事實でまちがつていることが證明された。

食料の山のかたわらに、失業して飢える者がうようよしているのが典型的な恐慌の姿である。だから問題の本質は食飢饉でなく職飢饉である。

人口扶養力即ち生活物資の生産能力よりも全人口が多いなら絶對過剩人口であるが、事實はそうでなく、資本が使用する勞働人口よりも全人口が多いということなのだから、人間が多くて消費物が不足しているのでなく、勞働する者が勞働手段から引き離されて失業するということである。

人口問題を論じ、計画産兒を唱える大部分の人々は、こういう考え方をしていないらしい。新マルサス主義というのもやはり前述の絶對的人口過剩論を出ていない。それと昔のマルサス主義とのちがいは「新」の方は道德的禁欲主義の代りに、姙娠調節と結婚奬勵をしているだけのことである。が、問題の本質からみると、計画出産で人口問題を根本的に解決することはできないことがわかる。假りに日本の人口增加をくいとめることに成功したとしても、資本が失業と飢餓を造り出す限り解決にはならない。根本的には生活物資生産能力を資本の法則から解放して、いやしくも社會のどこかに食料の山がある限り、失業して飢える者のない社會にする外はない。それは社會主義革命をなしとげた、數億の人間が既に模範を示した、效果確實な根本的解決方法である。

といつて私は産兒調節を今日の日本で不用だと云つているのではない。もし以上のような見地から産めよ、ふやせよ、と云う社會主義者があるとしたら、その人は夢と現實と區別できないのだからよろしく精神病院のベッドの上で夢をみ續けているがよかろう。

今まで述べた失業の原因が何であれ、とにかく失業と不景氣と飢餓が巷にあふれているのである。雨が降つたら雨具を用いるくらいの努力はせねばならぬ。自然の成り行きにまかせておくと、インテリだけが産兒調節を行つて、勞働者農民がぼんやりしていて、日本は貧乏人の子澤山の國になつてしまう。早く日本の無産階級が文化的に高まり、新社會を創造する能力を身につけるだけの生活の餘裕をもつためには、子供をできるだけ少く産み生活の負擔を、輕くしておかなくてはならない。ソ連でも初期の生活困難な時は産兒制限を奬勵したことがある。

上述のことは資本主義社會の人口問題に限定して考えたのであるが、この限界を越えて古代社會や未來の社會の人口問題に對しては右の考察では充分とは言えないであろう。ドイツやローマの古代社會では子供の數を制限するために殺兒命令を出したことがあつた、という古代史研究者がある。

また地球の上に土地も資源も無限にあるわけではない。いわんや一民族の生活區域は國境で區切られている。現在では、わがまま勝手に無制限に人間が增加しても困らないと考えるわけにはゆかぬ。もちろん社會主義的計画經濟においては生産力が增大して人口收容力は增大するが、それもむやみやたらに增大するのではなく、一定の計画的なテンポを以つて前進するのだから、人間製造も意識的計画的に行わねばならぬはずである。

（筆者は日本女子醫學卒・産婦人科醫）

平和憲法を守りましょう

本誌・社友

（五十音順）

涙谷のり子　阿部艶子
安部キミ子　磯野富士子
石井桃子　石垣綾子
圓地文子　大谷藤子
小川マリ　大内節子
川上喜久子　小倉麗子
桑原小枝子　神近市子
木村光江　久米愛
久保まち子　芝木好子
淸水慶子　杉村春子
菅谷直子　田所芙美子
田邊繁子　高田なほ子
戸川エマ　長岡輝子
新居好子　西淸子
西尾くに子　荻元たけ子
深尾須磨子　古市ふみ子
福田昌子　宮崎白蓮
三岸節子　米山ヒサ

日本労働組合總評議會傘下
各労働組合婦人部
全國産業別労働組合（新産別）
連合傘下各労働組合婦人部

原稿募集

◇**論文・隨筆・ルポルタージュ**　職場でも家庭でも婦人の立場から訴えたいこと、發言したいことはたくさんあると思います。
また政治や時事問題についてご意見やご批判をお持ちの方も多いと思います。
そうした皆さまのご意見、ご批判、ご感想あるいは職場や地域のルポルタージュなどをふるつてご投稿下さい。

四百字詰原稿用紙　七枚以内

◇**短歌・俳句**　生活の歌を歡迎いれします。短歌にかぎりご希望の方には選者が添削してお返しいたしますから返信料を添えてお申込み願います。

送り先　「婦人のこえ」編集部

編集後記

○あけましておめでとうございます。本誌がかぞえ年三つの春をむかえましたのもひとえに讀者のみなさま、革新陣營諸方面の御支援のおかげと深く感謝いたし、本年は一層勉强してご期待にそいたいと存じます。

○憲法第九條の改正をまつこうから叫んでいる鳩山首相の下に遠からず總選擧が行われようとしています。マージャン禁止、公邸廢止、新生活運動とかいう本質的な政策とは關係のないことが鳴物入りで宣傳され、營利新聞が太鼓をたたいて新内閣の人氣をあおり、進歩か保守か、民主主義か反動かという一番大事な問題から國民の目をそらさせようとしています。無心で感情的な古い婦人の習慣はこの手にひつかかりそうであぶないこと。ご同樣だいじな一票です。政黨と政策をよく調べた上で投票しましよう。

○日本民主黨の婦人部長は男子で、鳩山首相はこれを婦人に代えることに大反對でしたが大勢におされて紅露みつ女史が新任婦人部長となりました。今年は一九三〇年、男子が指揮した大日本婦人會の時代から十年たっていましたつけ。

★　★

○前號一六ページ上段「英國の總人口五千萬、女子は男子より二〇萬多い」は二〇〇萬。編集後記第三行目「勞働者」は「勞働省」の誤植。

婦人のこえ　一月號
定價三〇圓（〒五圓）
半年分　一八〇圓（送共）
一年分　三六〇圓（送共）

昭和廿九年十二月廿五日印刷
昭和卅年一月一日發行

編集
發行人　菅谷直子
東京都千代田區神田三崎町二ノ三
印刷者　堀内文治郎
東京都港區本芝三ノ二〇
（硫勞連會館内）
發行所　婦人のこえ社
電話三田（45）〇三四〇番
振替口座東京弐壹壹参四番

婦人のこえ

日發行　第三卷・第二號

2月號

1955

平和憲法を守りましょう

本誌・社友

（五十音順）

淡谷のり子　阿部艶子
安部キミ子　磯野富士子
石井桃子　石垣綾子
圓地文子　大谷藤子
小川マリ　大内節子
川上喜久子　小倉麗子
桑原小枝子　神近市子
木村光江　久米愛
久保まち子　芝木好子
清水慶子　杉村春子
菅谷直子　田所芙美子
田邊繁子　高田なほ子
戸川エマ　長岡輝子
新居好子　西清子
西尾くに子　萩元たけ子
深尾須磨子　古市ふみ子
福田昌子　宮崎白蓮
三岸節子　米山ヒサ

日本労働組合総評議會傘下
各労働組合婦人部
全國産業別労働組合（新産別）
連合傘下各労働組合婦人部

原稿募集

◇**論文・隨筆・ルポルタージュ**　職場でも家庭でも婦人の立場から訴えたいこと、發言したいことはたくさんあると思います。
また政治や時事問題についてご意見やご批判をお持ちの方も多いと思います。
そうした皆さまのご意見、ご批判、ご感想あるいは職場や地域のルポルタージュなどをふるつてご投稿下さい。

四百字詰原稿用紙　七枚以内

◇**短歌・俳句**　生活の歌を歡迎いたします。短歌にかぎりご希望の方には選者が添削してお返しいたしますから返信料を添えてお申込み願います。

送り先　「婦人のこえ」編集部

片倉労組女子代表者會議から

片倉労働組合では女子代表者會議を設けて女子組合員の教育を行つています。その第二回會議が昨年十一月下旬三日間東京で行われました。會議は現に組合員のまわりに起つている問題を取上げ、**労働條件、生活條件、婦人問題**の三つの分科會に分けて開かれました。その内容を簡單にご紹介致しましょう。

一、**労働條件分科會**　問題になつたのは労働時間が守られないことでした。この理由として一、仕事の性質による、二、無理な生産計畫が組まれている、三、指導的立場にあるものによる等があげられ、その對策が討議されました。

有給及び生理休暇の問題　豫備人員がないためと、手續が面倒で取り難くなつているが、これは組合教育によつて、本來の性質を理解させる一方手續を簡單にすることなどが對策として出されました。

賃金と食費の問題　給食補助費を賃金の中に織り込むこと、つまり會社側の補助を排して、自巳負擔とし、榮養攝取の上に望ましい必要計費を算出して、それを賃金要求として出すこと。

婦人問題——男女差をなくすること、特に試驗制度は全員に受けさせ、男子と同樣女子にも中堅幹部の養成をはかるよう要求する。

などの決議が行われました。

この他、農村家庭との提携、社宅の夫人たちへの呼びかけ方法など、問題が提起されました。

（片倉労組、岩瀬ふみ子）

婦人のこえ

1955年
二月號

選擧特集號　目次

社説

選擧に臨む

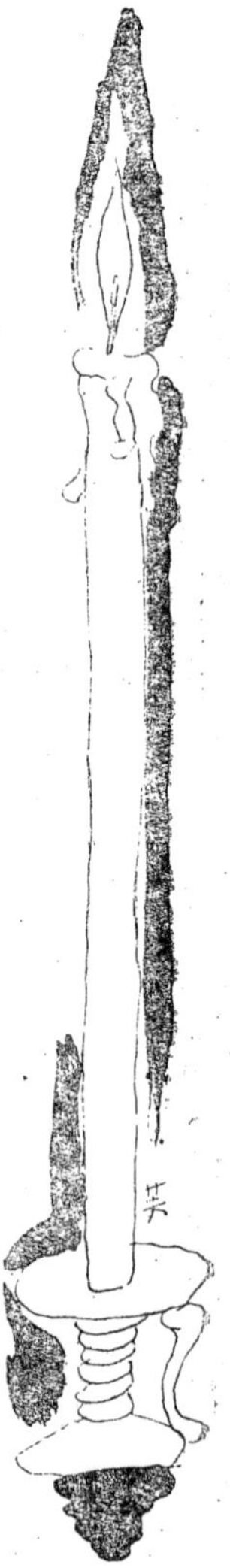

全國でたつた一人の女死刑囚山本廣子が獄中で發狂した。昨年二月大阪拘置所で彼女に會つた作家倉光俊夫氏が讀賣新聞紙上に、彼女の印象と獄中で彼女が物した數句を紹介している。殺人強盜放火という恐ろしい犯罪を犯した事件の眞相はこうである。四人の幼兒と失業のうえ病弱で生活力もない夫を抱え、その日の生活にも窮していた彼女が子供に米の飯を食べさせたいばかりに、ある日知り合いの老婆のところへ金を借りにいつたが、斷られ、カッとなつて殺して金を奪い、犯跡をくらますために火をつけたというのである。

食卓に汗の指もて子の名かく

獨房の食卓で詠んだ句だという。

傾けどすがるものなし雪だるま

諦めし身をえぐるなり虫の聲

七夕や母への願い星にかけよ

入學の子母を忘れてくれればよし

子の親である私たちはこれをよんで涙が止らないであろう。このような人間の不幸がこの地上から消えるために多くの先輩が命をかけて闘つて獲得したのが選擧權だ。きけ、わだつみの聲――の若者たちの叫び、婦人に參政權が與えられていたら、あんなさつばつな戰爭は起らなかつたろう、と與えられた選擧權、私たちは數週間で選擧しようとしている。どうして棄權などしていられようか。國の政治に國民私たちが直接關與できるこの機會に私たちの運命を一歩前進させなければならない。

ところで、どう選擧したらよかろう。第一に人格の尊嚴、人間の値うち、權利などについて理解のない人、例えば女を道具のように、おもちゃのように考えて、女の人權をふみにじつて平氣でいる人、妾をもつて恥じないで世の中をかつ歩しているような人に投票しないことにしよう。

第二に金を使う候補者を選擧するな。汚職・疑獄から政治を守り、金權政治を追放するために。なけなしの淋しい懷から出す泣くような稅金が湯水のように、それらの人の支配慾や、ぜいたくのために使われて、國民の生活は窮地に追いつめられ、自殺他殺というような事件ばかり起つていてはやり切れない。殊に汚職疑獄にひつかかつた人や現に選擧違反で裁判中の人に投票してはならない。第一審で刑を言い渡された人が控訴中また當選して出てくるようなことが屢々あることは日本の恥ではなかろうか。

最後に人より黨を選ぼう。民主政治は政黨を離れて存在しないし、各黨の歩いてきた歴史を見ると、各々の黨の考え方、やり方が明瞭につかめる。徵兵制度の芽生えを世論を抑壓して育てて來た自由黨が、今や徵兵反對などといつても國民は信用しないし、憲法改正・再軍備をふりかざして來た民主黨の鳩山總裁が、この選擧に當面して憲法改正は愼重に檢討しなければならないといつても、私たちはごまかされない。うつかり人に氣をとられていると、民主黨に屬する人が、國民の顏色をうかがいながら平氣で再軍備反對のような演說もするし、立派な人だと思つて投票した無所屬の人が、當選するとその公約を實現することは到底不可能な保守黨へさつさと入黨したりする。

この選擧をかけて私たちが鬪わなければならないことは我が平和憲法を守ることである。それは實に日本が世界に負う光榮ある使命だと信じる。自衞軍强化にともなう憲法改正は、國民から凡ての自由や權利を奪いとるであろう。憲法改正を國會で阻止するために革新陣營の人々が大量に進出するように私たちも積極的に働きかけよう。

わたしはこう考える

神《かみ》近《ちか》市《いち》子《こ》

政黨に屬する以上、その政黨の政策が私の考えているところと一致しているので、これに加盟したということは明らかなことです。

社會黨の政策――平和國家の建設、MSA體制による再軍備の排斥、世界人類の幸福を念とする原水爆の戰爭使用禁止、不平等条約の廢棄、獨立國家としての政治的、經濟的達成――というようなことについては、もちろんその線に添つて、主張を完徹することを期しています。

しかし、細目について云うことになれば、私としては政治家としての最も大きな關心は貧困者の問題であります。職業と富との不合理な調整のために貧困に陷つている人が非常に澤山あります。そうでなくとも不合理な國であつて、その中での貧困ということはこれまた非常な問題でありまして、私共の感覺では一日もすておけないことであります。この基本的對策は私共の主張する通り社會主義の社會を建設するよりほかはないのでありますが、差當ってそういうことが一擧にできないとすれば、この人たちの問題を一番先に手をつけたいというのが私の考えであります。

最初に住宅と仕事の問題、仕事のできない家族の生活保護費の問題を考えなくてはなりません。少くも暮せる程度のものをあづけなければなりません。外に出て仕事をする人たちの爲には保育所の數の増加、低學年の小學生の面倒をみるような施設、そういうことがごく手早く行われなければならない。僅かにこの二つを實施するとして豫算面をどうするかと言えば、經費節約はむろんのことですが、なんと言つても軍事費の轉用がなくては達成せられないことは自明のことであります。ここが社會政策の基本のものと結びつくものでありまして、日本の社會を社會主義的感覺により、徐々に平和裡にこういう體制に變えて行こうというのが社會黨の政策であり、私共の信念であります。

これまでのように資本家の收奪を許し、そのおこぼれで政治家がうるおうというような體制では貧しい人が浮び上ることのできないのは當然です。私共の心ざす政治はこの資本の收奪をなるべく無理をしないで、最初は制限し、最後にこれをなくするということにし國民の幸福な生活を本位にした政治を行うことであります。選擧に當つて多くの金が使われ、その僅かな慾に釣られて保守政黨を支持する人があるのは、こういう國家の構成に無智なところから起るのであります。その人たちは自分の手で自分の首をしめる人たちであります。私共は投票者に一錢の手當も出しませんが、しかし窮局的にはその人たちに最も多くの幸福を與えることを念願しているものであります。

今回の選擧は公明選擧ということがうたえだされていますが、公明選擧は社會黨左派が現實の教師であります。私共はすべて公明な選擧をやつてきたのでありまして、新しくつけ加えるものはないのであります。ある所の討論會で一人の青年が立ちあがつて、「公明選擧とは保守の政黨に投票しないことではないですか」と言つたそうです。それは笑話として聞き捨てにならないことで、資本家の御用をつとめる政黨がなんであるかを直覺によつて現わしたもので、當らずといえども遠からぬ實態をつかんだものと言えましょう。

（前衆議院議員）

男女同權の政策實施に

福《ふく》田《だ》昌《まさ》子《こ》

新憲法制定以來十年になるが、婦人問題はやつと憲法の主旨實踐に一歩踏みこんだというようなところで、新憲法の甘味が充分婦人の生活の上に光をもたらしていないのにもかかわらず、早くも憲法改正などというとんでもない問題が口にされている。

私共が當面守らなければならないものは憲法を改正して再軍備をしたり、古い家族制度を復活したりすることを阻止するのがまず第一點の問題である。かかる目的に向つて日常の生活を考えてみると、慣習の上においても男性支配の古い習慣が、そのまま受繼がれている面が餘りにも多いので、この私共の周圍に横たわつている男性優位の封建性を逐次改革するように努力しなければならない。例えば私共は過去五回にわたつて賣春等取締法を提出してきたが、そのつど審議未了、または繼續で一向に日の目をみない。このことは一般の男性代議士がいかに女性問題を輕視しているかの證左であつて、今日少くとも五十万の賣春によつて生きる女性、しかも可哀想なこの女性たちを搾取することによつて財をなしている業者に對して批判もなく、賣春取締りに頬かぶりの態度を續けていることは、男性が選擧の際に掲げた社會保障の前進とか、女性解放とかいうものがいかに口先ばかりの眞のない宣傳であつたかが證明できる。

今日文字の上では憲法は改められたけれども女性の住む世界は相變らず一段男性より低い、別の軌道を歩むことを強要されている。これらのお互の住む世界が別であつてはいつまで經つても男女同權の政策が實現できるはずはない。

保守黨の政治家連がもつぱら好むところの待合政治……今日の政治は全く昔ながらの待合政治が踏襲されている。まさに歴史は夜つくられるの觀がある……を改めない限り女性問題、殊に賣春問題の解決はあり得ない。この意味において、待合政治を廢止すること、宴會が必要な場合には夫婦同伴で出席すること。また家庭の女性には夫たる者はできるだけ職場及び社會の動きを傳えるような慣習を育成していかなければならない。國家を男女同權の民主的なものにするためには、まず家庭して男女が同じ世界に住めるしきたりに改めていかなければならない。

これらの問題の解決のために今こそ議會に婦人議員が一人でも多く必要な時だと思う。

（前衆議院議員）

貧しきものを守る バターへの政治の實現に

萩《はぎ》元《もと》たけ子《こ》

吉田内閣の汚職と疑獄の政治に對して限りない怒りを抱いていた國民大衆の願いは何が何でも吉田さんさえ退陣したら良いと、その一點に集中してしまつたので、吉田さんの退陣にホッと胸をなでおろし、次の鳩山内閣への批判も注文も忘れてしまつたのか、にが虫をかみしめたような不愛想な吉田さんとは違う鳩山さんのお愛想笑いや、公邸返上、お役人のマージャン禁止などと言う抹梢的なことに大拍手を送つている。その上、この目まぐるしい政局に對應する總理としては非常に大きな障害となるあの不自由な身體の動きすら逆に鳩山さんの人氣をあおるという困つた始末である。

これに加えて與黨の位置を利用した民主黨の選擧目當の無責任極る人氣取り政策の發表に、國民はこの政黨の本質を見失つているかの觀がある。

例え一時的にせよ、こうした鳩山内閣への人氣によつて民主黨が政權を取つたら、どうなるであろうか。憲法改正、再軍備論の急先鋒が主腦部を占め、婦人へ参政權を與えたことは時期尚早であつたと言つた芦田均氏が心ばり棒の役をつとめている民主黨が、いかに社會保障制度の確立を唱えようとも婦人や子供を守り、大衆の生活を幸福にする政策を實行するとは到底考えられない。むしろ鳩山内閣の本質は吉田内閣よりも一層悪質な反動内閣であることを國民は考えなければならない。外交政策においては、ビキニ被災の補償額に對する政府の態度をみても分るとおり、その腰拔けぶりは吉田内閣と五分五分である。

社會保障制度の確立、あるいは住宅難の早期解決、完全雇用制の實現など、まるで社會黨の政策と同じようなことを各大臣がそれぞれの旅先きで發表して國民を煙に卷いているが、再軍備とこれらの國民福祉の問題が兩立するものかどうか。バターと大砲は兩立しないことは既に國民の常識となつているところである。

誰が眞に祖國日本を愛し、國民生活の安定を願つているかを私は日常の活動に依つて、國民大衆に實證してゆく以外にないと思う。

五百万からの未亡人、とくに失業者の群の中で、親子心中の一歩手前の母子世帶を國家の手で暖く守つてゆくために、ヒロポンから青少年を守るために、賣春をなくするために……そのことは何よりも國民生活の安定以外には道はないのであるから、私は大砲よりバターへの政治の確立のために闘いたい。

とくに、民主黨は今年の一大課題として憲法の改正をもくろんでいる。こういう政黨には、絶對に政權を托することはできない。私は日本の運命を左右するこの憲法改正に反對して、これを守るために生命をかけて働きたい。

（前衆議院議員）

隨筆

歩み

田所《たどころ》芙美子《ふみこ》

ある政治關係の人に選擧について書くのだけれども、何かエピソードはないかしら、とたまたま仕事の歸路にたづねてみました。彼は笑いながら、「選擧とは一口にいつて、金と顔と人さ、これ三つあればやれる。そして選擧地盤のことは、どんな小さな愚にもつかないことでも、ふだんまめにやることだ」という。それではこの間新聞で讀んだ「選擧の話」と同じではないか、とその記事にあきれていたところなので、またかとがつかりした。

すこし前にさかのぼりますが、その頃の私は、現實のどうにもならない矛盾から、現實逃避をくわだてて、綺麗なものにひかれていつたのです。色でいえば〃白と緑〃というように音にたとえれば白鳥の湖のような美しいものをと願つていたのでした。こんな氣持ですから、自然に選擧と聞くとまず馬鹿らしさを思つたのです。そう感じる心はおさえがたかつたのです。わかりきつたことを、いや結果を、もつともらしい形式でおためごかしをしていることに、鼻持ちならなかつたのかもしれません。けれど、そういう心の下部構造には、たぶんに個の無力感からくる、多數決制への不信が作用していたことは、否めない事實でした。それでいつしかそれが、政治的無關心にまで、私を追いやつてしまうのではないか、ということを怖れていました。個の無力感は、自分が一票もつていることの不確かさにもつながつていたようです。自分が投票しようとしまいと、あらわれた結果は、そんな私のささいな感情をまるで無視しているとしか思えないからでした。そんな時私を襲うのは、孤獨であり、空しさでした。巨大な齒車のきしめく音を聞きながら、私は一人、自分が局外者であるかの如く錯覺しておりました。そして、音樂の世界にますますひかれていつたのでした。特にチャイコフスキーの晩年の作品は、あの頃のツアーリズムの混沌としたなかで、暗い陰慘ななかから、星のまたたきのような美しいヒューマニティが流れでております。何か今日の日本の社會では、ぴつたりしたものを感じとることができました。あらゆる階層が愚民政策をおしつけられて虚無的になり、逃避的になつて、そのなかにおぼれていくさまは、悲しみをもつてみるより仕方のないありさまです。こういう問題を新聞でさわぎたてても、大衆に對する警告より、より爲政者に對する皮肉だと思えます。また同じ作曲家の〃第五番〃は、ただ一言で表現すれば「足音」とも思えるのですが、終曲の力强い響きは忘れ去ることができません。虐げられた人々が、力なく、なえた足どりで、怒り、哀訴し、それでも闘いながら、はるかなる大地をめざして歩んでいく、そして暗ければ暗いほど反面キレイな、力强い足音がだんだん大きくなつて、終いには一本の太い線に集結されて、タッタッと歩んでいくのです。

以上のような譯で個の無力感が組織體への參加という形で、解きほぐされていきました。個と集との關係が理解されればされる程、私は組織體への力の偉大さに思い至りました。現實問題としてこの暗さをなくするための一番大事なこととして、選擧という基本問題が浮び上ります。選擧はこの個々の團結が集への組織體をつくり上げることができます。個の一人一人が、あるいは有權者によつての一票々々が、日常の生活を支配し、良くも悪くもなることを考え合せて投票しようではありませんか。

政治と生活

大《おお》久保《くぼ》さわ子《こ》

終戦後の六年有餘を政權擔當者として强引に居すわり、政治を强行していた吉田前首相も悲願に近かつた引退世論の前に消えて行つた。

新しい政權擔當者として出て來た鳩山首相は選擧管理內閣の面目をほしいままに、矢つぎばやに、吉田失政をとりもどしうるような數々の政策を發表した。さぞ、世の中が明るくなることだろうと、期待した人達も多かつたろうが、依然として、暗く、重い日本の世相である。新聞の三面記事を見るがよい。政變のあつた昨年十二月中旬から今年頭にかけても、自殺、親子心中、殺人、强盗、捨子等、絶えまがない。

一體、政治とは何であろうか。むつかしい學者の定義をきくまでもなく、より多くの人間が、よりよい生活をなしうる。その媒體となるものといえようか。

だから、政治が私共の生活を壓迫したり、意向を無視したりしているとしたならば、それは、本末顚倒というものだ。

失業者が巷にあふれ、借金苦で人間が自殺し、親が生活できず子供を道ずれにし、などということは政治の無力のあらわれであり、失業者をなくせ、社會保障制度を完備せよ、一部の人々のための政治をやめよ、という聲、行動に對して、壓力をかけるのは、政治の暴力である。破防法の制定や、獨禁法の緩和や、教育二惡法の制定や、數えあげればまずきりがない。「政治は私共の幸福を招來する希望でなければならない。」そこで考えねばならぬことは、より多くの人間に、よりよい生活をもたらす政治が行われている國が現存しているということだ。因みに新中國は、實に民衆が明るく、自國の建設に努力しているということであり、昔の中國を知るものの想像もつかぬ變りようであるという。

因循《じゅん》な人はいつて見て來ても、「まだまだ中國の民衆の生活程度は低いし、何で見習うことができるか」という。がここで見習うべきは、民衆一人一人のもつ衣服の枚數や、家具調度類の質・量の多少ではなく、民衆の經濟活動がそのまま自分達の生活に還元されているという事實である。この中國と日本との相違はこれをごく根本的なところでさぐれば、金と人間の位置の相違であろうか。

つまり、日本では金が人間を支配し、中國では人間が金を支配しているということだ。

金は本來人間の生活を豊かにする手段であつて、それ自體、目的ではない。だから人間が税金を拂う金がないといつて死なねばならなかつたり、賃金をうる場がないといつて自分の生活をなくしてしまつたり、一部、獨占資本家の利潤追求欲を滿足させるために經濟法が消長したりすることは、目的と手段の倒立である。こんな不合理な事實が存在する限り私共は幸福になれようはずがない。

政治はこの現象を解明する唯一のかぎである。

私共はまず食えることが、當然でなければならぬ。食えるということは、安心して勞働する場があつて、しかもその勞働による賃金で自分の生活をまかなえるということだ。

私共は更に、勞働による經濟的成果を可能な限りで自分達のものにしなければならないということだ。現在のように、資本の壓力の前に、勞働力の價値以下の賃金にあまんじさせられ、その賃金の中から税金を支拂い、その税金が無益な再軍備費となつて、軍需品關係の内外資本家の手に入り、社會保障費は削減されていくということでは、勞働による收益は、どこへいつてしまうであろうか。

ここまで考えてくると、日本の政治は誰のために、どういう方向に行われているかが明かである。端的にいえば、保守黨政治は、いかに美辭を並べたてても、資本家のために、資本家の經濟的要求に應じて行われているのであり、この政治の續く限りは、私共の政治は希めないことである。

私共が本當に自分の生命をいとおしく思い、生活を大切にしたいならば、これを政治に托す外なく、政治への具體的意志表示は、一票の行使によつて決定されるのである。

◇　◇

俳句

星《ほし》野《の》立《たつ》子《こ》選

母と子の行つたり來たり麥を蒔く　松山　村上千鶴

目に立たぬ女の仕事日短　佐賀　松隈良枝

膝頭さすり寒さにたえて事務　新潟　坂井江子

古オーバ夫ハンストの列に入る　小倉　岸本法子

タイピスト御用じまひの油さす　舞鶴　平田美都

片づきて心のどかに除夜をまつ　大阪　高橋富子

妻は子を夫は大根を背おひゆく　室蘭　近藤千代

手袋の指動かして深くはく　伊豫　宇高いよ

手をのばし障子をあけて聞き返し　京都　河野君子

私は選挙する

民主主義のトリデ　平和憲法を守るために

芹《せり》澤《ざわ》よし子《こ》

代議士當選必勝の、あの手、この手についての研究發表が、「文春」（二月號）に紹介してありましたが、これは、立候補者の參考資料となる以上に、選擧民にとつては、清い一票をだまし取られないめ、重要な寶典ではないかと思います。

私の仲のいい地方のお友達が、こんなことを言つたことがあります。「Aさんは、地方のためによく働いてくれるし、たのまれれば、忙しい中を縣廳までも出向いて、そばでハラハラするほど無理も押してくれるしねえ、黨は氣にいらないけれど」。地元の人間に好都合で、親切だと言うわけです。この代議士が陣笠で、地方で珍重がるほどでもないとわかつた上、選擧の度あぶないと噂されながら、何度も當選するのはなぜでしよう。「こんどこそだめらしい」と先日來たくにの人の話が本當なら、私のくにの革新政黨はのびるものとたのしみにしています。

肥料不足の農村に肥料の配給を約束しただけで、ワラをもつかみたい思いの選擧民の一票で新人が易々と議席を占めるかと思うと、もつと大ぜいの人達の大きな幸福のため働いているのに、選擧民のごきげんとりを怠けたため大事な議席を失うこともあります。

議場が保守と革新との紅白仕合になつていて赤子の手でもほしいと思つている革新陣營から、目先きの感情で一人の選手でも失うことはいかにもくやしいことです。知らないで革新陣營から、保守陣營を應援する結果になつたりする場合もあります、そんなことのないように、政治の本質を深くつきとめましよう。

代議士は、私達の代表者に違いありませんが、ただ小地域的、または職業的利益代表であつてはならないと思います。平穏、無事な時代であるならそれもいいでしよう、けれど今は國民全體が幸不幸のわかれ道に立たされているのです。しかし幸いなことに國民は選擧によつてその道をえらぶ機會を與えられているのです。人情にかられやすいのは人の常で、殊に婦人にとつてはそれが美德とされ、自分もそう信じがちですが、美徳が方向をあやまらないよう、冷静な目で政治の本質を見極めましょう。おなかをすかして、足を棒にして立ちつづける人のあることも忘れて、特等席を奪い合つていては、いつまでたつても日本はよくならないと思います、少い特等席をねらうより、國民全體が安心して座れるように作り直すことに努力しようではありませんか。

代議士はそのための代表者で、それをえらぶのは私達です。しかも私達が誰をえらぶかは今度の場合簡單明瞭です。平和憲法を名實ともに守る政黨であり、再軍備に反對する政黨の候補者でなければなりません。この點で、當選したらどつちに行くかわからないような、「こうもり族」の無所屬候補者には特に氣をつけましょう。こんどの總選擧の結果、もし憲法改正論者が議席の三ヶの二以上を占めれば、民主主義の最後のトリデは、とり崩されて、私達はサイパンの婦人達のように、幼児をだきしめながら斷涯の上からつき落されることになりましょう。

私達を破滅の運命から守りぬき、國民全體の將來の幸福を約束するため、この一票を、恥ない、悔いない一票として役立てたいと思います。（文京區・主婦）

生活保障のために闘う政黨人を

大《おお》野《の》はる

私は昨年の暮から今年の始めにかけて、約二十日間、地方の職場を五、六ヵ所まわつてみた。そして會社や組合の幹部や事務員や作業員や家族の主婦等とも話し合うことができた。また働く者の出身地である農村や、働く婦人の立場と關係ある地域婦人の組織や、活動狀況も調べてみた。こんなことは、組合活動をやる者や、全國的視野で仕事をすすめる者は當然必要なことだからだ。

この中でまず感じたことは、デフレの波が大企業の職場にも波及して、人員整理、臨時への切替え、長時間勞働が甚しく、それが獨立採算制という名の下にひどすぎる豫算割當てが行われていて、その實行のために働く人の身に強くおしかぶさつてきていることだ。

あるところでは希望退職の問題を組合がとりあげ、論議していた。該當者は青年だが働く者の目ざめが高く、組合も組合の立場から力說していた。だが一方經營者側と名のつく職場責任者は、その土着の者同士の間柄なだけに、上からの命令だけで人員整理を簡單に實行できない苦しみもあつた。だがそのためにためらつていることは自分の立場を不安の地においやることだつた。

そこで私は、人員整理を必要と認める根據を調べてみた。そして考えられることは獨立採算制という名で上から職場ごとに割當てられる豫定額が過重なことだつた。從つてこれの算定基礎を變えない限り人を減らすか、臨時に切かえるか、責任者がやめるか以外に道がないことだ。このように職場では勞働者も經營者も己の首をかけてデフレのしわよせと深刻に取組まねばならなくなつていることだ。

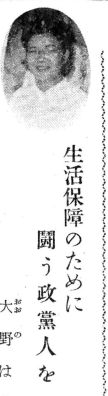

これをどうすればいいのだろう。

從業員が減ることは、健康保險の利用にも影響して、家族の適用が除外されるか、その範圍が減らされるかにきていること、臨時にされた者は、お正月、お盆の手當から退職手當もなくなることである、その外いろいろの福利厚生費も減ることとなる。

これらの中には經營者に交渉して解決できるものと、政治的に解決しなければならないものとの二つがある。卽ちデフレ政策をおし進める役割を果した金融引締めの中核體である銀行は、この職場の經營にも株主として參畫している。この資本擁護の政策は、獨立採算制を通じて地方末端まで結びつき、働く者に影響している、働く者はこの復雜な背景を知る必要がある。

農村も農地改革をしたとはいえ、税金で苦しんでいたし、就職難は、女子を「ステッキガール」という新らしい職場へおいやつて社會悪に一役買つている。

このようなことはみな政治の貧困の結果であり、その改革がぜひとも必要なのだ。

だから私は今度の選擧では特に當面おきているぎりぎりの生活をつづけている人々に職を與え、最低の生活を保障してくれるために闘う政黨人を選びたい。そして常に働く勞働者や農民が人間らしく生きられる社會をめざして、計畫性をもつて一歩一歩邁進する人を、しかも實踐には組織的に、國民の心の目をひらかせ、希望を與えながら共に歩める人を。そして實踐の中で學び、常に研究心强く、セクトにとらわれず、大局的にみて問題を解決できる勇氣と忍耐力のある人を。私はこんな人間を選擧したい。

このために闘う政黨を支持したい。

そのために私もこれら選んだ人と共に頑張つて行きたいと思う。

一九五五・一・一二
（全日通勞働組合婦人部長）

冷酷な現實の壁を倒すために

丸《まる》澤《さわ》美《み》千《ち》代《よ》

みづみづしい若い女性の夢はゆたかに、美しく、そして匂やかである。それは樂しい結婚生活であり、人權や才能をすくすくと伸すことであり、明るい社會をつくることなど、さまざまであろう。

しかし、貧困・就學難・就職難・失業・住宅難、そして封建的な因習等の冷酷な現實の壁が無慘に青春の希望をくだいてしまう。

學校に行きたくても、才能を伸したくても働きたくても、それが滿されない若い女性のなやみは深刻である。

家庭の主婦は、少い收入から來る生活苦と、子をもつ母としてのなやみに、さらに深刻である。現在の苦しさの上に、もし、稼ぎ手の夫が亡くなるとか、病氣になつたときは一體どうすればよいのだろう。これらのことを考える力を失つて、その日その日に追われている主婦が案外多いが……。

これらのなやみは一人だけの力ではどうにもならない。どんなに一生懸命働いても貧乏からぬけ出せないし、夫を失つて働かなければ生活できないのに、就職口がないのはその未亡人がなまけているためではない。こうして貧困と失業に覆われているのは社會の仕組みによるものだということはこの段階を經て來た先進國の例をみれば誰しもうなづける。このような不幸な社會の仕組みの上に、更に憲法を改悪して徴兵制がしかれ、家族制度が復活されたなら正に萬事休すである。

しかし、この不幸な仕組みを變えて、病氣や未亡人になつたとき困ることのないように、就學難、失業の苦しみがないように、婦人の人權と才能が充分生かされるように愛する息子や戀人が徴兵にとられることのないように、再び恐しい戰爭にまき込まれることのないようにすることは不可能なことではない。一人だけの力でどうにもならないことが、一人ずつの力を集めれば可能となる。

奇蹟はこの世に望めない。若い女性も、主婦も、未亡人も、働く婦人も、そしてすべての婦人が夢をもつと大切にして、その機會をしつかりとつかんだなら、實現への道につづくのである。若い女性が一つのアクセサリーを選ぶときも、主婦がその日の惣菜を買うにも愼重であるように、すべての婦人が選擧のときは、どの黨が本當に貧困や就學難、失業問題を解決し、社會保障制度と平和のために努力しているかを見極めて、選擧目當ての甘言にだまされないで一票を投じることこそが明るい未來を開くのである。

今度こそ、婦人は全力を傾けて革新政黨を勝たすべきである。(國鐵勞働組合婦人部長)

希望のもてる社會を希つて

中《なか》川《がわ》秋《あき》子《こ》

右社が「吉田内閣打倒」のかんばんをおろした時、各商業新聞は〃これをおろすまで六年かかつた〃などと報導していた。また最近は「社會主義政權樹立」のかんばんを掲げたところ、これまた〃六年ぐらいかかるだろう〃とつたえている。

吉田内閣に退陣をしてほしかつたのは、ひとり右社のみではなかつたろう。國民の多くが、特にしいだげられている働く者達が欲していたものではなかつただろうか。

吉田内閣に替り政權をにぎつたのは、民主黨の鳩山さんであつた。これは兩社のヒモツキの協定により生まれたものであることは、有權者が一番よく知つているはずである。

最近の鳩山内閣は、選擧管理内閣であることを意識したうえで、いろいろな結構づくめの政策を發表している。〃失業者をなくす〃、〃社會保障制度を確立する〃、〃勤勞者住宅をたてる〃等々。あたかも社會黨の政策か？と思わせるような、實にまぎらわしい政策を並べ立てているのであるが、はたしてこのようなものが實現させられるであろうか。

民主黨にしても自由黨にしても保守黨には變りないし、ましてや資本家達に對しては、忠實の限りをつくさなくてはいられない性格の持主達であり、眞に働く者の立場を理解しているのではないのである。

お正月を目の前に控えて、一家六人心中をしていつたのは、つい最近の出來事、幼い子供に晴着をきせ、じゆずをにぎらした母親の胸は、はりさけるようであつたろう。犬をかつていたために生活保護を打ち切られ、年老いた夫婦が自殺を圖らなければならなかつたのは、何が原因であつたろうか。幸にして未遂に終えたとはいえ、私達の身のまわりでこのような悲しいことが、日々くりかえされているのである。

長い間一つの職場に働いて、青春も人生も捧げた人には、どんな形でむくいられているのであろうか、職員でなくなつたから寮から出て行かなければならない、雀の涙ほどの退職金で家をたてたり、生活をしたりしてゆけるであろうか。まして女一人が一生働きぬくには、結婚を犧牲にしなければならなかつた時代に、たよる子供もなく、兩親は死に、苦しい日々を送つている兄弟に、どうしてその生活をみてもらうことができよう。

社會保障制度の確立とは誠に良い言葉であるが、その實現を圖ることのできる現政府であり、政黨であろうか？

私達働く者、特に色々な問題をその肩に背負い、苦しい闘いをしている婦人達が、明日への生活に希望の持てるような、そんな世の中となつたらばと思う。

國會は解散となり、もうすぐ總選擧が行われることになつたが、どの黨が、どの人が一番良い人か、リベートをもらつたことのない人、口先だけ良いことを並べない人、働く者のために眞劍になつて働いてくれる人、そんな人を、そういう黨を私達は選ばなくてはならないと思う。

憲法を改めて女を再び暗やみの中に押しこめようとする政黨や、人を、出してはならない。再軍備をして可愛い子供を赤紙一枚で戰場に送ることのないように。ましてや他國のバリケードにするため、日本をうろうとする政治屋などは、私たち婦人の票で日本から追い出さなくてはならない。

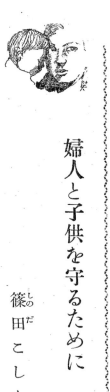

明るく、住みよい日本は私達の一票々々を積み上げることによつて作られるのであり、平和な世界は婦人によつてできるのである。（全國電氣通信勞働組合・東京市外電話局支部）

婦人と子供を守るために

篠《しの》田《だ》こしん

昨年はもよりの主婦達で、家事家計の計畫生活や、産兒調節、婦人と政治、特に家庭教育、學校教育、PTAの內容、社會と個人に起つている實際問題などを檢討し、話合つてきた。家庭における母の地位と子供の人格構成のために努力してきた。

ビキニ水爆の被害については、署名をとり、米國のある婦人團體を通じてその筋に抗議した。家庭內の平等なくして眞の教育はできないことを思い、家族制度の復活に對してはあくまで戰おうとしている。

教育二法案ときいて心におおいかぶさるものは暗い豫感だつた。小學生が「野黨とは？ 與黨とは？」と質問すれば、「野黨とは九と七の間、與黨とは三と五の間」、と教師が答えたという。教師自からの人格を冒瀆するものと、人の親として悲しまずにいられようか。良い政治をするために討議し合うよき相手役とぐらい、なぜ答えられないのだろう？

男の子を育てるのに、家庭内に一切戰爭を連想させるような玩具は入れないで「平和を創造してくれよ」と輝く瞳を吾子の上に注いだのも束の間。すべての武器を捨てると公言した憲法はやつぱり彼の國からの頂戴ものであつたのか。「しばらく待つて下さい必ず平和民主國を作ります」と本氣に身を投げ出したのに。農村の次男三男は自衞隊に引かれ行く。私どもの本氣な聲はなぜあの議事堂にとどかぬか。世論は無視され、思わぬ方へと引かれつつ昭和三十年に入つた。總選擧を眼前にし、「次の時代のために」とグンと腰の帶を〆直す。

左に右に毎日起る慘めな事件を見て、ああ「社會保障制度」！　血稅をこちらに廻してほしい。

短歌

萩《はぎ》元《もと》たけ子《こ》選

十年の我の無沙汰を思ふさま責められゐつゝほとほと樂し　小島縫子

せり合ひて生きむ東京の夜の空ネオンそれぞれに輝きやまず　水島すみ子

春なれや假名の便りに草花や山羊仔兎の育ちを書ける　鷲津みさを

新聞の小說の戀の發展が今朝の期待となりて目覺めぬ　小關哲子

捨ておきし黃菊一枝堆肥場に露もしとどの蕾をひらく　小林一子

社會保障制度の發達しているヨーロッパの國のはなしをきくと、かたつむりが富士山へ登るような思いもするが、どうしても登りたい。

母子の健康を守るため、醫者、看護婦、家政婦一丸となつて至れり盡せりの指導をするときく。一方で產兒制限はするが、生れただけの子は、完全な榮養と育兒法とで育てて行く。すべての妊婦は實に品質の上等な一切のお產用品、赤坊の衣類等、市價六千圓のものを一千圓で手に入れられるという。主婦が病氣すれば直ちによく教育された一流家政婦がむけられる。醫者は病氣してからのものではなく、積極的に健康をみちびく人ときく。

その十分の一でもよいから私共の血稅をその方に廻してくれる政黨へ。

私共の計畫生活をぶちこわす代りに、それを守り育ててくれるかどうか、眞劍に立候補者を檢討しよう。

貴き一票を捨てるような無責任な婦人が一人もなくなるように互に敎え、敎えられつつ私たちは總選擧の日を待つ。（練馬區・主婦）

★政黨の履歴★

わたくし達は どの政黨を支持すべきか

自由黨、民主黨――社會黨と私達

榊《さかき》原《ばら》千《ち》代《よ》

例えば各黨政策の一例を住宅にとつてみます。自由黨は勤勞者住宅、貸住宅の建設促進の措置を講ずるとうたい、三ヵ年百萬戸の住宅を建設すると公約しています。民主黨は現下の著しい住宅難を緩和し、併せて産業能率の向上をはかるため、主として勤勞生活者を對象とする總合的經濟的な住宅政策を推進する、公營住宅の建設はアパートの建設に重點を置き、不燃集團庶民住宅を大巾に增設すると約束しています。社會黨の右派は低廉なる住宅の大量供給ということを唱え、その住宅建設十ヵ年計畫によると國營住宅として毎年九六〇億圓の財政支出をもつて二十萬戸ずつ耐火建築アパートを造り、また耐火分讓住宅として年間十萬戸を建設して分讓すると打ち出しています。社會黨左派は、厚生年金積立金による勤勞者、庶民住宅の大量建設、また勤勞者公營住宅、一年三十萬戸建設計畫の推進、官廳・ビル建築の制限ということをいつています。こうしてみると何れも大同小異であり、その他社會福祉、社會保障の問題についても何れ劣らない頼もしい約束をしてくれています。そこで少しでも生活が樂になるならどの黨でもいいと考えていいのでしようか。それともそこにまことに危險なおとし穴があるのでしようか。

政黨が異るかぎり、その性格も違い、目ざす目標も違うとすれば、かりに同じことをしてもそこに相違が現われて來ないでしようか。まことに危險なおとし穴があるといえないでしようか。

私たちはここで各政黨の歷史や性格についてはつきりしたものを摑まなければなりません。例えば長い間私たちがなじんできた境遇やまたそうしてその境遇から生まれ、身についてきた性根というものは容易に變えられるものではありません。言葉でこそ百八十度の轉換などといいますけれども頭のきり換え、考え方、行動の革命ということはなかなかむつかしく、時には生まれ變らなければあの性根は直らないなど嘆かれる程のものです。戰後パージということが行われました。敗戰によつて壞滅した日本から再び古い日本が、呪われる運命をもつた過去のお化けのような日本が出現しないために、戰前の日本の支配者たちは追放されました。新しい日本は新しい人によつて建設されなければならなかつたのです。つまり古い人たちにその人生觀世界觀を百八十度轉換して、新しい社會に適應させることの困難を占領軍が見ぬいたからです。

自由黨や民主黨はどのような歴史を經て、どのような性格を身につけてきたでしょう。明治維新の動亂の際、自由民權の思想がほうはいとして起り、遂に憲法が發布されて國會が開かれ、「萬機公論に附し」というような立憲國として民主的體制がとられたように見えました。しかしこの改革を指導した人々は、働く百姓や町人ではなくて、今まで祿によつて生活し、そうして人民を支配してきたサムライたちでした。こうして日本の民主體制には封建的なものが殘り、制限選擧が長く續きました。やがて西歐の機械文明とともに資本主義的物質文明が入つてきて我國を風びしました。そうして資本主義經濟を運營する經濟人資本家が政治に大きな發言權をもつようになりました。

自由黨は地主派と呼ばれて、地方に勢力をはつて小作農民を支配している階級の利益を代表し、民主黨はその昔憲政會といつて商工派と呼ばれ、商工業者の側に立つていました。自由黨も民主黨も資本主義政黨としてともに持てる階級を代表し、その利益を守り、その發展に奉仕してきたことには變りありません。

西歐で資本主義自由經濟が多くの矛盾を現わし、人間に仕えるべきはずの經濟が、主客轉倒してあべこべに人間を驅使し、時には虐待さえして多くの社會問題を投げ、マルキシズム的思想が論議されている頃、日本では資本主義經濟が謳歌されていました。

資本主義經濟は利潤追求のためには、人間をも社會をも犧牲にして省みません。こうして資本主義經濟の發展のためにそれは帝國主義と結びついて日清、日露戰爭などの侵略戰爭を起し、支配者の命令のままに戰わざるを得なかつた多くの兵隊や、また愛するものを戰地に送らざるを得なかつた、多くの家族の苦痛きわまる犧牲によつてこそ、それはいよいよ榮えていきました。戰爭によつて儲けた大資本家の中に、は苦勞して戰つている戰地の兵隊に送る罐詰の中に、石をつめたという傳説さえ殘つています。こうして日本の市場は擴げられ、企業は急速に發展していきました。

しかしその蔭には貧困に苦しむ大衆が增加していき、榮養不良が漫延し、結核が健康な農村をさえ侵し始めました。貧乏な百姓は十三四の幼い子女を僅かな前借を貰つて都市の工場に働きに出しました。遊びたい盛りの娘たちが貧しい食事で、食休みのひまさえ與えられず酷使されて、遂に結核に倒れて歸郷するというような、所謂女工哀史が始まりました。

「働けど働けどわが暮し、樂にならざりじつと手をみる」勞働者は働いても働いてもみじめでした。大正の末期ある炭坑で生活を向上させるためには產兒制限がどんなに必要かという話を聞いた抗夫たちが、あとで「あんな話は分らねえ、親はなくとも子は育つ。子供なんてほつて置いても育ちますよ。育つて年頃になれば女の子なら藝者に賣れるし、男の子なら炭坑で働かす。子供は我々にとつては財産です」といつたという話を聞きました。せめて子供が大きくなつたら、この貧しい暮しも少しは樂になるかとはかない望みを愛兒にかけたほど、切ない暮しだつたに違いありません。親孝行が中心の日本固有の家族制度は資本家的支配階級が自己が負うべき責任をいたいけな子供に轉嫁したに過ぎません。日本の勞働者の酷使が國際問題にまでなつて、外國から手痛い忠告を受けるようになつたのも當然なことです。今日でさえ昨年來朝したイギリス勞働黨のヴェヴンなどが、日本のガット加入について、日本の資本家が勞働者を正當に待遇するようになれば盡力するなどいつています。

中小商工業者を含めて、すべての正直な無産勤勞大衆が報われることの決してない境遇に、人間らしい幸福さえも願う希望を失つている時、そういう不合理にじつと目をとめ、そういう灰色の壁をつき破ろうとした一群の人々がありました。それらの人々は世界の情勢を眺め、先進國の人々の經驗や理論や思想から學び、確信を得て社會改革を夢み、その夢を實現しようと働き出しました。一般大衆を自分達の思うままに操縱し、支配することによつて、自らの特權を擁護し、現有秩序を維持しようとしている支配階級にとつて、これらの人々がどんなに恐るべき危險人物であつたかはいうに及びません。議會ではそれらの危險人物を取りしまる法律が次から次と通過しました。そうして政府の御用機關である警察は彼らを彈壓し、追跡しました。あるものは投獄されて刑に服し、あるものは獄死したりしました。そういう艱難の中から社會正義を追求する社會主義の考え方は段々に廣まり、それが形をとつて政黨となり、戰前にも大衆黨とか勞農黨とかいう革新政黨の中には、極く少數ながら議會に議席をもつものも現われました。

太平洋戰爭にかり立てられて戰つた若人たちの血の償いによつて新日本は生み出されました。抑えつけられていた國民は解放されて自由になり、その手に國の政治をとり返しました。共產黨を除いて社會主義を標榜するすべての革新政黨は終戰後いち早く一つの社會黨に組織されて大量に國會に進出しました。しかしその數は保守黨に比べてまだ遙かに少く、その力は弱く、勤勞階級の利害を代表する黨としてまことに賴りない姿です。だけれども私たちはこの黨を助け支持し、强大にしていかなければなりません。

前に人の性根性格を變えることは非常に困難なことだと述べましたが、政黨の場合もそれに似ています。自由黨、民主黨など保守政黨が資本主義政黨として、資本家階級を政治に代辨する機關であり、資本家的心理、人生觀、世界觀をもち、特權擁護、利益追求のためには大衆を犧牲にしても平氣でいられるという冷酷なその性格は容易なことでは改造できません。軍需產業が儲かるとあれば、それがたとえ戰爭への危險をはらみ、そうして民需を壓迫して國民生活を困窮に追い込んでもそれに專念する資本家を援助するでしよう。社會黨と等しく完全僱用ということをいつたとしても戰爭準備への完全僱用かも知れません。等しく勤勞者住宅、庶民住宅といつてもどれだけの親切がそれにこもるか、お義理ばかりの住宅を建てて恩をきせるかも知れません。國家資本の援助によつて炭坑資本家たちが坑夫のために建てた炭坑住宅を見てごらんなさい。昔から金持ちはけちなものと決つています。貧乏人に一つ二つ何か惠んでくれる時には、自分達は必ず後でもつともつと得しています。うつかりお情けを受けられないのが實狀です。

殊に今日の場合、民主黨は同じ性格の保守黨として自由黨の政策を受け繼ぎ、アメリカ資本主義と提携して自由黨よりもはつきりと憲法改正、再軍備を强行すると考えられます。自立經濟などといつても、この貧乏な日本がアメリカとともに世界の平和的風潮に抗して軍備の强化などして、どうして自立していけるでしよう。社會保障の擴充などいつても、どこからその金を持つてくるか、到底本氣にはできない公約です。減稅をするというかと思うと、十八萬石の酒の造石をしてその穴埋めをするといいます。食糧自給に向つて努力しなければならない時、そうして輸入は出來るだけ最少限にくい止めたい時のこれが酒造資本家を儲けさせる政策です。經濟的に强固な國民生活が實現しないで、どうして彼らが約束している自主獨立を完成するなどいえるでしよう。

殊に警戒しなければならないことは、自由黨民主黨が意圖している憲法改正です。民主黨は「獨立國家はすべて國民自らの作つた自由憲法をもち、外國製の憲法をおし頂いている國は世界の何處にも存在しない」といつています。しかしこの憲法は私たちの愛する靑壯年の血によつて獲得されたもの、うつかり手離すことはできません。保守黨はこの憲法を改正することによつて意識的か無意識的か、その性格の中にくいいつている特權階級的處世觀のために、國民からすべての自由や權利を婉曲に奪い返そうとしているのです。儲かる戰爭も思いのままに始めることができ、自分達の都合のよい政治が行われるためには、萬世一系の天皇を頂く日本の國體に合わないといつてこれを改めて支配者に服從する訓育をすることが便利だからです。

資本主義が飽くことを知らない意欲をもつて利潤を追求する時、社會主義は資本主義の不正や慘虐に憤りをもつて、それを匡正し、克服して社會正義を實現しようとします。社會黨は實に社會主義に立つて今日までの資本主義經濟や資本主義的政治の矛盾に苦しみぬいてきた多くの國民に希望を與え、人間としての權利や幸福を樂しむことができる政治をかち取るために闘つている政黨です。社會黨は保守黨のように口先でだけ平和を唱えて、原水爆の世の中で自衞軍を强化したりするようなことをしません。戰爭でいつだつて苦しみ損をするのは無力で正直な民衆であることを知つています。社會主義倫理によつて平和に仲よく暮し、友愛を深めてお互に助けあい、勵しあつて誰もがそれぞれの才能を伸ばし、與えられた使命を完成することができるような社會を實現しようとしています。病めるもの老いたるもの、幼いものはいたわられ、働く力のあるすべての人は働く義務と權利を保障され、その報酬を公平に分配し、樂しく明るく生きていける社會を來させようと努力しています。社會黨が政權をとつたからといつて、すぐとそのよう理想社會が現われるとは考えられませんが、少くとも仰ぎ目ざしている目標は、今日の資本主義社會の缺陷や矛盾を克服した、私たちが追い求める價値のある社會の實現です。少しでも現在よりよい暮しをしたいと希う私たちは社會黨を支持すべきだと考えます。

婦人参政權に關する法律

日本婦人の參政權を認めた法律は一九四五年十二月十五日の法律第四二號で、その後四七年二月二十四日參議院議員選擧法が制定され、一方地方公共團體の長及び議會の議員の場合は四六年九月二十七日に府縣制、市制、町村制が改正になり、これによつて婦人の參政權が認められました。これにつづいて四七年四月十七日、地方自治法が制定されて地方公共團體の長及び議會の議員の選擧に關する法律が一括されました。

その後五〇年四月十五日、法律一〇〇號をもつて公職選擧法の制定となり、國會議員、地方團體の長、及び議會の議員、教育委員會の委員の選擧に關する一切の規定がこれに含まれることになりました。

公職選擧法（昭和二十五年四月十五日法律第一〇〇號）**第七條**・①日本國民で年令滿二十才以上の者は衆議員及び參議員の選擧權を有する。以下略。第十條・①日本國民で左の各號の區分に從い、それぞれ當該議員、長又は委員の被選擧權を有する。一、衆議院議員については年令滿二十五年以上の者。二、參議院議員について年令滿三十年以上の者。三、都道府縣の議會の議員についてはその選擧權を有する者で年令滿二十五年以上のもの。

以下略

（勞働省・婦人關係資料）

婦人代表者會議を見て

山《やま》川《かわ》菊《きく》榮《え》

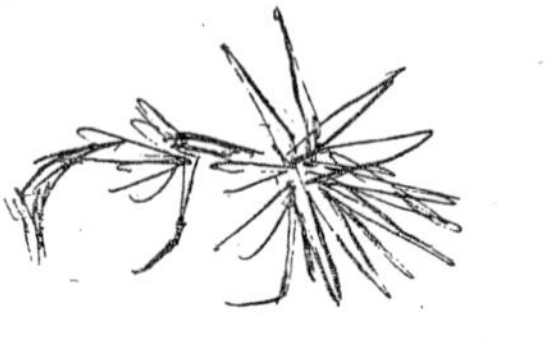

一月十六日、午前九時から午後七時まで參議院會館で左社婦人代表者會議が開かれました。來會者は約七十名。一縣から二三名もあれば一名も來ていない縣もあり、みな十八日の黨大會の代議員を兼て出京した婦人たちですが、婦人の代議員を一名も出さない縣のあつたことは甚だ殘念。日本の婦人有權者は男子より二百萬人以上も多いことを忘れているとはのんきすぎます。そんなことでは社會主義政權までに百年もかかりましょう。

本部の報告について、各府縣代議員の地方情勢や、外郭團體「くらしの會」の報告、それらについての質疑應答などを中心として、現實の經驗にもとずく意見の交換が行われ、實際的で互いに大いに得るところがありました。

縣によつてはあまりに婦人黨員が少く、縣連の執行部に委員を送る基準に達していないというので、一人の婦人執行委員も出ておらず、從つて運動がやりにくいという聲もきこえましたが、たとえ數は少くとも婦人黨員の役割の重要さとその將來性とを思えば、そう機械的、形式的に考えず、適宜に融通をきかせて、婦人の進出をはかるべきだという意見が強く出たのは當然のことです。本部の中執にも今のところ婦人が一人で萬事につけて不都合なので、次の年次大會にはも一人婦人の候補者をふやすということです。現在では各府縣を通じて婦人黨員は男子の五％程度にすぎない。それだけに現在働いている婦人黨員は貴いので、その人々が一層働きよいようにし、かつ一人でも進んで入黨する婦人をふやすためには、黨の機關としてできるだけ融通をきかせ、便宜をはからなければならないのです。

次いで黨に對する要望としては國際部に婦人連絡員をおくこと、議員候補者の公認は現職者優先の原則により、長野の萩元たけ子氏を第一公認候補とすること、兩派統一の問題については、無原則の統一は社會主義政黨としての本質を失う危險があるから綱領政策等について意見の一致を見た場合に限るという條件を嚴守することを申入れ、滿場一致で次の決議を可決した。この日社會黨靑年部が開いた會議と期せずして同結じ論に達したわけです。決議は次の通り、

決議

講和、安保兩條約の態度をめぐつて黨が分裂して以來、私どもは兩條約反對、平和四原則の立場にたつて、廣く婦人層に對し、黨の考え方を浸透するため、あらゆる困難を克服して闘つてきました。そして昨年は黨の社會主義革命の方向をしめした綱領が作成され、私どもはこれを熟讀し、黨における婦人の役割の重大さを一層痛感すると共に、婦人組織の確立に懸命の努力を續けてきました。

昨年における吉田内閣の汚職、疑獄は、婦人層に非常に大きな衝撃と失望を與え、これが社會黨に對する期待となつてあらわれてきました。そしてまたそれが社會黨勢力の强大を望み、統一を希望する聲となつてまいりました。私どもはこの婦人層の素朴

な統一合同の要望を全然無視するものではありません。

しかしながら、社會黨は社會主義革命を達成するためにつくられた政黨であり、その革命への途を明示した綱領をもつております。從つて單に大衆の要望であるからと云つて、安易な統一合同はかえつて、大衆の希望をふみにじる結果を招くと思います。婦人團體などの大衆團體が、再軍備反對、反ファッショの條件だけで統一する場合はありますが、少くとも革命政黨である社會黨が、その使命である革命のための方法や目標の一致なく目の先の政策だけで統一すべきではないと思います。

なぜならば無條件合同は當然再度分裂という不幸な結果をもたらすからです。

私どもは統一とは昨年決定した綱領ならびに平和四原則の立場を堅持した、納得のできるものであることを第六回臨時全國婦對部代表者會議の名において決議するものであります。

一九五五年一月十六日

第六回臨時全國婦人對策部代表者會議

こんどの會議は運動方針を討議するためでなく、統一問題についての態度決定の大會のついでであるため、他の多くの問題に十分ふれる時間もありませんでしたが、平和憲法のよう護、家族制度復活反對、母子保護の運動は當然の事とされていました。そして代議員の間にじみで熱心な討議が續いたこと、主婦及び勞組出身代表のいずれも發言內容が年毎に進境を示していることが著しい點でした。

しかし婦人はなお一層社會主義の基礎的な勉强をすると同時に、當面の問題についても正しい見方、考え方を身につけて、强力な本格的な社會主義政黨を發達させていかなければならないと思います。何といつても議會政治は政黨政治である以上、すぐれた政策、すぐれた議員と共に、强大な組織が必要です。ところが日本では政黨に對する無理解偏見が强く、政治家といえば鼻つまみ、政治は政黨屋のものとして、まじめな人間の關係するものでないように考えられがちです。これは過去の苦い經驗、特に現在でも腐敗した保守政黨にこりた經驗からの偏見ですが、一般の人々がもつとまじめに政治を考え、政黨をよくしていくことを考えなければいい政治はできません。選擧に出る時だけしか政黨はいらないものと考え、その時だけ利用する輕薄な政治屋、政黨屋に政黨の改革も、日本の改革もできる筈はなく、日本をほんとによくしたい、せめて一日も早く社會保障だけでもと願う人は、進んで政黨にはいつて政黨を强化し、浮化したいものです。それでなければせめて外郭團體にはいつて組織的にはたらく習慣を身につけましょう。

浮動票から組織票へ

大會代議員の算出基準で計算すると左社黨員一萬七千八、右社四萬四千人となつています。昔から日本ではこんな時にホラを吹くのが普通で、戰前、初期の勞組なども、組合員數公稱何千といい、實數はその一割もどうかというのが殆んど常識でした。分裂前の社會黨も實際の勢力は明白でなかつたのですが、分裂後左派ではそういう根本的な缺陷を反省し、堅實な組織を發達することに力をいれてきたので、上の左派黨員數も少いだけに信頼できる良心的なものと信じていいでしょう。左右兩派のほか正規の黨員に勞働組合、農民組合その他の支持團體の會員にも準黨員が多いにせよ、とにかく正規の黨員は五六萬あるかなしで左四五〇萬票七二八、右四七〇萬票六九人(昭和二八年四月總選擧)を獲得したような社會黨は外國に例がない。それだけ日本の社會黨の組織は弱く、その力は莫然たる人氣と浮動票にたよることが多く、風むき次第でどこへでも流れる賴りなさを感じさせるのです。英國勞働黨は個人黨員百廿萬（内婦人四十萬）、團體加入の黨員五百萬、計六百萬餘で、一九五一年の總選擧の總得票數千三百八十萬。組織票と組織外の投票とが殆んど同數に近いことを思うと、日本の場合は浮動票が多すぎて心細い。勞働組合員でさえ、黨費を拂つて正式に加入している者は少く、從つて黨の日常闘爭が弱いのです。いま鳩山内閣が中ソ國交の正常化、人氣とりに完全雇用、社會保障制などといいだしたために、社會黨のお株をとられたと憤慨したり、浮動票がみなそつちにいくといつて心配する人々もあります。これはしつかりした社會主義の社會觀と信念とをもたない人々の間の人氣や投票がどんなに氣まぐれなたよりないものであるかを示す何よりの證據です。少し甘い顔をしてみせたり、社會保障制度でも口にすればすぐだまされて誰にでもついていくほど政治的に無自覺な國民を一人でもへらし、まじめな堅實な、ちつとやそつとのことで信念の動搖しない黨員を一人でも多く作ることが、社會主義者の任務です。投票はその結果であり、政權もその結果でなければならず、投票につられ、目先の利益につられて無原則な離合集散をくり返す腐敗した保守政黨の行き方は、斷じて明日の日本のためでもなく、社會主義政黨のとるべき道でもありません。

　資本家、經營者の團體は保守合同をやれば何億とか金を出すといつたとか。これではまるで犬に餌を見せて、チンチンやおまわりを命ずると同じではありませんか。勞働組合と政黨との關係は決してこういう形のものであつてはならず、資金援助をするにしても、あくまで平等の同志としての尊敬と愛情から出たものでなければならず、統一問題についても政黨の自主性を重んずることは當然でしょう。

　前回の總選擧では兩社會黨合せて得票數九百二十萬、全體の二六・五％。まだ勤勞者さえも保守黨に投票する者の多い世の中です。私たちはこんなに少數の社會黨をうんと大きくしなければならない。その中であらゆる困難と戰つて一歩一歩荊の道をきり開いてゆくこの婦人代表者會議の人々の誠實と熱心とに深く感激し、男でも女でも一人でも多く同じ陣營に走せ參じて勞苦を共にする方々のふえることを願わずにはいられませんでした。浮動票から組織票へ！

去る一月十八日左派社會黨は淺草公會堂で右派は豐島公會堂において、臨時大會を開き社會黨統一實現問題を討議し左の如き決議文を發表した。

社會黨統一に關する決議

一、われらは自主外交の推進、MSA再軍備反對、平和憲法擁護、民主主義の確立、大衆生活安定のために、階級的大衆政黨の建前に則つて、この際、兩派社會黨の速かなる合同を實現し、社會主義政治勢力を結集する。

二、われらは來るべき總選擧を保守か革新かの對決の戰いとして、共同のスローガン、共同の政策の下に、社會黨政權樹立のために闘い、特別國會においては、統一首班候補に投票し、共闘を通じて統一の實現を期する。

三、統一された社會黨は、本來の目的たる資本主義を打倒するための、ファッシズムを粉碎すると共に、共産黨と明確な一線を劃して民主的、平和的方法により社會主義の實現を期する。

なお、兩社合同の準備のため、左の如き措置をとる。

(1) 兩黨の内部にそれぞれ中央執行部を中心とする統一準備委員會を設ける。

(2) この統一準備委員の中から、綱領、政策、組織、人事などについて兩黨内で話合うべき若干の交渉委員を擧げる。

(3) 準備委員、交渉委員は、總選擧終了後右に述べたような統一準備を進め、これが完成すれば、それぞれの大會の承諾を經て合同大會を開く。

一九五五年一月十八日

日本社會黨第十三回臨時全國大會

區議という名の保守的人物

今《いま》尾《お》アツ子《こ》

區議會の任期四ヵ年をまさに終ろうとして自分の歩んで來た途をふりかえつた時、そこに何が殘るだろうか。わが願うものへの如何に遠いかということ、そしてその涙を通じてよし今度こそ!! と湧き上る怒りのみ。

技術畑の私が黨議により區議會議員に立候補したのは、昭和廿六年四月であつた。多くの希望を持ち胸を張つて出かけた私に待つていたものは、名譽慾と、嫉妬心と、お世辭と掛引と、そして仲間のあらさがしであつた。定見を持たぬ人々がその時々に右にゆれ、左にかたむき政黨ならぬ人々の集りの話合いでことの大構が決つてしまう。それは廿萬區民全體の福利を計るのではなく、自分の選出母體、地元の利益をまず第一に考える。こういう人々によつて豫算はそれぞれの方向に分取られていつた。それをくい止めるのには私たちの勢力は餘りに小さい。四十名の議員中革新系五名といつても右社二名左社二名無所屬一名では各委員會における勢力は絶無といつてよく、數で何時も押切られてしまう。

理窟の場であり、理論の殿堂でもある議會は理論よりも前例と習慣を重んずる處であつた。

俺は名譽が慾しいから澤山の金を使つてなつたのだという人もあれば、委員長の椅子に戀々とし仲間同志の爭いをする人もある。なんの修業か無言居士がいるかと思うと、安心立命の境地に入り、いとも安らかに居眠り給うお方もある。御自分の提出議案でさえも質問されるとワシャアー分らんとおつしやる。

しかし議會ではどうあろうと地元へかえれば大先生で、學校豫算から土木豫算に至るまで議員の心一つで何んとかなるような御發言は誠に恐れ入る次第。

道といつても國道あり、都道あり、區道あり、私道もあります。その所屬により自ら豫算の出所も異り、個人の意志によりみだりに豫算を動かすことはできない。たとえばこんなことが行われています。都道が新豫算で舖装されることがわかると、大急ぎで陳情または請願の署名をとつて歩きます。そしてあたかもその請願によつて舖裝された如く宣傳これつとめます。また御報告と稱して何町の道路は何日からなおします。誰々、と名前を書いてチラシをくばつたり、また何々道路と名前までつけられるほど御自分の近くの道にのみ一生懸命の方もあります一時が萬事如何に大變なものか、ひとたび入れば痛切に感じます。

暇があればワイダンに華をさかせ、二號をもつことを公然と發表している人々に子供の教育をまかせ、私達の乏しいお臺所をまかせることができましようか。眞に女權を語り得る資格がありましようか。自動車を乘り廻している人は車の前後を歩く人を邪魔だと思うかも知れないが、泥をはねかされて困つている人々の心はわかりますまい。

二匹の子ブタの話ではないが、狼がどんなに草の露をのみ、お母さんのようなやさしい聲を出しても、うどん粉をぬつて白い手になつても、狼はやはり狼で一歩家の内に入れば子ブタは食べられてしまう。

（二五ページへつづく）

女性の『保守性』について

熱《あつ》田《た》優《ゆう》子《こ》

お正月に石川達三、伊藤整、仁羽文雄氏らの放送座談會があつて、「女は子供を育てる關係上、安定した社會を望むためか、だいたい保守的なものだ」というようなことが話し合れたそうです。私はその座談會をきいていませんので、話の內容がその通りだつたかどうか斷言できませんが、ともかく、これと似たりよつたりの、しばしば男性側からいわれる「女性の保守性」について、女性の側から反駁してほしいという編集部からの御依頼なのです。私としては、今さら「男性と女性とどつちが保守的であるか」というようなことを検討する興味はあまりありませんし、改めて反駁するほどのことでもないように思うのですが、この文が反駁になるかどうか、ともかく御注文の點を考えてみましょう。

◇保守性は性別によるか

男性はなぜ、女性の方が保守的だと決めてかかるのでしょうか。男性の中にも保守的な人もあり、進歩的な人もあります。その點では女性も同じです。もし男性が保守的でないというなら、保守政黨に男性黨員のいるはずはありません。實にばかばかしいことです。こういうことを性別によつて斷定するところにまず不合理があるのではないでしょうか。

しかし一般的傾向ということはありますから、その點からはどうでしょう。少し公式的な云い方かもしれませんが、保守性というものは、多かれ少かれ、過去・現在において優越した地位を保持している人々や階級が、それを持續するために持つものではないでしょうか。今まで自分たちが持つていた特權を失いたくないという意識の上に立つて、保守性は芽生えるものと思われます。そういう意味から云えば、むしろ過去・現在において、社會的にも家庭的にも優位を占めてきた男性こそ、多く保守性をもち、「失うものは鐵鎖のみ」である女性の方が過去に未練をもたないはずだと思います。

男性はしばしば女性が保守的であるからという理由で、婦人に参政權を持たせることを遷延したり、社會的に女性が獨立した地位や權利を持つことにブレーキをかけてきましたが、そのことにこそ、男性の保守性が現われていると云えるのではないでしょうか。

男性の保守性は、社會のあらゆる面で過去の因習を脫して進出しようとする婦人に門戸を閉してきました。そういう例はたくさんあります。殊に職業上の差別待遇は、勞働基準法によつて職業上の男女の同權が認められているにもかかわらず、男性に有利なように仕組まれています。最も進歩的で、女性の立場を理解しているはずの勞働組合員の男子でさえ、女性の昇進や就職の機會を擴げることに對して協力するどころか、むしろ冷淡であるということをよく耳にします。また革新政黨の黨員も、家庭では、昔ながらの從順な婦人を好んでいるということもよくききます。家庭生活で、婦人の發言や自主的な行動が男性によってしばしば抑えられてきたことは、男性の方がよくご存じのことと思います。特に農村では今でもまだこの傾向が強く、一切の經濟を夫が一人で握っていて、女はこれに口出しすることさえできないというところも、まだまだたくさんあるそうです。

　ですから、女性が保守的であるとすれば、それは多かれ少なかれ、今まで女性に對して指導的な地位にあつた男性の保守性を證明しているのではないかと思われます。

◇保守性は階級性の現われ

　このように現實の例からみますと、保守的なのは、むしろ女性よりも男性の側のように思われます。しかし私は保守性は性別によるのではなく、むしろ階級性によるものだと思いたいのです。

　女性に保守的なところがあるとすれば、それは女性の置かれた永い間の社會的・家族的な地位――男性に從屬して生活してきた女性の地位が、女性を眠らせ、その殻を破る力をそぎ、革新的なものを見る目を鈍らせてしまつた結果ではないでしょうか。今までの多くの女性は保守的であるというよりも、自分の置かれた地位について考えることさえしてはならないように習慣づけられてきたのです。

　しかし今、新しい息吹に目覺めた女性は勇敢に過去を見捨て、あらゆる面で革新をめざして立ちあがろうとしています。

　自分の周圍を見まわして、私は保守黨を支持している女性をあまり知りません。これは一つには、私の周圍には自分の力で働き、獨立した生活を營んでいる女性が多いからかもしれません。夫の力で生活が保障され、現在のままでもちつとも困らないという人たちの中には、現狀維持を望み、保守黨を支持する人もあるでしょう。現在の息ずまるような生活があまり氣にならず、改革を望まない女性があるとすればそれは、女性だからではなく、その女性の屬する階級性がそうさせるものと思われます。

◇女性を保守性から解放するには

　ところで女性の保守性をしばしば指摘される男性方は、いったい女性が進歩的であることを望んでいるのでしょうか。もし本氣で望んでいるのでしたら、その方法はごく簡單です。女性を保守的にした大部分の責任は、從來の男性中心の家族制度やその他の諸制度、並びにそれらの採配を振つていた男性自身にあると思われますので、どうぞ家庭でも、また社會や職場でも、世の男性こそ卒先して保守性を捨て、女性が自分の頭で物を考え、處理することができる場をあたえ、進出の道を開いてください。そうしたら、たちまち女性は驚くほど進歩的になつて、男性と相たずさえて新しい社會の建設のために力をつくすことでしょう。進歩的な男性のあるところ 必ず進歩的な女性があることを私は信じています。

(二三ページよりつづく)民主黨が完全傭用をとなえても、失業者を保安隊に吸收されては困るし、社會保障が大將の家族に多く一兵卒には生活もできないようなものでは困ります

　どうか目先の御題目にまよわされることなく、今度こそ働く者の代表、眞に苦しいこと悲しいことを知る人を一人でも多く區會へ送り出し、今年こそ働く者の世の中に致しましよう。どんなに上手にその政黨の政策をのべても、保守陣營は自由競爭を主張し、弱肉强食をみとめている。

　自由主義經濟機構の內にはわれわれ働く者の眞の幸福は見出し得ないということを今ひとたび認識して、今度こそ私たちの手で私達の生活を守り、子供達を守ってくれる內閣をつくりあげましょう。

選擧に關する アンケート

約二千五百萬におよぶ婦人有權者が日本の政治についてどのような考えをもつているか、それはいずれの政黨を問はず大きな關心を寄せているところと思います。本誌は各方面の方々に左の四項目についてアンケートを發し、各層の婦人の聲を求めて大方の參考に資することにいたしました。

一、總選擧には政黨を選びますか、人物を選びますか。その理由は？
二、政治に何を最も望みますか。
三、私たちの聲を政治に反映させるにはどうしたらよいと思いますか。
四、選擧についての見聞、例えば買收實例など。

（到着順）

須田エン（立川・主婦）

一、政黨を選びます。日本の議會政治のルールから云つても、多數決の原理から云つても私達一人一人の權利義務を守つてくれる日本國憲法を最も忠實に政策として立てて下さる政黨人を選びます。

二、生活の安定（社會保障制度の確立）、平和、日本の子どもに明るい生活と未來をよぶ政治。

三、私たちの眞の代表者に出てもらうこと。私利私欲に走らない人。第二點を實現出來るような政黨人を選び、大きく組織的協力によつて必ず當選までの道への最善の對策を立てる。

四、目に餘る事前運動はここでは保守の方、殊に都會候補の方でばく大な金を消費しています。しかも現職候補などは權力の座を利用し敎育廳などもおさえ、この地の婦人をつんぼさじきにする方法、物への誘惑に專ら力を注いでおります。

高木洋子（東武交通勞働組合）

一、政黨（社會黨）。黨員は黨の政策を忠實に實行する義務がある。政策が働くものを守る明るい社會建設、再軍備反對を唱える社會黨にぜひ政權をとつてもらいたい。

二、失業對策、中ソとの貿易促進（平和憲法を守ることが切實な問題です）。巷に終戰直後を思わせる職安に長蛇の列を作る失業者の群、かつぎや、一日も早く働く者が明るく生活できる世の中を作つてほしい。

三、自分達の職場で、家庭で自分達の生活の不滿や苦しさが政治とどのように關係があるかを話し合うことも大切です。また家庭の主婦は子供たちのために生活を守るために社會に目を向けなければいけない。職場の中の小さな問題もどんどんとりあげて明るい職場にすることが世の中をよくすることだと思う。積極的に婦人運動に參加する。

川合美千子（練馬・主婦）

一、政黨としては一、左社、二、右社、三、共產の順位。選ぶ人は良識のあるインテリを右の順位で。

二、一口に云えばよい政治・地に足のついた政策、無駄のない政治。圓の外國流出を防ぎ、外貨の流入するような政治政策を第一に望む。ボロもうけする人や努力しても惠まれない人のない政治、不健康な（バクチ式のもの其他）商賣や娛樂をなくしていただきたい。

三、婦人の良識を育成すること。目覺めた婦人層が積極的に働く事。

田中英子（橫濱）

一、政黨。はつきりした政策がある。私達の利益の代表か、持てるものの利益の代表か大體二つにわけられる。

二、今苦しくとも將來に希望のもてる政治。

失業者をなくす。全面講和を結ぶ。
三、まず私達の利益を代表してくれる人を選舉すること。
四、横濱の平沼市長が高橋長次とともに文化の日を記念、若人を招いて馳走し土產などを贈つた。これには立候補をうわさされている人たちが多數ついて來て老人の歡心を買つた（南區）

川上喜久子（作家）

一、第一政黨を選びます。どんな立派な人でも個人の力で政治はできませんから。
二、眞に國のため民のためを思う政治。
三、私たちの代辯者となつてもらえる議員をえらび出します。
四、過去によい實例の方を多く見聞しました市川房枝氏の場合や、私の住む鎌倉で婦人議員を市會に送つた場合など、女の力でも一致團結すれば理想的な選舉が行えることを經驗しました。

西　清子（評論家）

一、まず政黨、つぎに人。政策に贊否を表するのが選舉の目的です。
二、汚職、利權のないこと。
三、第一には自分で考えた、正しい投票をすること。
四、署名いりカレンダーの戸每配布。

鶴田勝子（世田谷・主婦）

一、衆議院は政黨——多數黨が議決權を持つから。
二、外に貿易を盛んにし、內に農村對策、住宅問題、人口問題等の絕體解決。
三、自分の一票を深く考え、正しく行使すること。
四、カレンダーに名前を刷りばらまいた人。出產のあつた家に祝いのことばとお守りを送つている人。都バス見學に饗應する人などを實際に見聞しています。

小林由美子（新潟・主婦）

一、政黨を選びます、また人物も。
二、完全に婦人が開放される政治を望む。
三、あらゆる機關に私達の代表を出すこと。
四、新潟第三區の某元代議士は買收であげられ、徵役一年の言渡を受けて控訴中ながら來る總選舉にまた出るためか目下三區に物品を贈つて運動している。

井ノ元惠子（東京交通勞働組合）

一、政黨人物ともに選びます。政黨を選ばなければ私達の理想の政治を實現することができない。また人物については選んだ政黨の中で選びます（革新政黨）
二、勤勞者の生活の安定と婦人の權利のヨーゴ。
三、國民が政治に目ざめること、特に婦人について婦人の政治家を多く進出させること。
四、特に買收の實例なし。ただし都內觀光バスの大半以上が選舉事前運動に使われている（代議士の招待による東京見物）。

田所芙美子（杉並・畫定）

一、政黨を選びます。理由は民主政治の基本的なことだからです。
二、保守黨は問題外ですが政黨の利害ではなく大衆の公僕だというヒューマンな議員が多くなつて日本のための政治を考えて貰いたいと思います。
三、二の問題を考えて革新政黨の議員を出すことによつてなされると思います。
四、千葉の知人が正月の宴會を催したところが酒代だといつてある保守系の候補者が二千圓包んできたそうです。新聞に連載された「選擧の話」など讀むと保守の政治家は金、顔で出てくるようでまことに怒りにたえられません。

岩瀨ふみ子（片倉勞働組合）

一、人も勿論大事だが政黨を選びます。ただ私の選擧區には該當する人がいないかもしれない。理由はごく常識的なことだから。
二、うそ、ごまかしのない、誰にでもわかるガラスばりの中の政治。臺所と直結した政治。
三、私達の代表を議會に送りこむこと。それには選擧に革新政黨が勝つこと。

芝木好子（作家）

一、難かしいところですが、やはり政黨を選ばなければならないでしよう。政治は個人の力ではどうにもなりませんから。
二、失業者のない住みよい世の中を希みます。世界平和に寄與する政治でありたいものです。
三、選擧のとき、よい代議士を選ぶのが第一と思います。

西尾くに子（醫師）

一、政黨を選びます。私達の政治上の要求は支持する黨が實現してくれるので人がよくても、中立や支持しない黨に屬している人に投票しても無駄だ。
二、軍事費をやめて生活安定に用いること。汚職のない明るい政治。
三、私達の聲を代表してくれる政黨を勝たせるように努力すること。

小倉麗子（音樂家）

一、第一に政黨を選び、ついで候補者個人をも考慮いたします。
二、最少限、働く意志のあるものが働くことを得、病める者が病氣をなおすにたる保障を與え得る政治を望みます。
三、婦人の政治に對する自覺をより一層うながすのが依然として最も必要とおもいます。
四、婦人の選擧に對する自主的判斷が依然として低いとおもいます。

新居好子（飜譯家）

一、人を選びます。（激情家やすぐ腕力を振う人、及びキタナイ皮肉を云つて喰い下るような人はいやですから。社會は個人の人格から始まると思いますので）
二、豫算の組方を末端から良心的にするように。
三、政治に氣をつけて團體、グループで意見をまとめ、與黨、野黨をとわず希望、注告を直接申出てはどうかと思います。
四、昨年末、すでにある集りで名詞をくばられました。いやな感じがしましたのですぐ破りましたが、その人を哀れみました。

桑原小枝子（中野・主婦）

一、政黨を選ぶべきでしよう。議會政治の場合政黨を離れた個人は無力ですから。
二、日本經濟の自立のための眞劍な努力。正直者が得をする政治。
三、これが一番の悩みです。世論を無視するのが當然なような政府の場合、どうしたらよいだろうといつも思うのですが。
四、近頃地方選擧では進歩的なグループ候補者をたて、皆が手辯當で應援して當選させた例があります。その一方PTA會長が委員を無理に動員して選擧をしている例もある。

石垣綾子（評論家）

一、原則として政黨をえらびます。黨が最高の決定權をもつているからです。
二、庶民の生活を向上させる事。
三、自分の支持する黨の候補者を當選させる事。

清水慶子（評論家）

一、政黨を選びます、どんなに人間としてよくとも議會政治にはその政策が生命です。
二、憲法の一字一句まで守ることを望みます
三、默つていないで、みんなで騷ぎだすことです。
四、買收の實例をできるだけ一般の人々に知らせること、投書などで。

執筆者紹介

熱田優子氏　明治三十八年東京生れ。お茶の水高女卒。現在職業指導協會勤務、「女人像」同人。

篠田こしん氏　明治三十五年廣島縣生れ。九段和洋裁縫女學校卒。主婦、「くらしの會」會員。

今尾アツ子氏　大正十二年東京生れ。東京藥科大學女子部卒藥劑師、文京區々會議員。

大久保さわ子氏　大正十五年東京生れ。中央大學卒。專攻經濟學。前山口婦人少年室長。

新刊取次

左の新刊書を本社でお取次いたします。御希望の方は、前金をもつてお申込み下さい。

山川菊榮編　有斐閣刊
婦人
定價二三〇(〒三〇圓)

山川菊榮著　慶友社刊
平和革命の國
—イギリス—
定價一八〇(〒三〇圓)

編集後記

新年と共に世の中がなんとなく明るい氣分に充ちてきたようです。これは永い間の吉田內閣の秘密・獨善政治から解放されたということにもよるでしようが、一方には目前に迫つた總選擧への國民の期待から來ているように思われます。しかし私たちの氣分が明るくなつているのは、例え資本家擁護の鳩山內閣の選擧目當の無責任な人氣取り手段にせよ、住宅政策や社會保障の充實など國民福祉の問題を表看板に出さなければ國民の支持を得られなくなり、憲法改正や再軍備を正面切つて言うのは不利になつたという社會の情勢についてです。つまり國民の良識が受入れられる可能性が大きくなつたということだと思います。

◇　◇

日本の全有權者數四千八百萬、その五二%を占める二千五百萬の婦人の聲を結集したら、私たちの希いである憲法改正・再軍備阻止、平和擁護、社會保障制度の充實、家族制度復活反對、賣春等取締法の實現も單なる悲願ではなくなりましよう。いや、これらは絕對に悲願に終らせてはなりません。

そういう意味から婦人の一票を最も有效に使つて頂きたいため、今月は特に四ページを增して全紙をあげて選擧問題を取扱うことにしました。私たちの要求はどの政黨によつて實現されるか、本誌を熟讀されれば自ら明らかになることと存じます。また日本の婦人は政治についてどう考えているか、男の方にもよい參考になると自負しています。

◇　◇

去る一月開かれた左右兩派社會黨の大會で發表された黨員數は左社一萬七千、右社六萬ということでした。左社は支部で確認し本部で登錄した實數であり、右社は準黨員その他を含めた謂ゆる、公稱數で、正黨員は五千餘とか、革新政黨はすべて正直が肝要。

婦人のこえ　二月號
定價三〇圓(〒五圓)
半年分　一八〇圓(送共)
一年分　三六〇圓(送共)
昭和三十年一月廿五日印刷
昭和三十年二月一日發行
編集發行人　菅谷直子
東京都千代田區神田三崎町二ノ三
印刷者　堀內文治郎
東京都港區本芝三ノ二〇
（硫勞連會館內）
發行所　婦人のこえ社
電話三田(45)〇三四〇番
振替口座東京貳壹壹參四番

婦人のこえ

日發行　第三卷・第三號

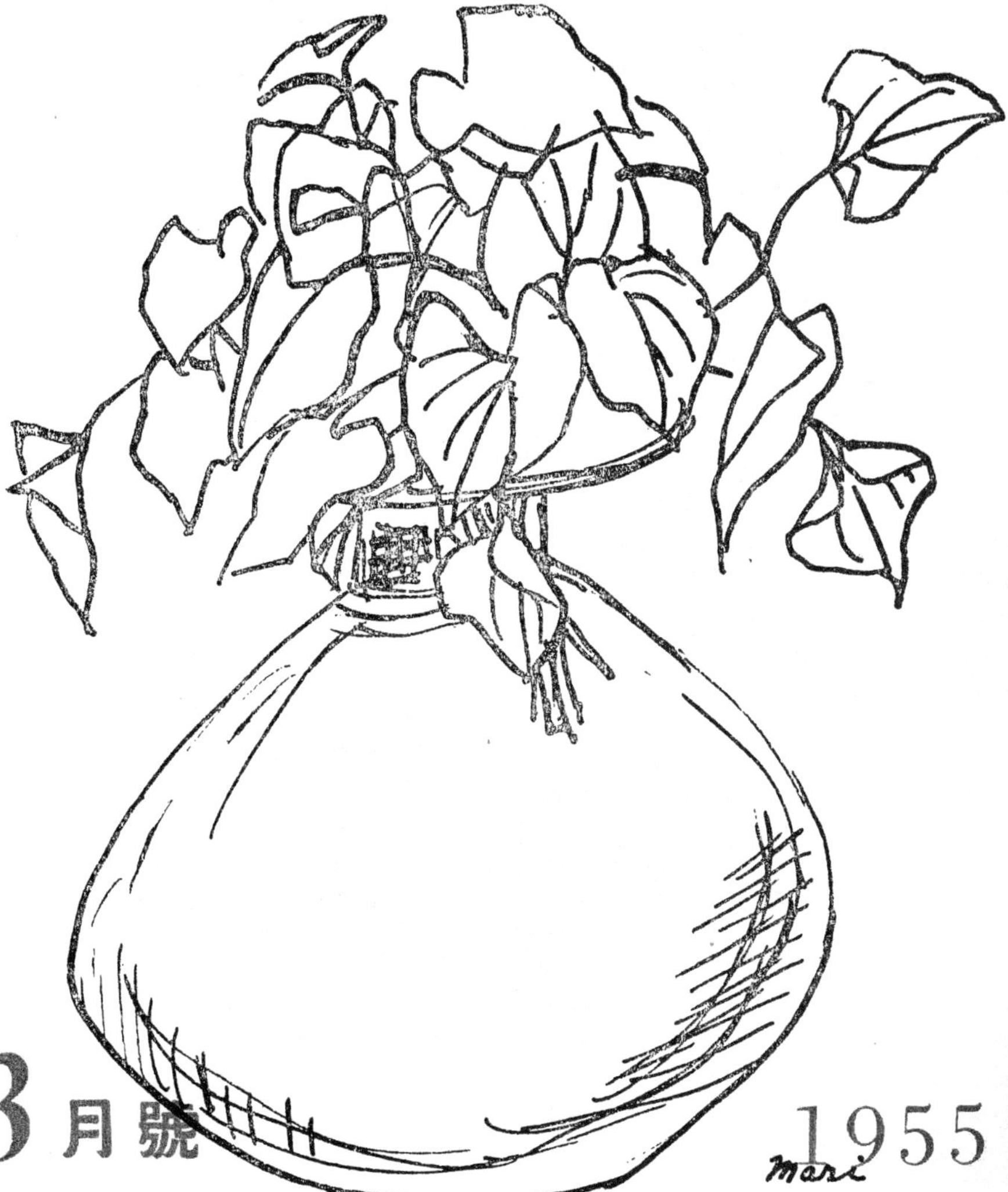

3月號　1955

平和憲法を守りましょう

本誌・社友（五十音順）

淡谷のり子　安部キミ子　石井桃子　圓地文子　小川マリ　川上喜久子　桑原小枝子　木村光江　久保まち子　清水慶子　菅谷直子　田邊繁子　戸川エマ　新居好子　西尾くに子　深尾須磨子　福田昌子　三岸節子

阿部艶子　磯野富士子　石垣綾子　大谷藤子　大内節子　小倉麗子　神近市子　久米愛　芝木好子　杉村春子　田所芙美子　高田なほ子　長岡輝子　西清子　萩元たけ子　古市ふみ子　宮崎白蓮　米山ヒサ

日本労働組合総評議会傘下
各労働組合婦人部
全國産業別労働組合（新産別）
連合傘下各労働組合婦人部

原稿募集

◇**論文・随筆・ルポルタージュ**　職場でも家庭でも婦人の立場から訴えたいこと、發言したいことはたくさんあると思います。
また政治や時事問題についてご意見やご批判をお持ちの方も多いと思います。
そうした皆さまのご意見、ご批判、ご感想あるいは職場や地域のルポルタージュなどをふるつてご投稿下さい。

四百字詰原稿用紙　七枚以内

◇**短歌・俳句**　生活の歌を歓迎いたします。短歌にかぎりご希望の方には選者が添削してお返しいたしますから返信料を添えてお申込み願います。

送り先　「婦人のこえ」編集部

婦人のこえ

1955年
三月號

特集・地方政治の問題

時事評論

植民地時代は終るか

山《やま》川《かわ》菊《きく》榮《え》

フランスの時代おくれ

二月五日マンデス・フランス首相が議會の信任投票に少數でやぶれてからかれこれ廿日近い今日まで、大統領によつて次々と指名される首相候補者がいずれも議會の過半數の支持をえることができず、後繼内閣がいつできるか見通しがつかないというのもいつものこととはいえ、フランス政局の多難を思わせるに十分です。

十七八世紀から十九世紀にかけてアジア、アフリカの廣い土地が次々と白人のキバにかけられてその植民地となり、有色人種は彼らの餌となつてきましたが、二十世紀に至つて民族運動がさかんに起り、第一、第二次大戰は帝國主義の退潮と勞働者及び植民地民族の解放に拍車をかけました。機を見るに敏な英國は勞働黨政府の手で戰後早くインド、ビルマの獨立を認め、友好的關係を維持して經濟的權益を保つことに努めました。が、目先のきかぬフランス人はインド・シナで自國の靑年の血を流し、高い給料めあての外人部隊にたより、アメリカの援助によつて無理な戰いを續けつつ、敗退また敗退泥沼に足をふみこんだ形でした。昨年春、マンデス・フランスが組閣をひきうけると共に、フランスの危機をよそに、虛勢をはつて無謀な植民地戰爭を續けてきた右翼諸派の政策をあつさりすてて、アメリカの不滿におかまいなく、ジュネーヴ會議を開き、共產黨のホーチミン政府との間に休戰を成立させたのでした。そして改めて二年後、自由な選擧によつて最後的に諸問題を決定するという申合せになつたのです。戰爭に飽き、靑年の犧牲におののいていたフランス國民は、大きな利權を失つても平和の到來に一應安心しましたが、さてそのあとがむつかしい。

一體フランス側が看板にたてているバオダイ皇帝というのは、肝心なインドシナにはろくに住んだこともなく、自分の君臨している筈の民族とは顏も合わせず、風光明眉なフランスの遊覽地で年中酒と女とバクチに溺れて暮す放蕩者。國を興すとか民族を解放するとかいう理想とはおよそ緣もゆかりもない、墮落しきつたグウタラな不良にすぎない人物を、ホーチミンに對抗する必要上看板にしておくだけなので、フランス自身その無軌道ぶりには手をやいているのです。その部下の諸將に至つても欲と道連れで踊つているだけで、その醜惡きわまる內輪もめのため、民族獨立どころか、その混亂と、隸從を甚しくするばかり。フランスとしては元も子もなくすよりホーチミン政府と妥協して行きたくても、アメリカに頭が上らず、結局アメリカの金と武力、いいかえれば金融及び軍需資本家のいうがままになつて事態をますます絶望的な境地においこめているようです。

ホーチミン政權との競爭では、どちらが獨立と改革とへの眞劍な努力をするかがものをいうわけですが、今のところフランス側に殘つた勢力は自滅の道を辿つているとはどの報道も一致しているところで、ただアメリカだけがやつきになつて金をつぎこみ、マジノ線のような強い要塞をホーチミン側との境界に構築しているとのことです。そして來年總選擧で勝つ見込みがつかなければ、口實をもうけて延ばし、結局、いつまでも力で抑えておくのではないかと見られています。そういう不合理な狀態が續けば續くほど、土着民族はホーチミン政權支持に傾き、外國勢力の徹底的一掃に終る結果となることでしよう。

しかし現地の情勢はこれほど切迫しているにもかかわらず、フランス本國ではまだ植民地から甘い汁をすつて肥えふとつた昔の夢のさめきらない保守主義者が有力で、マンデス・フランス首相がインド・シナでフランス軍總崩れの勢を正直にみとめて、やむをえずうつた手が氣にいらず、その弱腰を責める聲も高かつたのです。

一方マンデス・フランス首相も國內の保守勢力とアメリカの力におされて追々後退し、しかも次の內閣はもつと保守的なものになる見こみです。ドイツ再軍備には、英國では保守黨と共に勞働黨主流派がこれを支持しています。フランスでは保守系諸派及びマンデス・フランス首相の屬した急進社會黨、及び社會黨の大多數がこれを支持し、社會黨員のうち僅かに十七名が黨議にそむいて議會で反對投票をしたかどで除名されたにすぎません。しかし英國でもドイツ再軍備を承認した昨年度勞働黨大會の幹部派の態度にはあきたりない聲が高く、勞働組合の內部にはようやく左派の線に沿うてドイツ再軍備反對と共に英國の徵兵制度にも反對する動きが強くなり、表向の好景氣にもかかわらず、物價値上りに賃上げが伴わぬことともからんで、勞働界の動きが活潑になつてきました。フランスではドイツ再軍備案が下院では承認されても上院では難航を豫想され、ドイツでも大衆の間に反對の動きも著しくなつてきており、ソ連の政變の原因も一部分はドイツ再軍備への反應だといわれているくらいでこの問題は今後どういう波瀾をまき起すか、豫斷を許しません。

マンデス・フランス失脚の直接の原因は北アフリカの植民地の自治權を認める問題で、これもインドシナの場合と同じく、保守派がマンデス氏らのやり方を手ぬるしとしてこれに信任を與えることを拒んだ結果です。日本が臺灣や朝鮮に自治權の片はしでも與えようとしなかつたことを思えば、フランスの保守派の頑固さも理解できますが、とにかく世界はどしどし變つている。有色人種の民族的自覺はもはや抑えることはできないのです。おそかれはやかれ彼らの解放の要求は實を結ばずにはすまず、それは單なる自治權に滿足せず、完全な獨立に進まずにはいないでしよう。

英國では植民地解放同盟という團體があり、英國人も有色人種も加わつていますが、これに屬するマレイ人の話が先頃或新聞にのつていました。この人は寫眞で見た所では英國人と少しも變らない顔つきの人ですがマレイで生れ、そこで育つた辯護士で、日本軍のために、親英的だというので三年間獄中にあり、戰後は反英的だというので、英國政府のためにとらわれてまた三年間を獄中で暮した人で、「自分は親英でもなく、反英でもない、自分の求めるものはマレイの獨立と解放だけだ」というのがその正直ない分です。白人の中にもこういう立場に立つ人もあります。が朝鮮や臺灣の總督府の役人や實業家のように特權層として植民地民族の上にあぐらをかきしぼれるだけしぼらずにはおかぬ白人の方がその何倍も多いことは事實で、それ故にこそフランスもイギリスも植民地の解放が進まないのです。植民地民族は、イギリスやフランスの議會が承知しようとしまいと、共產勢力のおてつだいがあろうとなかろうと、自分たちの力で解放を實現するにちがいありません。

二つの國際會議

いまアジアでは二つの重要な國際會議が開かれようとしています。その一つはバンコックで開かれるSEATO——東南アジア防衞條約機構——卽ちフィリピン、タイ以下八ヵ國のアメリカを中軸とする會議です。これはいまちようど世界の注目の的となつている臺灣問題、日ソ交涉問題、アジアにおける反共機構の問題を議題とすることでしよう。フランス、イギリスもこれに加わつているのは植民地をもつているためです。インド、ビルマ、インドネシアは相對立する米ソいずれの勢力にも加わらず、第三勢力もしくは平和地域の立場を守つて參加してはいません。米軍基地を許しているパキスタンは參加し、戰時中は日本軍の同盟國だつたタイ、いついかなる場合にも事大主義をもつて一貫している最も反動的な、腐敗した獨裁的タイ國政府が、今は完全に米の走狗となつていていることは怪むにたりません。官吏と軍人と僧侶と、乞食のような貧農の國タイ、龍宮のような宮殿とパゴーダ(寺院)と、腐つた堀立小屋のような民家の並ぶタイ。ダレス氏はタイにつくなり「タイは世界第一級の國である」とか、「タイの外相はアジアの最も偉大な政治家の一人だ」とかありつたけのおせじを並べ、「米國は今までも飛行機をもちこんだり、道路を建設したり力をいれているので、今後の會議でもみんな米國とタイとの結びつきが會議をリードしていくのではないかとみている」二月二三日の朝日新聞は報じています。日本をこの同盟に加入させようという米國の提案がなされそうだとか。恐ろしいこと、吾々は斷じてタイのような「世界一級國」になつてはならない。

もう一つ四月十八日バンドンで開かれる國際會議はアジア、アフリカ十餘ヵ國の會議で、これには日本も參加の筈。これは白人の餌となつてきた兩大陸の被壓迫民族の世界始めての大きな國際會議であり米ソどちらの陣營に屬することも好まぬ、インドその他の第三勢力の國々が中心となつているだけ、世界平和と民族解放の上に非常に重大な影響をもたらすものと思われます。アメリカ、ソ連、イギリスは原水爆をもつことをほこつていますが、今や世界の最も貧しく最もしいたげられ、原水爆の犧牲となるばかりで、それらを持つことをほこるどころか、絕對にその作製使用に反對している國々が集まつて世界平和の問題を話し合おうとしているのです。アジアの夜あけはこの會議からとも考えられます。この二つの會議のうち、一方はアジアを西歐に從えさせ、第三次大戰の危機をよぶもの、他方は富と武力では米ソいずれに比べても問題にならぬ貧乏國の、平和と獨立、血を流さぬ解放への動きです。この後者こそは世界の希望ではないでしようか。

―随　筆―

おたまさん

阿《あ》部《べ》艶《つや》子《こ》

私の友達におたまさんという人がいる。おたまさんは上總の海岸の漁師のおかみさんで、もう四十を越している。漁師のおかみさんにも、農家のおつかさんにも、「知り合い」は澤山あるけれど、ほんとうに「友達」と思う人は、ほんの五六人しかいない。

ほかの四五人の友達の一人は小説を書いている。一人は女流畫家だ。一人は實業家の奥さん。一人は女優。というように、それぞれ都會的な暮しをしている。或る人はフランスの話をし、或る人とはモッアルトとショパンの話をする。或る人とは食物や洋服の話がはずむ。そんな風に、私の親しい女友達には、何というか一種のふんい氣がある。（勿論有閑マダムという種類からははるかに遠いけれど）おたまさんはただの漁師のおかみさんだから、文學の話も映畫の話もする譯ではない。それなのに話していると愉しく、半年も逢わないと逢う日が待ち遠しい。他の友達の誰よりも「友達」という氣がするのは何故なのだろうか、と不思議に思うことがある。

おたまさんと親しくなつたのは戰爭中、海岸に疎開していた時であつた。縁側に「みつばはいりませんか」と賣りに來た中年のおかみさんがあつた。そのやりとりの間に「此の家はもと三宅さんという人がいましたね」と云い出した。（その家は私が子供の頃、母が建てたものであつた）「ええ、そうよ」と私が云うと「ツヤ子さんというお孃さんがいたけど、御存知ありませんか」と云う。「私よ」というと、それなら二十年も前に遊びに來たことがある、という話になり、お互に顔は忘れていたけれど、急に親しい氣持になつた。そんなことからいろいろ話し合い、私達が病人や子供がいるのに、お魚も野菜も買えず不自由しているということが解ると、うちで作つたという目ざしやさつまいもを持つて來て呉れた。そのおかみさんがおたまさんで、當時四人の男の子をかかえて、出征して沖縄に行つたまま消息のわからない夫の歸りを待ちながら、稼ぎ手のいない細々とした暮しを立てているのだつた。私達は物持ちの農家や、富裕な綱元よりも、その貧しいおたまさんに一番世話になつて戰爭中を暮して來た。

それだけのことなら、ただ親切なおかみさんとして恩を感じるだけの筈なのだが、そんなことで親しくなつているうちに、しんからの友情を感じ合うようになつた。それは、考えて見ると親切だからとか温いとかいうことからではない。おたまさんは實に勉強家なのだ。恐らく自分では「あたしが勉強なんか何時しました」と笑い出すだろうが、新聞を讀み、ラジオをきくごとに、物を考える。道行く人を見てもぼんやりはしていない。例えば紙くずの散らかつた汽車に乘ると「一人が自分の紙くずを捨てないようにすれば、それが集つて汽車の中がすつかり綺麗になるのに」と思い、早速それを實行し、隣の人にも話しかけるという風に。すべて身のまわりの、自分にわかりやすいことを具體的に考え、「少しでもよく」することに熱心なのだ。戰後漁師の夫は無事に歸つて來たが、此の十年間決してらくな暮しはしていない。それでも息子は次々と成長して、今おたまさんは自分がどういう姑になれるかということを考え、親子六人で幸福に暮している。おたまさんの口から自分の家の愚痴をきいたことはないが、社會に對する批判なら、東京の評論家より鋭い言葉がいくらも出て來る。本人はごく身近なことを、小學校を出ただけの知識で云つているつもりなのだが、田舍の生活からじかに感じたものだけに、思わずきき入つてしまう。

先日何年振りかで上京して、家に來たおたまさんとたまたま選擧の話が出た時も、「勿論私は革新黨に入れましたよ、投票所までのぞきに來る譯ではないから」と云つていたがその邊はひどく保守的な田舍町なのだ。私は都會の何々夫人達が「さあ、私にはよく判らないからお父ちゃまのいいっていう人に……」と云つていたことを思い合せ、我が友達を誇らしく思つたものである。

詩

力と力

古《こ》賀《が》斗《と》始《し》子《こ》

力と力の釣合いだけが
戰爭になるのを防ぐという

西に原爆
東も持つた
西の水爆
東にも積んだ

この次なにが飛出すか
どこまで力がのさばるのか――
無限大にふくれあがる
力という化物の陰で
みじめに押しつぶされ
生きた顔もなくあえいでいる私たちの
誰がこんなものを欲しがつていよう

西は何にも持たない
東の方もすつからかん
そこでなら
力と力は完全につり合う
私にわかるのはそれだけだ

主婦のこえ

地方政治に關心を持とう

藤《ふじ》本《もと》美《み》榮《え》子《こ》

或母の會の集りで子供の問題を話し合つている時のこと、突然、一人のお母さんが立ち上つて、「皆さん、私達母親にとつて、今一番大切なのは、平和を守ることです、今度の選擧は、平和憲法擁護か、改正かの重大な選擧だと思います。その事について話し合おうではありませんか」と云つた。餘りだしぬけでもあつたためか、一同はだまりこんでしまいその人は赤面してすわつてしまつた。この話を、私は友達から聞いてたまらなく殘念に思つたが、婦人の集というものの、現狀をよく現わしていると思つた。本當なら、この時にあつて、日本中のお母さんが手をつなぎ合う筈なのに。物事の根本を見極める目を持たぬことと、汚職だの亂斗だのと敢て醜態を見せられたためか、政治とか選擧という言葉をきくだけでも穢らわしいといつたような、婦人特有の嫌惡感があること、殊に知識層にそういう人があるのを見受ける。

然し、私達の目が政治から離れれば離れる程悪い政治がはびこつてゆく事を知らなければならない。そこで、目を身近な區政に向けてみよう。そこには道路、衞生、學校等、我我の日常生活と密接なつながりを持つ多くの問題がある。税金によつて賄われるこれらの事が、果して公正に行われているだろうか？落成直後の學校の天井が落ちた事件は、この疑問を裏づけるものである。もし、犧牲者が出たならば、自分の子供の生命と、不正行政との直接的なつながりを認めざるを得まい。私達の生活をよくするために、まず足元の区會、村會の改革が必要である。私の住む區では、四五名の議員中、社會黨三名という現狀である。この三名は、特に秀れた人達であつたが、何といつても悪戰苦鬪である。いよいよ地方選擧の段階に入るが、衆院の時程、革新派支持層の熱が入らないのではないかと案じられる。それにひきかえ、保守勢力は地元ボスの動きによつて活潑になる。

私達は、革新派議員を一人でも多く、區會に送り込むと共に、選擧時だけでなく、區政そのものに、積極的な關心を怠らないようにしたいものである。（世田谷區・主婦）

10円で買えるビタミンA

—1955. 1. 31— 調. 齊藤. 田中. 猪股

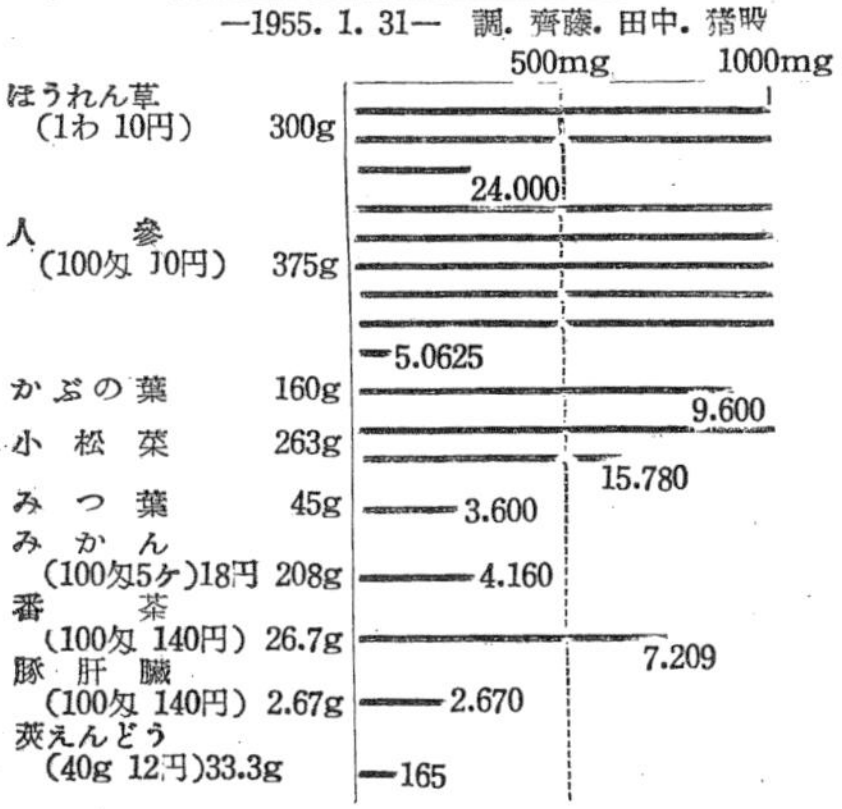

蛋白質の物價指數 10円分の蛋白質

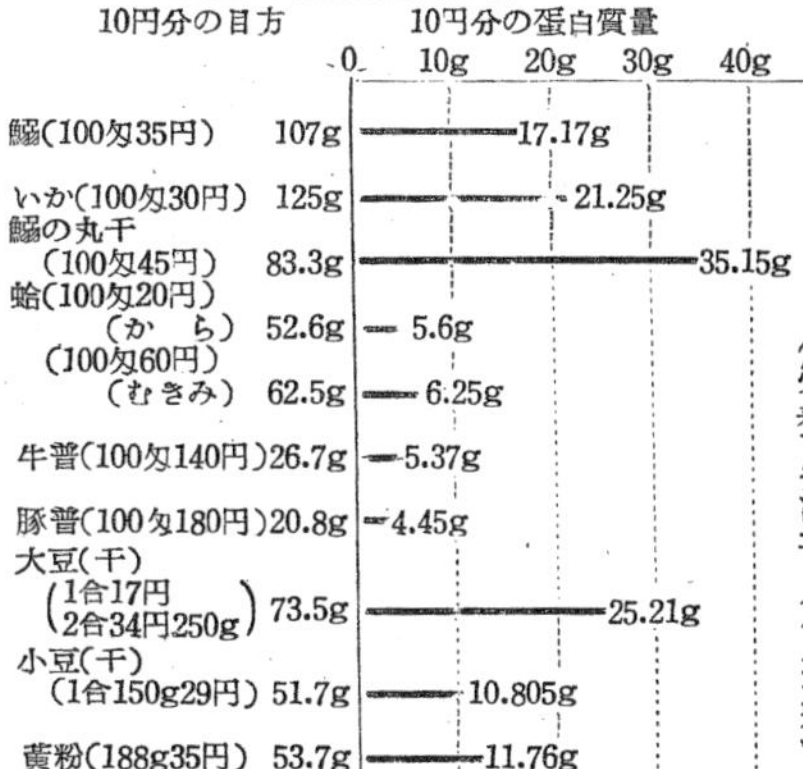

（榮養生活普及會發表）

追いだされた後妻

澤田さかえ

去る一月なかば、私は四十何年も昔、同じ教室で机を並べた級友の一人Kさんの死亡通知をうけた。折から私も病中で出られず、大分たつてからおくやみに行き、小さな孫たちの聲でにぎやかな家の片隅の床の間にかざられた老いたる友の寫眞を前に、若い嫁さんから近頃の樣子を聞いた。九段の病院にはいつて昔の學校に近いのを喜んだとか、死ぬ前に神戸のSさんと私と二人の舊友に會いたがつたとかきくと、一所に學校へ通つた頃のその人の、赤いふりの重なつた袖長のきものに袴をはいた、若く美しい娘時代の姿が目の前に浮んだ。

卒業してまもなく大して必要もなさそうだつたのに遠く高知の女學校の英語教師となつて赴任したKさんは、やがてその土地の、維新史にも名の殘る舊藩時代の家老だつたという名門の人に嫁して四人の子をあげた。それから十何年、四人の子をつれて無一物の未亡人として出京した彼女の姿が、級友を驚かせた。夫は生前、先妻と遺兒である長男が戸主となつたあと、後妻のその子供たちが苦勞しないようにと次男にも財産分配の處置をしたというのだつたが、法律上の手續までふんでなかつたのか、財産は全部長男のものとなり封建的な土地のことで、土地の者でない後妻とその子供は親族故舊の支持もなく、よくよく居づらかつたのだろう、Kさんはいきなりとび出してきたのだつた。栃木縣の舊家だつたKさんの實家も沒落して賴る所がないのでKさんはまず母校にたよつた。が、久しく家庭に留まつた中年の婦人に思わしい仕事口があろう筈はなく、高小卒で書塾に學んでいた長男は某企業へ住込みの雜務者となり、六歳になる末子は養子にやり、鐵道省へ通勤の長女とも一人、小學校の子をたずさえてKさんは妻を失つた家庭へ住込みの家政婦にはいつた。しかし母のない他人の子を世話してなつかれるにつれ、他家へやつた吾子のおもかげが夜晝身にそうてねむりもやられず、泣き明かす夜さえ續いて、ついに養家では放さぬといわれたほど愛されていた末子をむりやりとり返してきてしまつた。獨身の老婦人の多い母校では、餓死に迫られながら、養家で幸福に暮している子をつれ戻したというので同情がなく、そんな我まま者はもはや世話できぬと云い、勤め先の家とも氣まずくなつてそこを出なければならなくなつた。私たち二三の同級生は高知の相續人がどんな人物であろうとも、戸主たる責任上、家族扶養の義務は負うている筈であり、離籍するならするで財産の分配をうける權利もある筈だから、Kさんはとにかく、子供たちの將來のために當然のことは要求すべきだと考え、皆で費用を出しあつて法律家を高知へさしむけてKさん母子のために有利な解決を求めようと主張した。しかし恐ろしく古風な女らしさで固めた忍從主義のKさんは、內輪のことに辯護士なんか賴むのはいやだと身ぶるいしてこわがり、何といつても承知しない。一體どういう事情で高知をとび出したのか、追出されたのか、Kさんは誰にも一切語らない。このまま默つてひつこめば、まるであなた自身に落度があつて、先方から何をされても物がいえないようじゃないのと私たちははがゆがり、子供のためにといろいろ說いたがだめだつた。舊親族法では、家族は戸主の命ずる所に住まなければならないので、長男の世話をうけるとなれば高知へ歸らなければならないのかもしれずとにかく素人ではむつかしい掛合と知つて辯護士を賴もうとしたが、本人が承知しないのでそのままとなつた。

　同級生の中で昔Kさんと親しかつた金持の夫人はふりむきもせず、秀才な代り勝氣すぎて、あまりやさしい人とも思われなかつたBさんが、まるで肉親のような情愛とひとかどの見識をもつてKさんをよく世話したりはげましたりした。そして仕事は何でもいいからぜひ親子一所にいたいというKさんの望み通り、Bさんは外國婦人の家へ住み込みの家政婦に世話した。給料は安く、仕事は苦しかつたが別棟の六疊一室で親子が一所に暮せることがKさんにとつては何よりの喜びだつた。その、外人も今までおいた日本のコックや家政婦が、外人をごまかしくすねるのになれて、日本人を信用せず、最初はKさんもその外人が砂糖やバタの壷にまで一々封印をする疑い深さに氣を惡くしたらしいが、少したつと先方でもKさんの人柄が分り、すつかり信用して互に氣持よく暮せたらしい。この間じゆう年下のBさんの方が先輩格で相談相手、兼叱り役をつとめ、人がよくて古風なKさんは困るとしつかり者のBさんをたよるくせに用がなければ煙たがつて足が遠のいた。「Kさんたら、また私に叱りつけられると思つてこの頃よりつかないのよ」とBさんが笑つて話したこともある。そのBさんは卒業後働きながら、ドイツ語、フランス語をものにし、留學中のご主人の病氣看護のためヨーロッパへいき、一年ばかり、ドイツ、フランス、ベルギー、オランダなどに滯在中、實用にはなるまいと思つたフランス語もドイツ語も結構役にたちましたよといつて喜んでいた。その後ご主人の永い病中、その看護のかたわら、職業をもち續け、四人の子供に大學を卒業させたほどの働き者で、戰後も働きながら老後の事業として有料の養老施設を計畫中、長い病床の人となつたのは殘念この上もない。

　さてKさんはその後官立の某研究所の庶務係り、ついで圖書室主任となつて十何年か、六十歳にもなり四人の子供がそれぞれ家庭をもつた近年になつて、やつと職をひき、これから樂隱居という所で思いがけぬ死に見まわれたのだつた。今ならKさんもその子供たちも當然のこととして夫の遺産の分配にあずかり、あれほどの苦勞はせずにすんだろうにと古い家族制度の不合理を今さらに思つたことだつた。封建時代のことではあるが、私の母方の曾祖母も、夫亡き後、二人の實子をおいて先妻の長男に家を追われた哀れな後妻の身の上だつた。

　つい近頃、或中學校の校長が家族制度復活を強く主張していると聞いてその理由をたずねるとこうだつた。その校長は先妻の殘した長男で、次男は後妻の子だつた。法律の定める通り、財産は妻に三分一、あとは兄弟が均分相續し、住宅は一軒の家を眞中から二つにしきつて兄弟が別々に登記し、母は實子と一所に住むことになつた。ところで校長にいわせると昔なら全部の財産が長男である自分一人のものになり、從つて子供たちの學資にも苦勞せずにすんだのに、今ではこの通りだから、子供たちの學資に困るというので、家族制度復活論に拍車をかけているという。まことに利己的な動機だが、世間にこういうお仲間は少くあるまい。長男の特權、戸主の獨裁これが古い家族制度の特徴だつた。

働く婦人の歴史(10)

徳川時代における婦人の労働

——その一、農業——

三《さん》瓶《ぺい》孝《こう》子《こ》

徳川時代における婦人の労働事情はどんなであつたかを話す前に、徳川時代とはどんな時代であつたかを知つて置かねばならないと思う。

徳川時代とは、徳川家康が西紀一六〇三年に江戸に幕府を開いてから慶應三年（一八六八年）に明治政府が出來るまでの二六〇年間のことをいう。

この時代には各地に大名が領地を所有して一つの國の形をなし、お互に獨立した政治をしていたので、この限りでは封建時代であるが、徳川幕府はこれらの日本全國の大名を幕府の支配下に統一していたので、この時代は中央集權的封建時代といわれている。大名はお互に獨立してはいるが、幕府の命令に從つて、領土内を治めていた。徳川幕府は親類の三大名を重要な地方に置き（水戸、名古屋、和歌山、これを徳川の御三家という）、また徳川の息のかかつた大名を譜代大名として、各地の要所に配置し、その間に豊臣系の大名や徳川の直接の臣でない大名を置いた。これを外様（とざま）大名という。また關東の要所やその他の豊かな土地は天領といつて幕府直轄の所有地にしていた。

これらの大名は自分の領土で産業を起して豊かになるように努力したが、幕府は、大名が豊かになると幕府に對して反抗する恐れがあるので、いろいろの名目で大名に金を費わせた。例えば日光の東照宮の建立には大名達に資金をうけ負わせたし、土木事業も大名の負擔でさせたし、またときどき國替（くにかえ）といつて北陸地方の大名を東北へ移したり、關東の大名を中部地方に移したりして、大名に金を費わせた。その中でも有名なのは參覲交代（さんきんこうだい）といつて、大名の妻を江戸におき、（實は人質であつた）大名は一年ごとに江戸に住んだり、領地に住んだりするようにした。そして江戸と領地との住復に澤山のお金を費わせた。また幕府は武家諸法度《ほっと》という規則をつくり大名達の結婚にも干渉した。

こうした政治のため大名の反撃もなく、幕府は二六〇年の間大平にすごしたため、武士は刀に用はなく朱鞘の投《なげ》ざしといつて、美しく飾つた刀だが、中味はサビ刀でも間に合つた。徳川の末頃になると、武士は意氣地なく、町奴《まちやっと》の幡隨院長兵衞や夕立勘五郎にひとたまりもなく、やつつけられる腰抜けになつてしまつた。

大名と家臣は主從關係で武士は殿さまから祿（今の俸給）をもらい消費生活をするだけであつた。大名や武士のいる城下町の消費は増大したし、消費が増大すれば商業も盛んになり、生産も盛んになつた。參覲交代は大名行列の通る街道すじをにぎわせ、交通や産業を發達させた。しかしこうした武士階級の消費も、産業、交通の發達も、その土臺となつていたのは實は農民であつた。

この時代を經濟面からみると「米つかい」

の經濟といわれている。「米つかい」とは米食時代ということではない。この時代は貨幣流通の時代になつてはいたが、お金よりも米が大名や武士の財力や祿（俸給）を計る尺度になつていた。加賀百萬石、五百石取りの武士、五人扶持の足輕などということは、米で計つた當時の年收入であつた。今日の年收一億の企業家、年收三〇萬のサラリーマンと云うと同じである。大名は領地の百姓から年貢（ねんぐ）として取りあげた米のうちから家臣達に俸給をやつて、殘りは江戸や大阪で賣つてお金にして、それでぜいたくな生活をしていた。

　このようにこの時代の經濟の基礎は米にあつたから、大名は農業を最も重要視した。しかし重要視したといつても、それはどうしたら農民から一粒でも多く米を取りあげることができるかという重要視であつて、農民や農業をいたわることではなかつた。

　あの有名な「百姓とゴマの油は搾れば搾るほどとれる」という言葉は、正に右のことを現わしているものである。士農工商といつて武士の次に農民を重く見るようにしたのも、農は國の本といつたのも、要するに武士階級が農民におぶさつていたからであつた。ゴマ油を搾るように農民から米を搾るために幕府も大名も、農民に對す政治の方針は「生かさぬよう、殺さぬよう」であつた。農民といえば老若男女の別なく、四六時中、働いて一粒でも多く納めよ、であつた。だからここでは特に婦人といわず農民として取り扱うことにする。

　幕府や大名は農民に次のように命令し、實行させた。いな、實行しなければならない狀態においたのであつた。

「朝起は天道の祈禱にて候間……霜をいただき農に出て、星を見て家に歸らば、手廻《てまわし》もよく、第一天道の冥利《みようり》にかない、困窮も立ちなほり、極めて子孫榮ふべし」

「農業一人前の限りと申は……晝六時（むつとき）、夜二時、合せて八時（やつとき、今日の十六時間）けだいなく（怠けずに）出精すこと、これ農家出精のかぎりなり」

　というようなわけで、農民は日出より日没まで休なく野良で働くことが賞讚された。そして農休にさえ、いろいろ掟《おきて》があつて制限された。「米つかい」の經濟だから水稻栽培に最も重點がおかれた。田植も、もう婦人だけの仕事ではなかつた、規模も大きくなり、短日間で田植を終えねばならなかつたからである。德川時代の初期の畫家岩佐又兵衛の筆による「耕作圖屛風」には田植における男女の割合を三對二に繪かれている。稻こきも、千齒扱《こき》という從來の扱箸《こきばし》（前號で說明した）の十倍もの能率農具があらわれたので男女共に從事するようになつた。千齒扱では半日で男稻十二束、女九束をこくことができた。もみずりにも寛永頃（西紀一六二九――一六四三）支那から土製のもみずり臼の製法が傳えられた。これは、上臼を二人で廻轉させ、一人が側にいてモミを入れるので、木臼の三倍の能率があつた。これを唐臼といつた。前記の「耕作圖屛風」では男四人女一人がこの唐臼の仕事に從事している。このように農具が發達するにつれて、農作業に從事する婦人の仕事も變つたが、農民はゴマの油のように搾られたから、農家の婦人の仕事は並大抵のものではなかつた。

　米つくりばかりではない。この時代には農家はまだ自給自足を行つていたし、いろいろの工業も發達したので（詳しくは次號に）その原料である葉茶、麻、養蠶、綿草、藺草等の栽培やその加工にもいそがしくあつた。そして工業製品を特產物としていた大名の支配下の農家の婦人は、またそれだけ多く働かねばならなかつた。

　更に、勞働ではないが、農家の婦人に對しては藁《わら》で髮を結え、絹織物を着るな、お茶を好む女房は追いだせなど、いろいろの制限や壓迫が加えられた。

讀者欄

憲法改正すべきか

西《さい》城《じょう》敏《とし》子《こ》

現行憲法は占領下の憲法なので私たち自身で再検討をする必要があるとしても、再軍備や家族制度復活のための改正でしたら私は絶體に反對です。

再軍備が國民生活の安定や社會保障制度と兩立しないと思うからです。何よりも今は國民生活の安定が先決問題です。そして何よりもこの原水爆時代に苦しい思いをして幼稚な軍備を持つた所で無駄だと思います。再軍備をすれば當然徴兵制度も復活するでしょう。私達の税金は高くなり、それが多く軍備のために使われ、文化面には廻つて來ません。そして又あの馬鹿げた過去を繰り返すことになります。平和のためにという美名の陰に事實の軍隊である自衞隊がますます增强されようとするのを見ると、本當に身の縮む思いが致します。私はどんな名儀にしろ戰爭はもう眞平です。戰爭卽ち人殺しだからです。十年ひと昔といいますが戰爭で受けた苦しみを私は一生忘れることができません。再軍備論者はあの廣島の〝過は二度と繰り返しません〟と誓つたことを忘れてしまつたのでしょうか。私は多くの戰爭犧牲者の靈に應えるため、平和憲法を守るために力一杯に叫びます。

次に家族制度復活については、本當の所ハッキリと云い切ることができず、大變迷つています。なぜならば從來の家族制度が全部惡いのではなく良い面もあると思うからです。ですからその良い面を用いての改正でしたら頭から反對ではありません。昔そのままをそつくりと云うのでしたら絶對に反對です。

でも今日の新しい制度は戰後法律によつて與えられた試みに過ぎませんでした。私達は與えられたものに甘んじていてはいけない。私達は私達自身で昔の制度を反省し、新しい制度に研究を重ね、日本人に一番適した自分自身の家族制度を作るのが自然だと思つています。

（港區・二二歳）

正油の上手な使い方（一）

榮養生活普及會
田口不二枝

正油は、日本料理にはなくてはならぬものですが、と云つてザブザブ使つて、鍋底や皿の煮汁など捨てるのはもつたいないこと。

需要期にむかつて――安い正油をむだに使うより良い正油を上手に使う方がおいしく、お得です。

◎味つけのコツは……

煮る材料と正油の量を大體きめておくことです。

百グラムの野菜には小さじ二杯の正油（一〇グラム）で二％の鹽分の味がつきます。

卽ち、正油の鹽分は重量にして、鹽の五倍に當るのですから、一〇〇グラムの二％の二グラムの五倍、一〇グラムということになります。

薄味で一・五％、濃い味で二・五％、というところでしょう。煮物なら三～四％、佃煮なら一〇～二〇％の生正油で煮しめます。

そばだしはもり、かけで違いますが、そばに對する正油の量は大體同じで、伸ばし方が違うのです。

天ぷらの汁も惣菜の時は正油で食べること

▽投書を讀んで△

迷わぬための勉強を

西城さんと共に新舊民法の婦人の地位についての條項をも一度比べてみましよう。そうすれば戸主制度のもとにおける女子の無權利と從屬がどんなものだつたか、平等の人權を認められた現在の女子の地位がどんなに進歩的な、惠まれたものであるかが一と目で分ります。「在來の家族制度が全部悪いのではなく良い面もある」とは具體的にはどんなことなのか。戰後の民法改正は(その他の改革も)過去半世紀以上にわたつて私たち婦人の要求してきたことであり、戸主制度の廢止等家族制度の改革は大正十四年最初の無産政黨ができる前に、私たち日本婦人自身の要求によつて、その政黨の綱領の中に採用されたのです。こういう婦人の苦しい貴い闘爭が實を結んで民法の改正となつたので、あの戰爭がなかつたなら、政權と同樣、この改革もまたアメリカの手をからずに日本國民の手で實現していたにちがいないのです。

保守主義者はそういう社會運動の歴史を一切伏せて、自分たちに都合のわるい憲法や民法や勞働法をみなアメリカからおしつけられたと云い、國民をだまそうとしています。なおこの間の事情をはつきり知り、新舊兩制度の比較もして、迷いをなくし、自信をもつて解放の道を進むために、有斐閣版「婦人」のご一讀をおすすめします。（編集部）

（一八ページよりつづく）

手に引き受けた感である。之に對し區會の革新派の議員はもうれつな反對をした。保守黨の議員といえども賛成するわけにはいかないので「個人としては反對だが、東京都で決めることなので……」とか「當區に及ぼす損害を補償する意味では利益金の配當を多く貰つたら」という態度である。このように區議會においても保守と革新は常に超黨派的であるとはいえないのである。

末端の議員は地方政治の實體をチャンスあるごとに區民に報告し、選擧民もまた、町内のことのみに沒頭して祭りに酒をくれる議員のみが話しの解る先生だという考えを捨ててこそ、よい街の政治が築かれて行くのだと思う。

（品川區區會議員）

もありますが、だしで三倍も四倍も割つてうすめておいしくする時は、大根おろしをたつぷり入れて汁を吸うようにしていただくものです。正油の味の濃さは好みで違いますが、ご飯を多くたべる人には濃く、お酒のさかなには薄くというのがふつうです。

これに合せるためには、料理に適した鹽味をわり出し、小さじ四分の一の鹽の味は、正油小さじ一・四分の一杯として過不足なく加え、煮物、煮汁を合せて食べた時によい鹽かげんであるのが上手なやりかたです。

◎うま味と色と香

鹽味はよくても、一滴の正油が入らないと料理の仕上らないことがあります。

お吸いもの、うしお、などがそれで、鹽だけで味つけするものでも、正油が一滴入つた方が味が引立ちます。

うどの白煮も鹽味のものですが、でき上りに、正油一滴入れたものは一そう色がさえています。

吸いもののフタを取つたときに、食欲をそる芳香は正油の香です。

それには五人前で、四カップのだしに鹽小さじ一・五杯、正油は小さじ一〜二杯がよい割合になつています。

▶特　集◀

地方選擧に備えて

▶婦人の政治意識は高まつたとはいえ、一般的に言つて、まだまだ充分とは申されません、ことに地方政治に對する認識、理解に至つては殘念ながら、可成低いのではないかと思います。本誌は折にふれ、地方政治が從來、土地のボスによつて專斷され、甚だ納得しかねる實狀にある事例をお知らせしてきました。本號では、來る四月の地方選擧に備えて、現在地方議員として活躍している人々、及び今後出進しようとしている方に、地方議會における革新政黨及び婦人の役割などを述べて頂き、以つて明朗な地方政治が行われるよう、讀者の參考に供することにいたしました。◀

婦人と地方政治

前《まえ》川《かわ》とみえ

繪に畫く餅ならばいくらでも並べられますが、四年間の經驗で一人や二人の婦人が出てどんなに高邁な理想をかかげても現實はそう簡單に動かないが（男でも同じことだが）それでも一人でも多く地方議會に女性を送らねばならないと思います。

都に遠い香川縣、御多聞にもれず封建性の强い土地でして女は内に引つ込んでさえいれば幸福が落ちて來るように考えている人が未だ澤山あります。現在婦人の縣議一名、市議は前期は一人いましたが今はいません。町村議は十六人いたのですが町村合併で立ち消えになどなりまして御報告できません。私は一年も前からせめて各郡市から一名づつの縣議と市町村議會には二三名は必ず立候補するように婦人團體にもよびかけてまいりましたが、今のところ決定している縣議候補三名（情勢によつて五名になる可能性あり）市議は五市から少くとも一名づつは立つようになるでしようが、全體として婦人の政治意識が長足の進歩をしたともいい兼ねる狀態です。それにまた立候補する人の中には莫然と婦人代表というだけの人もあるわけです。しかし甚だ抽象的ではありますが、婦人の社會的地位の向上の意味から一人でも多く議席を持ちたいと思います。

選擧戰というものが婦人の結束と社會性をかちとるよい訓練場になりますことは申すまでもありませんが、それよりも選擧戰を通じて一船婦人に臺所と政治が直結しているという政治教育ができることです。そしてそれがまだ革新政黨といえば婦人に敬遠され勝ちの政策を侵透させるという意味から、同じことを云つても男から聞くよりも女からの方がずつと興味深く魅力的に聞いて貰えるという得があります。

従つて私の立候補は議席も欲しいが政策侵透に重點を置いて選擧戰を闘いたいのです。云う迄もなく縣政への中心は社會保障につながる仕事に重點を置き度いと思つています。とりわけ女性の感覺でなければ理解できない母子對策や、乳幼児の問題、青少年問題等を勉強したいと考えています。母子福祉法の制定を促進するよう外廓團體と提携するのはもちろんですが、貸付法による豫算の增强や簡易化、子弟の就職問題など努力したいと思つています。

全般的には縣政を淸潔にすること、泥水をのまないこと、地域の利害の伴う事業には成るべくふれないで監視する程度にして、縣民一般の福祉になることをしたいと思つています。極端に言えば母子寮、病院、保育所等々の豫算の獲得には努力しても、選擧區へ强引にもつて來るというようなことをしないで必要度の高い處から公平に施設をするようにすること、無理のある政治はやがて汚職をしたり疑獄を出したり、不明朗な選擧をする原因にもなるので女性の公平無私の博愛であたりたいと思います。そして聲なき聲を聞いて弱者の代辯をすることこそ婦人議員の役目だと思つています。

社會や男の議員からチァヤホヤ言われたり、甘やかされている間はまだ一人前でなく、能力で對等に口が利けるようにならねばウソだと思います。かと云つて中性化したり、特別に强がる必要もない、ありのままの態度で處して行くこと、作爲的行動はつつしみたいと思つています。これが私の地方議員に立つ悲願です。（香川縣縣會議員）

地方政治と革新政黨の役割

四《よつ》谷《や》信《のぶ》子《こ》

「こんどの衆議員選擧では、社會黨が相當の　びるでしょうから、その勢いをかつていけば、地方選擧もぐんとのすのじゃないですか」とは最近特にきく言葉だけど、そのたびに私は、「ええ、まあそうですね」という、つかみどころのない、あいまいな答えをしている。というのは衆議院や、參議院のような大きな選擧と、地方議會の選擧とは、まるでようすが違うからである。ここでは、情實と因緣と義理が一番大手をふつてまかり通るからである。だからある勞働組合の組合員だけの票でも、當然、當選しなければならないのにしかもこれに家族の票が加われば、二名はその圏内に入るだけの力をもちながら、その組織からでた人が、落選するという例が、四年前の選擧でも澤山あつたのである。それというのも、いつも顏をつき合せている町の顏役やボスが、立候補したり、またその人たちがかついでいる人であつたり、またそれとはなしに投票を依賴されれば、あの人に賴まれては厭だといえないという、うすつぺらな人情と、義理から、それに應じてしまうからである。そしてこのボスや顏役が、今の政府の意志傳達の未端機構の一部としての役割りを果してもいるのである。このような、人と人の結びつき、封建的な義理人情が、地方選擧では特に酷いのである。自分たちの好む政黨や考え方をもつている人を支持するというよりも、もつとそれ以前のものであり、近代的、民主的な考え方以前の立場から出發している。こう云えば與えられた「地方政治における革新政黨の役割」というテーマからはずれていると、思われるかも知れないけど、このような古い結びつきの選擧では、革新政黨は、ごく少數の人だけしか當選できず、從つて、その地方議會における一服の淸凉劑にはなつても、その政治を動かすだけの力をもつには至らない、ということを强調したいのである。しかも、このような形で行われに選擧で、本當の意味では、その住民の意志を代表しないで、當選した人々によつて占められる地方議會で彼等はどんなことをやつているかというと、例えば、道路の舗裝や、學校の建築などに、議員と結びついている土建業者が、その仕事をもらい工事の手を拔いて、餘分にうかんだお金をリベートとして、議員に献金して問題になつたところもあるし、また保育所や公益質屋にはお金をださずに、飮み喰いにもつぱら使うとか（本誌十一月號の「飮み喰いに荒される地方行政」を御參照下さい）それは目にあまるものがある。このような狀態をくつがえすには、ボスによる人と人との結びつきを崩して行くことであるが、これには革新政黨のふだんの闘い方が問題である。つね日ごろから、その地域の住民とむすびついた黨活動をして、信頼される足場を築いて行けば、今までのようなボスによる義理投票は次第になくしてしまうことができるのである。そのことをおそまきながら私は痛感している。そうすることによつて、革新政黨の、義理や依頼と違う、言論と政策の闘いによつて地方議會への進出もできるし、そこでは、住民の意志を代表した政治が行われ、いろいろな封建的な結びつきをくづしてゆき、そのことが底の淺い表面だけの日本の民主主義も、地についたものになるし、地方議會から國會へと、大地にしつかり根をはつた正常な姿、今のように社會黨は衆議員が多く、地方議員が少いというびつこな形を改めて行くこと、そして、下から、今の資本家本位の機構をくつがえし、改めて行くことに地方議會での私どもの任務があると思う。

革新議員の進出をはかれ

小《こ》畑《ばた》マサエ

逆コースと地方自治

終戰後、地方分權が盛んに唱えられて、稅政の上でも財源が大幅移讓され、都道府縣や市區町村の自主財源で、ある程度の豫算が切りもりできる時代がきたのも束の間で、私達が四年前地方議員になつた頃から追放されていた內務官僚や、全國の市町村長など、戰時中の地方自治體に根深い勢力をもつていた人達が徐々に頭をもちあげてきて、地方自治の逆コースがはじまつています。

軍備豫算のために大幅に地方財源がとりあげられ、知事官選論が臺頭、自治體警察が、國警に切り替えられるなど最近では自主財源は次第にとりあげられて國の委任事務ばかりが增え、當然國庫負擔で行わねばならない災害復舊、河川、道路、港灣、學校などの臨時建設事業まで地方負擔がふえています。

地方財政の實狀

長い間の戰爭で、學校、住宅、道路などの公共施設は半分破カイされているので災害はたえないし、その復興も地方財政負擔が過重で遲々として進まない上、救貧人口は增加し社會保障の對照になる人達、生活保護や醫療扶助（國庫負擔八割、地方負擔二割）失業者對策費（國庫負擔三分ノ二地方負擔三分ノ一）は每年累增しています。

ところが國の社會保障關係費は對照人員に追つかなくて、地方豫算にしわよせされ、結核患者は地方自治體で入退院基準を設けて、完全になおらない患者を强制的に退院させる仕末です。また完全失業者七十萬人は大よそ大都市に集中し、このままで行けば、地方豫算の小さな枠ではどうにもできない狀態で、失業者の多い地區には、資材補助費を增額するか、全額國庫補助を考えねば動きがとれません。

昨年學校給食法が立法化されて、給食施設新設校に對しては國から二分の一の補助金が出されたが、新設費の坪單價が文部省できりつめられているので、これも地方豫算でまかないきれず、給食實施校では不足額をＰＴＡで負擔しています。

多数の革新系議員を

ここ數年間、地方住民の自治意識が漸く育ちかかつたところで、自治體自體が行政的には權限の縮少、財政的には裏付豫算を吸上げられて危機に瀕しているのが現狀ですが、その貧弱な豫算でさえ、住民の利益を離れた冗費に使われている實例は數えきれない程です。これは地方政治の機構が個人の利益や特殊の層の利益を代表する保守的勢力によって九〇％握られ、地主や顔役政治に墮してしまつているところに原因があるのです。

私達は清れんな政治を確立するためにも、革新系議員を多數とらねばならないし、暗黒の中央集權をねらつている保守政黨の野望を、自治體の下からの聲によつて守るためにも革新系地方議員の多量進出を圖る必要があります。

（世田谷區議）

逆コースをたどる地方政治

中大路《なかおおじ》まき子《こ》

世間には、市、區、町村、など末端の政治は、近くの道路を直したり、小學校の校舎の增築をしたりするのが仕事だから、保守も革新もなく政黨政派を越えたものだとの考えが案外に多い。もちろん、地方議會では再軍備の賛否や憲法改正問題を論じるわけではなし、超黨的にやれることもあるけど、末端の政治と云えども國の政治と切り離して考えることはできず、或る意味では、地方政治こそ國の政治の土臺とも云えよう。實際、區議會の中にいても、保守派の議員と革新派の議員とでは物の考え方、態度にかなりの違いが出てくる。

私の區でも御多分にもれず定員四十四名中

三十六名まで保守係で壓倒的に多い。これらの人々は殆んど舊町內會を選擧基盤とする顔役連中であるから、自分の町內の選擧民のご機嫌をとることを第一に考えている。議會の正式な會合には遲刻、缺席することがあつても、地元の學校の落成式や消防署の集りに出席して挨拶をのべることは忘れない。飲み喰いの無駄金の多い豫算案には、あつさり贊成したり、町內の寄合いや、祭りに金一封を包み酒の一升もさげて行くことを重要だと考えているようだ。おんぼろ校舍のA校より地元のB校の改築を先にやれと强硬に主張する。こんな議員が多くては、善良な區民たちは何んの爲に住民税を納めているのか解らない。もつと廣い視野をもつて、公正な區政への意見が述べられなければ、良い地方政治はできるはずはない。

東京都の二十三區は他府縣の市町村に準ずるものだが、特別區と云つてその權限はずつと狹い。もつとも終戰直後は日本の民主化の一環として、相當の權限と自主性とを與えられたのだが、その後の逆コースの波は末端の地方行政にも及んで、次第に縮少されて來たのである。例えば、區長の公選制が廢止されたように。住氏に直接關係のある問題は、なるべく手近な所でスピーディに處理されるのが地方政治の好ましいあり方であるはずなのに、之が區民にも大して關心を持たれないままに逆の方向へ動いているのだ。こうした問題については區議會でも、反對や抵抗を試みるのだが、保守勢力の強い地方議會では、その運動にも限度がある。なぜなら、彼等の所屬し、あるいは支持している保守政黨の政治こそ、區長の公選を止めさせ、地方財政を、寄附を强要するような窮乏におとし入れているのだから。

また、私の區には競馬場があり、その隣接にモターボートの競走場がある。今度は競馬場の中にオートレース（小型自動車の競走）が併設された。東京南部の、工場勞働者と中小企業者の多いこの地區は東京都のトバク行政の博打場を一（以下一三ページへつづく）

短歌

萩《はぎ》元《もと》たけ子《こ》選

われになきもの娘の中に育ちゐるを限りなく愛しみ時にさびしむ　中川千鶴

去りし後秋の大氣に窓を開け忘れてしまふ程のことなり　金巻繁子

小春日に母子寮の櫻花つけぬ人の艶聞またきこえ來て　桶谷ッチ子

午後の街を帶美しきひとらゆき私は今日も住む部屋をさがす　奈良みどり

子は知るや知らずや母が背負ひゆく十字架時に髓に食ひ入る　古茂田君子

どうかやき殺さないで

——年寄のねがい——

山《やま》川《かわ》菊《きく》榮《え》

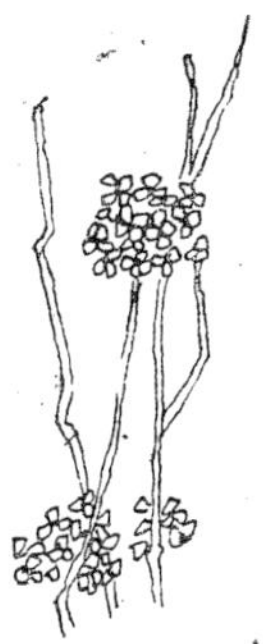

　戸塚の聖母園養老院で百人のよるべない老女を生きながら火葬にしたむごさは、何としても世界の前に顔むけのできぬできごとであつた。あれは私の家からはあまり遠くもなし、曾て私も訪うたことがあり、かたがたあのできごとのひとごととは思えない氣がした。

「吾々も養老院にひきとつて貰えると都合がいいと思つていたが、燒き殺されるのでは考えものだな」

とじようだんともつかず苦笑して夫はいつたが、私も同じようなことを考えていたので深刻な思いで默つたまま答えなかつた。この頃では私たち夫妻のように六十代、七十代になるどころか、四十位でも老後のことを心配している人たちの案外多いのに驚かされる。

「あなたのように若い方が」とこちらで笑つて相手にしなくても、相手は眞劍である。戰爭この方、それほど生活苦は深刻となり、腕一本、健康と若さだけがたよりの未婚の勤勞婦人、未亡人がふえたからであろう。中には今から老後に備えて共同の貯蓄をしているという婦人ジャーナリストの集團もあつた。二三年前、私が或婦人雜誌に養老施設を求める仲間の多いことを書いたら忽ち引とつてやろうという篤志家が現れた。それは外國で長く暮し、現に息子は米國留學中の、中以上の生活者らしい未亡人で、相當りつぱらしい洋館の自宅を有料養老施設として開放する、ついては市川房枝、坂西志保兩氏と私とに優先的入寮の恩典を與えるということで、一時金二十五萬圓（返濟せず）を納め、月一萬圓の寮費を納めれば一生でもおいてやるという親切な申出だつた。けれども廿五萬圓の一時金と月一萬圓の下宿料が拂えるなら、息子の家において貰つても肩身が狹くもなし、他人の家でもおいてくれるだろう。問題はそれが拂えるかどうかという點にある。恩給もなし、財產もない私たちが、まちがつて長生したらどうなるというのか。

　ロンドンの大學婦人協會の國際寮にいた頃、ある夜、カナダ、フィンランドの女監さん二人とオランダの人種學者の婦人とが、一所にお茶を飲もうといつてそのうちの一人の部屋にさそつてくれた。だんろの前に膝をかかえたり、ベッドの上に足をなげだしたりして雜談をしているうち、何かの話から一人が
「時に日本では養老年金は何歳から出ますか」

と聞いた。義務敎育と同樣、そういう制度は當然あるものとしての質問である。殘念ながら日本には公務員の恩給制度があるだけで國民一般の養老制度はないことを話すと、みな目を見はつて私の顏を見る。

「じやあ年をとつたら一體どうするんです。働けない年になつてから一生食えるだけの財產を作る人は少ないでしょう」

「だから私たちは早く一般的な社會保障制度を作る運動をしているのです」

と私は答えたが、英國で勤勞者は女子六十

歳、男子六十五歳から年金が出ることになつたのは戰後のこと、ほかの國でもみな新しいのに、それがないときいて驚きの目をみはるほどこれはすでに常識的な制度としてうけいれられていたのだつた。

英國では人口百萬の、國內第二の工業都市バーミンガムの養老院を見た。それはタバコ王（英國ではタバコ產業は私營）が寄附した邸宅だつたが、市の外れの小高い丘陵地帶の上に立つ眺望絶佳の地域、水晶宮とでもいいたいような、ガラス張りの宮殿のような豪華な家で、東西南北どの部屋からも靜かに夕もやに包まれてゆく岡のふもとの遙かな平野のそれぞれ異なる面の平和な景色が見渡される。煖房裝置のあるあちこちの部屋に三三五五、本をよむもの、編物をする者、お婆さんはお婆さん仲間で、おじいさんはおじいさん同士玉つきなどを樂しんでいた。服裝も小ぎれいなり、家具も食器も美しく、係員は親切でやさしい。私たちはシャンデリヤの輝く廣い食堂で老人たちと一所に食事をした。ここは無料の分だつたが、老人たちは自分たちのうけとる年金のうち（三年前、當時は一人一週二八シリング—千四百圓—）二三シリングを國に納め、殘りを小遣として保留した。もちろんここでの經費はそれでは足りないので政府の負擔は相當なものである。

この養老院の建物は英國としても例外的にすばらしいもので、古いものはそうはいかない。けれどもこの申分ない環境の中におかれた老人たちを見ても、私には羨しい氣が起らなかつた。出來るなら私はどんなに窮屈でもいい、自分の家で暮したいと思つた。

△　▽

近頃勞働黨內閣の元保健相サマースキル女史の議會演說を見ると、英國でも老人は養老院入りをいやがり、家庭で餘生を送りたがる。また養老院の施設は非常に高くつくので政府としては一人當りの年金を大いにふやしても、家庭で暮させた方が負擔が少くてすむ。高い金を出して老人自身の好まぬ施設に入れるより、老人の望み通り家庭で暮させる方法をとるのが一擧兩得だというのである。もつとも手足の不自由な老人のためには食事や入浴その他の世話をする目的で、政府から係りの婦人が無料で派遣されることもあり、婦人團體の勤勞奉仕もあるので、この點日本よりは遙かに惠まれている。

聖母園で燒き殺された老女の中にも、失業中の息子が居所に困つて母をあずけ、何とかなりしだい引取るつもりだつたのにと、死體の前に泣き崩れたという話もあり、私が浴風園できいた所でも、親子不仲のためではなく、子供の失業や住宅難のため、よぎなくあずけられた親もあり、間借生活で息子の結婚のため、又は寢ついたきりの親の扱いに困つてというのもある。中には時々息子や親戚の家に泊りがけで遊びに行き、互いにそれを喜びながら、同居はできぬ場合もあるということだつた。もちろん施設は必要であり、その安全衞生は重んぜらるべきである。が、同時に失業と住宅難とが緩和され、養老年金が確立されれば、心ならずも親を養老院に送る子、一生そのためにつくして來た最愛の家庭をすてて施設に賴らねばならぬほど不幸な年寄を、際限なくふやさずともすむのではあるまいか。

どうか年寄を燒き殺さないで下さい。同時に一日も早く養老年金の制度を、失業と住宅難の緩和をと、貧しい年寄の一人として私は同じ年寄仲間のため綜合的な社會保障の施策を求めずにはいられない。

△　▽

隨筆

S少年のこと

加賀谷《かがや》まこと

中學を卒えて左官屋に弟子入りして四年、二月で年期があけるというS少年が久しぶりで遊びに來た。やせつぽちだつた少年の感じはいつかなくなり、今では紺のジャンパーの肩巾も廣く、すつかり靑年らしい感じに變つている。仕事も休みなしあるし、今じや住込みで四千五百圓貰つているという。でも二十代も四十代も年齢に關係なく、日給が同じだから將來が心配だと云う。「組合あるでしよう。何とかならないの」「あるさ。だつて組合できめたことなんか守られないんだ。第一競爭だから規定を下廻つた値段で受おわないと仕事がきれるし、勞働時間だつて夏は多く働いて冬の備えにしないと間に合わないんだよ」夏分だと明かるいので、一日六時間くらいしか寢ないという。冬はまた雪のため仕事が少く、アブレる日が多いので時には關東方面に出稼ぎにも行く。

「それじや自分で自分たちをこくししてるのね。何のための組合か分らないのね。」「まあそうだ。勞働時間も賃金も形式だけで、おだい目だけ。一年二回集るんだ。おだい目唱えた後はただ飲んで食つて終りさ。それも仕方がないんだ。そうしなきや生きられないんだから。いくら安くても危くても仕事つていえばとびつく。一年中で休みは二十日くらい。だつて休めば、ただだから俺たちは休みたくないんだ。冬の保障がないことが一番困る。まあ年期もあけるし何とか仕事も人並にやれそうだから、少し、しようばい替えでもしようかと思つてるけど。」「しようばい替えつて、今じあ、ないわよ。無鐵砲なことはしない方がいいわよ。」「そりや、よく考えてからだけど、自衞隊にでも行こうかと思つてる。休みはあるし、その他、食つて着て五千四百圓もらえるんだもの。」

その歸りS少年は中學時代の受持敎師の家に寄り、在學中貧困で納入できなかつた學級費を少しづつ返すと云つてきかず、A先生は無理やり、ようようなだめ、志だけでたくさんだと云つて歸したそうだ。今頃、珍しい素直な子だとA先生は大分感激したらしい。

四年間に得たS少年の處世術は、ざつとこんなものだつたが、私はこのことを通して大いに考えさせられた。ここでまず私は、S少年の處世術を分析して見よう。

食うためにはどんなことでもするという考えしか持ち得ない少年の思考力。また仲間と一緒になつて僅かだがこづかいの全部で酒を飮み、たばこを吸い、映畫を見に行き、考えようとしない日常を、生活力と心得、同じ學校卒業しだての友達を、(何だ理想を追つたつて食えないよ)と腹でせせら笑う。そして働くだけが生活だと考える少年に私は、非常な危けんな何物かを感じる。食べること、卽ち生きることではないだろう。そこには人間らしい伸びや前進がなければいけないはずだ。組合できめたことなんか今の世の中には通用しないんだと云いながら毎日の不滿は、はてしなく續く。その不滿の十分の一でもいい何故、働く者、同じ仕事をもつもの同志の惱みをお互が解決しようとしないのだろう。賃金にしたつて、勞働時間にしたつて同じこと。大人達にもし處世術があつたとしたつてかまわない。處世術の壁を破ることは、たしかにむずかしいことに違いない。がこれは當然打ち破るべき代物なのだ。眞實を見きわめ、公平な冷静な立場で人間らしい勞働條件を打ちたて働く者の意義を、しつかり握みたいものだ。と同時に思考力、批判力を正しく身につけ、一歩でも半歩でも皆が進んだなら條件が良いからと、その場、その時期によつてロボットのように働く人間はいなくなるだろう。

最近再軍備問題が盛に叫ばれ、少年自衞隊をめぐつて、あちこちで再軍備車輪は、つっかかつてるようでもあり、また、國民がよく知らない中に速度は增し、止めるにも止まらなくなりそうな氣もしないでない。しかし現在の隊員の何%の人間が心から自衞隊のことを眞劍に考えて入隊してるだろうか。おそらくS少年のように、休みがあつて、食つて着て、給料が貰えるという條件につられて希望する者が多いのではないかと思う。現に、私は、かつて隊員だつた人の僞らざる告白を聞いたことが何回もある。曰く（私は技術を習得したいから入つた。）（多くの家族を扶養するために都合が良かつた。）さまざま理由はあるが、少くとも、あの十年前の敗戰の苦しみを味わつた者は忘れないはずだ。S少年達はその頃六才くらいだつたから本當の苦しみを知らない。それだけに少年自衞隊の在り方について大人たちが眞劍に考え、助言してやるべきだ。小說新潮の讀者短歌欄に、こんな歌が(天)になつていた。

貸與武器みがけば重き冷たさに
　若き心は　苦しまんとす

日本人に物を考えさせる歌だ。苦しむはよし。自分で選んだ道を疑うは惡し。と評がついていた。どんな意味でこんな評が生れたか知らないが、短歌界では大御所といわれている選者（川田順氏）が、最後に自分で選んだ道を疑うは惡しとつけ加えたことに、義憤を感じる。この世の中は、しよせん人間の集りでしかないのだ。だから誤りはつきもの。その誤りを素直に認め、正しくなるように努力する、この繰返しの蓄積こそ尊いのだ。

私はS少年が一日も早く、働くことのほこりを持つて、互に助け合い、働く者の自覺のもとに、自分たちの分野を開拓してくれ日を願う。と同時に、社會保障問題を大きく取り上げる政黨が政權を握るように、日本の政治が進んでいくことを願う。そして我が家にドロボウが入つたのに默つているかという自衞隊設置論は、きべんだと思う。

（筆者は秋田縣・小學校敎員）

女子の停年制の問題

横見瀬昌子

敗戰後のわが國では、私たち女性の職業戰線進出が著しく、戰前のあり方とは異つて、單なる社會修養でなく生計の維持となつている。

從つて、停年制の男女差別がいまだ行われているということは、ながい封建社會の中で、根強く養われた男を中心とした考え方から生れた誤つた思想で、少くとも民主主義を唱え、女性解放を叫ぶ今日では、非民主的處置といわざるをえない。しかし、これは職場に根をおろさないために差別される原因からで、今までのこうした差別感から脱却しなければならないと同時に、女子自ら自覺し、しつかりと職場に根をおろして、男子に劣らぬ責任ある仕事をせねば、すべて盛り上る力は得られぬと信じます。そして、互に組織を通じて手をつなぎ、どうすれば明るい民主的な職場と文化的な生活が得られるかを、更に勉强せねばならないと、最近特に痛感させられます。

そして最後に、「がつちりと職場に根をおろした生活を確立しましょう」の一言につきます。

富士フィルム労組と 男女賃金差撤廃の戦い

山《やま》川《かわ》菊《きく》栄《え》

小田原の北、白い富士をかこむうす紫の山々にふちどられて、遠く相模の海をのぞむ廣く豊かな高原地帯の一角、南足柄町は、眞紅の寒椿、満開の紅梅白梅に色どられて、二月十日餘りというに菜の花でも咲きそうな温かさ。この邊一帯は二宮尊德のお膝元だけにその教えによつて植えたという梅が、小田原梅干の名をえている名産となつているくらい。家毎に梅の花を見る。とはいつても私は風流な梅見にきたのではなく、富士フィルムの爭議事情を知るために來たのである。この明るく廣々とした高原を、富士から湧きだす水晶のような水が流れて盡きない。三島女郎衆の化粧の水ではないが、質量共に申分のないこの水が絶好の條件となつて、富士フィルムの最も近代的な化學工業がここに營まれ、大學の校舎か、寄宿舎かと思われるクリーム色のきれいな工場や明るい寮の建物が新興田園都市を色どつている。特に清潔を貴び、女子の適職というにふさわしいデリケートな作業部門も多い。

ここに働く四千人の従業員中約三分の一が女子。近年は中卒よりも高校卒が多く採用される。中卒は長く勤めるのに反し、高校卒は結婚までの期間が短く、長く勤めないのが會社の希望と一致するらしいという。近來はここでも女子の勤續年限も長くなり、結婚しても働き續ける者がふえてきた。本來は勞働者が長く勤めて能率が上るほど歡迎されていい筈なのに、あべこべに敬遠されるのはなぜだろう。いつまでも低賃金でコキ使うことができないからである。日本全體の利益からいうと熟練者が多いほど生産性が高まるので、勤續年限の長い人を大切にしなければならないのに、會社の目の前のソロバン勘定から、一錢でも安く人を使うことしか考えないためにこういうことになる。もちろんまじめに働く勞働者の生活の安定などは問題とされない。

初任給の男女差の理由としては、男女によつて就業條件がちがうということがいわれる。どんな風にちがうかといえば、女子には基準法による保護があること、及び男子にあるような「期待可能性」がないという。これは男子には殘業や深夜業をさせられるが、女子にはそれができないということ。これでは基準法そのものを否定することになり、當然違反になるのだが、監督官は一體何をしていることか。

今回の賃あげ斗爭では組合は最初二二%値上げを要求し、會社は一〇%を主張し、最後に一六%で折合う見込みがついたが、初任給の男女差撤廢の問題で行なやんでいる。但し監督官廳がこの違法行爲を罰し、基準法施行當時までさかのぼつて賃金の男女差を改めるとすれば大事件である。この要求については婦人部から自主的に聲があがつたのだそうで、組合幹部はあくまで熱心にこれが貫徹をはかり、女は安くてかまわない、といつている弱腰の一部組合員を教育し、鞭韃し、平等人權、平等賃金の理想に向つてあくまで戰つている。この會社ではいま二割五分の配當をしているという。それでは同一作業に對し女子には特に低賃金しか拂えぬ理由は成り立たない。

合化勞連
家族組合の活動

國鐵の家族組合や炭勞主婦會の活動については本誌でも兼てご紹介しましたが、去二月一日には全國で組合員數約十二萬をかぞえる合成化學産業勞働組合連合でも家族組合の結成準備會が開かれ、着々と運動が進められて、多くの所屬組合の中でも日本カーバイドでは昭和二八年八月、企業合理化に名をかりて五〇〇名の希望退職案が會社から提示されたのと越年鬪爭とがからんで起つたはげしい鬪爭がきつかけとなり、同年十月、家族組合が成立しました。この運動が順調にはこんだ原因としては次のことが考えられます。

一、以前から執行部が家庭とたえず連絡し、家族懇談會を開き、組合機關紙を通じて主婦の理解をえていたこと、二、家庭における主婦の負擔が平素でも過重であることを考え、會合に集まりやすいように地域を小さくした。三、結成時の雰圍氣が希望退職と越冬資金鬪爭という生活に直結した問題と取組んでいたこと。四、全地域にわたつて一度に結成せず、社宅の集團地域毎に社宅を中心に結成したこと。五、勞組が主催して地域毎にのど自慢、三つの歌のレクリエーションを行つていたこと。

現在の活動としては一、月一回以上、組合活動を理解するため、組合役員との懇談、二、勞組大會の傍聽、三、勞組を通じて仕事（會社内の臨時作業）の斡旋、四、家族組合大會、（年一―二回）役員會、レクリエーション、五、勞組の要求への協力（東京における團體交渉に陳情團派遣等）六、有名人を招いて知識向上のための懇談會、講演會の開催等。

經濟的には現在の平均賃金は一五、三〇〇圓度で決して樂ではない。從つて自家用野菜の栽培、勞組を通じ、會社の臨時作業（月收五、〇〇〇圓位）内職（チャック加工、月收約一、五〇〇―三、〇〇〇圓）等により家計の不足を補う。なお子女の教育その他主婦の負擔は重いが、家族組合ができて、勞組との間の連絡が緊密になつてから、主人もよく主婦の立場を理解し、協力してくれるようになつた。

上記のように、今年二月一日には合化勞連全體に通ずる家族組合結成準備會もでき、勞連の大會傍聽をかねて代表者として出席された中年の主婦たちは、大會を通じて知つた組合の活動や意義に深く感激し、單に組合そのものを通じて生活をらくにするばかりでなく、視野を廣くし、日本を改革しようという强い情熱が感ぜられました。いろいろの問題が出た中に、入學難のため、昔は只で學校の先生がやつてくれた準備教育が今日では集團的に先生を家庭へ頼み、一人五百圓とか七百圓とか負擔することになり、その負擔に堪えない家庭の子供は落伍するほかはないという訴えもありました。これでは教育の民主化どころではありません。先生も只で時間外の授業はできないでしょうが子供の過勞も大きく、現に十三四歳の學童の體位の落ちていることは國民保健の上からも大問題なのです。このことは地區の教員組合とも、教育委員會とも話しあつて解決したいものです。とにかくこういう家族組合が堅實に發展し勞働運動の一翼となることは日本の將來のために大に祝福されなければなりません。（編集部）

英國の男女同一賃金問題

英國勞働黨は一九一八年、初めて決定した社會主義綱領の中に男女平等をうたいながら、今もつて法律上にもいろいろの不平等があり、男女同一勞働同一賃金も實行されていない。政府は同じ仕事に對し女子公務員の給與は男子の八割ときめていたが、漸進的に改められることになつている。民間企業の場合、產業別に經營者團體と交渉して同一賃金を得ている場合もあるが、極めて有力な合同機械工組合は昔から高賃金の熟練工、いわゆる勞働貴族の組合だつた傳統が長く續いて久しく婦人の加入を許さず、一九四二年初めて婦人の加入を許したというほど女人禁制の歴史が長かつた。婦人の加入を認めると共に、男女同一賃金の實施を求め、ここ數年來この運動がさかんになつてきた。

現在英國では約百萬人の女子機械工がいるが、五つの機械工全國組合が女子のために同一賃金を要求している。合同機械組合の執行委員ジョー・スコット氏は雇主に向つてこういつた。

「婦人はもう產業界に根をおろしている。女は亭主がみつかるまで働くだけだというようなことは今日の社會には適用しない。今日、彼女たちの中には既婚者が澤山ある。（英國の勤勞婦人七三〇萬。うち既婚者五割）そして十年又は二十年以上も働いている者が多いのみならず彼女たちの仕事は、もはや單純な反復作業ではなく、高度の熟練作業に働く者が多く、多くの場合、少くとも半熟練男子と同等ぐらい熟練している。然るに床をはく程度の仕事しかできない男子の方が、十年又はそれ以上、高度の熟練を要し、かつ責任ある仕事に從つている女子よりも、一週一ポンド七シル八ペンス（約千四百圓）ばかり高い賃金をもらつている」。

編集後記

○四月十日、私たち日本の婦人が始めて參政權を行使した記念日が近づきました。今年は「平和憲法を守ろう」を第一のスローガンとし、「社會保障制度」の擴充をそれと共に要しよう。

○總選擧の結果左社八九、右社六七、勞農四、共產二、民主黨一八五、自由黨一一二、諸派二、無所屬六、憲法改提案は兩社の一五六名で、議員總數の三分の一を一名超過のため危く阻止さる。浮動票が多いので安心は禁物。憲法の中にうたわれている國民の權利を現在の事實とするためにも社會主義勢力を二倍三倍しなければなりません。

○總選擧のため編集部でもお手つだいに忙しく、あいにく山川も病氣で寢こみ、雜誌がおくれて申譯ありません。今後はこんな手ちがいを來さぬよう十分注意いたします。（山川）

婦人のこえ 三月號
定價三〇圓（〒五圓）
半年分 一八〇圓（送共）
一年分 三六〇圓（送共）
昭和三十年二月廿五日印刷
昭和三十年三月一日發行
編集發行人 菅谷直子
東京都千代田區神田三崎町二ノ三
印刷者 堀内文治郎
東京都港區本芝三ノ二〇
（硫勞連會館内）
發行所 婦人のこえ社
電話三田（45）〇三四〇番
振替口座東京貳壹壹參四番

婦人のこえ

4月號 1955

日發行　（毎月一回一日發行）

平和憲法を守りましょう

本誌・社友（五十音順）

淡谷のり子　阿部艶子
安部キミ子　磯野富士子
石井桃子　石垣綾子
圓地文子　大谷藤子
小川マリ　大内節子
川上喜久子　小倉麗子
桑原小枝子　神近市子
木村光江　久米愛
久保まち子　芝木好子
清水慶子　杉村春子
菅谷直子　田所芙美子
田邊繁子　高田なほ子
戸川エマ　長岡輝子
新居好子　西清子
西尾くに子　萩元たけ子
深尾須磨子　古市ふみ子
福田昌子　宮崎白蓮
三岸節子　米山ヒサ

日本労働組合総評議會傘下
各労働組合婦人部
全國産業別労働組合（新産別）
連合傘下各労働組合婦人部

原稿募集

◇論文・隨筆・ルポルタージュ　職場でも家庭でも婦人の立場から訴えたいこと、發言したいことはたくさんあると思います。
また政治や時事問題についてご意見やご批判をお持ちの方も多いと思います。
そうした皆さまのご意見、ご批判、ご感想あるいは職場や地域のルポルタージュなどをふるつてご投稿下さい。

四百字詰原稿用紙　七枚以内

◇短歌・俳句　生活の歌を歓迎いたします。短歌にかぎりご希望の方には選者が添削してお返しいたしますから返信料を添えてお申込み願います。

送り先　「婦人のこえ」編集部

第二回「婦人月間」記念出版原稿募集

應募規定

一、**題目**　私たちの生活記録（家庭、職場、學校生活などの實態報告）

一、**枚數**　四百字詰五枚内

一、**〆切**　四月三十日

一、**發表**　五月下旬

一、**謝禮**　入選作　二千圓　佳作　記念品贈呈

選者
未亡人問題　山高しげり
農村問題　丸岡秀子
職場問題　山川菊榮
學生問題　石垣綾子
家庭問題　平林たい子

送り先　東京都千代田區神田錦町三ノ一九
「婦人タイムス社」氣付
婦人月間作品募集係

主催團體　總評婦人協議會・婦人有權者同盟・婦人平和同盟・日本キリスト教婦人矯風會・大學婦人協會・日本YWCA・くらしの會・婦人問題研究會

婦人のこえ

1955年
四月號

四月號　目次

巻頭言

婦人の日を迎えて

一九四七年四月十日、私たち日本の婦人が始めて参政權を行使し、議會に代表者を送つた記念日が來ました。この間に、男女共學、同一勞働同一賃金、職業の機會均等、舊家族制度の廢止等一切の不平等が法律の上では一應廢止されましたが、事實はご覽の通り。習慣や物の考え方、經濟的條件を改めることによつて、ほんとの平等をもたらすために私たちはなおも根氣よくたたかいつづけていかなければなりません。今年の婦人の日は地方選擧と同じ時になりました。地方自治を育てることも婦人解放の重要な一歩です。

地方自治を育てましょう
婦人の向上は婦人の協力で
（第七回婦人週間本誌スローガン）

　先頃本誌で母子貸付金のことを扱いましたが厚生省の資料によると、せつかくの資金が相當使い殘されている樣子。ところが現に職業用編物器械を買入れるため、一萬圓の更生資金を申請して五千圓しか認められず、自家用の器械を買うのがやつとで自立できぬとかこつ人もあり、そういう例は多いのです。これを或福祉主事にきいてみると國の貸付資金は縣と半々となつており、某縣では國が六千萬圓を豫定しているのに縣が三千萬圓しか出さず、そのため國の三千萬圓が浮いて餘るのだとのこと。地方財政の窮乏が原因とはいえ、困る人をさしおいてあまりもつたいない話。一事が萬事、地方財政のむだを省いて必要な面に資金をまわし、國と協力してよい自治を育てましょう。

時事評論

よろこぶにはまだ早い

山《やま》川《かわ》菊《きく》榮《え》

あやうく三分一

總選擧の結果左派社會黨八九名、右派六七名の當選を見、憲法改正提案を防ぐに必要な衆議院議席の三分の一を危く獲得することができました。このほかに共産黨二名、勞農黨四名というものはあるにしても、社會黨だけの力でもつと確實な、あぶなげのない勝利が得られなかつたのは殘念です。とりわけ右派には選擧法違反などで捕われた議員があり、へたをすると議員がへりかねないのであぶないことです。

前月號にも述べたように日本の社會黨の正規の黨員は甚だ少く、大いに組織擴大に努力している左社でさえ黨員數一萬七千にすぎず、それでいて前回の總選擧には四五〇萬票今回五六六萬三千票を獲得、右社は前回四七〇萬、今回五一三萬という成績をあげているわけです。新聞などのいう組織票とは、間接的な勞働組合の票のことで、黨そのものの直接の組織票を意味せず、外國の社會黨や勞働黨が數百萬の黨員をもち、黨員外の投票はほぼそれと同數にすぎず、從つて浮動票が日本とは比べものにならないほど少いことを考えましよう。それでさえ英國勞働黨は戰後六年間政權をとつて徹底した社會保障制度を確立したあとで、總得票數では勝ちながら議員數では保守黨に勝を讓つて逆コースを阻みえず、フランスでも社會黨は政權に遠く、西ドイツでも保守黨のはびこるのに任せています。

日本の社會黨兩派合わせても黨員數四、五萬あるかなしでは、政權をとつたところで果してどれだけ思いきつた改革ができるか。社會保障制度のような金のかかる政策を實行するには大いに生産をあげ、貿易を發展させ、利潤を制限し、或は撤廢しなければなりません。英國のように廣大な連邦の獨占的市場もなく、はるかに工業のおくれている日本で、あのような社會保障制度を實行しようとすれば、一層徹底した經濟統制が必要であり、不要不急の消費を避けて、重要なものに優先的に資金をつぎこまなければならず、その意味で相當長い間、相當强い政治を行わなければならないのです。金持はもうけ放第、使い放第という生活は許されないので、その抵抗は相當强いでしようし、今日ひとかど進歩的な顏をしている文化人などの中にも、はでな消費生活を抑えられ、高率累進税を課せられたりして不平を抱き、「自由」の名において資本主義政黨のお味方にはせ參ずる者も少くなく、野黨としての社會黨に對する一般のヤジ馬的人氣はおちて、誠實に、眞劍に社會主義を信ずるまじめ黨員や支持者のほか、たよりになる者のない時がくるものと思わなければなりません。もし社會黨が、保守政黨に對する有權者の一時的な反感や浮動票のおかげでまぐれあたりに、いわばひろいものの政權にありつくならば、何らかの實質的な改革に手をふれるとたん、政權の座からほうりだされ、信用を落し、ふんだり蹴つたりさんざんな目にあうものと思わなければならない。そこで今後は社會黨の正規の黨員をふやし、その實力で議員の多數を得るところまでいかなければならず、それができなければ日本の改革はできないものと覺悟しなければなりません。

また社會黨が頭數ばかりでなく、質の點でも高い理想、强い信念をもつた純粹な社會主義者の政黨として成長するのでない限り、社會主義の實現は望まれません。西歐諸國で共產黨の行き方を嫌いながら、ほんとの社會主義の政權も確立せず、せいぜい勞資協調政策以上に進まないのは、日本の社會黨に何十倍又は何百倍の黨員をもちつつ、まだ量か質か、またはその兩方ともに足りない點があるからで、日本の社會主義運動もよほど本氣にならなければ彼らの二の舞をふむか、共產黨の思うつぼにはまることとなりましよう。社會主義の政黨は保守政黨とはちがつて、單に政權をとり、わが世の春とやらをうたうためにあるのではなく、社會主義を實現するために存在し、そのために行動するのですから、一人々々がそのために勉强し、そのためにどんな犧牲でも拂い、緣の下の力もちとなつて働く決心をしなければなりますまい。先頃ある地方の多少進步的な婦人團體の人の話に、その人が汽車中で隣の靑年と雜談しているうち、その靑年はこういつたというのです。

「おばさん、もうじき共產黨の世の中になるからね。何も心配はいらないよ、一日に二三時間働けば食えるようになる。隣の薪のたばを默つてもつてきて使つたつて罪にはならなくなるよ」

雪の多い地方のことで、どこの家にも軒近く薪が積んであるのでそういつたものでしよう。共產黨ファンでもこんな人ばかりはいないことでしようが、社會黨ファンの中にも社會黨の政府ができれば、そんな世の中がくると思つたり、タナボタ式に社會保障制度ができるものと思つたりしている人がないとも限らず、社會黨を無錢飲食御免の黨と感ちがいする人が一人でもあつたらたいへんです。社會黨は高い理想のための、きびしい自己犧牲に堪える人々の團體でなければなりません。

大部分浮動票によつて危く議席の三分一を占めたこんどの總選擧の成績は、安心してよいものではありません。幸にして左社支持の中には純眞な靑年や婦人が多いといわれます。今後ますます黨の組織をそれらの人々の間にのばして動かぬ基盤を作りあげ、そういう活動の中から新しいすぐれた指導者を育てあげなければなりません。

地方の民主化と選擧

地方政治の面で實際に活動している婦人議員たちがたびたび本誌に發表しているように、日本の政治は下部組織になればなるほど腐敗墮落がひどく、農村の保守性がそれを固めている有樣です。つい先頃二月半ばに私のいる部落の有力者で現保守系市會議員某氏の親戚の婦人が、市會議員すいせんの部落會を開くから集まるように近所へ沙汰してくれ、あなたの家は隣組長だから、といつてきました。私は戰後隣組は廢止されたきり、復活していないし、誰の命令でそういう目的の集會を開くのか、とききましたら、農業協同組合からという話。農協がそんな命令を出すというのも變な話で、私はそれは公明選擧のたてまえにそむくからと他家への傳達をことわりました。その後その話は立消えになりましたが、全國多くの農村ではこういうことが平氣で行われていることでしよう。部落で平生から市政に關心をもち、いろいろの立場の市議の意見や報告を聞くのはよいことですが、選擧直前に部落の有力者を潜行的に部落すいせんの形で候補者どきめてしまうことは、廣い地區にわたり、人口十萬にも及ぶこの市の數多い候補者の中から自由に人を選ぶことを妨げる作用をするものです。しかし新しい組織が村にものびていかない限り、こういう封建的な遺物はなかなか根をたたないでしよう。その點で行政區の單位が大きくなり、異質の分子がふえ、昔からの土着の農家のほかに、いろいろの職業の人が入りまじることは歡迎すべきです。この村も、十年前のままで村會議員を出すのだつたら新しい人は出せなかつたでしようが、今は市に併合されて大きい單位で議員を選ぶので、革新派が少しでも出られるのです。但しあまりに少しすぎはしますが。先年、市役所を新築し、その議場に九百萬圓で煖房設備をし、他方、小學校の窓ガラスのこわれたのさえ豫算がないとすてておかれたのも革新派が少いためでした。

日本の都市は大名の城下町か、宿場町として發達したものが多く、西歐的な自治の傳統が乏しいところへ、明治政府の中央集權主義がおつかぶせられたので、地方自治はますます發育不良になりました。大正十四年男子だけの普通選擧は施かれましたが、その効果を殺すような治安維持法と、軍國的獨裁の進行によつて、社會主義勢力が育たず、從つて中央、地方とも政治の改革が行われずに一切は戰後にもちこしとなりました。

先進諸國では地方自治はもつと早く發達し、婦人の選擧權も國會より何十年も早く認められていたのが多い。從つて身近であるだけに婦人が地方議員となる機會も多く、そこで政治的經驗や訓練を經た者がやがて國會へ進出することも男子の場合と同じく珍しくなかつた。日本の場合は僅かながら地方議會の婦人參政權の方がおくれて與えられ、殊に最初の時は追放された地方の有力者、反動主義者たる夫の身代りとして出た婦人議員も多く、婦人が出たということが何ら革新的意義をもたなかつたことは殘念でした。

私が東北の某縣の村議だつた或進歩的な若い婦人に、選擧に際して政見發表などをやりましたか、ときいたら、「いいえ、そんなことをしてめつたなことをいわれては困るというので一切やらされませんでした。いつたい私の家は父の代から沒落して、今では私の會社勤めの僅かな給料で暮している苦しい内幕なのですが、村一番の舊家というので、父も祖父もかつがれて議員をやりました。それであんたとこは代々議員の家柄なのに、お父さんが亡くなつて困つたと思つたら、こんどは女でもよいそうな、議員の家柄じやからあんたが立て、といわれて立つたのです」ということ。その人は幸にも進歩的な優秀な人でしたが、村では舊勢力に支配されて何もできなかつたようです。

最初の總選擧の時、女が多く當選した裏には、連記制だつたため三人めには冗談半分女の名を書いた有權者があつたこと、女は女にしか投票できないものだと思つていた婦人有權者も多かつたことが語り傳えられています。長野縣で共產黨の高倉テル氏が當選したとき、何黨の何者かは知らず、ただ女だと思つて投票した女が多かつたといいます。

この前の地方選擧の時、私が他の要件で某縣にいつていた時、その近くの町の婦人會から序に寄つてほしいといわれ、寄つてみたところ、その婦人會の會長の現町議が縣會に立候補するので、講演の中に「女は女に投票するように」といつてほしいという話。私は、それは私の所信とちがう、議員は女だけを代表するものでなく、男女縣民を共に代表するので、男女いずれにせよ、適任者をえらび、えらばれる方は男女双方の支持を得るようでなければならぬというと、會長はびつくりして「まあ男の人が女に投票するんですか」という。この程度の頭で縣民を代表されては叶わないと思い、とにかく私はあなたの選擧の應援に來たわけではなく、あなたの政治的立場も知らずに、ただ女は女にと投票をすすめて、事實上あなたをすいせんする責任はもてないからこのまま歸る、というと、それでは自由に話してくれということなので、講演の司會も、選擧なかばの候補者たる婦人會長には遠慮してもらうことにしてすませました。

神奈川縣の或村でも村議會は殆んど開かず、村の料理屋で村長と村議が一杯やりながら事をはこぶとのことで、この次の選擧には新しい進歩的な人を出すように青年たちにすすめると、「家柄と年で議員はきまる」のだから問題にならぬという。これでは封建時代の村役人と同じこと、選擧權は有名無實です。日本中にこんな所は珍しくないので、社會主義政黨の責任は重いのです。しかし同じ縣の或村では教員出身の婦人村議が一人いるだけで、宴會でもお酒が一本ちがうそうで、こんどの選擧には必ずその人を落してやると保守系の男子は云い合わせているとか。私はもちろん婦人の進出を望みますが、それは年や家柄のためでなく、あくまで進歩的勢力としての役割をになうためでなければならないと思います。

松平さんのお話のように、一方に昔ながらの村や婦人の姿もまだ多く殘つてはいるものの、他方では戰前、まして二十年三十年前には想像もできなかつたような勤勞婦人や主婦の自主的な組織や活動が見られ、年毎にその歩みは强くなつているのです。まだ憲法という名もきいたことがないという人もあれば、憲法を守るために働く婦人もどしどしふえている現狀なのです。

たしかに筆に口に、婦人の發言力は强まり、批判力も高められてきました。本誌に執筆して下さる方々は大部分世間的には無名の新人であつても、その言論の内容は商業誌で名を賣つた一流知識人に少しも劣らぬどころか、かえつてすぐれている場合も少くないことは讀者がよくご存じと思います。私はこういう寄稿の集まるのを誇りともし、心から嬉しくも思つています。そして大衆の中にあつて人知れぬ活動と苦勞の尊い經驗をつみつつ、すれつからしにならず、いつまでも新鮮な大衆の感覺と、周圍の腐敗になれてしびれる代りにかえつてますます鋭くなる良心をもつこういう方々が、地方議會にも、やがて中央議會にも、ほんとの人民の代表者としてよい役割を演じて下さるにちがいないとたのしみにしています。

選擧のために急に有名人や金持の輸入候補を歡迎するようでは黨はその人の個人的人氣のために一時多少の浮動票は增しても、ほんとに堅實な働く人の黨としての組織を育てることにはならないので、私たちは有名であるかないかよりも、まじめな組織的な活動をする人を第一に信頼したいと思います。

地方政治には保守革新の別はいらぬ、人物だけが問題だなどという人は保守系に多く、いわずと知れたかれらに有利な宣傳で、革新派の進出を阻む效果をねらうものです。いつたい妾をもたぬ、深酒をのまぬなどということが候補者の人物評價の標準になつていいものでしようか。そんなことは論外なので、どの政黨も人物は黨が保證すべきであり、特に社會主義政黨は私行上に問題のある人を公認してはならず、守保か革新か、政策の面でたたかい、地方政治も進歩勢力でなければよい仕事は望まれないことを知らすべきです。

今は働く婦人の危機だといわれている。今までも、働く婦人は居ごこちよい安定した場を占めていたわけではないが——深部には多くの未解決の問題があつたが、一應、法によつて男女同一がみとめられ——最近のデフレ經濟のもとでは、今にも、その一つ一つの婦人の職場が、根だやしにされそうに危險だといえば、大げさすぎるだろうか。

もちろん、デフレの嵐がくれば、企業整備、企業合理化の理由のもとに、婦人勞働者のみでなく、男子もふくめた勞働者全體の雇傭は進展せず、家族勞働者は增加し、さらには失業者が街にあふれるのであるが、それにしても、やはり、働く者のうちでも、弱い立場にある婦人に、そのしわよせが強くかかつてきているのが實情のようだ。

「女子の働きは結婚まで」として一年未滿の雇用契約で採用し、一年ごとに更新して、必要に應じて契約が打切られる仕組になつている三井精機の例。

職場のこえ

最近の職場婦人の實情から

兵庫職場婦人懇談會副會長
田《た》中《なか》豊《とよ》子《こ》

東京の映畫館劇場內で働く女子從業員が一年契約制を廢止したかわりに、組合員の資格が附與され、結局雇員の二十五歳停年制が生れたという例。

ある銀行では組合の方から、二十五歳以上の女子從業員の年令給打切りを持ちだしたという例。などについては、新聞紙上や、その他の資料でみられた周知の事情だが、私自身も、身近な二、三の友人の職場で、つい最近問題がおきたことをきいた。一つは東北のある公務員組合の友人の話〃雇〃の女子職員がつぎつぎ臨時職に格下げされてゆくのだが、組合に問題を出しても、良い解決策がみいだせないばかりでなく、個人的非難にたえられないという理由で結局全體の問題にならず、個人の問題として解決されてしまうということ、中央から遠い東北の、封建的雰圍氣の濃いその地では、今の困難な狀態は仕方ないとは思いながらも心は暗くなつた。採用の條件に、資格に、停年制に、現實の種々の惡條件はひとごとではなく、明日は我が身の上と思えばなおさら心は暗い。

働く婦人の惡條件となる原因については、婦人自身が反省しなければならない點もあるだろう。職業人としての意識の低さとか、その生活態度とか——使用者側が強く批判する程ではないとしても——など、主觀的條件とでもいわれるもの。しかし、このような點がいくら反省されても、これと切りはなせない客觀的條件、例えば日々の家庭生活の合理化や、保育所等の問題が解決されなければどうにもならない。

職場にある婦人達が、大きな期待と情熱をもつて、むすびついた「職場婦人懇談會」であつたのだが、この一年間の收穫は少く、あまり具體化された問題はなかつたようだ。

憲法は改正しないと言われながらも、保安隊が生まれ、敎育二法ができ、實際には憲法は無視されて行く。さらには民法の改正が云々され、家族制度の復活がくわだてられているという。戰後の新しい法のもとで、女も一個の人間として生きる。その芽ばえの根は八年後の今、まだ淺く弱い。しかし、その弱く淺い芽のもとでも、私達婦人の仲間はかつての女にはみられなかつたような、人間らしい明るさと美しさをとりもどしつつあるのだ。

《働く婦人の歴史》
（11）

紡・織の勞働

▼徳川時代における婦人の勞働 その二▲

三《さん》瓶《ぺい》孝《こう》子《こ》

徳川時代（一六〇五―一八六八年）には生活程度も向上したので織物業も發達し、徳川時代の中頃以後（十八世紀の中頃）には各地に織物業が起つた。しかし徳川幕府や大名達は、西陣始め各機業地の贅澤な絹織物を消費したが、一般の人民は徳川時代の末頃まで、自給自足で、主婦や娘達が糸を紡ぎ機を織つたことは前の時代と同じであつた。

徳川時代になつて、婦人の紡・織の仕事に大きな變化が生じた。もつともそれは全國でというわけではなかつたが。

それは木綿の栽培が廣まり、綿作や綿紡ぎの仕事が起つたことである。從來人民の日常の衣料は麻であつた。綿作が日本に傳えられたのは文祿・天文年間（一五二八―五四年）頃といわれているが、徳川時代にはそれが各地方に廣まつた。というのは綿は糸を紡ぐのに、麻糸を績（うむ）より三分の一位の手間しかかからないし、染料もよく、多は温いからであつた。それが日常着として木綿は廣まり、次第に麻を驅逐してしまつた。

けれども、木綿は寒い國では栽培できなかつたので、北陸や飛彈、陸奥の寒い山間の地方では、明治時代になるまで相變らず麻を栽培し、麻を日常着としていたし、この時代には麻裃《かみしも》や夏衣や蚊帳等の需要も多くなつたので、新潟縣や奈良縣のような麻織物の產地では婦人の麻栽培、麻績み（紡ぐこと）の仕事は相當重要でもあり、忙しい仕事であつた。

麻を績《う》むとは、麻を指先で細くさいて、その一條、一條を指先で撚《よ》つてつなぐことなので、婦人は暇さえあれば、一條でも、一條でも績んで貯えるのであつた。麻糸は一把から四十匁位できて、上手なもので一把から苧桶（うみおけ、紡いだ麻糸をいれる桶）に二杯ほど績み、三反の麻布を織つた。鈴木牧之という人が天保一年（一八三〇年）に書いた「北越雪譜」によると、小千谷縮を產出した新潟縣小千谷地方では婦人が多の雪ごもりの間の手間仕事に縮を織り出した。まず來年賣る縮を作るために今年の十月頃から麻を績みはじめ、機を織り、翌年の二月半に雪の中で晒すので「婦女たちがちぢみに丹精を盡すことなかなか小册子には盡しがたし」と書いてあるところから見ると、一反の縮を織り出すまでの婦人の骨折は大へんなものであつたらしい。この地方では嫁をとるにも縮の伎倆を第一とするので、女の子は十二、三才から麻績み、機織を習わさせられた。

こうした麻織の產地には、「糸宿《やど》というのがあつた。これは、一種の若者仲間（若者たちの一種の社交クラブのようなもの）ではあるが、みなして一ヵ所に集り一緒に絲を績むという點で、一つの勞働の變つた形ともいえるかも知れない。

眞澄遊覽によると「暮るれば女どもあまた苧桶《うみおけ》（苧とはからむという麻のこと）かかえて來集る。これを糸宿といへり」とある。今日のクラブのような集りに、若い娘たちは麻と桶とを持參して麻績みしながら、笑いさざめいたことであろう。

關東から東海道、更にそれより西にかけての綿栽培のできる暖い地方の婦人達には麻績みに代つて綿糸の糸紡ぎの仕事が生れた。綿の糸紡ぎは麻績みより能率は上つたが、綿を栽培し、實から種子（これを實《さね》という）を取り除き綿打屋にやつて綿を打ち、篠巻（綿をいまのふくめ綿のようにのばし、それを巻いたもの）にして、それを糸車にかけて糸を引く糸紡ぎもいそがしい仕事であつた。大體こういう仕事は、農閑期か、晝はたんぼの仕事をして夜業にするものであつたから、麻が木綿に代つてもいそがしさは同じであつた。

綿糸は普通は一夜に十匁位の糸を紡ぐが、一反分の糸は百五十匁から百八十匁（手紡は糸が太いので一反でも目方がかかる）もいるので表裏の一枚の着物をつくるだけの糸を紡ぐに一ヵ月はかかつた。それを紺屋にやつて染め、自分のところで織るので、一反を織るにも上手なものでも二、三日はかかつた。

この時代には、江戸、大阪の大消費地には呉服屋があつたが、日本全體からすれば、みな自分の家の者の着物は主婦が糸を紡いだり、織つたりして作らなければならなかつた。これは主婦に取つて大役であつた。特に正月までには皆に何か一枚位づつは新しいものを着せねばならないから、主婦の夜なべも大變であつたろうと思われる。だから女の子は十一、二歳から、糸車をまわすことが教えられた。木綿の糸紡ぎに、こんな歌がある。

糸もはよ出よ　車もまわれ、
たもれつものぎ　夜はふける。
しんきしのまき車にのせて、
日數まわさにやよりは來ぬ
せいでおつぎよ　七つも八つも
つがねばこの機織れやせん

糸紡ぎの單調な仕事を夜ふけるまでつづけられたことがしのばれる。

綿は暖い地方でないと栽培出來ないので、德川時代の後期（十八世紀の後期）には農家の婦人が紡いだ綿糸を買い集める買次商人も出るようになつた。それで農家の婦人達は夜な夜な糸を紡いでそれ賣るのであつた。

百匁五文のよりまきしても
主のねさけはかかさせぬ

毎夜おそくまで糸を紡いでは百匁五文で賣つて、「主のねさけはかかさせぬ」というのが、農家の主婦の腕の見せどころでもあつたのであろう。

またこんな歌もある。

嫁に行かうとも　のわらへ行くな
木綿車で身をやつす。

これは三河地方（愛知縣）の糸紡ぎ歌であるが、糸紡ぎは自家用でさえ大へんな仕事であるのに、この三河地方は有名な三河木綿の産地であつたので、木綿織の盛んになるにつれて、農家の糸紡ぎ仕事も多忙になり、農家の嫁さんなぞには、それこそ身をやせほそるほどつらい仕事であろう。だから、そのつらさがこうして俚謡になつたのである。

幕末には糸を紡ぐに脚車というのが發明され、これによると、上手の者は、手紡ぎの三倍の量も紡ぐことができた。

機織の方も盛んになり、文政、天保頃（一八一八―一八四三）には機業地の農家では農閑期や夜なべに、婦人がみな機を織つた。この頃になると、農家では自分の家で使うものだけでなく、問屋の賃機を織つて、織賃をとるようになつた。北越地方（新潟）では機織が盛んになり、農家の婦人は田畑をすてて機織になるため、田畑が荒廢するといつて、機織になることを禁止したりした。

このようにして機を織るのは農家の婦人ばかりではなかつた。三河國（愛知縣）のような木織の名産地では、もつと早くから木綿織の賃機があり、德川家康（一七世紀初の人）は武家の婦人にもこの賃機を奬勵してこんなお布令《ふれ》を出した。

（二十二頁へつづく）

童話

王になる羊

花《はな》田《だ》歌《うた》

羊のせわをしている洋吉は、羊のように、おとなしく、すなおな少年でした。たれがいいはじめたのか、洋吉のことを、羊さんとよぶこともありました。洋吉は、羊さんとよばれることが、なんとなく、すきでした。

ある日のこと、洋吉は、いつものように、羊のむれをつれて、丘をこえていました。丘をこえると、山のひろばにでます。そこで、まいにち、羊のかずをかぞえるのが、くせになつていました。

この日も洋吉は、そこで、羊のかずをかぞえはじめていました。すると、なんのためか、洋吉のからだが、ちよつとのまに、羊にかわつてしまいました。

人間が羊になつたのですから、おどろいたり、なさけなかつたり、あわてたり、いろいろの思いが、こんがらがつて、いそうなものですが、洋吉は、けろんとしていました。

「とうとう、ほんものの羊になつてしまつた」と、思つただけでした。姿は、羊になつてしまつても、人間のなごりがのこつているのでしよう。羊のむれのいちばんあとから歩いていました。

この日はどうしたことか、歩いても歩いても、山のひろばから、でることができません。よほど歩いたつもりなのに、まだ、前にも後にも丘があり、ふもとの方の丘にゆきつくまでもよほどありました。ふと、どこからか一匹のかわいい虎が、羊になつている洋吉の近くに、あらわれました。猫のちよつと大きいぐらいなので、はじめは、猫にみえたほどでした。虎の方では、はじめから羊のにおいをしつて、でてきたのですから、えんりよはしていません。羊の洋吉をねらつて、とびかかりました。

人間から羊にかわつたときには、何のいたみも、おどろきもありませんでしたが、このときは、眼玉が、とびだしたかと思つたほどでした。氣がついてみると、かつこうよくついていたツノと、オとが、ふさふさした毛なみのなかから、きえてなくなつていました。

洋吉は、四年まえに、半年、學校へ行つただけで、この山おくへきてしまい、あとはずつと、羊飼いのてつだいばかりしていました。いろいろの文字を、おぼえたいのに、學ぶことができず、學ぶあてもないので、いつそ、羊になつてしまいたいと、思つたこともありました。

いま、羊になつたのは、かつてのねがいのためだつたでしようか、羊になつたばかりなのに、ツノもオもない、かたわの羊になつてしまつたのですから、身の不運を、こえをあげて、泣いていました。

「洋吉、なに、泣いてるんだ。朝だ、おきなよ」

羊小舍の主人は、なさけぶかい人でしたが、洋吉が、夢のなかで、きずついた羊になり、かなしんでいることまでは、わかりませんでした。

主人は、夢占いが、たいへん、とくいでした。洋吉は、それをしつていました。マキバのかえり、洋吉は、今日の夢のなかで、ツノと、オを失つた羊になつたことを、占つてもらいました。

「いい夢だ、羊が、ツノと、オを失つたら王さまだ」

いわれて、洋吉は、羊という字を、地面に書いてみました。學校に行つてはいませんでしたが、文字のすきな洋吉は、古新聞で、文字を學び、羊という字も、はやくに、ちやんと、しつていました。地面に書いてみて、主人の夢占いのいみが、わかるのでした。

洋吉は、この夢がきつかけとなり、新學期から、村の分敎場に、通學できることになりました。

地方政治に進出する女性
——吉村とくさん——

吉村とくさんは物質的に不自由のない横濱の商家に生れたが封建的な環境にあつたため、高小卒で裁縫などのおけいこごとに通い、女學校へはいかれなかつた。が自分で專検をうけて資格をとり、日本女子大に學んだ。戰災で夫と愛兒一人は爆死、家も何もすべてを失つた吉村さんは、やけ殘りの衣類を賣つて急場を凌ぎながら二兒を育てた。やがて兵庫縣婦人少年室長となつて七年、その氣慨に富む人柄と優秀な才能とを惜しまれながら官を去り、こんど神戸市議選に打つて出ようとしている。女子大時代から研究した娼妓や人身賣買に關する多くの資料を戰災で灰にしたのは殘念この上もない。

入試落第生たちよ

「いづこへ」

榊《さかき》原《ばら》千《ち》代《よ》

お彼岸のお中日のことであつた。ある中學の入學試驗に失敗した親類の男の子が食べものも喉を通らないような樣子で、とても浮かない顏つきで夕食のお膳に向つていた時、同級生であつた隣の息子が格子戸をあけて入つてきた。親しいつき合いの中なので、お母さんから頼まれてお重に入れたお彼岸のおはぎをもつてきたのである。その息子はやはりよい學校だといわれている他の中學を受驗した。御飯をたべかけていた男の子は大急ぎで立つていつて「Tちやん、パスした?」と聞いた。隣の子供は「はい、お陰さまで」と答えた。「駄目だつた」という答えを聞いて「仲間がここにもいる」と自らを慰めたかつたその子供はその瞬間胸一杯になつて涙ぐんで次の室へ入つてしまつて出てこない。

これは男の子をある國立大學の附屬小學校へ入學させようとしたある母親の話。この一年間はその幼い子供にとつてもまことに背負い切れない重荷を背負わされたような年であつた。家庭教師がつききりで榮養のある御馳走やおやつをあてがわれ、御機嫌をとられながら試驗準備をした。易をみて貰つたら必ず入るという。家中張りきつていたのである。ところがいざ發表となると落第。母親はわあわあ泣き出してしまつた。

「何としても今度は入學して貰わなければ、寄附は十萬でも二十萬でもします。何とかならないでしょうか。」大學入學志望の大人のような息子の親でも氣の毒な程眞劍である。

幼稚園の浪人組さえ現われるという世の中どれだけ多くの入試落第生が數えられるものであろうか。外語は五十何人に一人、千葉醫大は四十何人に一人、また齒科大學などもそれに劣らぬなど聞けば、五十人一組の教室で試驗を受けた全員が全滅、一人も受からなかつたということもあり得ることだし、正に寶くじにも比すべきではなかろうか。

家の出入りに門の杏の花が薄桃色にパッとと滿開のはなやかさ、春の日が暖かく、鳥が歌い、風が匂うようなのどかな春だというのに、入りたい學校へもとうとう入學出來なかつた若人たちのやるせない憂うつな氣持ちを思うと、こちらがもつと憂うつになつてしまう。幾人かの人々はまた奮起して豫備校へ入り來年の入學試驗に備えようとする。しかしその豫備校にもまた入學試驗がある。

入試に落第した連中の中には不良の道へ落ちていく人達もあるという。資格試驗に落ちたのではなくて、收容能力を越えた人員を落すために行われる選拔試驗、能力があつても落される彼等の中には頭が惡くないだけに、却つてインフェリオリティ・コムプレックス(劣等感)を感じて自信をなくしてしまう兒童・青年も多いことだと思う。そうして我にもなく卑屈になつてしまつたり。これは大問題ではなかろうか。

入學出來た若人たちが喜びと希望に胸をふくらましているのはいいとしても、あやまつた優越感に自らを傷けるようなことがないであろうか。高校の先生をしているある知人が一流の大學へ入るような子供は利己的で、例えば運動部とか、讀書クラブとか、その他級友とともに力を合わせて働くというようなクラス活動などは一切せず、ただ勉强ばかりしている、といつていたが、大學へ入つて尙一層ガツガツ勉强ばかりするのではなかろうか。

廣義にいえば、自分を圍む仲間の同年層の中には、からだの弱い人もあり、片親のない人もあり、頭もそれほどよくなくてクラスについていくのに苦勞している人もあり、という風に種々の事情が織りこまれている社會から、平氣で自分を孤立させて、自分のことばかりに沒頭する、ここにも大きな問題がひそんでいるのではなかろうか。かつての日本はこのような大學卒業の秀才であつた指導者たちによつて、ある程度運營されていたことは事實である。

大學を出ていない者の前には凡ての立身出世の道が閉されていると考えられているところに大きな間違いはないであろうか。また事實ある特權が大學卒業者に惠まれているといつては間違いだろうか。だから親たちは最愛の子供のために何としてもよりよい大學を選ぼうとして狂奔する。そうして裏道街道を走つたり、闇取引などを敢行したりすることになる。それはやがて事業に、社會に、政治に裏口交渉や闇取引が行われる原因ではなかろうか。

勉學を希望するものは資格さえあれば自由にどこの學校へでも入れるような世の中がどうしても來なければうそである。入學希望者が殺到するような學校はどんどん擴張していつたらどうであろう。地域的にはロンドン大學などのようにあちらこちらに散在させてもいいではないか。自分に自信のもてない子供、希望のない子供の將來は恐しい。映畫とパチンコがはやつたりする原因の一つくらいはこんなところにも見出されるのではなかろうか。

凡ての靑少年が敎育を受けることが出來るためには莫大な費用がかかつて到底そんなことは夢だとある敎育者は語つていた。「東大など一人に十萬圓以上かかつているのですからね。もつともその大部分は醫科、工科、理科など施設や硏究に經費のかさむ技術敎育にかかるのですがね」とも話されたが。「それにしても安いものだ」と私は心の中で思つた。自衞隊員一人については一年百萬圓以上の經費が必要だというではないか。

敎育の機會が凡ての國民に均等に確保される時、敎育特權階級は消滅して、出身出世主義の人生觀もそのような現實に相呼應して變つていくであろう。民主々義の社會はこんなところから實現し始める。そうしてほんとうに實力のある人、世の中のためになる人、社會に奉仕することの出來る人が尊重されるようになるであろう。そうすれば自己の一生の安泰を願つて誰も彼もサラリーマンに殺到して激しい就職戰線にまたみじめな敗殘者の經驗を味う代りに、開拓者精神なども旺盛になつて自己と社會のためにまた新しい分野も開くひともでてくるのではなかろうか。

それにしても今年の落第生達よ、今いづこ？　希望のない宿命觀に今から老人のように諦めてはならないと思う。

失業と就職難の巷で

紀《き》乃《の》眞《ま》佐《さ》子《こ》

企業の中でおもうこと

　私が屬しているのはわが國の產業界でも有數の手堅い企業として定評のあるものです。が、その企業でさえデフレの嵐をまつ向から受け、それを受けて立つているのは誰かというと、言うまでもない、勞働者自身であり、その勞働者階級のなかでも、とりわけ肉體の一部をすりへらし、勞働時間を搾取されつづけている下積みの階層なのです。いうまでもなくこの階層の中の女子勞働者、學生（アルバイト）、臨時等々がまず第一に犧牲に供せられています。以上の女子勞働者の大半は、急に自分の夫が結核等で倒れたり、死亡したりで、よぎない事情のために働きに出ているものが多い。いわば一家の働き手を失つたために、新らしく一家の働き手になつたものですが、それが第一に整理の對象になるのです。

　ある日、第一次整理の通告があつたとき、白いエプロンをかけた一人の女子勞働者が私の職場の知人のところにきて泣きじやくりながら事情を訴えていました。いうまでもなくかの女は一家の大黑柱なのです。（夫が精神病で再起不能のため、かの女は私と同じ企業に臨時として雇われている）學生についても同じことがいえる。働かねば學業をつづけることができない人たちばかりです。

　以上の臨時やアルバイトは、その企業にとつては重要ではなくとも、彼ら自身にとつては働くことが絶對に必要なのです。しかも、企業が景氣の上昇線をたどつているときでさえ、彼らは、休暇もなく、年に二回のボーナスもなく、勞災保險、失業保險等最低の社會保險の恩惠にも浴していないのです。

　このような最惡の條件のもとに働いているうち、彼ら自身が倒れた場合には、一家共倒れの悲運に陷るほかありません。女子の中には臨時で働きながら仕事の終つた後更に夜の仕事（賣春）に出かけるものもあるといつた想像もできないほど深刻な狀態なのです。

　昨年は大體千名も採用したというこの企業は、今年は僅か十名足らず、それもどうしても補わなければならない、最低の部門だけに限られています。が、このような傾向は今ではどこでも普通になつてきたようです。

　一體こんな風に就職率が全般的に惡いのはなぜかというと、やはり不景氣のシワ寄せでですが、このシワ寄せがなぜこのように表面化してきたかを考えてみましよう。

　つい、二三年前までは朝鮮戰爭などでアメリカを通じて特需の發注があつたり、ホンの僅かの間だけ（戰爭の間だけ）特需景氣といつて他國の血なまぐさい犧牲において日本經濟に活氣をあたえられたのでした。

　特にアメリカの資本を導入している企業部門では、常にアメリカさんの御機嫌を伺いながらやつているので、ますますアメリカの干涉が大きくなつてくるそうです。

　相當上部の或調査關係を擔當している某氏から聞いた話では、アメリカ人の重役が、常に職場の中を巡回しているが、それは、人間の仕事のどこに無駄があり、どのように職場を改惡していくかを研究しているのだそうです。流れ作業の部門等はトイレットにいく時間だけ數分間を除いたほか、すべてを生産タイムとして製品一個當りの時間を計算して、能率が上らないというそうです。確かに、このアメリカ人のように人間を機械と競走させるような働かせかたは、利潤を追求する上には好都合でしょうが、働かされるほうはかなわないとおもいます。

以上のように正常でない特需などにたよつているところでは中共地區との貿易などは望むべくもない、またその他の突破口をもたないところでは再び他國の悲惨な運命、戦争のおかげでくつていくか、さもなくば國内の再軍備に自ら拍車をかけて行くのがおちでしょう。

革新勢力への期待

以上に述べたように特需等で忙しければ忙しいで勞働者は勞働強化に身もこなごなになるまで酷使され、また急に不景氣等にみまわれると、資本家はあわてて首切り、企業整備その他有形無形の勞働者の犧牲で急場を切りぬけようとします。

短歌

萩《はぎ》元《もと》たけ子《こ》選

ドライヤーにはや乾きたる洗ぎ物健康なる陽の匂ひなどせず　仁熊登美子

夫れ夫れに歸り行くべき家路なり薄暮が包む人の足音　廣田くにえ

眞實に生きたかりけり咲くとしも見えで柊の花匂ふにも　木上園子

急行列車見送りし後は何の顔にも寂莫がありてホームをあゆむ　淺野和子

ピカソの繪の複寫を買ひぬ勤務持ちてわがささやかな浪費許さる　金巻繁子

社全主義經濟機構においては勞働者階級が一番大切に扱かわれるはずであり、特に女子勞働者に對する保護には格段の差があることをつけ加えておきたい。しかし資本主義經濟機構の中では働けど働けどらくになるどころか却つて苦しい立場におひやられていくということをよく考えてみなければなりません。

この間の總選擧のときにも各政黨はこぞつて〝社會保障の確立〟を前面におし出して闘つた。保守も革新も社會保障が社會的にどれほど重要であるかをよく知つているのです。否むしろ〝社會保障の確立〟を前面におし出さなければ當選できないというところまできているのです。社會保障の問題は働くものにとつては生きることと深く結びついているのです。毎年豫算の時期になると、社會保障費と再軍備費が相對立する立場におかれます。が今年は社會保障の擴充は各黨の一致したスローガンだつたのですから難なく通るはずです。この社會保障費が增額できなければ、どの黨かが公約を破つたことになる。私たちは大に新らしく開かれる國會（二二ページへつづく）

婦人議員を出したいが

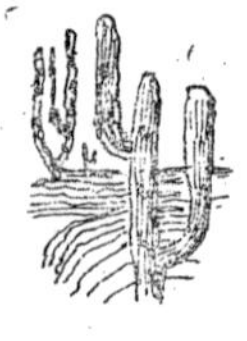

松《まつ》平《だいら》すず

革新派が衆議院でともかくも議員總數の三分の一以上を占めたのは何よりでしたが、婦人議員のへつたのはさびしいことです。きびしい國會議員の選擧ではあり、婦人參政權が與えられてまだ十年にならないのですからむりもないことで、婦人はもつともつと知識を磨き、眼を世界に向け社會を知ることが緊急です。

四年前の地方選擧で私は婦人候補者を應援したというたがいで村八分となつたのですが、そのために困りはしませんでした。この四月にはまた地方選擧です。こんどこそ何の遠慮もなく婦人候補者を大いに應援して、一人でも婦人地方議員をふやしたいものだと念じていたのですが、困つたことになりました。現在議席三〇に對し、婦人議員一名。婦人會長をしている人が新しく立候補するとのことで現議員とその人が當選すれば二人となる。しかしもう二、三人あつたら汚職行爲や公金の遊興的浪費を少くすることができて都合がよい、一人でも多く婦人議員の出るようにと私は念じていました。ところが婦人會長と現婦人議員とは同じ大字の住民です。この字には約八百位の有權者がありますから、全員土地の候補者に投票すれば、二人か三人は當選しますが、ほかに男の候補者もあります。そこで婦人會長である新候補者は、同じ字で在來の婦人議員としのぎをけずるよりも全地區の有權者の投票を集めるよう運動する、つまりその選擧區全體を基盤として出るとの決意をもらしたので、私も大いに贊成したのです。數日後選擧に委しい婦人の話では、「地方選擧なんてそんななまやさしいものではないですよ、全地區で出るなんて、とんでもない。どの字だつて自分の村の者を出すにきまつている、まして女の人が自分の意志で投票するなんてあり得ない、口では婦人は婦人になんてうまいことを言つているけれ

▼今月のお料理▲

オープンサンド

材料　食パン　二斤
ハム　八枚　マヨネーズソース
胡瓜　一本　サラダオイル一合
卵(かたゆで)　三つ　卵黄　一つ
マヨネーズ　一合　酢(大一)　一五瓦
バター　鹽(小一)　四瓦
からし　こしよう
酢　鹽　こしよう　ピツクルス

作り方　食パンは一斤を十〜十二枚に切りよくねつたバターを片面だけにつける。
○マヨネーズソースを作りおく
○胡瓜は洗つて鹽こすりつけておき熱湯にさつと通してすぐ冷やしておく。三〜四センチくらいの薄切りたんざくに切り、鹽こしよう、酢、油をふけかけておく。
○卵は固ゆで卵(十二分ゆで)にし卵白と卵黄を別々にし、卵黄は裏ごしし、卵白はみじん切りし、鹽こしようし、それぞれにマヨネーズソースであえておく。
○ハムをのせるパンのバターはからしとねり合せて塗りつけてハムをおく。
○卵黄のマヨネーズ、卵白のマヨネーズはそれぞれにもりつける時の格好を考えてぬつ

ど、さて、となれば主人の言う通りにするから、決して全地區でなんか出られるものでない。同じ字から二人も女が立てば二人とも必ず落ちるにきまつている、どうしても一人を中止させるより方法がない、私にまかせて下さい。年の順で若い人を中止させますから」婦人會長の方が年長です。

地方選擧とはまあこんなものです。都會に生活している人達にはがてんのいかぬ條件が澤山あります。だから前の地方選擧で、村の候補者が落選した時、「あの他所から來た婆めが女の候補者を應援し、村の者を落したに違いない、追放すべし」というわけで私は村八分をくつたのでした。

□　□

こんどの衆議院選擧で都會では革新勢力が相當進出したものの、田舍は依然として封建的であり、保守性がまだ強いのです。保守勢力が強いというより、一般の人は何もわからず、上からの命令に從うということだけです。上の人と言うのは寺の住職樣や村の財產家のことで、かれらがこんどは誰々の名を書くのだといえば、人々はその通りにしなければならないと信じています。二月なかば頃、私の家にたずねて來た六十歳ばかりの女の人に私がこんどの選擧は誰れにしますか、とききいたら

「今まではIと書くことにきまつていたがこんどはHと書くことにきまりました」Hとは保守黨の候補者の名で、この前まで革新の名を書いていたのをこんどは保守派の名にするというわけです。ご本人はどちらの政策を支持するわけでもない。ただ村の寄合できめたことを村中の家族全體に支持させ投票させるのです。中年以上の地方婦人の大多數はこの程度です。政見發表演說があつても立合演說があつても聞きにはいきません。國の政治がどうあろうと、關心はもたず、新聞やラジオでどんなにさわいでも、憲法問題が論議されても耳をかそうとはしない、直接耳に入ることだけで投票するのです。自分の子は兵隊にとられたくないが、憲法がどうなろうと、保守黨が勝とうと革新が勢力を得ようとどうでもよい、村できめて○○又は××と書けというからその字をよく練習しておくというだけのこと。こんなわけで地方選擧もその地區で誰に投票するときめた、その人に投票しないということはよほどの決心と力がなければできないのです。そこで婦人議員を出すことはなかなかむつかしいのであります。

ておく。
○胡瓜は一列並べにパンにのせる。
○配色を考えて適宜な容器に美しく並べる。所々にピックルズを配すると一層味もひきたつ。

サラド（チーズ入り）

うど　一本　固ゆで卵　三つ
えび（芝えび）　二〇〇グラム　マヨネーズ
四勺　ケッパー（しその實）　五グラム
レモン　1/8ケ

作り方　えびは背わたをとり、鹽、酢を加えた湯で三分半〜四分ゆで、さめてから皮をむき、レモン汁をふりかけ、ごく少く鹽こしようしておく（ゆでえび等を利用してもよい）
○卵はたて切りにし鹽をふつておく。
○うどはカツラむきに皮をむき、大豆大のあられに切つて一度さつと水をくぐらせ、よく水を切つて酢油汁を少しふりかせておく。
○えび、卵、うどをマヨネーズソースであえて紙ケースにもり、その上にしその實の鹽漬を少し散らす。
○この時つかうマヨネーズは餘り固くない方がよく、またうすいと時間がたつて水分が出るからかげんする。

（田口不二枝）

＊時事問題＊

家庭の電氣料金はなぜ上る

編集部

鳩山内閣の物價引下げ公約にもかかわらず、電氣料金値上げ問題も結局は下には重く、上には輕い値上りになるのは必死の模様。大巾値上げの會社案に對し通産省案は八灯以上の家庭で月四〇キロから五〇を消費する家庭は舊夏季料金に比べて約六割の値上げとなるがこれを三割で押え、それ以上はいくらつかつても徴收しないというのであるから大量に使つている家庭ほどその恩恵に浴するわけあでる。しかし七灯以下の家庭で三割に充たないものや、また値上げで一番苦しむ、定額灯の家庭ではなんの恩恵にもあづからないという全く納得しかねる値上げである。ところが會社側はこれすら難色を示しているといわれている。

値上げの理由は會社側の言い分によると電源開發に莫大な費用がかかつたので、そのハネ返りのためと言い、また新聞などの論調をみても、この冬は全國的な渇水であつたがほとんど停電がなかつた、これは電源開發がようやく軌道にのつてきたからである、從つて單なる値上げ反對は會社の基礎を危くし、基礎産業である電力の増大をはばむ結果となり大局的にものを見ないものの行動である、というようなことを言つている。果してそうだろうか、とすると國の産業を興し、家庭の電灯を消さないためには國民は高い料金も我慢しなければならないということになるわけである。どうもこの邊が釋然としない。ことに大口優遇、五〇キロ以下の家庭消費に重くなるという値上げに至つてはますますうなづけない。そこで勤労者側の立場から日本電氣産業勞働組合（電産）の意見をきいてみた。

電氣事業は公共性が強いものであるから電氣は水道なみに誰れでも安く公平に使えるようにしなければならない。しかしそれは現在のように全國九社に分れていて各自株式組織で營利的な立場から經營していたのではとうていできない相談である。九つの會社を全國一本にして經營形態を改め、企業家のみでなく消費者の參加した公共性の强いものにしなければ公平な料金にはならない。現在の料金は大口消費（大工場）には生産原價を割つて供給し、この穴埋めを家庭消費で負擔しているような形になつていて、大資本擁護の建前をとつている。このままの形をつづけていけば、電源開發をすればするほど料金は高くなる結果となる。これを安くするには開發のための借金の金利を低くすることと、赤字を政府が補テンするほかない。政府保障は税金によつて償うほかないから結局大衆の上にかぶさつてくる。要するにこんな方法は一時凌ぎで恒久的な解決とはならない。

今の會社のやり方は公益性と營利性を都合のよい時に使い分けている。つまり出來上つた設備は資本家のものにし、かかつた費用は小口消費者にかぶせるという狡猾なやり方である。しかも公聽會の意見は無視され、大口消費の値上げに手をつけないで小口消費を上げるということは、裏を返せば軍需産業の損を家庭や中小企業に振向けているということである。

電源開發は必要であるし、大いに開發しなければならない。しかし問題はそれが平和産業に使われるか、軍需産業に使われるかとい

詩

白い道と苺と

大《おお》山《やま》喜《き》久《く》

暗い夜なのに
ひどく高い空だつた
あなたは
つやのない髪をかきあげ
私は
誰かの云うコッペパン
二人ともデフレの髪をして
いたッケ

白い道だつた
あなたの厚ぼつたい口びる
から
得意のバスが
〃灯〃を呼び
〃ホットランランラン〃が
飛び出した
空氣が
ブンブン振動し
あなたの彈力のある
匂いの中で
あまずつぱい
イチゴに似た
新しいいのちを發見して
私達は目をあつくした

やつれた
枯葉が落ちて來た
〃さようなら〃
私達はお互に背を向けた
あなたの目と
私の瞳の中に
イチゴの逃げて行つてしま
つた
冷え冷えとした
泪が浮んでいたッケ

職場の明るい日ざしのある
芝生で會つても
あなたの肩を一層狹く見せ
る
北風の中の道で會つても
私達は
やつぱり別れの言葉
〃さようなら〃を
明るく繰返す

人生のすつぱさを出來るだ
け明るくかみしめて
子供の舌の先でトロリとす
る
あどけない
初いういしい
イチゴに私はなりたい

三年して
五年して
あなたは遠くから
〃いゝ人になれたね〃
と
ポンと肩をたゝいてくれる

さようなら
私はもう一度云つた

（横河電機勞働組合）

う點にある。アメリカの壓力によつて無理な設備をし、その負擔を弱い者の上にシワよせしているということはこんどの電氣料金の値上げを見れば分るだろうと思う。

要するに現在のような大資本擁護の料金の立て方と、營利企業的事業形態では家庭の小口消費料金は安くならないという結論になるようである。

そこで豊富低廉な電氣の供給を實現するには、國有國營の企業形態を確立して、現在の電氣産業に内包されている私的營利事業的色彩をなくすることの必要が、左派社會黨あたりから叫ばれるいるわけである。

この社會黨案によると、企業の形を發電、送、配電を一元的にした政府事業とする。ただし官僚的獨善の弊害を除くため政府機關の徹底的な民主化をはかる機關を設けて現業官廳の指導監督に當らせる。そして料金制については國家事業として不當な利潤を收めることなく、しかも經營の自主性をそこなわないような着眼をもつて公共の福祉に奉仕できる合理的な改正を期している。

いずれにしても社會を動かしている油である電氣を株式會社などに任せておくは間違つているといえよう。（菅谷）

寄附を前提とした區敎育豫算

N區の敎育豫算の實情

桑原《くわばら》　小枝子《さえこ》

私の住むN區は、都內でも比較的知識階級の多い土地柄といわれながら、敎育豫算が少く、校舍の汚いことは東京一と言われている。試みに昭和三十年度の當初豫算に計上された敎育費をのぞいてみよう。

敎育費の總額は、一億三千四百五十萬圓で全體の二三・六％に當る。昨年度にくらべて三千八百萬圓ほどふえたことになつているが昨年度の六三整備費が二千三百萬圓ほど繰越になつているので、實際には千五百萬圓しかふえておらず、生徒數の增加（小學校千七百中學千百）を考えれば大いばりでふえているとはいえない。

中學校費はかなりふえている。今まで、やむを得ず使つていた二人掛の机をやめて、全部一人掛のものにするために、校具費を大巾にふやし、修繕費もふやした。六三建築のボロ校舍の雨もりがこれで幾分でもへつてくれるかと私たちははかない望みをかけている。需要費もふえたので、昨年度は一校あたり五十萬圓の豫算だつたのが、今年はこれで六十萬圓ぐらいになるかも知れない。けれど私の子供の通つている中學のＰＴＡ豫算が百四十五萬、生徒會費四十萬圖書費二十六萬が、父兄の負擔になつていることを思えば、區からの費用がどんなに少いか分るであろう。その一校當りの費用の中、從來は光熱費、電話料などの他は、學校に任せて使わせていたが、今年度はなるたけ區で一括購入して、物で各校にわける方針とか、そんなことになれば從來ややもすればありがちだつた、有力な區議の地元の學校に物が多く行くとかいうことのないように、充分監視しなければなるまい。

小學校費は昨年度にくらべてほとんどふえていない。

ここで氣をつけなければならないのはプール及び圖書館の建設費である。區では今までどの學校にもプールをつくる方針で、今では小學校でプールのないところは殆どないし、中學も半數近くの學校がプールを持つようになつている。ところが區ではプールをつくるのに充分な費用を出さず、いつも三十萬圓程度はＰＴＡに寄附をさせてきた。ＰＴＡでも自分のところに早くプールがほしいので、手つてお金を集めて區に寄附をし、プールをつくつて貰つていた。今年も寄附を見越して一校分百萬圓だけ豫算に組んであるが、これで一體どんなプールができるというのか、しつかりしたプールをつくるのには二、三百萬圓かかるといわれている。私の子供の小學校では、寄附も合わせて百八十萬圓かけてつくつたが、數年たつた今では水もりがひどくて、每年の修繕が大變らしい。

圖書館に對しても、從來は一校當り六十二萬程の豫算が計上されていて、多い年には四校分もあつたが、それも二十九年度からなくなつてしまつた。これについては革新派の議員達が、生徒數の增加を理由に、中學の校具費を六十萬、小學校の敎材費、需要費合わせて百四十萬ほどふやさせたので、そのしわよせが、プールと圖書館に來たのだとの說もある。その圖書館も六十二萬程度では普通教室に毛の生えた程度の建物に書架がせいぜいで內部の設備をつくるためには、別に三十萬もＰＴＡで負擔せねばならず、ましてもう少し廣い圖書館をと思えば區から出る費用より多くの費用をＰＴＡで出さなければならない。

給食の調理器や放送施設にしても、大ていの學校ではＰＴＡで揃えてしまつたが、まだ揃つていない學校のために豫算を組うとの話が出たら、もう大ていの學校で買つてしまつたから、今更區費で買うのは、すでに買つてしまつた學校に對して不公平だと反對されたとか……プールといい、このことといい、ＰＴＡの行き方として大いに反省する必要があろう。

費用が全然ないのなら、それもしかたがないが、區では今度六千三百萬圓かけて公會堂をつくつた。しかもその維持費として年に三百萬圓かかるという。學校に對しては豫算がないないといいながら、そういうものに對してはどこから豫算が出るのであろう。獨立採算で行けるならともかく、莫大な建築費をかけ、その上年に三百萬圓もの維持費のかかる公會堂や、夏しか使わない方々の寮に大きなお金をかけるよりも、次代の國民を育てる大切な教育費にもつとお金をかけてもらいたいと思う。

こんどの地方選擧にはよく氣をつけて、情實やなれあいで區政を動かしたり、議員の地位を利用して惡どいもうけ方をしたりする人でなく、正しい立場に立つて、本當に區民のためになる政治を心がけてくれる人に、私たちの一票を投じたいものだ。

頭と神經を休め 頭の働きをよくするには

榮養生活普及會
田口不二枝

〃クレープル・サイクル〃の研究で一九五三年度のノーベル賞を受けたフレープスが、生體內の榮養の機構を調べたところ、他の臟器は、いろんなアミノ酸を使うのに、腦髓は、その中の唯一のグルタミン酸だけしか使わないことを發見した。

グルタミン酸は、小麥の蛋白質からつくるもので、パンや麩がすぐ胃の中でグルタミン酸に變るから食べればよいわけです。

加えて、腦は筋肉よりも澤山の酸素を消費していて中修三博士の研究によると一日約百グラムのブドウ糖と何十ミリグラムの大量の燐を使つているということです。

腦髓を形造つている核蛋白體は燐を含んでいます。

また腦神經の榮養として、ＶB_1 B_2、B_6、Ｃが必要です。殊にB_1は重要で、これが不足すると神經炎をおこし神經の働きはにぶり、潛在性Ｂ缺乏症の足のだるいこと、頭の重いこと、肩のこり、ひどくなつて手足、口唇がしびれたりするのは末梢神經が炎症を起しているわけですからB_1を充分に補うことは神經や腦の働きをよくするのに大切なことです。

米のような含水炭素は體內で惡性ブドウ酸まで分解してもB_1が不足すると、それから先への分解ができなくなつて乳酸が體內に溜り肝臟障害までも起すようになつて身體も精神も働きがにぶるというわけです。

常に榮養分析表などにより、これらを多く含む食品等を調べて買物をし、調理して勉强にはげむ子供を護り通してまいりたいと思います。

ある印刷工場で

阿《あ》部《べ》琴《こと》子《こ》

あと四五日で投票日だというので私たちの工場のまわりにも立會演説會や個人演説會のビラ、ポスターが數多くはられている。勞基法によつて守られている女子の殘業問題も、現實にはなかなか守られない。經營者は企業がうまくいかないからといつて生産を上げたいばかりに女子にも長時間の殘業をやらせる。私たちは低賃金を補いたい一心でむりな仕事もやる所にわりきれない苦しみがある。實際朝夕ラッシュアワーに都電國電の中で一時間かそれ以上ももみくしやにされて工場に通う私たち、朝の八時から夜の八時まで働くので、昨今は殆んど、一日中會社ですごすことになるのですから堪りません。家に歸れば九時すぎですもの。立會演説なんか聞けつこありません。

日當りのいい三階の作業室の窓ぎわで新聞をよみながら選擧の話をしあつていた若い女の人たちの一人が、ふいに私の方をむいて「神近さんてどんな人？」と聞きました。その眞劍なまなざし。「左派社會黨の方よ」と答えると「人物は」とたたみかけてきく。むりもありません。演説會にもいけないこの人たちですもの。新聞や雜誌に名の出る有名な人でもみな知つているわけではない。この前の選擧とちがつてこんどは候補者の名をどなつて歩かないので靜かでいいが、「新人は出にくく、名の賣れたボスに有利ではないか」、「新聞だけで人物は分らない、毎晩八時まで殘業をやらされては選擧演説一つ聞けない」、「その通り。私たちがこんなに夜おそくなるまで働かねばならぬ狀態だつて、政治につながりがあるんだから、しつかりした人物を選ばなければ」というような聲が入りまじりました。私は神近さんのこの前の選擧演説を一時間半以上も會場に待つて聞いた時の話などを皆にしてきかせ、なお社會黨の中の山川さんや藤原道子さんの婦人のための長いたたかいの話などもつけ加えました。それから數日、新聞の開票結果を見ている私をかこんで若い人たちは「よかつたわ、私たちの選んだ人が當選して」と誰もかれもにこにこ。みな一緒に神近さんに入れていたのです。

（九ページよりつづく）

「家人（下級武士のこと）等が妻を迎えるにはよく木綿を織得べき女を求めよ、御出陣の後には奉米十分に給はる事ならねば、かゝるもの織出て家産にあてよ」と。

夫が出征した後、俸給はやるが、十分やれないから機織の内職をせよということである。

幕末（十九世紀の半頃）になると農家の婦人の賃機織は盛んになり、下級武士の妻も内職に織るのが多くなつた。賃機の盛んになるにつれて糸紡ぎや糸取（生糸）などの仕事も賃仕事になるようになり、今日の勞働者とは違うが一歩、一歩賃金勞働者に近づいていつた。

（一五ページよりつづく）を監視しなければなりません。

次に失業者の方々は働く意志があるにもかかわらず働く場所がない。今こそ失業者の皆さんは一般勞組の方々とも團結して革新政黨を援け、同時に革新政黨は失業問題の解決をまず第一にとりあげていかなければならないと思うのは私一人であろうか。

男女同一賃金とは

勞働省谷野勞働課長にきく

解説

編＝集＝部

男女同一賃金の原則は昭和二十二年に制定された勞働基準法第四條によつて確立されたものである。それから八年經つた今日、前號掲載のように從業員四千、その三分の一が女子勞働者である富士フイルムのような大きな事業所で違反が行われていたということはおどろくべき問題である。しかも男女により賃金差をつけているところはこのほかにも相當多いのではなかろうか。

本來勞働者のサーヴィス機關として設置された勞働省は一體何をしているのか、という疑問は當然起るし、それと共に男女同一賃金の趣旨が一般に理解されていないのではないかと思われる節もあるので、これらの諸點について勞働省婦人少年局勞働課長谷野せつさんにお話をうかがつてみた。

×

昭和二十七年中に勞働基準法第四條（男女同一賃金の原則）違反として監督署の取上げた件數は九十五で、同年中の基準法第六章女子年少者關係の違反件數二六、八六七に比べると〇・三五％である。發見のいとぐちは申告によるもの五、その他は監督署が發見したものである。違反のうち最も多いのが初任給で、その他諸手當などである。

違反者は同一賃金の趣旨を知らずに犯していたところが多い。女子は法律で特別に保護されているから賃金差があるのは當り前だと考えているようである。しかし第四條は女子の特別保護の上にたつもので、封建的習慣のため男子勞働者に比較して一般に低位であつた女子勞働者の社會的、經濟的地位の向上を賃金の面から計ろうとするものなのであるからこの趣旨を理解していないと、誤解が起るわけである。この點については勞働組合自身も充分分つているとは言えず、組合內でさえ問題にしかねているところが少くない。

よくきくことだが、女だからといつて特別扱いされつつ賃金が男並みでは虫がよすぎるではないか、という人もある。が、男女同一賃金制は、決して女子を甘やかしたものではなく、むしろ女子にとつては嚴しい制度である。つまり女子の人間としての能力を男子と同等と認め、男子との同一勞働に對して同一の能率を上げることを前提としているものである。以前は男子と全く同じ勞働に従事し、同じ能率、あるいはより以上の能率を上げている場合であつても、たんに女子であるからという理由で低賃金を押しつけられていたのである。こういう性別による不等な賃金差をなくしたのが前にのべた勞基法第四條なのである。從つて男女が同一勞働につく場合の初任給、あるいは諸手當は原則として同一賃金でなければならないわけである。

女子の能力が男子より劣つていると假定するならば同一賃金の原則はなりたたない。それを世間では、女子の能力不足を法律によつてカバーしているかのように解している人が少くない。このような誤解をなくし、女子の勞働力が正しく認められるようにするには、勤勞者としての權利、義務にめざめ、女子自身男子と同一勞働において同一の能率を上げること、つまり能力において男子と同等であることを示さなければならない。

×

デフレ、企業合理化等のシワよせは眞先に女子勞働者の上にかかつてくる、女であるから、という甘い考えをもつていては勞基法第四條を自らくつがえす結果にならないとも限らない。女子自身も考えなければならない問題であろうと思う。

（文責・菅谷）

婦人界だより

來る四月十日の婦人の日及びその日より一週間を期して催される婦人週間・また、總評婦人部を中心に昨年より設けられた三月八日から四月十六日までの婦人月間など三月から四月にかけて婦人界の行事は多彩に展開される。ことに本年は四月の地方選擧を控えているため、例年にない活氣を呈している。

まず婦人週間の主唱機關である勞働省の第七回婦人週間のスローガンは

よりよい社會をつくる力になりましよう

であり、社會人としての婦人の實力を養うことを目標としている。

催しとしては例年にならつて中央及び地方に婦人問題會議を開き、各地で婦人週間大會を催し、資料をつくつて配つたり、報導機關によつて宣傳するなど婦人が社會人としての義務を賢明に果し、社會をすすめる力となるよう啓發をはかることとなつた。

婦人有權者同盟、婦人平和同盟、矯風會、大學婦人協會、ＹＷＣＡなどの婦人團體は婦人月間の催しとして〃**公約の實行を迫る**〃ことを申合せ去る三月十七日東京虎門の共濟會館で「**婦人有權者大會**」を開き、併せて來る地方選擧に對しては〃**地方自治へ婦人の有能者を送りましよう**〃というスローガンをたてて働きかけることになつた。

「婦人の日」記念催し

婦人のこえ社
社會黨(左)婦人部　共催

本社本年度の婦人の日の記念催しは三月三十日に繰上げ、社會黨（左派）婦人部と共催で新宿、世田谷、文京、品川、川崎の各地で「**地方自治を守る婦人大會**」を開き大いに街頭宣傳に努めることにいたしました。

域の皆さまの御參加をお願いいたします。

婦人團體連合會　同じく去る三月八日、**婦人民主クラブ**と共催で「**世界母親大會準備會出席報告會**」を參議院會館で開いて、同準備會に出席した丸岡秀子、高良とみ、羽仁說子氏等の講演があつた、なお婦團連では七月の世界大會へ日本の代表を送るため六月ごろ日本の母親大會を開くことを提唱している。

勞組關係婦人月間行事

總評婦人部　婦人問題について全國的に地方ブロック會議を開く。

全國電氣電信勞働組合婦人部　母體保護運動の推進をはかることになつた。

全日通勞働組合婦人部　地方選擧に重點をおきその啓蒙運動を起し、家族會議をつくることにした。

なお、**總評婦人協議會**主唱のもとに前記婦人諸團體は本年の婦人月間の記念行事として表紙二揭載の通り一般の婦人から「**私たちの生活記錄**」を募集し、優秀作品に賞金及び記念品を送り、記念出版をすることになりました。婦人の方はどなたも應募できますからふるつて御投稿下さい。

編集後記

本誌についてご批判やご要望が多くなつたことは皆さまのご愛顧の結果とありがたく存じています。もつとやさしくとか漫畫を入れてほしいというご注文は少くありません。親しみ易い、ということはジャーナリズムにとつてなにより大切なことと存じますし、できるだけ努力いたしておりますが資金の問題もあり、また技術的にも大變むつかしい問題です。というのは普通の婦人雑誌や娯樂雑誌のような取つき易さであつては本誌發行の意味がなくなるからです

誰かが言つておりました、婦人は自ら努力しようとせず、自分の低さまで他を引下げようとする傾向がある、と。もしこういう意味から内容の引下げを求めているのでしたらご一考を願いたいと存じます。娯樂も結構、笑いも必要ではありますが、それはほんとうの愉しみや笑いでなくてはならず、暗い、絶望的な現實をごまかすものであつてはならないと思います。本誌は、愉しい記事、明るい記事で全誌を埋めるような世の中にするために努力しているものであることをご了承願いたいと存じます。しかし、決して獨善的な考えを皆さまに押つけるつもりはございません。讀者と一緒によりよい社會の建設に進みたいと希つております。一層のご協力を願いいたします。

× ×

今月は新しい試みとして童話を掲載いたしました。作者の花田さんは新進の童話作家で、すでに大新聞に度々作品を發表され好評を博しておられます。今後も時々お寄せ下さることになりました。御期待下さい。

× ×

今月は戰後第三回目の地方選擧が行われます。二十二年の第一回には婦人の都道府縣會議員二二名同じく市區町村會議員七七一名、二十六年の第二回には前者三四名後者九二七名と婦人の地方議會への進出は回を重ねる度に增えています。しかしこんどは市町村合併問題などから、全般的にみて婦人は出にくいとみている向もあります。が、惡條件を乗越えて、大量の進出を希つてやみません。婦人の政治活動については批判の聲が高く、ことに婦人會と政治活動の問題は注目的となつている觀があります。が、つまるところは婦人の識見と自主性に歸する問題ではないかと思います。男性ボスの惡い面のみを見習つているかのような婦人會の動きがあるという聲のあるのは殘念です。生活と地方政治の結びつき、地方政治と中央政治との關連を考えれば、地方選擧は人物本位とは言えません。革新的な優れたひとびとを選び、四年間の悔を殘さないようにいたしましよう。

（菅谷）

婦人のこえ 四月號
定價三〇圓（〒五圓）
半年分 一八〇圓（送共）
一年分 三六〇圓（送共）
昭和三十年三月廿五日印刷
昭和三十年四月一日發行
東京都千代田區神田三崎町二ノ三
編集發行人 菅谷直子
印刷者 堀内文治郎
東京都港區本芝三ノ二〇
（硫勞連會館内）
發行所 婦人のこえ社
電話三田(45)〇三四〇番
振替口座東京貳壹壹参四番

婦人のこえ

一日發行（毎月一回一日發行）

5月號

1955

平和憲法を守りましょう

本誌・社友（五十音順）

淡谷のり子　阿部艶子
安部キミ子　磯野富士子
石井桃子　石垣綾子
圓地文子　大谷藤子
小川マリ　大内節子
川上喜久子　小倉麗子
桑原小枝子　神近市子
木村光江　久米愛
久保まち子　芝木好子
清水慶子　杉村春子
菅谷直子　田所芙美子
田邊繁子　高田なほ子
戸川エマ　長岡輝子
新居好子　西清子
西尾くに子　萩元たけ子
深尾須磨子　古市ふみ子
福田昌子　宮崎白蓮
三岸節子　米山ヒサ

日本労働組合總評議會傘下
各労働組合婦人部
全國産業別労働組合（新産別）
連合傘下各労働組合婦人部

原稿募集

◇**論文・隨筆・ルポルタージュ**　職場でも家庭でも婦人の立場から訴えたいこと、發言したいことはたくさんあると思います。また政治や時事問題についてご意見やご批判をお持ちの方も多いと思います。そうした皆さまのご意見、ご批判、ご感想あるいは職場や地域のルポルタージュなどをふるつてご投稿下さい。

四百字詰原稿用紙　七枚以内

◇**短歌・俳句**　生活の歌を歓迎いたします。短歌にかぎりご希望の方には選者が添削してお返しいたしますから返信料を添えてお申込み願います。

送り先「婦人のこえ」編集部

婦人會の勝利

昨年三月號既報、街の汚濁から家庭や子供を守るため立上つた静岡市泉町の婦人たちの競輪場外車券賣場設置反對運動はその後どうなつたろうか、闘争に全く未經驗な主婦たちであり、相手は一筋縄ではいかない業者や市會のボスたちである。氣持も動機も純粋なものであるだけにその成行が氣にかかつていた。ところが昨年十月めでたく凱歌を揚げたという朗報を最近得て、ひとごとならず喜びを感じたのはひとり筆者のみではないであろう。しかし、この解決をみるまでには三百餘日にわたる血のにじむような苦しい闘いが續いたということである。その經過を詳しくお知らせする餘裕はないが、縣労働組合評議會や文化團體の應援を得て、とにかく婦人たちの正しい主張が世論を動かし、金力萬能を誇つていた業者と、それらと結托し、民主主義の名のもとに絶對多數で市政を左右していた保守系議員の策謀を打破つたことは、例え一小地域の問題とは言え、長いものに巻かれ勝ちな今日、その持つ意義は大きい。

この運動の最大の收獲は、もとより目的達成には違いないがそれと共にこの事件によつて婦人たちが政治に目ざめたということであろう。それまで、選擧の意味も餘り考えたことがなく、大部分は婦人は婦人へとか、あるいは地域の候補者に、というようなごく素朴な考えで選擧していた婦人たちが、政治の重要さを泌々と思い知らされたということは思い掛けない副産物であつたはずである。

とにかく、未組織な家庭婦人が始めから終りまで一年近い間一人の脱落者もなく頑張り通したことは偉とすべきであろう。

婦人のこえ

1955年
五月號

四月號　目次

メーデーをむかえて

メーデーは年々にさかんに、アメリカをのぞく世界中の社會主義團體や勞働組合の共通の祝日、示威運動の日となつてていますが、そのアメリカこそはメーデーを生んだ國だつたのです。一八八〇年代のアメリカの勞働運動は八時間勞働を要求してはげしく資本家に迫り、全國的に次々とストライキが起りました。一八八五年にはアメリカ中の勞働組合は、毎年五月一日を期して八時間制獲得を目標とするゼネ・ストをおこなう決議をし、翌一八八六年五月一日をその第一回示威運動の日と指定しました。半年も前からはげしさを加えた八時間制要求の運動に翌年五月一日をまたずにカブトをぬぎ、在來と同じ賃金で八時間勞働を認めた雇主も少くありませんでした。

いよいよ一八八六年五月一日がくるといたる所の職場から流れ出た勞働者は、聲を合せてこう歌いながら町や廣場をねり歩きました。

きようよりのち　ただひとりの勞働者も
八時間より多くはたらくな
八時間の勞働！　八時間の休息！　八時間の教育！

この効果はてきめん。五月一日からわずか數日の間に十二萬五千人の勞働者が八時間勞働を獲得し、更に一カ月後には二十萬人の勞働者が同じく八時間制實現に成功しました。

一八八九年にパリに生れた國際社會黨（第二インタナショナル）はこの成功を見て毎年の五月一日を、全世界の勞働者の階級的團結と國際協力を示す示威運動の日ときめました。一八九〇年に行われた最初の國際的メーデーの共通のスローガンは、「八時間勞働」、「常備軍の廢止」、「戰爭に反對する戰爭」でした。それから八五年後の今日、八時間勞働は大抵の國で法制化されましたが、共產國、自由主義國を通じて常備軍廢止を主張しているのは日本社會黨だけです。

ロシアは革命の後、ソ連と同盟を結んだ共產諸國ではそして第二次大戰後、メーデーを國家的祝日とし、大砲や戰車までくり出してその威力を誇る有樣です。他のヨーロッパ諸國も盛大にやりますが英國勞働黨は一九四五年、內閣をとると共にこの行事をすて、地方的には小規模のものが行われても、黨として全國的規模では何もやりません。アメリカでは九月一日が法定の勞働記念日で、メーデーは一般的には行われません。

日本では明治の末からほんの少數の社會主義者が家族をまじえてなごやかなピクニック的集會を試みていましたが、運動が組織化した一九二〇年始めて勞働組合や社會主義者を交え、約五千人が上野公園兩大師前で大衆的なデモをやり治安警察法第七條の撤廢、失業防止、最低賃金法の設定を要求し、その後年々盛んとなり、一九二一年には最初の社會主義婦人團體赤瀾會の人々が示威行列に參加。「女のくせに」という反感も手つだつてなぐる、蹴る、さんざんの暴力を加えられた上ブタ箱にぶちこまれました。

太平洋戰爭が近づくとメーデーは姿を消し、一九四六年、軍部勢力崩壞後復活しました。年々のメーデーを單なるお祭に終らせず、社會主義への力強い前進のための一里塚にしようではありませんか。

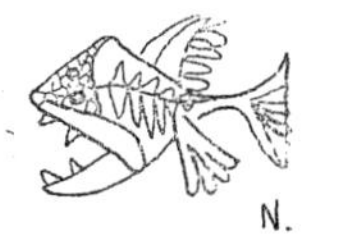

時評

獨立國の誇りと希望はいつの日に

榊《さかき》原《ばら》千《ち》代《よ》

昨年十月日本を訪れた中國紅十字會代表團の副團長廖承志氏は、神戸の華僑歡迎會で述べた挨拶の中で次のようなことをいつています。――「ここ數年間にわれわれがなしとげたことは第一に國家の獨立です。これは眞の獨立――いかなるものの干渉も受けない獨立です。もしそういう干渉を行おうとするものは遠慮なく追出すことができます」

何という犯し難いき然とした言葉でしょう。ここに誇りと希望にみちた新中國の姿が仰ぎみられるではありませんか。

廖承志氏は更に言葉をついで、全中國の國民が一つの身體のように一致團結してどのように祖國の工業建設、文化建設にまい進しているか、また新しい經濟體制を實現するために第一次五カ年計畫に着手し、すでに第二年に入つて文化の面においても、工業の面においてもどんなに素晴しい發展を遂げつつあるかということを報告しこのような事情のもとに中華人民共和國の國民、とくに海外、その中でも、とくに日本にいる華僑としてとるべき態度について意見をのべます。

「まず第一に、あなた方は強い祖國をもつ華僑である以上、まず謙虚な態度をもつていただきたい、日本の人民と平和的、友好的にまじわつて中日兩國の平和のかけ橋となつていただきたい」といつています。

實力と自信のない國民にこのような大人風な謙遜さというものは生まれてくるものではありません。よらば大樹の陰、といつたような人生觀に立つてか、他國に依存して生きていこうとしている私たちの祖國日本の事ごとに他國の干渉をうけ、豫算の編成一つ思うにまかせない有樣や、そのような祖國を背負つている國民の我ともなくあらわれる卑屈さを反省するとき涙の出るほど悲しいではありませんか。

豫算編成と外相訪米拒否

三十年度豫算を編成するに當り、政府はアメリカ側の了解を得なければならない必要があると、足下から鳥が飛びたつように重光外相をアメリカに派遣することになりました。獨立國である筈の日本が國の豫算を立てるのにアメリカと折衝しなければならない諸問題があるなどということは、まことにべら棒な話ですけれど、政府としては鳩山內閣の外交方針、日本の防衛計畫、對ソ外交方式など基本方針について從來の事務的折衝をふみこえて大きく政治的な話合いにもちこみ、これによつて日米間の交渉に一轉機を來すかも知れないと期待していたことは事實のようです。また國民としても外相の渡米によつて防衛分擔金が政府の希望通り削減されて、しかもその分が住宅建設など民生安定費に政府の公約通りに使うことが出來るかどうかということは、とにかく關心をもつていたことだと思います。

ワシントンからの特派員報道によれば、重光外相渡米の公式文書を受け取つた國務省では、二日朝からそれをめぐつて審議が續けられ、二日夜にはダレス長官の下で愼重な對策が檢討されているので早くて同夜、恐らく四日にはアリソン駐日大使を通じて招請狀が出されることになろう、ということでありました。ところが意外にも回答は重光外相の訪米を拒絶して來ました。世間は驚き、國會では野黨が「輕卒な外交によつて內外に國威を落した」ということで外務委員會では彈劾にも近い強いひびきをもつ戒告決議案を通過させるというような事態まで起りました。

相手のスケジュールも考えないで一方的に渡米をきめてしまつたり、或は計畫が事前にもれたことがミスであつたとか、政府の失策について非難の聲は強いのですが、それにしても私たち國民は今こそはつきり日本の立場や日米外交の眞相を摑めたのではないでしようか。手續きや外交技術上の不手際はあつたとしても假にも一國の代表が訪問の要請をした時、無下に斷るということは無禮極まり、日本の面目をつぶしたことは覆い難く、アメリカ側が敢て拒絶するようなことをしたのは、そこに重大な魂膽があつたに違いありません。

アメリカ政府當局は鳩山內閣の對中ソ和解の企圖に對して、表面無關心をよそおつていますが、內心は神經過敏なくらいに日本の一擧手一投足をみつめています。こうして自主中立外交などということについていつかは日本當局および國民に警告を與えなければならないと考えていました。もし日本がアメリカの好意を失うならどういう窮境に陥るか、目にものをみせたい思つていたところ、たまたま今度の政府の輕擧がこれに一つの機會を與えたといえないでしようか。

しかし私たち日本人はいたずらに政府攻擊などしている時ではありません。白日の下にさらされたこの眞實に直面して國民の一致した力が今まで要望されている時はないことに氣ずかなければならないと思います。

アメリカの壓力に抗し得ない重光外交が弱腰で、例えば、訪米に際して中心になる三つの項目は、一、防衛分擔金の削減と防衛計畫の基本構想。一、對ソ交渉に當つて、日本はあくまでサンフランシスコ條約にもとづいてこれを行う一方、日ソの國交回復によつても從來の對米協調の線を堅持する。一、中共貿易については日本が經濟的地理的にこの促進が必要だと考えているが、これは中共の國際的地位、その承認などの政治問題とは別個のものとしている。などどこまでもアメリカを刺戟しないように、アメリカの心證をそこなわないようにといつた背骨も信念もない弱さに、今度の外相拒絶事件の原因の幾分かはあつたに違いないにしても「追從外交」或いは、「隷屬外交」から脫却しようとした動きであつたことは否まれません。日本側がアメリカ首腦との會見の正式手續の困難なことを承知しながら、これを無視してまでやりとげようとした熱意とそれが實現の曉には水爆實驗の中止、小笠原と沖繩の返還要求がだされるのではないかと懸念されていたこと、——もちろんアメリカは讓りそうもない——。このほか金門、馬祖をめぐるアメリカの態度と政策の説明を要請したり、日ソ交渉、中ソ貿易、AA會議にたいする日本の考え方も説明し、更には防衛問題、農產物買付の話もでるであろうと、ある意味ではアメリカが押され氣味であると一般に觀測された程のイニシアチヴを政府がどうしてとり得たか、それは實に、「追從」外交から何とかして脫却したいという國民多數の願いが、また「自立」外交への要望が政府當局に否おうなしにある壓力を加えたとみるべきです。鳩山首相は四月七日アリソン駐日アメリカ大使、テイラー國連軍司令官と約一時間にわたり防衛分擔金削減問題防衛計畫を中心に協議し、三十年度豫算編成に際して分擔金削減問題は重大な政治問題化している現狀を說明、アメリカの十二分の考慮を強く要請したということです。

　四月十一日午後四時防衛分擔金削減についてのアメリカ政府の回答はアリソン米大使によつてもたらされました。それによるとアメリカは分擔金削減は九十億程度まで認め、付帶條件として日米間に懸案となつていたジェット機用飛行場の擴充計畫を要求して來ました。これに對する日本側の關心は早くも示され、去る三月二十四日の衆議院本會議では社會黨から政府に原水爆問題に關連して緊急質問が行われております。ジェット機用施設の擴大は更に國際的に政治問題化されるおそれもあり、また經費の點でも土地收用にどの程度の經費がかかるかも見當がつかず、將來に禍根を殘すことがないともいえません。

　鳩山內閣は選擧に一兆圓豫算を公約しました。この公約は日本經濟再建のためには絕對に守られなければならないものであり、そのためには防衛費を少くとも二十九年度程度に壓縮する以外に手はなかつたはずであります。アメリカは極東戰略の建前から吉田內閣當時補正豫算で創つた施設費など、四十五億圓を復活實現させ、また防衛力漸增の含みを盛り込んで、防衛廳費は八百億以上計上することを強く要望してきました。專門家會議を開いて討議した結果、もう一度、アメリカの考慮を要求していますが、見通しは必ずしも明るくなく、かくては本豫算は早急にはくめず、政府は苦境に立ち六月暫定豫算を提出せざるを得ない羽目に追い込まれるでしよう。止むを得ない場合は、政府は行政協定の義務履行の意味からか、千三百二十七億圓の防衛關係費のワクを固執する方針をも變更するもようで、そうすれば民生は壓迫されて軍備擴張豫算になります。この傾向は年々強くなることが豫想されます。

　このような豫算を私たちは甘受しなければならないでしようか。このようなアメリカの公然とした干涉に對して默つて抵抗もせず、强い國論も起つてこないでいゝものでしようか。

　自主獨立の外交とはどこまでも日本の利害を本位とした獨自の外交であつてだれに遠慮する必要もないはずです。しかしそのような方向をたどろうとする限り「アメリカの御機嫌を損ずる場合の起ることは自然かつ當然だ」と、保守的立場に立つ神川彥松氏などもいつていることで、今こそ國民の覺悟と奮起を待たなければならない時であります。

アジア・アフリカ會議

　世界注視のA・A（アジア・アフリカ）會議が四月十八日から一週間インドネシアのバンドンで開かれようとしています。この會議は世界平和のために友好親善を深めようと立ちあがつたコロンボ諸國の會議を、更にアジア・アフリカ地域にまで擴大發展させたもので、その芽生えは朝鮮戰爭に協同歩調をとつたアジア・アラブ・ブロックの協調精神に胚胎しているといわれます。インドシナ休戰についてはコロンボ會議で討議されたコロンボ諸國の意向がジュネーヴ會議に反映された事實があり、今や無視し得なくなつたアジアの力が國際政治の舞臺におどり出ようとしているのです。そうしてこれまであらゆる國際會議で指導的役割を演じてきたアメリカや、その他西歐諸國を除外し、現在あるいは過去において西歐の植民地である國々の集りである、という點で歴史上始めての特殊な性格をもつものであり、西歐諸國にとつてはまことに薄氣味惡い會議であります。招請をうけた國のうちで、拒否したものは中央アフリカ連邦だけで、他の二十四ヵ國は全部受諾、コロンボ・グループの主催五ヵ國を入れると二十九國が出席することになつています。その代表する人口は實に世界の五分の三、會議の重要性を考慮して、すでに周恩來、ネールなど十四首相のほか各國とも外相、閣僚を首席代表に選んでおり、こうしてA・A會議はキラ星のような指導者の出席で空前の大會議になることが豫想されます。

A・A會議は成果より寧ろ腹をわつて話し合うこと自體に大きな意義があるとされています。もちろんアジア・アフリカ諸國に共通の利益を求め、文盲や飢餓や疾病をなくす、いいかえれば文化水準生活水準を高める問題、殊にこれら諸國民に關係のある國家主權に影響する問題、人種的偏見や植民地主義のいろいろな問題、今後の世界でのアジア・アフリカの地位及び世界の平和や協力に對してこれらの諸國がどんな貢献をすることが出來るかといつたようなことが檢討され、お互いの立場や見解を理解し合おうとするでしよう。殊に水爆外交時代に水爆をもたず力の弱いアジア、アフリカ諸國が團結の力によつて世界の緊張緩和のためにその聲を反映させようとしていることは當然です。從つて原水爆實驗禁止については參加國の大部分が贊成すると、見られていますが、フィリピンその他アメリカを支持する國もあり、その間にあつて日本がどう出るかが問題になつています。インドやその他の中立國は、SEATOなどの軍事同盟に激しく反對し、日本その他の國が東南アジア防衞條約地域の擴大工作に誘われるようなことなく、平和五原則への道を進むことを切に期待しています。終戰後十年の空白時代を經て初めてアジア・アフリカ會議に仲間入りする日本が米國側の基盤に立つて發言するのではないかと警戒している向のあることは事實です。

高碕代表は演說にしてもその主柱を經濟提携におき、政治問題については出來るだけその論議に卷きこまれることを避けようとするのが、日本の基本的態度だといわれます。世界平和への貢献という會議の目的が二つの中國の問題、臺灣の紛爭、日本、中國などの國連加盟問題など、白熱的な論議も展開されるだろうと見られる時、日本のこのような消極的態度が世界各國の日本評價にマイナスとならないでしようか。

日本の經濟的困難を打開するという意味からも、中ソ兩國との平常關係復活を望み、友好親善を深めたいと願つている多數の國民の聲、殊に今回の豫算編成に當つてのアメリカの傍若無人の干渉とも見られる壓迫に反ぱつして、國の獨立を心から願つている國民の聲を、もし無視することが出來ないとしたら、鳩山首相は政治家としてこのようなA・A會議に自ら出席して日本の困難な立場について理解と援助を求め、政治的な觀點から、力強い經濟提携を懇願しなければならなかつたのではないでしようか。

随筆

神社と祭禮

川上喜久子《かわかみきくこ》

神社と祭禮が問題になつているのを新聞などでよく見かけるが、私の住んでいる土地に熊野神社というのがあつて、昨年の秋祭の際、私たちの組（元の隣組）が當番にあたるから、前日神社の掃除に集合、當日は神主や顔役のための饗應の準備と接待に出よ、という廻狀が來たので、私も考えてしまつた。

鎌倉市の端に當るこの土地は他から來た有識者の方が多くて、戰爭中も地方にありがちな行き過ぎをわりあい抑えて來られたし、近頃もお祭の寄附集めや、お供物を家毎に配つてお金を求めるようなことが、だんだんなくなつたのも、彼等の發言によることと想像されるのだが、今度お當番が廻つて來ようとは意外であつた。

それぱかりでなく、饗應、神主の謝禮等を含めたお祭の諸費用は、私たちの出す町會費の中から支出され、收支表の中で相當な額を占めているのである。當番の方は勝手に出ないで濟ませても、この方は否應なしに出費させられているわけになる。もつとも、人目につきやすい所に貼り出される寄附者の中には、婦人會などで活躍している進步的婦人達も名を連らね、境內での催物にはインテリ靑年達も、積極的に參加していることからみれば、お祭を部落全體のリクリエーションの日と考えてのことではあろう。うちの子供が幼い頃、お詣りして菓子袋を貰つて來たことを私も覺えている。部落の子供等が一人殘らずお祭を樂しむことも、農家の人と移住者が一緒になつて休養と娛樂を試みることも大へんいいことだと思う。また昔ながらの傳統風習も情趣としては捨て去りがたいものがある。

熊野權現が何であろうと、本地垂迹の說がどうであろうと、一向知らないままお祭の情趣に浸ることも、各人の自由である。

ただ私は同時に、何神を祀つてあるかも知らず、從つて信仰もしていない神社のために、「此の土地に住む以上」と廻狀にもあつたような押しつけがましい理由で奉仕を求められると、反撥したくなる自由をも認めてほしいと思う。終戰後まもなく、八幡宮の氏子に「おつきあいでなつてくれ」と顏役の人が賴みに來たことがあるけれど、まじめに考える人なら、おつきあいぐらいな氣持で、源氏の氏神の氏子になどなれないものである。

おそらく町會費の豫算に組み入れる場合も、長年それが當然のこととされていた慣わしと、今なお强い因襲的な力に反抗して憎まれては何かの場合ぐあいがわるいという長いものには捲かれろ主義から、論議なしに決定されるのであろう。町內のリクリエーションとしての催しと一つにするのも、いろんな點で都合がよいからでもあろう。それを理解しての上で、なおひと所心の中に腑に落ちないものが殘る。

祭禮は祭禮として、少くとも公的な意味を持つ町會の經費と行事の面から、一應切り離してもらつたら、どんなにすつきりするだろう。

こんな小さな場所での小さな問題であつても、案外根ざしの深い古い勢力につながつていることを私は感ずる。

それにつけてもあの當時、皇室と神道の問題が占領軍の力で、あのように處理されたのは非常によかつたと思う。もし日本人だけだつたら、うやむやになつていたかもしれない。

（筆者は作家、本誌・社友）

《働く婦人の歴史》
（12）

徳川時代における婦人の勞働（その三）

三《さん》瓶《ぺい》孝《こう》子《こ》

農業と共に、家庭工業として或は自家用として婦人が最も多く從事したのは以上の糸取り、糸紡き、機織であつたが、それ以外に婦人の多く從事した農家の加工工業には、紙漉《かみすき》、製茶、茣蓙《ござ》、花莚《はなむしろ》、藁《わら》製品、製陶などがあつた。

製茶業にあつては茶摘女といわれるように、茶摘はいうに及ばず、葉茶を蒸し、製造することまで婦人が從事した。茣蓙や花莚を編むのも婦人であつたし、山村では陶器も燒いた。紙漉は山村の冬の間の婦人の仕事であつた。每年十一月頃から翌年の三、四月までが紙漉の期間で、原料の楮《こうぞ》、三椏《みつまた》の苅取りや、出來上つた紙の荷造りは男子の仕事であつたが、原料の皮をはぎ、河水で晒《さら》し、それを蒸して叩いて煮て紙を漉き上げるまでの主なる仕事は婦人のものであつた。寒中の河水で原料を晒すことは、あかぎれが切れて非常につらい仕事であつた。だから紙を漉く人に取つては一枚の紙もその人の心のこもつた大切なものであつた。谷崎潤一郎の「吉野葛」には「此のかみも、かゝさんとおりとの、すきたる紙なり、かならず〳〵はだみはなさず大切におもふべし、その身はよろずぜいたくにくらせども、かみを粗末にしてはならぬぞや、かゝさんもおりとも此のかみをすくときは、ひびあかぎれに指のさきちぎれるよふにてたんとたんと、苦らういたし候」と吉野紙を漉く母から大阪に住む娘に送つた手紙の中で、紙漉のつらさ、紙の大切なことをさとしているが、今でも和紙の產地では婦人が寒中に河水で原料を晒している。雪どけの水で晒せば晒すほど上質の紙が出來るのである。以上にかかげたものは婦人の從事する產業の主要なるものであるが、自給自足の程度の高かつたこの時代には日用品の多くは婦人によつて自給されたのであつた。

さらに幕末には生糸の輸出や織物の需要の增大につれて、家庭工業よりも生產力の高い工場手工業（マヌファクチュア）が、製糸や織物業の經營に現われた。これは各人が自分の家で自由に仕事する家庭工業と違つて、一定の經營者の下で同じ仕事場で、數人が一緒に協業的に仕事をするもので、手工によることは家庭工業と同じであつて、今日の工場經營の極幼稚な形であつた。ここで初めて勞働力がお金で計算されるようになつた。この時代には多く年期奉公などが行われたが、働いて賃銀を取る點において賃勞働者であつた。

製糸業でこの工場手工業の現われたのは幕末の生糸輸出から刺戟されて、座繰製糸が發達してからである。この座繰は加賀（石川縣）信濃（長野縣）伊勢（三重縣）越前（福井縣）上野（群馬縣）でその他の養蠶地で發達し、婦人が糸繰女工として雇われた。例えば加賀（石川縣）の大聖寺では女工十二人を雇入れて元治元年（西紀一八六四年）に座繰を使用する製糸業が起り、伊勢國では室山製糸場において最初女工二人を雇つて製糸を初めたが次第に増加し、四年目には三十人となつた。上野國碓氷郡の製糸場でも座繰を四臺備えて女工三十人を使用した。肥後の國にも女工三十人使用する製糸業が起された。

「養蠶楮桑仕立役太田忠助は、村々より繭を買ひ取り、濱町の娘子共三十人許雇ひ集め、春夏の間に毎日糸を繰らせられしに、行きかふ人も……道のべの柳の蔭にあらねども、暫しとてこそ立留り、市に出でける山人も居並ぶ花の色々に、袖を連ねてとる糸の、白きは糸にあらねども、岩木も心動かせり、かく賑へる事なれば、娘共も氣も浮れ、思ひ〱の鼻歌に思はす仕事も果行きぬ、かゝりければ多くの糸も出來、御用にも召上げられ、其餘の糸は熊本に出し、糸屋が方に賣渡されぬ」

これは前記肥後國の座繰のありさまである。人が足をとどめるほどの珍らしいことであつたろう。

織物においても同様であつた。例えば美濃國安八郡の縞織屋では織子十餘人をかかえて製織し、能登縮織屋でも文化十一年（西紀一八一四年）女工十三人を雇入れて花絣を織り出し、秋田木綿織においても機織女二、三十人も使用する工場があつた。

右の製糸場、機場に働く婦人達は、いずれも勞働者として雇われたものであつた。たとえ年期契約であつても、賃勞働への前進であつた。

工場手工業の發達には賃勞働者を必要とした。桐生足利邊では多數の奉公人を世話する人入家業が起り、農をすてて機屋に行く者も次第に多くなつた。幕末には封建諸侯の苛酷な貢租のために農村が貧窮していたからである。機業が發達すれば織工の需要も多くなり給金も高くなつた。幕府は天保十三年の御觸の中で、「近年男女共作奉公人少なく、自然高給に相成り、殊に機織下女と唱候もの、別而過分の給金を取候由、是また餘業に走候」といつているところを見ても機織女工の賃金は非常に高くなつたことがうかがわれる。機織下女とは、當時の織工は機織兼女中働をしたからである。幕府は農をすてて機織のような餘業に走らずに、田畑から離れぬよう心がけよと御觸でいつているが、時代の流を止めることはできなかつた。

以上の婦人勞働は農業並にその加工にあるが、これ以外に鑛山業者においても婦人が使用された。これは賃勞働であつたらしい。

我國では銅の產出が多く、幕末には輸出した程であるが、銅山では銅鑛の撰別や洗滌には婦人が從事した。享和元年（西紀一八〇一年）頃に書かれたといわれている增田綱の「鼓銅圖錄」には鑛石を撰別する圖に「撲（はく鑛石のこと）に濃淡あり、素石をはさむあり、至つて淡きものと素石とを揀（えらび）去ると碎（かな）めすとは老人婦女の業なり」とあり、また陶汰の圖には、婦人二人して洗滌しているさまが繪かれている。或は銅山ばかりでなく、金銀山においても同樣な作業には婦人が從事したのであろう。

婦人の勞働は以上だけではなかつた。この時代は貨幣經濟が發達し、町人階級が起り、一般に生活は向上し、消費は增大した。こうしたことがいろいろの職を婦人のために作り出した。西鶴には蚊屋縫の針仕事に從事する婦人のことが書かれている。「西鶴織留」の「所は近江蚊屋女才覺」には小賣商人の才覺ある女房が商賣上手で大商人となつた話があるが、その中に、「毎日蚊屋縫女八十餘人、乳緣付女五十人、大座敷にならびたるはさながら是によごが島のごとし」とある。近江蚊屋は全國的に販賣されたから、蚊屋縫はこうして大規模に多くの縫女を使用したのであろう。これも一種の工場手工業のようなものである。縫女八十人、乳縫付女五十人はいずれも雇人であるが、「されど是程の中に都めきたる娘はひとりもなかりき」とあるところを見ると、皆近郷の農家の娘達が雇われてきたことが考えられる。「朝夕食事とて、飯櫃にくるましかけて六尺三寸引きてまわり、手盛りの杓子百足のあしの如し」と。これらの雇人の食事のさまが面白く書かれてある。「年中の事なるに、それぞれ人つかふ智惠もあるものかな、二度の仕着もひとり〱の願ひの染色紋付まで付けて取らせる」とあるのは、これらの娘達が年季奉公の爲であつたからである。この時代は親方徒弟制が行われていたから、縫女の場合にも、徒弟として、恐らくは前借で來たのであろう。前借は賃銀の前拂であつて勞働力を賣ることには變りない。

德川時代には農家家庭工業が發達し、貨幣經濟も普及された。しかし一般には相變らず自給自足が行われ、家庭においては婦人によつて生産と消費が兼ねられていた。主婦は家族の着物を織ることはもちろん、味噌、醬油をつくり、油をしぼり、その他多くのものを手づくりにしたので婦人の家事作業は多種多樣であつた。秋から冬にかけて夜なべに糸を取り、機を織つてお正月までに家族中の皆に一枚づつの新しい着物を織つて着せないようなものは一人前の主婦といわれなかつた。「暮の二十五日機、お引きずりのつかさ」といつて、廿五日まで機を織つているような手廻しの悪い女はだらしのない親玉とされた。

商品經濟が發達して、從來婦人達の手によつて自給されたものが、工場で作られるようになつたのは明治以後である。婦人の家の中の仕事はそれだけ少なくなつたが、その代り、そうした工場に賃勞働者としてはいつて行く婦人が生じた。

日本は明治時代に至つて資本制時代になり、近代的大工業が外國から移し植えられた。婦人はそこで初めて資本制的賃勞働者となつた。しかし明治維新が封建的要素を根こそぎに取りのぞくことが出來ず、むしろ歐米資本主義に對するおくれを急速に追いつくために、封建的なものが利用された。婦人勞働において、最近まで見られた人身賣買的前貸年期契約がそうであつた。

短歌

萩《はぎ》元《もと》たけ子《こ》選

清水薊

殺しあふ戰爭《いくさ》にあるを神の名に勝利祈りしことぞ恥し

脊に負ひて彈の火の海くゞりしも此の子は知らずと今日を育てり

秀島羽次子

貧しさをやらはむ心時にありみち滿つる力湧くがごとくに

池上壽里

こんなにも嚴しいものかと世帶もち母の苦勞をしみじみと知る

岩崎洋子

幼なくて逝きしわが子のおもかげやかたことしのび母は涙す

新しい農業へ

山《やま》川《かわ》菊《きく》榮《え》

日本では十四歳以上の女子人口三千萬人のうち五三%が就業していますが、そのうち約八百五十萬人は農林水産業に從つています。これは同じ仕事に從う男子より三十萬少いだけで、事實上日本の食糧生產は半ば婦人の手で支えられているのです。その農村婦人のはげしい勞働やみじめな生活を改めるには日本の農業のあり方が改められなければなりません。私は地方に出る時、いくらか暇があればその地方の特徴的な產業や施設を見學することにしていますが、去る三月廿日すぎ、茨城縣へいつた序に勝田酪農組合を見、また青年の手で機械化と協同組合の活動が進められている同市金上(カナアゲ)部落の座談會に出たので、ここにそのご報告をしたいと思います。

勝田酪農組合の步み

水戶市を出はずれて東北へ二里、近ごろ市となつた勝田は日立製作所やその寮、社宅、自衞隊、少年刑務所といずれも近代的な施設のあるところ。戰時中は空襲や艦砲射擊の的となつて犧牲者も多く、戰災のあとの工場の肋骨が野ざらしになつて當時の慘害を忍ばせていたものですが、戰後十年の今では、その一部に新しい農村の姿がのびかけています。茨城縣は平原地帶が多く、農地改革後全國の一戶當り耕地面積平均七反に對し、九反に達していますが、私の訪うた開拓農場の邊は特に目をさえぎるもののないひろびろした平野で、ところどころにサイロが立ち、乳牛がゆうゆうと草をはんでいる風景は北海道を想わせ、ヨーロッパの田舍をまのあたり見る思いです。

もとは日立製作所が自給農場として保有していた雜木林を買上げて、滿蒙開拓團引あげ者に割あてたもの。一一六町步、三〇戶、津田開拓農場というのがその名で、現在の人口は一四六人。そのうち農業勞働に從つている者、男四八名、女三〇名。あとは年寄や子供です。入植は昭和二三年。一戶當り五町步のわりあてですが、今のところ夫婦で二町四反を完全に利用するのが上乘の部。そのうち畑一町四反ほどがデントコーン等飼料の栽培にあてられています。

入植に際して償還期限二〇年、利子二分三厘で營農資金一戶當り二十七八萬圓の貸付けをうけて仕事にとりかかつたわけですが、山林といつても平地林のことで開墾は樂なり、都市に近くて運送の便もよく、開拓地としては最も有利な立地條件を備えていました。それでも完全な脫落者二戶、またせつかくの土地を切賣りして(一反三萬圓程度)急場を凌いだ半脫落者も四戶あります。

ここに限らず滿州開拓農民は、祖先傳來の土地をまもる內地のふるい農民にくらべて開拓者精神に富み、團結力あり、新しい技術をうけいれる點で共通の特徵をもつています。多くは農家の次三男か全くの素人が新しい天地をひらくつもりで満州に移住したせいもありましよう、内地の農村にありがちな迷信や傳統や因習にとらわれず、進取的な氣風をもつているのは面白いことです。四五年前、私は同じ茨城縣のはるか南の方、神立の開拓農場を訪うたことがありますが、そこは太平洋を渡つてくる物すごいきちがい風の吹きすさぶ砂まじりの荒地で、その風の荒れ狂う日は砂が、播いてある種子も、うえてある野菜も、土ごとむしりとつて一里も二里も先へ吹きとばすというほど。昔から何もできず手におえぬ荒野原としてすてておかれた地域に、満州歸りの開拓農民を入植させ、二三町毎に防風林をうえて畑をまもり、きちがい風で土のとぶのを防いで開拓にかかりました。一戸當り五町五反の割あてのうち、四町五反は畜力利用の共同耕作、あと五反は自家用の菜園として各自の自由に任されていました。中耕除草まですべて畜力を用い、從つて耕作に女手はからず、その點だけでも女はらくでしたが、その頃はまだ灌漑の設備がなく、水田がないので米はとれず、パンやうどんをおもにたべ副食物には脂肪やタンパク質の多い洋食風か中華料理のようなものが割に多く利用され、年寄のいない家庭ばかりではあり、満州で共同作業の經驗者である指導力のすぐれた協同組合長のもとに、乏しいが希望に満ちた生活を送つていました。私を案内して下さつた県の協同組合課の職員たちの話では、あの神立の開拓農場はますますよい成績をあげ、あの頃計畫中だつた利根川から灌漑用水をひく工事もすでに完成し水田も開け、米もとれるようになつて大いに有望だそうです。

さてこの津田開拓農場が中心となつて附近の六つの酪農場内——三つは開拓農場——一五七戸をうつて一丸とし、勝田酪農組合が結成されましたが、その加入者の中に例の暗殺ひきうけ所みたいな愛郷塾、橘孝三郎の經營する水府酪農場の名もあります。水戸では橘一派のことを、あんなもの相手にする者はいません、ということでしたが、農場もうまくいかないのか賣物に出ているとか。

昭和二五年加盟各農場の有志五三名が集まつて酪農組合結成の相談がまとまり、高價な低溫殺菌の設備に資金の用意をするなどいろいろ苦心を重ね、當時全部で三石程度だつた乳量も今では牛一一〇頭、六石となり最高五千七百本、平均五千本程度を毎日出すようになりました。出資金は一戸二萬圓以上、全部で百二十萬圓。その半分は津田開拓農場がもち、あとは他の農場全部。牛の頭數は津田六〇%、組合四〇%。組合の中に酪農推進委員會をおき、その委員長、常任理事にも津田の人が推されてなり、この委員會は乳牛の定期檢査、外國へ視察に出かける人々を援ける、講習會を開く、現に乳牛を飼つている者又は將來飼おうとする者に技術的、經濟的援助を與える、タブロイド版新聞の發行その他により、組合員の連絡教育及發展に寄與していま す。昭和二九年四月には組合事務所が新築され、近いうちにその二階を手入れして各種の會合にあて、公會堂として役にたてる筈だとのこと。その前に十町歩にわたる牧場が作られ、見るからやわらかで、牛の喜びそうなクロバーが淺綠の葉を風にそよがせている。乳牛は廣々した所で、自由に草をくわせなければいい乳は出ないと聞きましたが、隅々まで耕されている狹い日本ではなかなかむつかしく、北海道の外ではめつたに見られない牧場がここに現れたのも、これだけ廣い平原地帯なればこそです。

安い牛乳、苦しい農業

平屋根でガラス張りのようなかわいらしい文化住宅風の一軒がポツンと廣い野原の中に

たつている。これは住宅金庫の融資で近ごろたてた津田の組合員S氏兄弟の建坪二〇坪の家です。兄弟は各自五町歩の土地を配分されているので將來は二軒に分れることでしよう正面の大きな兩びらきのガラスのドアをおすと中央がタタキの土間、居間兼食堂兼應接室、牛分壁でしきつた向うが臺所。戸外のポンプでタンクにひいた水が臺所にも湯殿にも水道式に出るしかけ。居間の中央には石炭ストーブ。炊事は石油コンロ。はいつて左に六疊二室に押入れ。滿州で戰死したという父連隊長の軍服姿の額が奥のらんまにかかつている。土間の右奥にもう一つ、洋室にベッド机等。二十代の息子二人はまだ獨身で老母が家事をうけもつており、弟の方は近日中カリフォルニアへ半年酪農實習に出かけ、それが歸れば兄さんの方がデンマークへ同じく酪農研究に行く筈。この組合にはもうデンマークを見てきた人もあるそうです。

この組合で働く者は月收一萬五百圓、日給二百圓。勞働時間は早朝から夜の八時九時とさえなるような話。搾乳は手でやり、一頭分に一日二時間くらいかかるので勞働力が相當いります。ここでは耕作もまだスキ、クワの手勞働で、共同作業はやつていず、これも大變なことで、將來電氣搾乳機や、トラクター畜力利用の共同作業がもつととりいれられれば勞働時間はずつとへるでしよう。今の所では女も家事勞働のほかに畑や動物の世話をしなければならず、不便な所ですから、ずいぶん骨がおれましよう。小學校は二キロはなれ保育所もなく、文化施設はゼロ。これでも最も有利な立地條件のもとにあるというのですから、よそが思いやられます。

飼料は適當な榮養價を配合したものがいいのですが、市販のものはあてにならず、はらみ牛とそうでない牛とによつても飼料をちがえる必要があり、いろいろの飼料の種類をえらび、目方を正確にはかつて各自で配合しなければならない。これも將來組合で共同にやるようにすれば信用もでき、能率もはるかに上ることでしよう。

さて、販賣の方ですが、これは生産者手取四圓七〇錢。いろいろの費用をこめて三圓でまにあうので一本八圓としている。附近に日立製作所の社宅、自衞隊、結核療養所、縣廳等大口消費者があり、まとめて配達するとはるかに經濟に上るそうです。組合では手數料等一切とらず。この組合では特に乳の量も質もよい牛をもつとふやそうとしていますが、一般の副業的農家では、牛乳の値下げ運動が生産者にシワよせされて大メーカーに買いたたかれ、一合三圓四五十錢に落ちたのさえあり、子牛も一頭七八萬圓だつたのが三四萬圓に落ち、このままでは酪農の前途が危まれるとのこと。今でも茨城県の生乳が遙々と東京のメーカーに毎日トラックで運ばれており、價格は大資本の意のままにあやつられています。しかしバター、チーズ、粉乳等乳製品生産のために必要な設備は莫大な資本を要し、とうてい小さな組合などでできることでない。といつて生乳で賣るばかりでは行詰るので県下に一つでもいい、共同の資本で加工設備を作つて大資本の搾取をのがれ、生産者と消費者との直結を實現したいと組合の人々は望んでいます。英國では全國の牛乳生産額の三分一が協同組合の農場で供給され、そこで働く勞働者は勞働時間一週四十七時間、週七千圓の最低賃金、休日又は時間外勞働には五割増賃金が保障されていることを思えば、日本でも早くそこまで、更にそれ以上に組合を育てなければならない。

「小さな四つの島に八千五百萬の人口をかかえて一番困ることは食糧問題である。主食の米が二千萬石は絶對不足といわれている。これを補うために粉食や代用食をすすめているが、何を食おうとそれを生産するのは農民である。だから農民に對する政策をもつとしつかり徹底してもらいたい。小生は入植してから六年めになる。この間種々の補助や融資をうけてきたが、これらの經驗からいわすと、いずれも中途はんぱで完全なことは何一つなかつた。サイロ、堆肥舍いずれも二三萬圓で今の物價高で何ができるというのか。

「乳牛の導入に關する補助や融資にしても二三萬圓である。今の農家經濟は赤字であることはとくと承知の役人たちである。そのような狀態にある農家に三萬圓ぐらいの小さな牛を與えて、その牛が分娩して實際農家の收入に役立つには二年くらいかかる。その間投資である。赤字經營をおしつけておいて、又そこから投資しろとは何を考えているのであろう。……分娩前の收入のないうちに償還期がくる。どうして拂つたらよいのか、場合によつては子牛を賣つても拂わなければならないことになる。……何をやるにもその目的に叶う程度のことをやつてもらいたい。乳牛なら十萬圓、畜舍、堆肥舍なら三十萬圓。しかも長期で無理な返濟にならぬよう。……返濟能力のあやぶまれる農民が相手であるから立地條件を充分考え更に條件をつける。それは機關から農業指導員を派遣して經營主と話しあつて協議の上やつて行く。……このような指導員が月に一回くらい、多いほどいいが、まわつてきて、いろいろ見て指導してくれたら必ず今の農家經濟も好轉して行くにちがいない。こうして償還を確實化したら、大きな額の融資も補助も好轉して行くにちがいない……」「勝田酪農」三月號

私の家の近所でも戰時中から乳牛を飼い始め、初めは無經驗でよく死なせたものですが近頃同じ部落に獸醫がひとりできてからパッタリ死なくなつたことを思い合せました。

日本でも英國のように學童一人當り毎日一合の牛乳を無料で與えたなら、どんなに子供たちは丈夫になることでしよう。今はMSAの景品として米國から給食用の粉乳が來ており、これもまた內地の酪乳を間接に壓迫しているとのこと。私たちの榮養や家計の問題も臺所だけでは解決できないのです。北風の吹きまくる吹きざらしの開拓農場に檢査のために集まつた大小多くのまだら牛の群れの中をかきわけるようにして、ひどいぬかるみ道に足をとられながらその將來の發展を願つて暇をつげました。

青年の手で機械化へ

同じ勝田市の中とはいえ、田圃と藁屋根ばかりの古い型の農村の一つ、金上町（實は部落）というのは近頃青年の力で新しいことをやりだした評判の所です。ここは戶數五十戶水田四十町、股まで水につかる深い泥田で、金上に娘はやるな、といわれたくらい、農家は苦勞したものです。農地改革の結果、大體一町內外の自作農がふえました。昭和廿五年春、暗渠排水、耕地整理、交換分合等、土地改良の進行中お天氣が惡くて工事がおくれた。その間に一町から二町ぐらいの自作農の長男、將來農業をしよつていく地位にある二〇歲から二十二三歲までの青年が十二人集まり耕耘機購入の案をたてた。初めは非難ごうごう。そんな高いものを買つて失敗したらどうする、改良工事がおくれている上に使いなれぬ機械などを使つてやりそこなつたら今年は米ひとつぶもとれまいと心配する者が多かつたのですが、結局青年たちの熱心が効を奏して三臺三十萬圓の耕耘機がはいりました。すると仕事が早いので、氣候のためのおくれをとり返し、勝田市十部落のうちで最高の多收獲という好成績をあげ、九割以上の二毛作と

なつた土地で裏作には菜種を作つたのが、これまた非常な多收獲。品質でも品評會で優位をしめました。ところが最初の年はその大量の菜種の收獲を商人に買いたたかれたので、次の年からはカマスを一四〇集め、各戸に配給して菜種を個別的に賣らず、農協に保管しておいて共同で、適當な時期に、適當な價格で賣ることにしたので、農家の收入はずつと多くなりました。また肥料も以前は個別的に仕入れて肥料屋のくいものになつていたのが青年たちの努力で共同購入をやり、前には部落戸數の七割が商人から買つていたのが、今では九割九分まで共同購入の仲間に入り、また肥料を借りる人にも便宜を計つているのでみな商人よりはこの方に來るようになりました。

「肥料値下げは効果がありますか」と協同組合長にきいたら「一カマス五圓さがるというがそれが何になりますあれは民主黨の選擧運動のジェスチュアだけですよ」と笑いました。

こんなわけで土地改良による二毛作、機械化による能率增進等のおかげで、前と比べて一戸平均五〇萬圓の所得增加を見、重勞働は著しく輕減され、婦人は田植の時以外には田を手傳うことは殆んどなくなり、農業勞働は三分一にへりました。前には「金上には嫁にやるな」がこんどはあべこべに、よその部落に嫁にいき手がなくなるのを恐れてか、近所でも金上になろう風があり、三反部落では耕耘機二臺を入れました。榮養食の研究もさかんで菜種の多くとれる所ですから日本人の食事に不足しがちの油は充分つかうことができ、洋食、中華料理風のものも家庭に普及してきました。青年の發意と努力でよい實を結んだので、今では青年が信頼され、手間ひまかいて公共的な仕事のために出歩いても、ぶつぶついう親もなくなり村が明るくなつたそうです。最初の十二人のほかに年々同志もふえ、今年も三人ふえ、また青年のうち、學校へ通う者も二割います。この部落の特徴は何事によらず皆で話しあうこと、相談して解決すること經營の合理化と奉仕的な氣持を忘れぬこと、各戸克明に收支を記帳し、經濟に結びつけて改善を行うことだそうで、機械の原價償却もほぼ行われました。

夜の座談會には三十人近くの婦人が集まりましたが、日立の會社の寮では組織的に行われている計畫產兒がここではまだ。嫁入仕度も昔ながらで娘一人に三十萬圓ぐらいかけるとのこと。均分相續は耕地に及ばず、他の方法で行われ、娘の嫁入仕度もそういう意味をおびてきたそうです。その一部を金にするとかいうことは娘も親も考えていない樣子。婦人會も家單位で個人單位ではなく、月額一戸百圓の貯金をし、關西旅行などにあてているがおもにお婆さんの慰安旅行となるのはいずこも同じ。茨城大學の先生で家事調停委員を兼ている同行の婦人の話では、主婦や嫁に財布を渡さぬ、家計に發言權がなく、小遣も自由にならぬというのが家庭裁判所に持出される農家の事件に多いとのこと。その點について くり返し質問したところ明答なし。婦人の地位の改善はこれからというところでしょう。

日立の工場で電氣洗濯機を作つているので社宅にはいきわたつているが、つい目と鼻のこの部落で使つているのは只一軒だけでした耕地が一反歩六七萬から十萬圓という高値で闇取引され、富農の手に集まる傾きもないではないが、一家族の所有面積二町六反という限界内で自作農に限るので昔のような地主はできません。この茨城縣第二區では勞農黨の石野氏(日立勞組)が六萬一千餘で最高點、右社の元總評議長武藤武雄氏が得票數その半分以下で落選。左社は候補者すらなし。

主婦のこえ

斷層の中で

宮《みや》下《した》喜《き》代《よ》

二月の總選擧の前、各黨の〃婦人に對する公約をきく〃という婦人朝日の仕事をしていた時、幼稚園の保母をしている人が〃教育のことをよくきいてね、私の御願いはそれだけ〃と申しました。ある商人は〃景氣をよくするように云つてほしいなあ〃と云いました。會社がつぶれそうで失業寸前の夫の事を考えていた私は失業問題をどう解決するのかをよくききたいと思つていました。各黨の政務調査會長という大へんえらい人たちに話をきくので編集の人や、山高しげりさんや、今井八重子さんなど、味方が多ぜいなのにアガつてしまつて、情ないほどみつともない質問をしたりしたわけなのですが、私はこのときいろんな事を感じたのでした。それは大きな力をもつ政治をうごかすひと、とささいな日常生活のすみずみまでもその影響をうけずにはすまない小さな私達との間の考え方に共通なものを見出すことができないということです。生活が違う、立場が違う、のぞみが違う、とりつくところがないむなしさです。形の上では私達の問に答えながら〃こうやるより他ないんだ〃ときめてかかつていることをまくしたてるだけなのです。政治とは政府と國民との協力の上に成立つものと私は思つていましたから、よわい小さなものを力づける愛情が政治のはたらきの中にほしいと訴えずにいられなかつたのですが。

そしてそれは民主主義にとつて基本的な理念でなくてはならず、決してできないことではないはずだと考えていたのです。しかし民主黨から左派までの政策をきいていながら、私はとんでもないバカなことをしていたようなうつろな氣がしてきました。もちろん政治の現實面で私達ひとりひとりのねがいをそのままにききいれられるものでない事は判ります。教育なら教育だけを完全にとか、失業問題だけをとりあげて解決する、とかはできないことで總體をいかにうまく調整してゆくかが政治の上手下手をも云えるのでありましようが、いまはただそれだけのことにひきまわされていて大切な根本的なものが忘れられているとしか思えなかつたのです、山高さんは政治とはドロくさい現實の問題だといわれました。その通りです、それだからこそ私は筋の通つたあたたかく心にしみてきて、生き生きと私を力づける何かをのぞまずにいられないのです。

その何か！　とは一體どんなものか、私にはいわゆるえらいひとの考えがつかめなかつたのです、あるひとは漫談めいて、ある人はおどかしめいて語られたその內容が日本の將來に希望をもたせ、私をはげますものでなかつたことだけが事實です。

はげしい變轉をみせている國の內外のうごきを、私のようなものでさえ感ぜずにはいられないのに、そしてその中で不安と苦しみとをたたかいながら生きているのに〃軍隊をもつていなければ獨立國と云えない〃というような本末顚倒が堂々と語られているのです。

平和はどうしても守られなければならないし、人間らしい生活はいつでもだれにとつても求められなければならないことが、このえらいひとたちには判つていながら、なおひとごとのように考えられている、あるいは考えようとしているのではないでしょうか。

政治が私達のものと云える日はまだとおい

ようです。けれど私達がこの國に生きて、この社會の中で、家庭をもち子供をそだてている以上、どんな努力をしてでもこの國と、それにつながる世界の中で、すべてがもつとよくなり、たしかな平和の狀態を自分たちのものとするためにはさまざまの方法で努力するしかないのだと思います。（葛飾區・主婦）

職場のこえ

女中にも健康保險を

得《とく》猪《い》祚《そ》登《と》子《こ》

女中さんに呼びかけて組合運動を起したいと思つた動機は、平林たい子さんの例の女中さん問題が世間をさわがせていた頃である。

新聞雜誌等、こぞつて平林夫妻の意見だけが前面的に取り上げられたまま、問題の女中さんの人權問題について、人權問題を表看板にする婦人團體のいづれからも取上げられないままにかき消されていつたこと、最期まで女中さん自身の聲の聞れなかつたことに對して今もなお、私は割切れない氣持でいる。

女中という職業の名稱が、働く女の歴史の過程に於いて、どのような座をしめて來たのか、讀んで字の如く女の中にありながら、まこあつかいを受けて來たように思える。

女中の仕事もまた、婦人の職業とみとめられたのは、ごく最近のことで、人身賣買すれすれの線で格子なき牢獄にも等しい、奴れい的環境に育てられて來たのにちがいない殘がいが、現在もそのままじめじめとした女中部屋の片隅で燐鑛のように燃えている。

歌舞伎の舞臺に見る、立矢の字に黑じゆすの帶、濃紫に立矢がすりの御殿女中のユニホーム時代から、ビニールエプロン、ヘップバーンスタイルの今日に至るまで、主家に飼いならされ、訓練された雇傭人として、人權問題などいうもおろか、健康で働きのある間、命のはてまであづけつぱなしで、働けなくなれば使い古した兵隊靴同樣、昔は宿下りと稱してなげ出され、今は斬捨御免で首をおとされ、方角を失つたガタガタの體を、社會のごみすて場に、落葉のように掃きよせられてゆくのである。社會保障制度の確立されていない、貧困日本では組合運動を通じて健康保險をもつことが唯一の人權擁護の義務だと思う。

私は健康保險をもちたい。明日倒れるかもわからない。倒れればごみ箱ゆきになる。宿下りして療養生活ができるほど、子供や姉妹を女中奉公に出している親元に餘裕はない。

廿九年九月、朝日新聞「ひととき」欄が取もつ縁で、一人の奇特な主婦の愛情から生れた「希交會」という女中さんの會に大きな期待をもつて飛込んでみたのだが、主人側の手によつて作られた、ガラス鉢の中の金魚のようなこの會では、何々奧樣の言葉が、眼が絶えず支配しているのを意識させられて、決して愉快ではなかつた。しかしそういう自覺なしに、たのしめる人たちには明るさと、ガラスの中だけでも自由におよぎ廻われる陽のあたる場所としてやはり存在價値があるし、作つた人に對しても充分感謝すべきだと思つている。日本の社會情勢が、或いは日本の政治的性格がそうさせるともいえる、資本家對勤勞者の理解ある美しい（?）ていけいと見られる變態的な、奇妙な複雜な性格の集りが、なんと女性開放の美名のもとに次々と生れることよ、と思つたことである。

ただ私は、私達女中自身の智恵と協力で本當の女中さんの會を作つてみたいと思う。まず健康保險を自分のものにするためにも、多くの宿題をもつて學びたい。

婦人の内職について

熱《あつ》田《た》優《ゆう》子《こ》

去年の婦人週間に、勞働省で行つた全國婦人會議の記錄を讀み返す機會があつて、婦人の内職というものの内容のひどさに、今さらながら考えさせられました。内職の工賃が非常に安いということは、常識ではわかつていましたが、實際に數字をあげてみると、「殺人的」という言葉がこれほどぴつたりするものはないのではないかと思つたほどです。

ちようど手元に昨年三月勞働省の婦人少年局が調査した東京都内の家庭内職についての報告がありますので、これを參照しながら婦人の内職についての實態をご紹介してみましよう。

私が川崎の工場地帶の主婦たちがつくつている主婦會を訪問したとき、ここの主婦たちもこぞつて内職をして、夫の收入を補つているということをききました。この主婦たちの夫はいわゆる中小企業以上の、相當大きな職場に勤めているにもかかわらず、デフレによつて中堅どころでも收入が一萬圓も減つているので、どうしても内職をしなければやつていけないということでした。このように夫が就職していてもその給料で家族が滿足に生活できないということも問題ですが、もつとせつぱつまつた人々、生活保護を受けながら、その僅かな補助費と内職によつて細々生活している母子家庭や失業者の家族たちは、いかに工賃が安くても、睡眠時間をけずつても、これにすがるより仕方がないのです。誰でもできれば外に出て一人前に働きたいのですが、子供をかかえたり、體が弱かつたりして働きに出られない人も多く、また家庭もちの中年の婦人を雇つてくれるような職場も少いのですから、どうしても内職ということになります。不景氣になつて内職する人が增加すればするほど工賃がさがり、内職だけにたよつている人たちの生活は、いつそうおびやかされることになります。

勞働省の調査によりますと、内職の仕事はいわゆる手内職(物の製造・加工・修理など)がその大部分を占めていて、その中で婦人の仕事として多いのは編物・洋裁・和裁・紙製品(袋はり・レッテルはり、製箱・包裝など)造花・製本・玩具などで、これらの仕事の材料はおもに依賴者から供給されていますが、仕事に必要な機械器具は殆んど自分持ち(七四%)で、これらの損もう費は低い工賃の一部として含まれていることになります。

内職のために働く時間は、普通の日で一日平均約六時間、時に多い日で八時間半くらいです。これは一人が内職する時間ですが、これを手傳う家族のものの勞働時間を含めた延時間數にしますと、さらに長時間になつています。これは製造業に雇用されている女子勞働者の一日當りの總勞働時間八時間九分より長い勞働時間です。

これだけの勞働時間に對して、一日の工賃はどのくらいでしようか。内職の工賃は一日に働く時間や、熟練度や、仕事の種類によつてずいぶん差がありますが、同じ勞働省の調査では、一世帯當りの工賃は一日三〇圓未滿から五〇〇圓以上の廣範圍にわたつていて、大體五〇圓以上二〇〇圓くらいが六五%を占め、一日の平均收入は九七圓になつています。特に多い日でも女子の工賃は平均一四七圓にしかならず、製造業に雇用されている女子の一日の平均給與三〇四圓に比べて、著しく低いことがわかります。

種類別では袋物が一日平均二一八圓、洋裁一四四圓、金屬製品一四〇圓、洋服・下着類の修理一二九圓の順で、手袋・造花・ブラシ・ししゆうなどはいずれも五〇圓臺という低さです。

女子の內職者は月平均十七日くらいしか働けないので、一カ月の收入も少いわけです。一カ月五〇〇圓から二、〇〇〇圓のものが普通で、五、〇〇〇圓以上のものはわずか六%、一〇、〇〇〇圓以上のものは一%で、月二三千圓というのが、まずよい方ということになりましよう。工賃の安いという點では昨年の婦人週間の全國婦人會議の折にも、直接體驗者から切實な聲をききました。それによると洋裁の縫賃はスカート一枚三〇圓、合オーバー一枚三〇〇圓、ワイシャツ一枚二〇圓で、一日十時間から十三時間も働いて、高々月六千圓しか得られないということです。洋裁のような技術を持つているものでさえ、この程度なのです。この工賃は洋裁の公定縫賃に比べてただ驚くばかりです。同じ洋裁にしても、直接消費者から受けたものはそんなに安くはありません。それが製造業者との間では、こんなに安くなるのです。

川崎の主婦會では、洋裁で月三千圓、軍手のかがり一日二ダース六十圓、造花一日二十圓、ネッカチーフの手捲き一日大二十五枚から三十枚、小四十枚から八十枚で、多い日でも百圓くらいということでした。

內職者の低い工賃を引き上げるには、內職をする人たちが地域的に手をつないで、製造業者にあたることが必要です。一人一人ばらばらで、割のよい仕事へと次々に移つていくだけでは技術も向上しませんし、全體としての工賃は永久に上らないでしよう。これも去年の婦人會議で發表されたことですが、山形縣の米澤市では、こけし人形描きを內職にしている人たち五百人が團結して、工賃を上げなければ業者から仕事を受け取らないと申合わせて、工賃の値上げに成功し、月九千圓から一萬五千圓の收入を得ているという體驗談がありました。また最近東京でも內職者がおたがいの生活を守るための自主的な會を結成したということもききました。また日本中でたつた一カ所ですが、健康保險に加入した內職者のグループがあるとのことです。

先だつてアメリカの婦人勞働の狀況を視察して歸つた勞働者の大羽綾子さんの話によりますと、アメリカのような國でも家內勞働の工賃は實にやすく、その點では日本の現狀と余り變りがないということでした。それからみても內職という形態そのものが、資本主義的な、人間の勞力をいかに安く使うかという立前によつて生れたものですから、こういう人格を無視した勞働形態をなくすことが、根本的な問題かもしれませんが、差當つてまず內職者の自主的な組合を結成することだと思います。そしてこの組合が中心になつて、工賃の値上げや中間搾取のない仕事のあつせん、技術の指導、託兒所の設置、國民健康保險の獲得等に向つて、運動を展開してゆくのがよいと思います。勞働省の婦人少年局でも、昨年からこの方面の調査を始めていますから、內職者自身もこの調査の促進と、最低賃金を保障する家內勞働法の制定にまで押進めるように、側面から働きかける必要がありましよう。

地方議會に婦人を送ろう

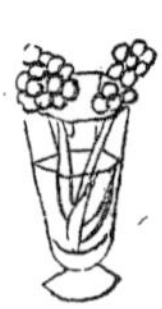

吉《よし》村《むら》とく

國會の婦人議員が選擧の度に數がへり、婦人はやはりだめだという聲を聞くけれど、數を多く出すことばかりが能でもないと思う。婦人が男なみに演説をやる物珍らしさから投票した最初の選擧から、ただ婦人だというだけでは通らなくなつたというのは、大衆の目が肥えてきたしるしとしてよろこばしいことだと思う。

國會に進出した婦人の數に比べて身近な地方議會に婦人議員の少ないのはおかしいが、ここに情實いんねんにがんじがらめにくくりつけられたわが國の政治の在り方が如實にみられると思う。地方議員になろうとするなら、まず中央の政治家の誰かの子分にならねばならず、親分は自分の子分を常に金によつて手なづけ、子分は親分に忠誠を示すことによつて保身する。昔ながらの一宿一飯の仁義が原子力時代に化物のように横行するのはやり切れないが事實である。神戸では縣會に一人の婦人議員があつたが消えてしまつた。市會の方にも一人出ていたが市會の花的存在だと惡口のいわれつづけで終始した。男の議員のように少くとも利權を追つかけることに血道をあけず、教育や文化事業に陰の力となつていた面は買つてもらえない。これにしげきされたか今回の選擧には八九名の婦人候補者が出ると噂されている。家庭婦人二人、代書業二人、助産婦二人、祈禱師一人、うどん屋一人、無職一人等といつた工合である。何といつても費用のかかることなので家庭にゆとりのある婦人か、自分の職業によつて小金をためた人以外には出られない。神戸市八區で最高二五萬二九〇〇圓、最低一四萬六七〇〇圓が法定費用である。17圓50錢×有權者數÷定員數という計算によつて區毎に金額の差が出てくる。法律ができると裏をくぐることばかり考える日本人の癖がここにも出て、法定はそうだが事實はと大人ぶつていう人の言葉をそのままとれば、最低三十萬、上は百萬二百萬と限りな

◎今月のお料理◎

南《ナン》煎《サエン》團《イワン》子《ツ》

材料　豚挽肉　三〇〇グラム、卵白1/2　片栗粉　大サジ三杯、鹽二グラム　玉ネギ一〇〇グラム、タケノコ五〇グラム、グリンピース　大サジ一杯半、スープ一合、醤油　大サジ二杯　片栗粉　大サジ一杯、砂糖大サジ一杯、酒少々

作り方　豚挽肉、卵白、片栗粉大サジ三杯、鹽二グラムを合せよくねりまぜて直經一・五センチの團子にまとめる。

☆油を一八〇度に煮立て團子を一分半揚げる。玉ネギ1/2はたてに一センチくらいに切る。タケノコはセンイにそり巾一センチに切る。グリンピースはさつとゆでておく。

☆鍋に油大サジ一杯を入れ玉ネギを一分いため、その中にタケノコを入れ、火の通る程度にいため、團子を入れスープ一合を加え煮立せる。煮立つたら醤油、砂糖、酒を入れて三分ほど煮る。汁がなくなつたらグリンピースを入れ片栗粉をとき流し入れ一分煮てすぐ火をとめる。

く穴に水を注ぎこむようなもの。二百萬もかければバカでもチョンでも通りますよと金の力にやかなわないと唄の文句にあるようなことをいう人が多いので、出たからには通らなくてはならない候補者が、この壓力に耐えてゆくにはよほどの意志が必要となつてくる。

一人一人の家庭と直結する地方議會に婦人が出る意義は、新鮮な民主的の空氣をおくりこむことにあると思うが、そんな夢みたいなことをいつても一票の足しにもならないと、男のボスの手下となり、私を出したら惡いようにはせん、手助けしたら當選のあかつきには金もうけの道をつけてやると小ボス振るのが近道だと、專らそれ一本でやる利口者も出てくる。

東灘區から出ても神戸市全體の利益のためになどといつてはうけない。東灘區だけの利益のために、しかも御影、住吉、魚崎、本山、深江、本庄と六つの町があれば魚崎に住む者は魚崎町の學校を魚崎町の道路をといつてくれなければたよりないという氣持が住民の間に根強い。ここの心理をぐつと握るのが男のボスで、これが婦人の出にくい理由にもなる。婦人の議員は婦人のためにとばかりつくさねばならぬ譯はないが、まず身近な問題からひろつて母子對策、教育費の家庭負擔輕減、學校給食の問題、計畫産兒など、仕事はいくらでもある。これらの問題の解決に豫算をとり理事者の仕事ぶりのよしあしをみてゆくには相當の知識がいるので、勉强の意欲のある婦人が一人でも多く出てほしいと思う。人格識見共にすぐれて人の心をつかむ術を心得た婦人があつても金がまわらなければ出られない今の選擧ではどうにもならない。供託金、車代通信費、印刷代、事務所費、マイク代、人件費、飲食費等公明選擧にしてもこれだけはいる。不公明選擧ならば、これに運動費飲食代が湯水のように流れるのだから選擧とは何とはなしに金の流れるものという觀念がこびりついてはなれない。この觀念が拂拭されない中は出したい人を出すことはできない。流れる金に浮されて、利權にしがみつく議員を出し切迫した自分たちの生活が一向よくならないのに性こりもなく魔術にかかる。兵庫縣の知事選擧で費用では比べものにならなかつた革新の候補を四十萬票の開きで押出した力は、從來の淀み切つたものに耐えきれなくなつた縣民のうつぷんのほとばしりである。古きもの腐つたものにがんじがらめにくくられた地方政治も、この市民のうつぷんで風穴をあけてもいい時期にきているのではないだろうか。私はその清新の氣を吹こむ役割に婦人がつくべきだと思う。

上手にするむしもののコツ

一 **湯の量** 少なからず多からずに、器に入れてむす時は、むし量の八分目が適量ですが、むす時間や器に入れない場合などでかげんします。

湯は充分煮立てて、湯氣がふき上つてから材料を入れることです。

二 **火かげん** 茶わんむしやプリンは中火で一〇分。次に弱火で一〇分。蓋をするか、布巾をしくこと。

おまんじゆうはうすい皮なら一〇～一五分、厚い皮で二〇分。むしりんごはフタをして中火で一五分、芋類は强火で三〇分、魚肉、赤飯は蓋をピッタリして初めから終りまで强火で姿の魚は一五分、切り身で六～七分、赤飯は六〇分。

三 湯が不足の時は必ず熱湯を端から靜かに入れること。

むし器の蓋は必ず手前に引いてとり、少しおいてアラ熱がとれてからとり出すとやけどしません。（田中不二枝）

改選前に漸く通つた主張

岡《おか》本《もと》花《はな》子《こ》

　總選擧で社會黨が辛うじて三分一の議席を得ただけだつたのは、まだまだ傳統的な政治への無關心さと、政策を考えずに個人のつながりによる選擧の習慣からぬけきれなかつたためではないでしようか。地方選擧で社會黨が根をおろさなくてはこれ以上の發展はむつかしいでしよう。今日も私が或保育園の開園式に出ると、來あわせた園長さん達から、「社會施設は社會黨によらなければだめだと思います。私共の苦勞は社會黨の天下にならなければ解決されません」といわれたので、私は「縣政も市政もそうですよ」と答えました。

私は天津から引あげてきた勤人の妻として、引揚者、戰災者の住宅、授產所、母子寮、六三制學校建設等の不備、二部教授、ＰＴＡの負擔等に對する不滿から、選擧運動の方法も知らず、正義感と情熱のみで立候補して、公明選擧で闘い、最下位で當選して以來四年間、當市で最も低調な厚生行政と教育行政とに力をつくし、文教總務は二年づつでも、厚生だけは希望して四年間常任委員を勤めたが、厚生行政に一般の關心が薄く、年々の豫算市會に於ても私の主張に同調者少く、理事者も議會の多數が要望する方面へ自然力を入れるらしく、二年前市長改選後多少は厚生行政が改められて來たものの、昨年清掃法が制定され、それに基き清掃條例を制定しても、何の豫算措置も行われず、私はこれを裏付けする、塵芥燒却場、糞尿貯溜槽等施設面の豫算化を要求したが、いれられず、本年度豫算に糞尿貯溜槽設置費補助四十萬が僅かに組まれたのみで、塵芥燒却場も敷地買收に當り、二、三豫定地の折衝にもそのつど附近居住の市議達を中心とする部落民の反對又は交換條件の火葬場移轉要求、地元へ灰を無期限無料給與等の難題が出て、おりあわず、あげくのはては、塵芥を出す住宅地へ建設すればよい等の暴言も出るしまつに、市議改選後でなければ建設望み薄の有樣。最近三カ年にできたのは、小學校一、中學校二の建設と、母子寮設置、共同作業所の改築（採光、通風をよくした程度）市立病院増改築、傳染病舍新築着工であります。ごたぶんにもれず、當市も財政の危機に直面しており、約七千萬の繰上充用あり、年間一千萬の元利償還に苦しみ、赤字きりぬけのため、本年度頭初豫算は新規事業を一切計畫せず、極端な緊縮豫算を組んだので、市會は了承せず、再檢討して、私が常に主張して來た、交際費、食糧費、旅費等の節約が改選一歩前の市議の間で珍らしく支持されて、旅費條例の改正により三七萬、議員、特別職等の費用辨償より四五・六萬、調税用・旅費・印刷費より三一・四萬、各種對策費（殆ど交際・食糧費）を半減して三二萬、雜手當（合併に伴うアルバイト節約）で一八萬、交際費食料費節約分三七萬で二百萬を捻出、小學校建設費の一部に當て、議員の市政研究旅費を辭退してその三六萬を、給食炊事婦給補助に二八・八萬（從來私が力說し續け、昨年初めて市費三八・四萬が豫算化され、兒童の給食費にて六七・二萬を支拂い）を加え、兒童からは二八・八萬となり、來年度には全額市費負擔とする事を要望。殘の七・二萬を學校及教員研究費補助に廻し、ＰＴＡの負擔を輕減したのであります。

（神奈川縣茅ケ崎市・前市議）

岡山縣の農村から

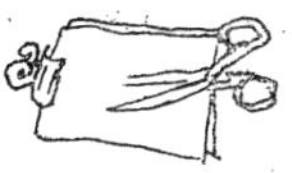

吉《よし》川《かわ》久《ひさ》子《こ》

私の住んでいる田舎は平均三段餘のお百姓で、他に仕事をして收入を得る道などありませんのでとても貧しい農村です。若い人たちは二期の農繁期の間には、山仕事をするとか、雜穀を買いに行くとか、或いは瓦燒きの土運び（これをこちらではネコ押しといいます）なんかをして生活しているのですが、私の村から割合に近い倉敷とか、玉島とかへ、パチンコや映畫をよく見に行きます。ほとんど全部の娘たちは、お嫁入りのために、やはり倉敷とか岡山へ洋裁を習いに通っています。若い男の人には政治に興味をもっている人もあるに違いないと思うのですが、女の人達は少しもそのようにはみえません。そんなことよりも私の友達の多くはファッション・ショーとか、いいお嫁さんになることにあこがれ、それが若い時代を生きる最も有意義なことのように考えているようです。

私の村は昭和二十七年に、減税ということから數ヵ村が合併して町制がしかれ、多くの町民の非難をうけながらも、これはどうにか運營されておりますが、昨年末から固定稅その他の稅金が三割も上りました。デフレ政策が行われ、おまけにこちらは去年お米がとれなかつたので、ほんとうに不景氣なのですが、これは一體どうしたことなのでしょうか……合併して始めての新しい役場が出來上つた時そのお祝の宴會の席上で、多くのお金が使われたといつて大人の人達は役人を責め、稅金をへらし、役人の數をへらすことを心から望んでおります。

そして年寄りの人たちは、仕事のない靑年のために、合併した町内に彼らの働ける工場か何かができることを望んでいるのですが、貧しい私たちの村にそのようなものを建てる資本をもつている人はなく、またいろいろの點からも全く夢のような話なのです。

右をみても左を見ても、實に暗いことばかりなのですが、このような農村問題も政治に必然的につながつている譯ですから、私たちは總選擧にこそ、私たちの問題を解決してくれるような政黨をえらばなくてはならないのですが、無關心な人びとが多いようです。女性は男性よりもそれがもつともつと酷い。私の町の娘、中年の人たちの政治的關心の低さといつたら！　これは農村において特に嚴しい隷屬的地位からなのです。

私たち農村の者はもつと政治のことを眞劍に考えるのでなければ、いつまでたつても生活がよくならないとしみじみ思います。よくなることは不可能ではないのですから。

北海道だより

冷害はひどいものです。開拓ももつと親切に指導してやらないと、つくづく思います。軍に賣つた方が割のよいような土地では希望もないわけです。〇革新が勞組だけのものと考えていてはちがうように思います。平常の敎育が大切ですのに、人も育てていないし、黨も組合も敎育の點はゼロにひとしいのではないでしょうか。〇また軍人恩給が上るとか。札幌では戰死者の娘が中學にもいかず、子守や辻うら賣りをしています。そして東條夫人の歡迎會を七〇〇圓の會費で遺族會のボスがしている世の中です。（下田芳子）

食品の話(一)

—牛乳—

大阪府立生活改善相談所
榮養士 林 郁

最近東京、大阪等各地に牛乳値下運動のおこつたことは、榮養知識が普及した一つの現われと見て差支えないでしよう。乳白色のこの液體の中には數多くの榮養分が含まれていて、私達の健康をまもる大事な食品の一つであることはいうまでもありませんが、その榮養分とは具體的にどんなものかを考えてまいりましよう。

まず第一がカルシゥムです。カルシゥムは骨、歯などの主成分で、また體液(血液等)を中性に保ち、神經の興奮をおさえるなどの大切な生理作用をしていますが、私たちにはこのカルシゥムがまだまだ不足しております。それを補うために小魚、海草等をとるのも結構ですが乳の中のカルシゥムがもつとも人間にとつて利用率が高いのです。

第二は良質の蛋白質です。組織細胞の主成分であるこの蛋白質は、魚肉、卵、豆類などにも多く含まれていますが、乳の中の蛋白質は他のものに比べやはり利用率が高く、一合中の蛋白質は卵一コとほぼ同じくらい含まれています。

第三はビタミンB類、特にビタミンB_2です。このビタミンB_2は比較的熱に強いので、一度沸かして飲んでもこわれる心配はありません。俗にいうあくち(口角炎)は主としてこのビタミンB_2が不足する場合におこる症狀で、脚氣もビタミンB_1、B_2の兩方が不足するのが主因のようです。それにこのビタミンは特に發育期の榮養分として要求されるものですから「子供には是非牛乳を」と言われるのもこれが一つの原因です。

第四は脂肪です。普通牛乳には三%ほどの脂肪が含まれており、牛乳の品質を檢査するにはまずこの脂肪の定量をして良、不良の指針にしています。最近よくいわれるホモ(またはホモゲ)牛乳は牛乳を均質機(ホモゲナイザー)にかけ、その中に含まれる脂肪球をより細かく均質にしたものです。

乳汁中の脂肪は非常に小さい形をしているので、消化吸收がスムーズに行われ、乳兒にも良い脂肪源になつています。

このように牛乳にはあらゆる榮養分が含まれ、ほぼ完全に近い食品ということができます。特に最近ではパン食が普及しているのですから〃パンとミルクを〃という言葉がほんとうに實行出來る日こそ榮養改善が一つのヤマに達したと考えて良いのではないでしようか。

しかし、値下問題がある點に落着いても、一般的にいつて、まだまだ牛乳には手が屆きかねますから、最近出廻つているスキムミルク(脫脂粉乳)を使うのも一つの方法でしよう。牛乳からバターをとつた殘りを乾燥させたものがスキムミルクです。これを水にとかしたもの(標準としてスキムミルク大さじ二杯をぬるま湯一合でとく)は牛乳に比べて、脂肪球を除いたあとの成分は殆ど變りありません。それで値段はスキムミルク大サジ二杯で五圓くらいで、牛乳に比べ大變安くなるわけです。

前にも書きましたように、パン食の相手として是非ほしいものの一つがこの牛乳、スキムミルクなどですから、これらのものを、いろいろ工夫して料理(スープ、煮込みもの、ソース)菓子、飲物などに使つていきたいと思います。

執筆者紹介

岡本花子氏　明治四十四年四月東京生れ。東京府立第一高等女學校國文科卒。前芽ケ崎市會議員、參加團體・神奈川縣教育擁護連盟、縣婦人議員連盟、芽ケ崎市東京教會婦人會等。

得猪詐登子氏　明治四十二年六月石川縣金澤市生れ、石川縣北陸女學校卒、職業、家政婦兼家庭教師。

田中不二枝氏　大正二年岐阜縣生れ。女子榮養學院卒。榮養料理指導、參加團體、榮養生活普及會藤澤支部。

編集後記

△さわやかな新緑の時季となりました。衣がえして輕やかな娘達の姿が活き／＼と見えます。五月一日はメーデーです。今年のメーデーはどんな風に行われるか、勞資對立の世の中が過ぎて、働く凡ての人たちがメーポールを圍んでメーポールダンスを皆でおどつたりして賑やかにお祭り騒ぎをするような時代は來ないものか。

△新緑の候はまた旅を思う頃です。冬中くすぶつていた主婦たちが家族と一緒に大自然の中に命の洗濯をして建康を取戻すような企てはできないものか。こんなつゝましい願いでさえも現在では贅澤だということを私たちは骨身にしみて知らなければなりません。筑豐炭田では食えない鑛員に高利貸の手がのびていて、高利の金が返せないとなると、福岡の特飲街から人買いグループがやつてくる。そして二人も三人も子供のある人妻は身を賣つてゆく。中にはもと勞組の書記長をやつた人が合議の上で妻を四萬圓で賣り、自分は福岡の旅館で自殺をはかつたという（讀賣新聞四・一三）

△バンコック會議でも臺灣の危機は去らず、そうしてアメリカは原爆戰爭の暴擧をもまだ思いとどまつていません。日本の社會經濟を崩れさすかも知れないような軍事豫算の擴張を要求し、その上場合によつて臺灣戰爭にかりたてもしかねない樣子です。

△初夏の自然はこのようなさわやかで美しいのに我々日本人は何故こんなに憂うつで苦しいのか。政治の貧困という字が大きく眼の前の青空にえがかれます。

（榊原）

婦人のこえ　五月號
定價三〇圓（〒五圓）
半年分　一八〇圓（送共）
一年分　三六〇圓（送共）

昭和三十年四月廿五日印刷
昭和三十年五月一日發行

編集發行人　菅谷直子
東京都千代田區神田三崎町二ノ三
印刷者　堀内文治郎
東京都港區本芝三ノ二〇
（硫勞連會館内）
發行所　婦人のこえ社
電話三田（45）〇三四〇番
振替口座東京貳壹壹參四番

婦人のこえ

6月號

1955

平和憲法を守りましょう

本誌・社友

（五十音順）

淡谷のり子　安部キミ子　石井桃子　圓地文子　小川マリ　川上喜久子　桑原小枝子　木村光江　久保まち子　清水慶子　菅谷直子　田邊繁子　戸川エマ　新居好子　西尾くに子　深尾須磨子　福田昌子　三岸節子

阿部艶子　磯野富士子　石垣綾子　大谷藤子　大内節子　小倉麗子　神近市子　久米愛　芝木好子　杉村春子　田所芙美子　高田なほ子　長岡輝子　西清子　萩元たけ子　古市ふみ子　宮崎白蓮　米山ヒサ

日本勞働組合總評議會傘下
各勞働組合婦人部
全國産業別勞働組合（新産別）
連合傘下各勞働組合婦人部

原稿募集

◇**論文・隨筆・ルポルタージュ**　職場でも家庭でも婦人の立場から訴えたいこと、發言したいことはたくさんあると思います。

また政治や時事問題についてご意見やご批判をお持ちの方も多いと思います。

そうした皆さまのご意見、ご批判、ご感想あるいは職場や地域のルポルタージュなどをふるつてご投稿下さい。

四百字詰原稿用紙　七枚以内

◇**短歌・俳句**　生活の歌を歡迎いたします。短歌にかぎりご希望の方には選者が添削してお返しいたしますから返信料を添えてお申込み願います。

送り先　「婦人のこえ」編集部

婦人界だより

世界母親大會と日本母親大會

世界中のお母さんたちの愛情をむすんで、子供の幸福を守りましょう、と來る七月下旬ジュネーヴで開かれる「**世界母親大會**」に日本代表を送るべく、日本子どもを守る會と全日本婦人團體連合會共催で「**日本母親大會**」が六月七日から三日間東京で持たれることになりました。日時及び場所は次の通りです。

六月七日　豊島公會堂　全體會
〃八日　場所未定　分科會
〃九日　青年會館　全體會

この「世界母親大會」の主催團體はパリに本部を置く一般に共産系と見られている國際民主婦人連盟で、大會開催についてはすでに本年二月ジュネーヴで準備會を開き、日本から高良とみ・羽仁説子・丸岡秀子・鶴見和子さんらが出席しました、國内の準備は前記二團體が中心となつて進められています。

第二回新生活推進全國主婦大會

主婦連合會・農協婦人團體連絡協議會・日本生活協同組合連合會主催の「**新生活推進全國大會**」が來る六月七・八兩日に亘つて東京で開かれます・

第一日　六月七日
參議院會館　分科會
第二日　六月八日
日比谷公會堂　大會

なおこの會ではさきに新生活推進のため、生活工夫コンクールを募集し、これに基づいて分科會で討論が行われることになつています。

後援は文部省・厚生省・勞働省・農林省・建設省・大藏省・通産省・經濟審議廳・東京都の各官廳。

婦人のこえ

1955年
六月號

六月號目次

随想

女の力

田《た》邊《なべ》繁《しげ》子《こ》

女、女と馬鹿にされて久しく過してきた女が、この頃ではなかなか大したことをするようになつた。先日、家族制度復活反對連絡協議會の講演會で婦人有權者同盟會長の齋藤きえ先生が、「今度の選擧で、婦人は一票を如何に行使したか」という題目についてお話下さつた。そのお話によると、革新政黨を三分の一以上進出させて、憲法改正をともかくも阻止したのは婦人の票によつたのだということであつた。一國の憲法を改正するか否かを婦人が左右し得るという事實は、國民各自が主權者であることから來る當然のこととはいいながら、やはり、婦人が無自覺無方針であつたならば、こうして、私達の意思を投票に反映させることはとうてい出來ない。ある時「婦人は男子よりもずつと數が多いのだからもし婦人が眞に自覺すれば、ズラリと婦人の大臣を並べることが出來ますよ、いや出來る筈だがな」と言つた男性があつた。この人は、心から婦人の進出を願つている人だつた。

今日は又國際日活會館で催されたフィリッピン未亡人會、「金の星」の方達を歡迎するお茶の會に出席した。會長ノルマンディー女史の挨拶は實に感銘深く互に過去を忘れ、自由と平和のために手を握ろうと誓い合つた會は涙そのものだつた。フィリッピンで夫を失われた文化學院敎授の戸川エマさんの手によつて、ノルマンディー女史から一箱のフィリッピンの土が受け取られた瞬間、ノルマンディー女史と戸川さんの頬はピッタリとほほずりされていた。他の九人のフィリッピン未亡人達も日本の私達も感涙にひたつてしまつた。そこには、男の人達のようなかけ引きも何もない、心と心。眞情と眞情の交流だけだつた。「今日はいい會だつた。大學婦人協會の野見山女史ほか我が婦人團體の皆さんはよくやられた」私は心の中で感謝した。この様な會は「女ならでは」とひとり思えたのであつた。

よい生活

半月程前私は、安城と木曾川の倉敷紡績の勞組にたのまれて、家族制度についての話をしに行つた。淸潔な工場、美しい環境、若い働く娘さん達は、みんな明るく、又なかなか勉强家ぞろいであつた。英語の時間など人員が少しも減つて行かないと聞かされた。都會の結構な學校に通う學生達の中には、パチンコやマージャン屋で時を過す者もあるのに實にえらいものである。安城の工場ではピアノ練習中の人を見うけたし、木曾川では熱心にヴァイオリンを稽古する人の姿を見うけた。

私は、ほのぼのとしたうれしさを感じないではいられなかつた。ピアノと言えばお金持のお孃さんが嫁入仕度の樣に、才能のある無しにかかわらず習わせられていると思う場合が多いのに、ここでは、働く人達が自ら求めて一心ふらんに稽古している。働く人達こそ、こういう學問や藝術を生活の中にとり入れなければならないし、働く人達が「よい生活」を持つ社會を地上に現出せしめることこそ、私達の究極の理想なのだ。娘さん達の學歷は六・三の義務敎育卒業程度の人が多いということであつたが、私が高等學校の三年生に話をした場合よりもずつと注意力もつづいたし、理解の程度も高いことがその表情から讀みとれた。自ら汗して働き收入を得るという生活は、娘さんをずつと大人に成長させるし、又、知的な理解力といつたものも親がかりの同年配の娘さんよりも發達さるのではないかとも考えさせられたのである。

時評

生れ出た奇型兒

――三十年度本豫算――

榊《さかき》原《ばら》千《ち》代《よ》

難航に難航を續けた日米交渉が四月十九日やつと話し合いがついて、三十年度本豫算政府原案が決定し、目下國會で審議されています。ところでそのような難産の結果生れ出た國の豫算はどんな姿であつたか、それは實に見るかげもない榮養不良で、決して獨り立ち出來ないような、あまりに不健康な、そのくせ他人と爭う尨大な武器を持たされるために柄にもない大きな手をした奇型兒にもたとえましようか。いうまでもなく國家豫算は國の姿を象徴しています。このような豫算の編成に私たちは目を見はらないでいられましようか。國民生活のどこに希望や力に溢れた健康さがみられるでしよう。

鳩山内閣は選擧に際して社會保障制度の擴充とか減税とか殊に住宅の建増を國民に約束しました。然しそれらの公約はどこに迷いこんでしまつたのでしよう。赤松勇さんは七日の豫算委員會で「あなたは選擧中に防衛費をへらしそれを住宅建設にまわすと公約したが、公約違反になつたではないか」と質問しています。鳩山首相はそれに對して「わたくしは頭の中で自衛隊の漸増という意味から二百億ぐらい增やさなくてはならないと思つていた。その二百億は何かで按配しなければならないが、もし防衛分擔金の方で二百億削減できれば按配をしなくてもすむから、その金が社會保障費とか住宅建設の方に廻せると頭の中に描いていた一つの夢である」と答えています。問いつめられて夢を公約したなんて馬鹿げた答辯をしたのでしようが、私たちはその見通しの甘さを笑わないではいられません。アメリカは共産圈に對しては、あくまで力の外交の立場をとつており、その立場から世界戰略の一環として日本の防衛を考え、日本の軍備增强を要望しているのです。そうして安保條約、行政協定の存在によつて防衛費については、アメリカと相談してその諒解を得なければ決まらないのであり、防衛費がきまらなければ豫算編成ができないというのが今日の日本の實狀です。言いかえれば昭和三十年の豫算案は日本政府の豫算案であります。それを日本政府自らの判斷で自主的にきめることができないのです。

一万田藏相は豫算閣議終了後ホッとした樣子で、「きようようやく豫算原案の決定をみたが、豫算大綱の性格を織りこんで公約を實行するために最善を盡したつもりだ。今年は日本經濟の地固めということから均衡豫算の一線は貫いた筈だ。しかし復活要求が多かつたので相當苦しいものになつたが、實行面でも一兆圓を堅持して行けると思う」と、自慢そうに記者團に語つています。果して公約は實行されようとしているでしようか。一兆圓の枠というのも數字の辻褄を合わせようと汲々としているだけで、實質的には見せかけだけの一兆圓豫算に終つています。例えば今年は長期豫報で災害が多かろうといわれているのに、豫備費は五十億も削られていますから、「一荒れ一〇〇億圓」といわれる災害の起り方によつては一兆圓の枠など忽ちはみ出るおそれがあります。

ところで私たちが深い關心をもたずにいられないのは、防衛分擔金削減をめぐつての日米共同聲明です。それにはこう書いてあります。「日米安全保障條約には日本が自國の防衛のため漸増的に自ら責任を負うことの期待が表明されている。また日本の自衛隊を漸進的に増强することが日本政府の基本政策である。このような期待と政策に從つて、昭和三十一年及びそれに續く年間に於て自己の資力のより大きな部分を防衛目的のために振り向けることが明かにされた。しかし本會計年度は日本經濟安定の成否を決するということにかんがみ、米國政府が本年度における特別努力措置として前記の防衛分擔金減額に同意した。但し來年度からは適用されない。」

アメリカ政府の强硬な軍備増强の命令のような要請に接して、一万田藏相はおしまいには日本案が通らなければ自分は辭職し、內閣は倒れるかも知れない、そうすれば次にくる內閣は社會黨だというようなことをほのめかしたといわれますが、そのような折衝によつて實質的には百億たらずの防衛分擔金を削減してもらい、防衛關係費は前年度のワクにおさめることができましたが、防衛廳費には一五四億八〇〇〇萬圓の豫算外契約があつて、豫算膨張即ちインフレの要因にもなつていますし、殊に日本財政にとつて重大なことは、來年度以降は分擔金の削減はまかりならぬこと、日本の經濟事情がどうであれ、防衛廳豫算は每年ふやしていくということ、またアメリカのニュールック戰略に對應してジェット機を中心とする空軍、海軍を重點とする再軍備を强化することを約束させられたということです。從つて三十一年後の軍備増强は急カーヴを描いて進展させられることでしよう。このような日本の財政、經濟、やがては政治にまで見逃すことのできないような影響をもつ取りきめを行つた日本政府當局の責任はまことに重大で、國會の豫算委員會で、この日米共同聲明が次の內閣の責任にまでひきつがれるか、どうかということで社會黨議員の攻撃が激しいことも當然です。

自衛隊創設のかげの力となつたといわれる野村元海軍大將は次のようにいつています。

――確かに今の自衛隊の兵器は飛行機、軍艦、大砲からみんなアメリカのもらいものだ。しかし今の貧弱な經濟情勢ではむしろ得策という考え方をどうしてもてないのかね。ヒモがこわいという。どうしてそう神經質になるのかね。自分さえしつかりしておれば問題ないではないか。日本を守つてくれるアメリカ軍こそ〃日本の庸兵〃だとうそぶく度胸はもてないものかね。英國やフランスだつて米軍の駐とんに對して獨立を犯されたなんて本當に思つているものはないし、むしろ利用しているね。つまらぬ日本人のインフェリオリティー・コムプレックスだよ(讀賣五・一五)

果してそうでしようか。六月、悪くすれば七月分も暫定豫算を組まなければならないような狀況に追いこみ、產業界、國民生活の面に大きな影響を及ぼすような困難をもたらし、豫算編成をつまずかせたのは何であつたか。

例えばMSA援助についてもその協定を結ぶ前に外務省は次のように宣傳しています。「現在でも諸外國に對するMSA援助資金の域外買付という形でわが國は間接の經濟上の利益を受けているわけだが、かりにわが國が軍事援助のようなMSA援助を受けることになつた場合は、さらにその利益はふえるとみられている。——米國の相互安全保障計畫は長期のものである。米ソの關係が急激に改善され、冷い戰争が終つてしまうものならばとも角、今のところその見込みはない。だからMSA援助はかなり長期にわたつて續くであろう」と。そうして日本はいい氣になつてMSA體制順應のため年間一億ドルの生産を行うまで設備擴充をしました。ところが、ロス米國防次官補代理がこの四月八日「米軍の豫算節約方針により、日本向けの兵器關係特需の豫算としては來る六月迄の本年度分として約一千萬ドルしか配分されないことが判明した」と日米兩政府の特需關係會議で發言しました。こうして防衛産業に對する尨大な資本投下は無意味となり、政府はその對策としてアメリカの示唆のままに防衛産業の國有民營を考えたり、或は補助金を出して温存することをはかつたりしていますが、このようにアメリカのいうままに、或は軍需産業やそれに資本を投下した金融資本を援助するために、國費が使われたりすることを眼の前にみていて、私たちは野村大將のような呑氣な考え方をしていられるでしようか。

三十年度豫算は日本經濟地固めの豫算ではなく軍事財政地固めの豫算だなどといわれますが、他の豫算におかまいなしに軍事費だけはうなぎ上り、防衛廳費は六〇數億圓膨脹して八六八億圓、豫算外國庫債務負擔は廿九年度の八〇億圓から一五〇億圓に增大するという豪勢ぶりですが、このような豫算成立と共に防衛廳が六カ年計畫に向つてふみ出した三十年度末の防衛力の効果はどんなものでありましようか。——陸海空の編成裝備は警察豫備隊發足當時の陸上部隊七萬五千名、しかも小火器のみに比べると、格段の增强といえる。しかしこれだけでどのくらい役にたつかというと軍事専門家をはじめ、防衛廳内部でも悲觀論が壓倒的である。一たん外敵との抗争となつた場合は、ほとんどモノの役にたたないというのが定說である。——

短歌

萩《はぎ》元《もと》たけ子《こ》選

桶谷ツチ子

共同の洗場の視線意識しつゝ新しき服着て洗濯に出づ

篠原由枝

仔兎は買はれて行きぬ箱の隅に食べさしの青葉すこし殘して

清水薊

自衛隊に憧るゝ子よ戰ひの眞中に生みし母は許さじ

詳細に病苦の生活の借金を税吏のペンはさらさらと書く

岩崎洋子

母よびてほゝ笑みかけしいとし兒の面影うかべおもひつきせず

――防衛廳當局は、いまのところやむを得ないの一點ばりで當分の間外敵が侵入してきた場合は一ヵ月間ぐらい線香花火式抵抗をしてあとは米軍に頼るのみといっている。六ヵ年計畫が完成したところでこの一ヵ月間の抵抗が華々しくなることと、食糧船團護衛がやや完全になる程度と豫想されている。――（讀賣・五・一五）

結局日本の自衛力の限界は局地的な衝突や紛爭には少しは役に立ちますけれども、原水爆誘導彈形式の新戰爭には全くの無力と判定されるわけです。

このような氣休めに近い軍備のために產業は壓迫され、民生はうとんぜられています。日本が經濟的に獨りだちするためには、國內の食糧や合成纖維の生產を高めて、外國から買い入れる金を節約したり、造船に力を入れて外國船に運んでもらう運賃を儉約したりしなければならないのですが、それには多くの資金が必要であり、防衛產業に投じる程の莫大な資金があればそういうこともできるはずです。また日本の繁榮のためには貿易を盛んにしなければならないのですが、それには輸出市場を擴げることが前提ですから、國際的に立ちおくれた科學技術の飛躍的向上をはかつたり、その他工場設備や機械の近代化、合理化を促進して、コストの引き下げをしなければならないのですが、そういう配慮は豫算の中に現われていないといつていいくらいです。

その他鳩山內閣が公約した私たちの身近な問題としては減稅、住宅の建設はどうなつたか。

公約五百億の減稅は今年は七月一日から實施されるとして減稅額三〇二億圓になりますが、豫算の上では私たちの拂う稅金は二十九年度より三二億圓もふえることになつています。稅法上の支拂い義務と、實際に支拂われる金額とがあまり違い過ぎることについて私たちは無關心ではいられません。さらに減稅のための代り財源として酒の造石高をふやしたり、その他の消費物品稅を引きあげたり、また地方稅がその穴うめの一つの方法のように、固定資產稅が二倍三倍にふえたりするのでは、ごまかしというよりほかないではありませんか。所得稅は基礎控除を七萬圓から八萬圓に引き上げ稅率を引き下げたので、安くなつたことは確かですけれど、そのキザミ方が高額所得者になるほど有利になつている、例えば月收三萬圓、夫婦子供二人のサラリーマンは月に二百五十九圓だけ稅金が安くなるだけのところを、月收二〇萬夫婦子供四人の重役になると四千八百六十八圓も安くなります。その上預金利子、配當所得、生命保險控除など貧乏人にはほとんど緣のないもので、稅金を免除されますから、そういう階級は年に四五萬圓も得するでしよう。

住宅建設についてはただ數の辻褄を合わせたに過ぎない公約の申譯に形をつけたばかり。四二萬戶建設といつてもその五八%二四萬五〇〇〇戶は民間が自力で建てることを豫想に入れた勘定。政府資金による公營住宅の耐火建築の割合が三七%から五三%までふえたことはよかつたが昨年度は全部十二坪だつたのが、今年はその八割までが八坪、ひどく狹くなりましたし、殊に第二種公營住宅ではその半數の八千戶が一戶あたり六坪で、炊事場や便所を共同にしない限り六疊一間しかとれないという狹さです。私は狹い炭坑住宅に住む人々から、その住宅の中にどんなに深刻な社會問題、道德問題がひそんでいるかということを痛切に訴えられたことがあります。落ちつけないで不良化していく子供、働けない親を捨てて去る若夫婦、親を動物のように輕蔑する子供等々。

住宅公庫による個人への融資分は一萬六千五百戸で前年度の五分の二、その上今まで一戸あたり十五坪まで融資してくれたものが、今年は十二坪になり、土地に對する融資は木造建築の場合はとり止めとなりました。

社會保障費は總崩れといわれるくらい、要求額の半分に削られてしまいました。失業對策にしたところが、政府發表によれば本年度は八二萬人の完全失業者が見込まれているのに、失業對策事業に吸收される人員は二二萬人に過ぎない。取り殘された不幸な人々の群とその家族たちの暗い顏。

昭和二十九年四月厚生省が發表したところによると生活保護を受けなくては生活できない要保護者の數は全國で一二〇〇萬、そのうちで生活扶助を受けているものは一九二萬、一割六分に過ぎない。そうしてこのような保護を受けている世帶の大半五五％までが十八歳未滿の子供を抱えて生活と鬪つている未亡人を世帶主とする婦人世帶だということは、私たち女にとつて無關心でいられない問題です。デフレ下の嚴しい社會に立つて孤軍奮鬪する母親たちは働くために、子供を保育所に預けなければならないのに、國家豫算の不足のシワよせは地方自治體の財政に及び、保育所は幼稚園に切りかえられたり、また厚生省が料金の引上げを發表したりしたので、保育兒童に對する保護者の負擔は一躍二・七倍にもなつて保育料の滯納や退園する子が續出し、保育所はその必要にもかかわらず、定員に滿たない有樣だなどとはどう考えたらいいのでしょうか。

（二四ページへつづく）

地方通信

群馬縣議選から

高《たか》橋《はし》榮《えい》子《こ》

私の夫はこの度の縣議選に群馬縣から立候補いたしました。この度の選擧で感じましたことなどを、御參考になればと筆を取つて見ました。

町村合併により、ここの縣議は富岡市から一名なので相當苦戰とは豫想していましたが、保守と革新の戰いであり、農民を代表した立候補者として地元の支持によつて選擧戰に入りました。

金權候補のあらゆる裏面工作や惡宣傳も意に介せず戰つて、前回の票を幾分上廻つていることは、金では買えないほんとうに眞面目な票だつたと思いますが、町村合併により近接町村の票が取れなかつたので殘念ながら落選してしまいました。

法定選擧費用を下廻る費用で、數百萬を費したという金權候補を相手に、正しい公明選擧ができましたことはせめてもの喜びですが、當選した候補はいつも養蠶の繭を廉く買いたたく製糸家であり、いつもこれに對抗して來た夫は凍霜害や、蠶繭の掛目協定には寢食を忘れて、農民の利益のために戰つて來た實績があり、農村の票が多いのにどうしてこんな結果になつたのだろうと割りきれない感じがいたします。選擧民がもつと自覺して、ウドン一把でも貰つた方がよいということでなく、主權の正しい使い方を認識すれば買收も饗應も行われないだろうと思います。

また小選擧區制は、金權候補には有利だが、金のない候補には不利だということをもつく〴〵感じさせられました。

食品の話（二）

☆有色野菜のビタミン★

大阪府立生活改善相談所
榮養士 林 郁

"もっと有色野菜を食べましょう"という言葉を最近よく耳にしますが、今月はこの有色野菜のビタミンAについて少し詳しく考えてみましょう。まず有色野菜をひと言で云いますと、ビタミンAの効力をもっている色素を多く含む野菜のことで、南瓜、ピーマン、にんじん、ほうれん草、パセリ等がこれに入ります。なす、きうり等は色がついていても有色野菜には入りません。つまり、野菜、果物の中に含まれている色素には、ビタミンAの効力を持っているカロチン系色素と、その効力を持っていないアントシアン系、その他の色素があります。ですから有色野菜には、カロチンが多く含まれていることになります。このカロチンが體内に入り分解されビタミンAに變化し後に書くようないろいろの生理作用を營みます。（カロチン、二からビタミンA一が作られるので榮養價表にあげられている植物性食品のビタミンA量はその1/2が實際の量になる）そしてカロチンが腸壁より吸收される時脂肪分が共にあると、更に能率的に吸收されるので、有色野菜の調理にはなるべく油脂類、脂肪性食品を使うようにいたします。（例、南瓜の油炒めほうれん草ソテー、にんじんの金平煮、ピーナツ、サラダ）

次にビタミンAの體内での働きを述べてみますと、まず第一に暗應調の作用です。薄暗い所でも物を認めることが出來るのは、眼の網膜にある"視紫紅"の働きによります。この視紫紅はビタミンAと蛋白質の化合物ですから、もしビタミンAが不足しますと、視紫紅が作られず視力が失なわれ、最後にはとり目になります。第二は皮膚組織、眼の結腺、眼の結膜の正常を保ち、細菌に對しての抵抗力を作り病氣の傳染を防ぎます。はやり目、皮膚の乾燥化、風邪をひきやすい等の原因の一つにはビタミンAの不足があげられます。その他成長を助け、寄生虫の繁殖を防ぐ等いろいろ大切な働きをしているのです。

ビタミンAの必要量は、日本人一人平均一日三七〇〇國際單位（一國際單位とはβ《ベーター》ーカロチン〇・六ガンマーの効力を云う）ときめられています。しかし調査の結果實際にとられている量はこの標準に達せず、特に季節的に上下のあることが明らかにされています。これは日本人のビタミンA供給源の大部分が植物性であるためです。本物のビタミンAを豊かに含むバター、チーズ、卵黄、肝油、レバー等をいつもとるのは難しいのですから、精々有色野菜を上手に使いましよう。つい捨ててしまうにんじん葉、大根葉、みかんの皮等には特に澤山のカロチンが含まれていますからスープの青味、佃煮、つけ物、ママレード等に利用して食品の完全利用という面にも大いに、工夫を生かしていただきたいと思います。見た目に美しい料理は食欲をそそり、榮養効果をより大きくします。

有色野菜にはこの他ビタミンB_1 B_2 C、鐵分等も相當量含まれていますから、調理をする上では短時間の加熱、なるべくアルカリ（重曹）等を使わないような注意が必要です。

參考 ビタミンA三七〇〇國際單位（I.U）をとるために必要な食品の例。

栗南瓜	約四〇匁	小松葉	約三〇匁
にんじん	″一五匁	にんじん葉	″一六匁
牛レバー	″一八匁	うなぎ	″三〇匁

働く婦人の歴史

(13)

最初に賃勞働者となつた婦人たち

―その一、製糸勞働者―

三《さん》瓶《ぺい》孝《こう》子《こ》

賃勞働者とは、賃金をうけて勞働する勞働者をいう。言いなおすならば、勞働力が貨幣で賣買されるところに見られるものである。

一方には工場設備や機械などの生産手段を所有する經營者があり、他方には勞働力のみをもつ勞働者があり、その間に、勞働力を貨幣で賣買する雇傭關係が結ばれ、それによつて商品が生産されるところに、初めて資本制的賃勞働者が生ずるものである。日本においては、資本制的産業が起り、賃勞働が生じたのは明治時代にはいつてからである（尤も賃勞働者の起源は前にのべたように德川時代にさかのぼるが）。というのは明治時代になつて初めて、資本制的な工業經營が起つたからである。

日本で、最初に歐米資本主義國の機械を輸入し、とも角も資本制的近代産業として起されたものは製糸、紡績の二大産業であつた。この二大産業に最初はいつた婦人たちが、今日の婦人勞働者の先驅者であつた。ただこれらの婦人の中には、今日の婦人勞働者という概念からすれば、まだ本當の勞働者といえない、技術習得者という人もあつたが、近代工場に最初にはいつた點において勞働者の先驅者といえないこともない。

右の二大産業の外に政府造幣局の漉紙寮に招かれた紙漉女工も、女子の賃勞働者のさきがけといえるであろう。これらの他に、從來のままの製糸業、機織その他あらゆる産業に婦人が從事したことは以前と同じである。

安政五年の開港によつて大きな影響をうけたのは製糸と手紡（綿糸）とであつた。生糸は輸出の、綿糸（棉花を含めて）は輸入の三〇%を占めていた。政府はおくれている日本資本主義を育てるためには輸出産業としての製糸業を育成して、輸出貿易を發展させ、他方、明治元年以來の入超を防ぐためには洋式綿糸紡績業を起して外國綿糸を防止しなければならなかつた。この製糸、紡績の二大産業を近代産業として發展させることこそ日本經濟を左右するものであつた。この二大産業こそ婦人を近代勞働者として最初に引出し、そして婦人勞働の多量の消費によつて發展した産業であつた。

製糸傳習生　日本の輸出第一位を占める生糸の生産を増大させ、更に品質を改良して輸出を發展させるためには製糸法の改良が最初の重要な問題であつた。政府はフランス式製糸機を輸入し、フランス人の製糸技師を招いて、明治五年に、群馬縣富岡市に製糸模範工場富岡製糸場を建設した。ここは三百人繰二十四釜の規模であつた。政府は更に明治六年に勸業寮製糸場(四十八枠)を開いた。その他に當時の有名なものとしては群馬縣前橋藩主の開いた前橋製糸場（明治三年三月企業、六月操業後まもなく、小野組に拂下げらる）、東京築地に建設された小野組製糸場（明治三年創立六年閉鎖、職工六十人）などもあつた。こうした製糸場の中で、富岡製糸場は當時最大の規模であり、政府の器械製糸奬勵のための模範工場として、日本製糸業の歴史の上ではいつも取りあげられる製糸場である。

富岡製糸場は模範工場である關係上、ここに入場した者は、洋式器械製糸法を習得した上、各地の養蠶地にあつて製糸法の改良指導にあたる人達であつて、傳習生と呼ばれた。だから、今日の意味での賃勞働者ではないが、器械製糸工場に最初にはいつたこと、賃金をもらつたことにおいて、後世の製糸勞働者の先輩であつたとみることができよう。

富岡製糸場は明治三年企業、五年一〇月操業であるから、日本ではまだ機械を見たことのある人は極まれであり、その上に佛人技師ブリューナー初め三人、佛人糸繰女工四人をもつて初められたので、當時の日本人としては西洋人のいる、大きな機械の動く工場にはいることは非常におそろしいことであつた。政府の傳習生募集は非常に困難であつた。政府は明治五年九月に、水澤、岩手、宮城、秋田、磐手、山形、若松、福島、置賜、酒田の諸縣（當時の縣は今日より小さくわかれていた）に傳習生としての有志をつのり、また北陸十縣へも勸誘に努めた。

當時次のような傳習工女雇入方心得が出された。

傳習工女雇入方心得

「御國内製糸良好品出來候爲、今般上州富岡へ盛大の製糸場御建築相成、此程より製糸開業相成、佛蘭西男女教師御雇入にて、夫々御國内婦女子へも傳習爲致候處、其縣管内に於ても、從來製糸等營來、業前未熟の者は別紙工女雇入心得書に照準、入選の上名前取調べ差出可申、尤も追ては養蠶多分有之地方へは製糸場も施設致度、其節は繰糸の教師にも可相成、人物儀に付夫是差含人選方針取計來十一月二十九日迄に當人共富岡製糸場に差出可申事」

富岡製糸場繰糸傳習工女雇入方心得書

一、年令十五歳より三十歳迄人員十人より十五人迄限り候事

一、上州富岡迄旅費の儀は自分賄の事

一、御雇中居所の儀、繰糸場中に爲、取締一構の寄宿舎設置、三人を一部屋として御賄被下、夜具其他都て御貸渡し、五部屋に付小使女一人付被下且日々入湯爲致候事

一、一等工女年給金二十五兩、二等同斷十八兩、三等同斷十二兩で被下候事、但し製糸場へ着の上一ヶ月間業前に體馴、不馴等相正し、本文一等より三等迄の等相定候事

一、天長節丼に七節其外月々日曜日休暇の事

一、工女取締向の儀は、日々繰糸業初め、休暇遊歩等に至る迄、一定の規則設置致置、婦道に背戾候所業等は聊も無之様掛官始め工女取締老女に進退致候事

しかし、政府の勸誘にもかかわらず、傳習生として進んで出る者は殆んどなかつた。稿本「富岡製糸場史」はこれについて次のように書いている。

「恐怖に胚胎したる一種の風聞は、工女の募集に絆縁（ついての意）して此の近傍に産し出された。當事者の知辨も其の蔓延を止むる由なき迄に、衆人の耳朶を襲いたり、其は他に非ず、彼の御雇の異人共は、實は魔法使の惡鬼輩にして、彼の御觸に應じて過ちて年若の工女を彼の工場に入れむか、可愛や其女達は忽ち彼等に生血を絞られて、其生命を斷たるべしと云ふものあり、而して其の惡説の出所はと問へば、工人は風說に非ず現に目擊したりと云ふ。如何なるものを見たかと更に問へば、別にも非ず、彼等の飮む血酒といふ。猶熟く訊せば、そは日用の葡萄酒なりき。百方其の妄を辨せしも其の猜疑を解き得る法なきのみか、爲に工女の募集に應ずるもの「一人も無し」といふ……されば新築の大工場も巍

然たる偉觀を呈せるは唯其の外棲のみにして、内部は寂として人あるを見ず、其の僅に繭を繰り糸を製する者とては、御雇の佛國工女四名あるのみ、其の情景の慘殆ど酸鼻に堪へざるものありき云々」と。

工場は立派に出來上つたが、一人の日本人勞働者もなし、ガランとしたままであつたこと、當時の日本人にとつて、ひとりで動く機械、西洋人、葡萄酒がいかに珍らしくも、おそろしいものであつたかが想像される。

政府はここにありて、舊幕府の與力同心(德川幕府の警察官のようなもの)等の娘を百名雇入れて操業したが、この人數では到底仕事をなすことができなかつたので、政府は更に、奥州の會津、米澤、仙臺等へ命じて役當工女といつて、强制的に百餘名の工女を徵膺した。なお女工不足のため創立關係者が自分の娘を女工にして啓蒙につとめた。

このようにして集められ、明治六年一月一日までに入場した寄宿女工數は、合計四〇四名で、群馬縣二二八名、入間縣(今の埼玉縣內)九八名、長野縣一一名、栃木縣五名、東京府一名、奈良縣二名、水澤縣(今の岩手縣內)八名、置賜縣(今の山形縣の一部)一四名、宮城縣一五名、靜岡縣六名、濱松縣(今の靜岡縣)二二名、酒田縣(山形)三名、石川縣一名であつた。當時のような交通不便の時代に傳習生として遠方の地より富岡に送られた娘達は、大きな決心をもつて水盃をして故鄉を旅立つたのであつた。

當時、比較的進歩的な知識をもつていたのは下級武士階級であつたし、また明治維新の變革で祿をはなれて貧乏に苦しんだのも前時代の下級武士階級であつた。政府はこれらの失業武士の救濟政策の一つとして製糸業をとりあげたので製糸場に女工として入場した者にも舊武士階級出身が多くあつた。明治六年に優秀な女工十八名を選拔し、その製品をオーストリヤ博覽會に出品したが、その十八名の繰糸女工のうち、八名は舊武士階級出身であつた。「武士は食わねど高揚子」という觀念がまだ深く舊武士の間に存在した時代であつたので、これらの傳習生は賃金を云々することは恥としていたようであつた。

こうして日本で最初に器機製糸場にはいつた女子勞働者のうち「斯業熟達して敎師につぐべき工女十二人を得たり」とあるが、これらの十二人の傳習生は、その後の日本製糸業の發達に大きな貢獻をしたことであろう。

富岡模範工場においても、製糸勞働者の募集に困難したのは最初のうちだけであつた。明治五年における地租改正の結果下層農民が窮乏化したこと、貨幣經濟が農村に侵入したために農家が貨幣收入を必要とするようになつたこと、明治維新によつて武士階級以外にも多くの失業者を出したこと、などから賃收入を求める人々は農村にも都市にも多くなりこれらの中から製糸業にも豊富な低賃金勞働者が供給されるようになつたからである。

(一八ページよりつづく)

最近の婦人部機關誌には、八十何歳かで數十年のコレクター生活を打切つた老婦人黨員の功績をたたえてありましたが、こういう人は少くないようです。

第二日の夜はアトリー氏が夫人同伴で祝辭をのべにきました。八百名に近い婦人黨員を前に、花やかな席上の眞中に、司會者にありつたけの言葉で、その「偉大な指導者」ぶりをたたえられたアトリー氏ははげ頭を光らせつつ花聟のようにテレてふしめがちでしたが言葉限り婦人黨員の功績をたたえ、人間第一、財産第二という黨のスローガンと共に感謝と激勵のことばをくり返しました。

日本社會黨が勞働黨に學ぶべきところは保守黨と紙一重という現首腦部の保守性にあるのではなく、末端まで組織的であること、財政的基礎と責任が堅くかつ明白であることなどにあるように私は見てきました。

◇旅行者のみた◇

アメリカの黑人

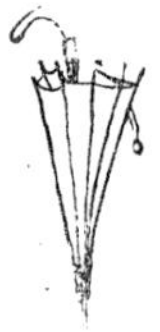

杉《すぎ》　眞《しん》　子《こ》

たつた三ヵ月の旅行で黒人がどんな風に取扱われているかを知ることは無理な注文かも知れないが、東海岸の各都市、南方のアラバマ州や中部の工業都市、西海岸などに一週間位づつ、滞在した間に受けた感じでは、アメリカの黒人の問題はまだまだ未解決なものが多いような氣がする。

　アメリカについて眞先に感じたことは、黒人の職業分野は限られているということである。私がワシントンでとまつたホテルでは、エレベーター係やポーターはみんな黒人だつたし、レストランでも皿洗いや雜役などに黒人が目立つてみえた。ワシントンやニューヨーク、ボストンなど東部海岸の各都市は黒人解放の先驅をなした地方であり、そこにすんでいる人たちは、黒人の差別待遇はないと思つており、さかんに南方の差別待遇をひなんする。しかし、外來者の眼を通してみると、ないないというところにかえつて差別があることを實證しているように思つた。アメリカ着陸後、最初の日曜日、宿のすぐ近くにある教會に入つてみて驚いた。會堂を埋めた善男善女すべて黒一色である。壇上の牧師も黒人、聖歌隊も黒人なのだ。大して色の白くもない私一人が際だつて見えそうで、落ちつかないので信心のうすい私はそうそうに退却したが、神の前にも皮膚の色がものを云うのである。これも、向うの人に云わせると、どの教會も黒人をしめ出してはいないと云うのだがそれ以來、氣をつけてみていると、白人の行く教會にほとんど黒人の姿をみない。又、ワシントン市のはづれにある無名戰士の墓にも、黒人のために特別な一區劃があるのを見た。この國では皮膚の色は死んでも消えないとみえる。

　小學校の人種の差別撤ぱいが決定された時にも、ワシントン市でさえPTAの指導で兒童のストライキが行われたということである。もちろん東部や西海岸では、電車でも汽車でも黒人をのせないことはないし、レストラントでも黒人おことわりというのに出合つたことはなかつた。勞働次官も黒人だし、中央官廳の中にも約二〇萬人の黒人が働いているそうである。しかし、旅行者の目に立つところでは、雇用の機會は決して平等でないようだつた。デパートでも賣子は白人、エレベーターガールや掃除婦は黒人が多いようだ。汽車の車掌は白人、車內ボーイは黒人である。ちようど、日本で、不熟練勞働に女子勞働者が多いように、差別待遇がないないと云つている東部の都市でさえ、不熟練勞働や白人のいやがる仕事に多くの黒人が就業している。

　初めて南部のアラバマ州に發つ前に、ワシントンの勞働省で私の旅行のスケヂュールをたててくれた婦人が、南方の黒人の差別待遇をみてショックを受けないようにと忠告してくれたが、私はアメリカの白人達が考えているよりも人種の差別に敏感だつたとみえて、南方までいかない中にアメリカに上陸したとたんに黒人の地位の低いことや、黒人ばかり住んでいるスラム街に何とも云いようのないむじゅんを感じていたので、モビール市のバスの發着所の待合室が有色人《カラード》用と白人《ホワイト》用に區別されているのをみても大してびつくりしなかつた。

アメリカの白人たちが外國人に對して特に黒人の差別待遇について氣をつかうことは大したものだが、法律的に雇用機會の平等が確保されるようになつたのは、第二次大戦以後のことなのだから、これも無理はない。一九四一年にルーズベルト大統領の命令で國防産業に宗教や人種による差別待遇を禁止された。それと同時に、實際問題として勞働力の不足が黒人の一般産業への就業を促進したのである。これも、わが國の婦人の戰時職場進出と相通ずるものがある。しかし、白人の働いている職場に黒人を入れることについては強い反對があつたらしい。それは使用者のみならず、勞働者の間に反對があつたのである。中部の工業都市の一つ、セント・ルイスできいた話だが、AFL傘下のILGW（婦人服勞働組合）の組合員でさえ、ニグロ婦人の婦人服工場への進出を嫌つてストライキをしたというのだから、ちよつと、私どもにはその心理がわからない。だから、勞働協約の中にもわざわざ人種的差別はしないと書いているくらいである。

消防夫、タクシーの運轉手、電車の運轉手や車掌なども戰後新しく黒人に開けた職場である。まして、いわゆるホワイト・カラーの事務勞働者や、エンジニヤー、會計、薬劑師などは特筆すべき新開拓の分野でその數はまだ少く、全般的にみれば、黒人の大多數は低賃金の不熟練勞働者である。たとえば、一九五〇年のセント・ルイス市の白人女子勞働者中最も多いのは事務勞働者で全數の約三七％第二位は生産勞働者で二二％であるが、黒人の女子勞働者中最高をしめるのは家事使用人で三六％をしめ、次に多いのはサービス業勞働者で二六％である。ここにも、明らかに黒人に對する職域の限界がみられる。

また、失業も常に黒人の方に多く、アメリカ白人の失業率は三％であるのに、黒人は五％であり、その雇用の不安定なことを示している。

賃金についてみても、一九五〇年の黒人の平均賃金は一、三〇〇ドルで、白人の二、六〇〇ドルに比べて半分である。一世帶當りの收入にしても、黒人一、九〇〇ドルに對し、白人は三、四〇〇ドルであり、その經濟的地位は白人に比べてはるかに低いことがわかる。私の歩いた都市のほとんど、何所でも、黒人街といえば貧民くつの代名詞のようになつているらしく、南部や中部の都市で訪ねた生活保護の對象となつている世帶のほとんどが黒人であつた。大體は特殊な部落をなしており、道行く人々の顔がどれもこれも黒いのは正直の話、何となく無氣味である。南部から勞働力の不足している中部や西部に移動した黒人が多かつたそうだが、それらの都市にもいつの間にか黒人街ができている。黒人が隣家に移つてくると、白人はそれを嫌つて引越しをするということが起つたということである。人種的偏見の底力の强さをつくづく感じさせられた。おそらく、白人の嫌悪感と黒人の劣等感とか特殊な部落の自然發生の原因だろう。支那町、日本人町、イタリー町、ヂユーの町などというセクションが大きな都市にはどこにもある。民主主義で自由の國というアメリカにこのような人種による特殊な町ができ上る理由は何だろう。

サンフランシスコでは友人がなくて淋しいでしようと、紹介された一世の日本人のすすめで、アメリカ人經營のホテルから日本人町の中にある日本人一世の經營しているホテルに移つた。バス付きで三ドルというやす宿だけのことはあつて、いかにも不潔でわびしい部屋だつたが、朝夕、下町に出るために通る日本人町の通りは、雑貨屋、小料理屋などいかにも貧しげに立並んで、日本でも新開の地方の中都市の町のように店の飾りつけも洗練されない泥臭さがある。およそ、近代的なアメリカの大都市のふんいきととけ合うことの出來ないものを引ずつているような氣がした。この一世たちの話をきくと、戰後、人種的差別は法律的になくなり市民權も容易に與えられるようになつたし、二世では相當の職場に入つている人もあるけれども、「人權の樂しみ」がない。それは、表面はともあれ、白人は腹の中では絶對優越感を持つて見下しているから面白くないという意味のことである。自由の天地、アメリカでは、皮膚の色が異うということは、いま、もつて大きなハンドキャップなのだということを、今更のように感じさせられた。有色人種が白人の世界に入つても、劣等感を感じる必要がなくなる日こそ、世界に民主主義が實現する日なのだと思う。解放が必ずしも實際の差別待遇を一掃することにならないことは、日本の女性解放と同じだ。しかし、アメリカの黒人の中にも眞の解放をめざして地味に努力をしているグループがあり、白人の中にも勞働組合の活動などを通じてこれに協力している人たちのいることも事實であり、問題は幾分づつ前進しているのであろう。

（筆者は公務員）

地◇方◇通◇信

選擧と農村

—茨城縣—

清水薊

當地方、茨城縣第三區は珍しく今回は二人の社會黨議員を國會に送ることができました。ところが、知事、縣議となると全くだらしなく保守の三選に乘ぜられています。當區の縣議は商店やインテリ層の間では、今度はとても上れまいと豫想された土建屋のボスがまたも最高點で當選してしまいました。それは莫大な金力をもつて農村の標を集めてしまつたからです。この地方は終戰後續いての豐作地帶ですが、知事の手腕(?)で不作地縣として供出が輕く、縣議の首の振り方一つで公然と大量のヤミ米が放出されますので、農村の人々には有難い縣議樣となつています。革新系候補のシチムズカシイ政策方針など聞く必要もないと言つた有樣です。

左社の風見氏を出した水海道市としてなぜ革新縣議が出られなかつたかと一見ふしぎなようですが、當然の理由があるのです。風見氏は戰前大臣として、水海道町唯一の誇りとされていた人物で、その人氣は今日もなお續いております。しかし革新縣議候補は名も知られない、金もない人で、ただ鐵道關係と一部のインテリ層だけの支持しか得られなかつたのです。當選したA縣議は闇屋の親方として有名で當地近在では知らない者のないほどの金の使い方でした。鬼怒川に(三妻町)橋をかけるということと、米の値段を上げるということが農民の魅力のようでした。先日もこんなこと話をしていた人がありました。

「三妻町に橋がかからないのは當然だ、あすこに橋をかけてしまえばA縣議が次に立候補する時いうことがなくなるだベエよ、だからいつまでも渡舟にしておいて毎年死人を出しては、今度はおれがかけてやると宣傳ベエ打つ材料にしておくだベエよ……」

同席の人たちは大笑いしましたが、その笑つた人が今度もA縣議に入れたのですから呆れるばかりです。

このような地方がまだまだたくさんあることと存じますので、皆さまでお話合いの時でも、かような地帶をどうしたらいいか、ご相談なさつて頂けたらほんとうに嬉しく存じます。

英國勞働黨に何をまなぶか

山《やま》川《かわ》菊《きく》榮《え》

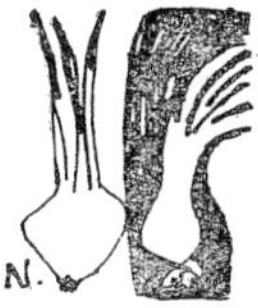

いろいろの選擧も一應かたづいたところで、ようやくおちついて過去を檢討し、將來の計畫をたて、地みちに組織をかためていく時になりました。選擧がいくら大事だといつても、日常の組織や鬪爭の基盤なしに勝てるものでもなく、また議員の力だけで新しい社會を作ることもできないのですから、血を流さずに自由と平等の支配する新しい社會を建設しようとする限り、そういう理想をかかげてしつかりした組織を育てていかなければなりません。

衆議院議員の選擧の時には、社會黨左派なら左派にとつて有利であつた或選擧區で、知事とか、縣市會、とりわけ村會ともなれば、衆議院の場合とは投票の傾向が一致せず、バラバラに分れたり、相當數が保守系にくわれたりするのは、殘念ながら黨の組織が未發達であるからであり、大都市はともかくも、中小都市や農村にいくほど個人中心となり、情實に左右されることが多く、この點で勞働組合員でも一貫して革新勢力を支持しているものばかりとはいえず、今後大に政治教育と政黨の組織を根強くすすめていく必要があります。朝晩直接に資本家の勢力と鼻をつき合せていて、最も敏感に階級的な壓迫を感じ、團結して敵にあたる實力と經驗をもつている組合員でさえそれですから、有權者の中の大きな勢力である零細農や小市民層の中に革新勢力の強い根をのばしてゆくことは、決してらくな仕事ではありません。

どこの國でも共産黨は強い組織をもつていますが、社會民主々義の政黨はその點がゆるやかで、そこに共通の弱みがあることは事實です。ただ英國の勞働黨だけは、網の目をはつたように相當精密な組織網をもつています。が、この國は世界一の植民帝國としての全盛期が長く續き、從つて勞働者もそのおこぼれにあずかつてきたので、保守黨と紙一重という妥協的な政策が久しく黨を支配し、そのためにこんどの總選擧も苦戰を傳えられていますが、組織が堅實で根をはつている點からいえば、將來もつと社會主義の立場を明白にし、徹底した戰術をとるにつれ、つまりもつと左派的になるにつれて勢力を強くすることはむつかしくないと思われます。日本では英國の小選擧區制が理想的なもののようにいわれていますが、現在の選擧法と選擧區の區分とは勞働黨政府の支持のもとに行われたにもかかわらず、その結果は、保守黨に有利で、現に一九五一年の總選擧では勞働黨の總得票數千四百萬に對し、保守黨は二十萬の少數を示しながら、議員數では二十五名の多數を得ているので、小選擧制に對する批判もあり、比例代表制を求める聲もないではないのです。

英國でも五十五年の昔、黨の成立した初めは、勞働組合と少數の社會主義諸團體との團體加入のみをみとめていたものですが、一九一八年、初めて社會主義を目標とし、個人の加入をみとめてこれを選擧區單位に組織するように改組されてこの方、約百萬人の黨員を得ました。これを直接黨員といつて正規の黨員とし、一年一人三百圓ほどの黨費拂込の義務があります。勞働組合員の方は、一人一年六ペンスを勞働黨の政治資金として拂込むものが間接黨員といわれていますが、これは支持者というだけで他に義務も權利もなく、立候補するとか、その他正規の黨員としての權利をもつには、改めて選擧區の勞働黨に加入して直接黨員となり、黨費の納入、規約を守ることその他の義務を果さなければなりません。團體加入の、いわゆる間接黨員は總數五百萬に達しています。

直接黨員の年三百圓といい、間接黨員の年二五圓といい、黨員の負擔額はいかにも安いのですが、これをキチンと取立てるところに大きな强みがあります。英國では――日本でも戰爭前にはそうでしたし、他のどこの國でもそれが普通ですが――組合費を給料から天引ということはなく、一旦うけとつた給料の中から、ひとりびとり任意に支拂うので、これを集めることが重要な仕事になつています。黨でも同じことで、組合にも黨にもコレクターという集金係りがきまつており、これには有給のものもありますが、無給の奉仕的な役員も多く、一人が何十人とか、一定數の黨員をうけもつて、その組合費又は黨費を集めるのです。そして組合費又は黨費を納めない人は、脫落者とみなされ、組合又は黨の名簿から除かれます。

英國では完全雇用で失業者が殆んどないこと、醫療の無料國營で病氣になつてもその方の費用の心配がなく、稼ぎ人の病中は病人のみならず、扶養家族にまで生活費が支給されること、老人、子供、身體不自由者等にもそれぞれ生活費が與えられていることなどのために、生活は日本よりはるかに安定しており、收入は大體日本人の三倍くらいと見られているのに、黨費は一人當り年三百圓ですから、一人月百圓くらいとつている日本よりははるかに安いわけです。しかし日本の場合は黨員という名ばかりで黨費を納めない黨員が非常に多く、それをとりたてる方法も備わつていないのです。結局金の作れる者が立候補し、黨の運營のためには、議員の歲費や金持の黨員のふところをあてにすることが多く、金を作るウデがものをいう危險もそこにひそんでいないとはいえないのではないでしょうか。曾て芦田內閣が汚職事件で倒れた時、社會黨からその中にはいつていた問題の人物の場合なども、金の才覺の腕前、選擧費用を通じての勢力の扶植などが傳えられましたが、こういう保守政黨の習わしを、社會黨へもちこまれないようにするには、貧乏な黨員の淸い黨費で黨が運營される建前をとらねばならず、それには黨費を安くして誰でもはいりいいようにすること、黨費をきちんととりたてて滯らないようにすること、などが大切なことではないでしょうか。

黨費はやすく、黨員は多く

勞働黨本部で選擧費用のことを聞きましたら、何といつても選擧はお金のかかることで、これを個人に任せておけば、金の作れる者しか立候補できぬことになり、非常な弊害がある。だからわが黨は、候補者は一錢の用意がなくても、平生から總選擧資金として黨が積立てている金から選擧費用を出すことになつています、とのことでした。しかしそのほかに立候補する場合は、その候補者の出た選擧區勞働黨、勞働組合、協同組合などが一部資金を負擔するのが普通です。從つて本人はお金の心配はいらないわけです。「もつとも保守黨や自由黨は金持揃いですから、自分自分でやりますがね」と勞働黨の人はいつていました。黨本部では總選擧資金とは別に補缺選擧にもそなえてその資金も平生から積立てており、いつどこに補缺選擧があつてもいいように用意しています。地方選擧の資金はそれぞれの選擧區で平生から積みたてておきます。「黨費を納めぬ黨員の集團は、まるきり黨員のない場合より悪い」といわれているくらい、黨費の徴集は大切な仕事になつており、毎年、黨費完納の黨員に限つて一月一日付で新しい黨員カードが黨費完納黨員にわたつて、ふるいカードととりかえられます。有給のコレクターのない黨支部は、支部員全部がコレクターとして、何人かずつうけもつていて黨費を怠らずに徴收せよ、ということになつています。そしてこの無給のコレクターとしては主婦が實によく働いているのです。

そんなに安い黨費でどうしてそんな費用が出るか、といわれましようが、塵もつもれば山で、何といつても數です。六百萬の黨員が、キチンと黨費を納め、それを滞らせないように末端に實に熱心なコレクターがいて、責任をもつて黨費を集めているのです。なおそのほかに個人の寄附もあり、年々死亡する黨員の中には、遺言して黨に遺産を分與する人もあり、またバザーや映畫演劇などの安い催し物などによつて利益をあげ、それを黨に寄附することは、時に婦人部がよくやります。

日本の社會黨でも、貧しい黨員が母や妻と共にはいつても拂えるように黨費を安くすること、その代り黨費は必ず徴收すること、という原則をしつかりたてたいものです。しかし黨は家族單位のものであつてはならないので、妻も母も獨立の黨員として平等の黨費を負擔し、平等の權利をもつべきです。零細な黨費にせよ、それが確實な收入となれば黨の仕事もやりやすく、またその黨費を納める義務を負うこと自體が、各個人に黨とのつながりを意識させ、その政治的關心をよびさますことにもなるので、心理的にも大きな役割をするわけです。

もちろん英國勞働黨は五十年に餘る歴史をもち、昔に比べては貧しくとも日本とは比較にならぬ金持國で、現在は完全雇用をふくむ社會保障制度のおかげで、勤勞者の生活は安定しているにもかかわらず、黨の臺所はらくではなく、コレクターのような縁の下の力もちの仕事が黨を支えるために最も重要視されているくらいです。

勞働黨の婦人大會

勞働黨は一九一八年の改組の時までは勞働婦人同盟という團體のみの加入をみとめていましたが、その後始めて婦人の個人黨員を認めると共に、全國八つの地區に本部直屬の地區婦人部長を各一名ずつ任命し、今日ではこれが十一名になつています。本部の婦人部長も他の專門部長(國際部長、調査部長、書記長)と同じく專任で議員の兼任を許さず、立候補する時には辭職しなければなりません。現在の婦人部長はスコットランドの人、農業勞働者組合の出身、その組合員の娘、すでに三十年以上同じ地位にいます。黨ではこういう專任職員のためには年俸五十萬圓程度を支給し、退職金を積みたてています。一部には最高年俸八十萬圓くらいの有能なオーガナイザーをおく意見も出ています。

私は一九五二年四月、北ウェールスのリルという海濱の觀光地で開かれた黨の年次婦人大會を見ました。そこでは、全國から集まつた七百數十人の勞働黨婦人代表が二日半にわたつて會議を開きました。全國各地方の婦人部からは會議の二ヵ月くらい前から九十に餘る決議草案がよせられ、本部の婦人部(專任部長と助手三人)でそれを印刷に附して、會議の第一日に類似のものは一括審議ときまりましたが、そのおもなものは兒童福祉、教育、住宅、食品衞生、農村問題、同一勞働同一賃金等の身近な、具體的な問題でした。兒童問題については、兒童の幸福に對して無關心、無責任な父母の實例が多くあげられ、嚴罰論と教導論とが相半ばして二時間近くもはげしい論爭が行われました。特にこれは勞働黨六年の政權がやぶれて保守黨の天下となり、目の前で勞働黨の施政がぶちこわされていくのでみな眞劍に黨の擴大强化を考えていました。全國機械工組合という八五萬もの組合員をもつ團體の婦人代表は、黨の敗北は教育と組織が不充分なせいだろうといい、婦人部長は、未だかつて黨の教育と組織の活動が今日ほどさかんであつたことはないのだが、なおこの上とも力一杯やると答え、その意味の決議が満場一致で通過しました。私は日本社會黨婦人部の名で大會にメッセージを送りその中に日本では同一勞働同一賃金が法制化され、それに違反して罰せられた雇主も多い、ということをかきそえておきましたところ、男女同一賃金が英國では勤勞婦人の大問題になつていた矢先ですから、満場の拍手をあびました。（但し實質的には日本の女子の平均賃金は男子の四割五分、英國の方は七八割に達しているのですが）。

英國の會合は大小みな判でおしたように一分もたがえず定刻に始まり、定刻に終りましたが、こういう大きな會合で、なるべく多くの人々に發言の機會を與えながら時刻を嚴守するためには少からぬ苦心が拂われているのでした。即ち同じ問題について、一人一回以上の發言は許さぬこと、提案者は五分、討論者は三分に發言が制限され、緊急動議は許されぬこと等で、この約束はよく守られていました。發言者には初心の人も多く、「私は生れて初めて人さまの前でお話するので、すつかりあがつてしまつて」と赤くなる人、物すごい早口で原稿を棒よみにし、逃げるように自席に歸る人もあり、職業政治家の雄辯とちがつた主婦や勤勞婦人の、自然な姿が見られました。何の問題だつたか、討議の最中、婦人部長ミス・サザランドが立つて「皆さんこの問題についてはどうかセンチメンタルにならないように願います」といいましたが、それから暫らくして他の問題の討議中、地方公務員の中年婦人で男のようにさつぱりした人が立つていうことに「先ほどどなたかセンチメンタルにならないようにとご注意なさつたが、私は、人間は時にセンチメンタルになるのもいいと思います。その證據に、私は曾て一度もセンチメンタルになつたことがないためにこの年までまだ獨身でおります。ところが皆さんはセンチメンタルになつたおかげで幸福な結婚をし、たのしい家庭を作つておいでじやありませんか」。これには満場笑いこけましたが、この人は發言の度毎にユーモアをとばして皆を喜ばせていました。英國の會合ではいつもこういう巧みなユーモアで緊張をときほぐす場面を見ました。

第一日の夜は市長夫妻の招待でダンスとお茶の會、黒い禮服の市長と緑のイブニング姿の夫妻が相抱いて廣間にステップをふみ出したのをあいずに粗末なスーツやワンピースのおばあさんや若い娘も音樂のリズムに乘つて踊りの渦を描きだしました。私はそれを見ながらまわりの人たちと話しましたが、何とおばあさんたちの多いこと、そして殆んどの人が若い時工場で働いたという婦人勞働者の大先輩であること、夫も息子も、その妻も孫たちも、一家をあげて忠實な勞働黨員であること、そして私は二〇年、私は三〇年というように、黨のコレクターをしている人が多いのにも感心しました。

（一一ページへつづく）

勞働婦人の肩に覆いかぶさるもの

安《あ》家《け》周《かね》子《こ》

解放されつつあるはずの婦人の頭上にあたかも雲がおおいかぶさるように、種々の問題がおこりつつある。

一、婦人の勞働條件は後退しつつある

今年も全國的に、昭和二十一年四月十日に婦人參政權を確得した日を記念して、婦人が實質的に向上し男性と對等に社會に伍して行きたいと、婦人週間の行事が行れた。「よりよき社會をつくる力になりましよう」というスローガンをかかげて。そこに集う婦人たちは、競馬、競輪、マージャン、パチンコと、だらくした生活に走りがちな社會と取くんでまじめにいかに建設して行こうかと眞劍な議論を行つている。これらの動きをよそに經營者はどうしたら人件費をへらし製品のコストを下げ得るかということに無中になつている。これらの動きは勞働婦人の上にあれやこれらと壓力が加わりつつあることを感ずるのである。眞新しいニュースとしては「婦人週間の大會の際に商社の婦人が封建性の強い職場の實態を訴えた」ということで、經營者はもちろん、御用組合から「發言停止の處分をうけている。」ということを聞いた。なんて肝魂の小さい經營者とその同調者でしよう。

また勞働條件の點では、產前產後の休暇や生理休暇等を認めねばならない、やつかいな婦人を男子と同じ勞働條件で雇用することについて、複雜な問題がおこりつつある。

まず第一に賃金形體は初任給においても表面的には同じようにみせかけねばならないので、どこで賃金差をつけようかと苦心したあげく、結婚年令を大體二十六歲とみて男子には扶養家族を加味した賃金をあたえ、婦人は退社をする建前で、上昇率を下げてゆくというやり方で、ある會社の例をとると、十八歲の初任給は同じで二年目から、男女差が三百三年目で六百圓と毎年三百圓の差がつき、二十六歲で四千二百圓の差がつくという仕組みになつている。今年のベースアップ交涉でこの上にまだ能力給に次第に切りかえたいという案が出されているということをきいた。

また二十五歲を婦人の停年にするという婦人をぶじよくした經營者もいる。結婚する場合は退職するとの誓約書を出す會社もある。くびきりは既婚婦人からと、全く向上しつつある婦人の職業意欲の芽をつみとるような話ばかりである。またおどろいたことには大學卒業者の就職問題の深刻化を憂慮した勞働省では「新規大學卒業者就職緊急對策要綱案」の中に「生活の安定した女性に職場進出を自肅させよう」という項を入れた。しかし幸い、婦人少年局の申入れによつて撤回したそうだが、婦人を職場から締出す動きは、勞働者を保護する立場にある勞働省のおびざもとから動きつつあることがうかがわれる。

勞働者をぎせいにしたデフレ政策は八時間勞働では生活のできない狀態においこみ、裏付けのない殘業を強いたりして、家庭生活はますます苦しくなつている。その中で婦人が職業戰線に進出しつつあることは次の表でもうかがえるが、その反面進出に比して婦人失

業者が增大しているのは以上の動きが原因しているからである。

女子就業者數と完全失業者數

	1952年9月	1953年7月		1954年10月	
就業總數	(A) 14.990千人	16.920千人	Aに對する% 增13%	18.140千人	Aに對する% 增21%
完全失業者	(B) 150千人	190千人	Bに對する% 增26%	330千人	增12%

勞働省調査

就業數が13%から21%に增しているが完全失業者が逆に26%から12%と比較にならない%で增している。

二、勞働婦人の現状

以上の如き悪條件をはねかえす爲の抵抗線となるべき勞働組合の婦人の組織の實態は非常に弱體である。何といつても婦人を守るものは婦人で、婦人自身が立あがらねばならないのに、男性依存が強く、受身の立場で婦人という安易なカラに閉込もつていることが多い。しかもその中で熱心に時代を認識し、眞の社會人として生きようと努力する婦人に對して、婦人自身特別の目で見たりする。ある家庭持の勞働婦人は、「そのような會合に出るよりは早く家に歸り一杯の味噌汁でも餘計に主人に食べさす方がましだわ」と言う。また自主性のないために、自分の考えより他人次第でなまける方に引ずられて行く。目の先の事ばかりに追われている。結婚すれば家庭と職業の兩立不可能ときめこんでいる婦人が多いことは、勞働條件に「結婚卽退社」と裏付けされても、文句は言えないと思う。しかし現在總て適令期に達した婦人が全部結婚できる情勢にないことを認識する時、女性が過去のように結婚のみを目的として勉強したり結婚を條件として賃金體形を組んだりすることは誤つている。婦人の中には男子と同樣家計の責任を負つている未亡人や不幸な人が澤山あることを忘れてはならない。

三、勞働婦人の進む方向

私達は現狀を直視する時、何とかして有能な婦人になりたいと思う。それにはたえず時代と共に進まねばならない。男性が集ると政治、經濟の問題が日常の話題にのぼるのに婦人は映畫か人のうわさで終つているようなことではならない。一つ一つの問題に直面した時に周圍を見廻し妥協したり、大勢に追從して行く態度は、もはや過去の婦人となつた。また一人でくよくよと考えないで、困つた問題は勞働組合の組織を通じて解決することも次第に學びたいと思う。「自分だけがよくなりたい」という考え方を捨てて社會全體がよくなることによつて、それと共に自己もよくなる、という考えで行動したい。しかしそれには非常な忍耐と努力が必要である。多くの婦人がこのような考えに立つて進む時は、もつと明るい話題が出てくるのではないか。

＊ ＊ ＊

婦人週間を持つ必要のないよい日が、早く來るように婦人よ、立あがろうではありませんか。

（一九五五・四・一五）

座談會

地方選擧をいかに戰つたか

出席者

今尾アツ子（文京區々會議員）
小畑マサヱ（世田谷區　同　）
中大路まき子（品川區　同　）
四谷信子（新宿區　同　）
渡邊道子（左派社會黨婦人對策部副部長）
（五十音順）

（寫眞向つて左より　四谷信子・中大路まき子・小畑マサヱ・今尾アツ子・渡邊道子）

編集部　この四月に行われた戰後第三回目の地方選擧に東京都内の區議選に立候補した婦人は約百名近くありました。そのうち四十二名が當選されました。これは改選前の五十四名に比べると數は減つていますが、當選率はそう惡いほうではありません。ことに左派社會黨の公認婦人候補は四人共全部當選され、しかもうち二名は最高點で後のお二人も相當よい成績でお出になられました。それには諸々の好條件があつたことと思います、例えば黨が優秀な婦人黨員を持つているとか、または黨の婦人對策がよかつたとか、など。そこで今日はこの四人の方々の外に左派社會黨の婦人對策部の副部長渡邊道子さんに御出席願いまして、冒頭のテーマを中心に、選擧中にお感じになつたこと、それから今後の問題などについてお話し頂きたいと存じます。では渡邊さんからどうぞ。

渡邊　都道府縣の選擧では黨の公認婦人候補は六名でうち三名が當選いたしました。市區町村選擧では大體八〇%當選しています。しかし黨としては全體的な選擧對策がなかつたのです。バラバラに自力が出たのですから、當選した方は全く實力と見ていいと思います。黨內にいてこんなことを言うのも變ですが、私は黨として一貫した對策を立てて貰いたいと思つています。發展期には青年と婦人に力を入れて欲しいと思つていますが、どうも……

小畑　保守派の票に喰込めるのは婦人ですから、その意味からも、各區一名位の婦人候補者をたてれば、二十三區に黨の議員の進出がもつとのぞまれたと思います、婦人候補者の掘りおこしがたりなかつたことは事實です黨は組合出身者を優先的に公認し、組合外の婦人議員は無手で出ている人が多いのです。しかも組合の左派黨員が右派の婦人候補者の應援をしている場合などは考えさせられる問題でしょう。

編集部　では、初めて立つて最高點を得た四谷さんから、戰術を一つ。

四谷　新宿區、ことに四谷というところは古い街で古くから住んでいる人が多いんです。自然顔役というものが巾を効せているので新人は喰込めない、またこれを阻止しようという氣運の强いところです。

私は地元に顔なじみがなかつたので、幻燈會や懇談會を開いて多少のなじみを作りました。これがいくらか効いたようです。第一子供たちが顔を知つていて私がいきますと、「四谷のオバチヤンが來た」と言つて飛出して來る、とこれに釣られてお母さんたちが集つてくれました。

私の場合は若いということと、演説をブテるということが有利だつたのではないかと思つています。演説は區會の資料を調べて、内情を話しました。例えば事業費は使い殘されているが、飲食費はきれいに使い果されている、といつたことです。若くて演説ができる、これがよい感じを與えたようでした。終盤戰になると八百屋や魚屋さんに顔なじみが出來て廻つて行くと盛んに聲援してくれました。一軒のお魚屋さんは、私が當選したお祝に一日お魚の安賣をしたそうです。

始めの八日間はリヤカーを引つぱつてテクテク歩いて、どんな狹い露地にも入つて行きました。するとこんなところへは今迄誰も來たことがないのにと、大變感激されました。

女という點で不利だと思つたことは一度もありません。むしろ有利だつたと思います。街頭は三十回から最高四十五回、一回一票獲得を目標に闘いました。とにかく熱心に誠實に訴えること、それが第一だと思いました。

編集部　結局熱意を買われたわけですね、中大路さんはいかがでした。

中大路　私は今度で三回目ですから特別事前運動はしませんでした。選擧中は街頭一本始めの四日間は四谷さん同樣リヤカーをつかい、後はオート三輪で廻りました。政策は當の決定に基づき、それに現職の立場から區政の實況を訴えました。品川區では區政振興費が飲食費に廻されています。そして義務教育費は相當父兄の負擔になつている。これを區費に肩替りさせ、教科書代と給食費を國と區で分擔するように、というような話をしました。

都議選と重つていた間は選擧ズレがしている感じでしたが、最後の四五日はよく聽いてくれました。現職のやりにくい點は餘り區政を知り過ぎているので派手な大風呂敷が擴げられないことです。

編集部　中大路さんは三回目では、もう固定票ができているわけですね、次は小畑さんにお願いします。

小畑　私は二回目で多少は實績もあつたわけですが、それだけに防害もありました。というのは、私は區立の公益質やの豫算を改選直前に出ましたので、すぐ近所で質屋業者から出ている民主黨の候補者など、今度自分が議會に出たら小畑をただではおかないといつている程です。公益質やの利子は三分なので、今迄九分だつた街の質やはいきなり五分に値下げしたのです。それでも公益質やの方が安いので營業の妨げになるというのです。三十年度の世田谷の當初豫算は約十一億です。そのうち主な事業豫算は教育費三億八千、土木費一億八千、厚生費千七百萬となつています。この厚生費を增額して、デフレのしわよせを一番うけている勤勞者のために區立施設、保育園、共同作業所の増設、それから國庫補助、都の豫算による國民健康保險制度の實施、住宅金融金庫から區が融資を受けて區營低家賃住宅の建設などを主張しました。

困つたのは有力という評判が立つたため同じ革新系候補から喰込まれたことです。この點黨として反省して頂きたい、革新黨は保守票や浮動票を狙うべきで共喰いは愼しむべきでしよう。

編集部　小畑さんは始めから散票で出ておられるのですね、そして今度は實績がものを言つたのですね、つまり女だから特に有利ということはなかつたわけでしよう。今尾さんどうぞ。今尾さんも二度目で、今度は最高點でしたが、この前はどのくらいのところで。

今尾　六番目でした。

編集部　ではこんどの最高點は始めから自信があつたのですか。

今尾　とんでもない、始めは出易いが二度目が危いと言われています。ことに女はね。なにしろ現職は厳しく批判されますから。

戰術としては、かなり計畫的にしました。全區を七つに分けて、そのうちの有力な個所を決めて、そこに集中的に街頭を主してやりました。電源戰術といいますか、バッテリーを使わずに、街頭演説をする場所の最寄りの家から電氣を借りるのです。そしてその家の住所氏名を書きとめておいて後から御禮狀と挨拶狀を出すのです。これはかなり有効ではなかつたかと思います。

選擧民への呼掛けは、中央政治と地方政治の關連を説明し、保守黨と革新黨の違いについてはアンデルセンの狼と小羊の童話を例に引いて話しました。それから私は藥劑師ですから環境衞生について説いて廻りました。私の場合立合演説が大變良かつたという評判です。なにしろ區議候補者の中には演説もろくにできず、政策ももつていない人が多いのですから。やはり納得のいく政策をもつていなければ駄目だと思いますね。婦人は割合よく聽いてくれました。男の人、ことに四十臺の男が一番いけないようでした。小娘がなにを生意氣にしやべつているか、という態度がはつきり見えました。私の票は組織票が大きかつたようです。大體私は組織五百、個人五百、散票三百と踏んでおりました。散票は四谷さん同様一回一票獲得を目標にご飯を食べる間もないほど頑張りました。

感激したことは、未知の新有權者から激勵や支持の手紙やハガキを澤山頂いたことです。それも革新政黨候補というので。

渡邊　大體の傾向として婦人と青年は新有權者から支持されています。これは全國的に見てそう言います。

小畑　街頭演説中三回ほど入黨の申込を受けました。一回は夫婦入黨で、しかも知識階級の人でした。

編集部　目下のところ、一般國民にとつて選擧が最大の政治教育の機會となつているわけですから、選擧毎に革新政黨が延びるのもそれが大きな原因になつているのでしようね。

渡邊　香川縣で今度左社から縣會議員に出た森まさえさんなど全くモデル・ケースだと思います。この人は五反百姓のお神さんで、學歴は小學卒、これまで村の教育委員をしていた人ですが、お金もなければ、地盤もない。演説と言つてもむつかしいことは一つも言わない。ただ生活の實情を訴えただけでした。しかもその必至な迫力と誠實な態度が婦人の共鳴を得たのですね。貧しい人たちからお米や玉子や飴の小口寄附が最後まで續きました。全くの模範選擧で費用は法定の半分以下ですみました。これを見ても謂ゆる名演説調はもうだめですね。人を動かすのは眞實と熱意だけと思いました。この選擧を見て社會黨の選擧に自信を得ましたよ。

編集部　皆さん費用はどのくらいかかりました。

一同　供托金一萬を入れて法定費用の大體半分くらいですんでいます。

編集部　あなた方の役割はどんなところにありますか。

小畑　政治を家庭の中まで、もちこむことです、それから汚れたものや嗅いものを洗いだして掃除する役割でしようね。

渡邊　ボスが自由に振舞いなくなりますね。

中大路　少數なので實際は何もできないだろうと言われますが、問題によつては保守派が仲間割れをする場合がありますので、キャステング・ボートを握ることができます。

編集部　今後の活動方針は？

小畑　終戰後三回目で、制限選擧や翼賛選擧時代の人がそろそろ顏をみせてきました。議員の平均年令も選擧毎に上つてきて今回は時にそれが目立つています。そして地方財政はいやが上にも壓縮されて、戰時中の中央集權が、はつきり復活してきています、地方議會の權限の縮少も、その具體的なあらわれの一つです。こういう事實を選擧民に知らせて、院外の勢力結集をしなければならないと思います。數の上ではとうてい叶わないのですから、議會外に戰いを擴げて、選擧民に革新政黨のバック・アップをさせるように持つていかなければだめだと思います。

渡邊　選擧後、支持者を組織化することが必要ですね、それには政治シーズンに運動を活潑に起すこと、例えば個人の家で座談會を開くとか、幻燈會を催すなどして。

四谷　全くその通りで、地域に根をおろした鬪いをくむことが必要ですね、今のように國會が多くて、地方議員が少いということは、とりもなおさず黨組織が弱體だということですから。

小畑　婦人は保守系の票をつかめるが、出ると活動範圍が狹められてしまい、これがガンとなつています。男と同等の活動をし、實力を發揮しなければ永い生命は保てません。專門をきめて勉强することが大切でしようね。

今尾　とくに地域代表とか、婦人代表とかにならず、區全體の勤勞階級の代表として働くのが私たち革新議員の使命です。ですからその線に添つて活動を進めることになります。

編集部　ではこのへんで、永い間、お忙がしいところをありがとうございました。

（文責・菅谷）

（七ページよりつづく）

結核對策費は二億圓からの減額であり、四九二萬の患者のうち一三七萬は卽時入院を要するものだというのに、ベッドは現在一七萬八〇〇〇、今年度はたった一萬ベッド增床するだけ、しかも經費が安上がりにすむ國立療養所はわずか一千床ふえるだけです。そうして重症患者が安心感をもつて賴りにしていた附添婦は豫算の節約から病院側からの激しい反對にもかかわらず、卅年度一ぱいには姿を消すことになつています。同時にこのことは生命を賭して働いている母たちの職場を奪つて末亡人世帶や、夫が病氣で働かなければならない家庭をどんなに苦しめるでしよう。

教育豫算の不足も親達のゆううつの種でありますが、何一つ明るい面のない國の經濟の反映された豫算を眺めながら、私たちはもつと深く戰爭と平和、再軍備の問題を考え、日本の政治の方向をじつとみつめていましょう。

執筆者紹介

田邊繁子氏　京都生れ。同志社大學卒、專攻法律、專修大學講師。參加團體・婦人人權擁護同盟・家族制度復活反對連絡協議會。主要著作『マヌの法典』

安家周子氏　大正十一年生れ。東京自由學園卒。職歷（組合關係）元總同盟大阪連合會婦人部長、全織・金屬大阪連合會婦人部長、大阪市職員組合婦人部長、（教育關係）元大阪府社會教育委員、大阪ＹＷＣＡ勞働部、社會部委員、現在あけぼの幼稚園長。

お願い

誌代納入が近頃とくに惡くなつてきました。何彼とご都合もおありのことと存じますが、本誌の使命をご理解のうえ、一層の御協力を賜りたく、滞納分は分割拂いで結構ですからお送り下さいますようお願いいたします。

また差當つてご都合の惡い方はその旨おハガキでも頂ければ、整理上好都合に存じます。

（會計係）

編集後記

△不良出版物から青少年を守りましよう、子供の幸福を守るためにみんなで手をつなぎましようと、お母さんたちの動きは活潑です。

× × ×

△こんなお母さんたちの希いをよそに、五月中旬の僅か一週間足らずの間に起つた、紫雲丸の沈沒事件をはじめ、岩手縣北上のバス轉落、東海道線の米軍自動車との衝突、また同日の九州柳川市のバス發火事件等、修學旅行生徒、兒童の遭難、事故は一體どうしたことでしよう。

× × ×

△これでは可愛い子に旅をさせることもためらわれます。これら慘事の原因について、識者はどこか社會のネジがゆるんでいると言つています。日本を動かしているエンジンの一番大事なところに故障があることも確かでしようがそれよりエンジンそのものが老朽で新車體を動かすには無理なのではないでしようか。部分的な修理で、つまり大臣や總裁の一人や二人取替えてみたところで解決のつく問題でしようか。我が子の命と共に私たち母親も眞劍に考えてみなければならない問題です。

× × ×

△今月は大變よいご投稿もあり、他にもぜひ取上げなければならない問題もありましたが、紙面の都合で割愛しなければなりませんでした。來月廻しとなつたものもあります。惡しからず御了承のうえ今後共活潑なご寄稿を期待致しております。

× × ×

△いつも表紙をお願いしている小川マリ先生が、冬からの衣しようでは、とお忙がしい中をまた書替いて下さいました。お蔭樣で本誌も衣替えをいたしました。厚く御禮申上げます。

（菅谷）

婦人のこえ　六月號

定價三〇圓（〒五圓）
半年分　一八〇圓（送共）
一年分　三六〇圓（送共）

昭和三十年五月廿五日印刷
昭和三十年六月一日發行

編集發行人　菅谷直子
東京都千代田區神田三崎町三ノ三
印刷者　堀内文治郎
東京都港區本芝三ノ二〇
（硫勞連會館內）
發行所　婦人のこえ社
電話三田（45）〇三四〇番
振替口座東京貳壹壹參四番

婦人のこえ

7月號

1955

平和憲法を守りましょう

本誌・社友
（五十音順）

淡谷のり子　阿部艶子
安部キミ子　磯野富士子
石井桃子　石垣綾子
圓地文子　大谷藤子
小川マリ　大内節子
川上喜久子　小倉麗子
桑原小枝子　神近市子
木村光江　久米愛
久保まち子　芝木好子
清水慶子　杉村春子
萱谷直子　田所芙美子
田邊繁子　高田なほ子
戸川エマ　長岡輝子
新居好子　西清子
西尾くに子　萩元たけ子
深尾須磨子　古市ふみ子
福田昌子　宮崎白蓮
三岸節子　米山ヒサ

日本勞働組合總評議會傘下
各勞働組合婦人部
全國産業別勞働組合（新産別）
連合傘下各勞働組合婦人部

原稿募集

◇論文・隨筆・ルポルタージュ　職場でも家庭でも婦人の立場から訴えたいこと、發言したいことはたくさんあると思います。

また政治や時事問題についてご意見やご批判をお持ちの方も多いと思います。

そうした皆さまのご意見、ご批判、ご感想あるいは職場や地域のルポルタージュなどをふるつてご投稿下さい。

四百字詰原稿用紙　七枚以内

◇短歌・俳句　生活の歌を歡迎いたします。短歌にかぎりご希望の方には選者が添削してお返しいたしますから返信料を添えてお申込み願います。

送り先　「婦人のこえ」編集部

婦人界だより

コロンボの國際婦人同盟五十周年大會

英國に本部をおく國際婦人同盟は一九〇五年、婦人參政權の獲得をめざす各國婦人團體の連絡機關として創立されたものですが、この五十年間に地球上の大部分の國で參政權が獲得され、また政治情勢の變化もあつて、加盟團體にも移り變りがあり、今ではヨーロッパ一三國、ヨーロッパのほかの國々二〇、計三三國の婦人團體が參加しています。第二次大戰後は新たに東洋諸國が參加し、それが主力となる勢で、創立五十周年記念大會はセイロンのコロンボで開かれます。その議事は男女平等、婦女賣買禁止、經濟開發、國際平和、軍縮問題等にもふれる筈です。

東京の國際家族計畫會議

本年十月二四日—二九日には東京で第五回國際家族計畫會議が開かれます。日本では一九五三年、いろいろの產兒調節團體が集まつて日本家族計畫連盟を結成し、これが國際家族計畫連盟に加入しました。東京大會に參加する諸國は英、米、西ドイツ、インド、パキスタン、スウェーデン、オランダ、オーストラリア、香港、シンガポール、その他。

日本キリスト教女子青年會（YWCA）五十周年記念式典

日本にYWCAの支部が設けられてから今年でちようど五十年になります。それと今年は三年に一回開かれる全國總會が重なりますので、同會では十一月三日〜五日まで東京で盛大な式典を行うことになりました。

婦人のこえ

1955年 七月號

七月號　目次

表紙・小川マリ……カット・中西順子

人心の荒廢と社會の雜草

榊《さかき》原《ばら》千《ち》代《よ》

警視廳の統計によると昨年一年の犯罪總數は六十三萬何件とか、その三分の二は青少年による犯罪だという。荒廢した社會にはびこる雜草のような青少年たち。

賣春等禁止法制定に一層强力な促進の力を加えた松元事件、初の家事件の眞相はどんなものであつたか。この社會のただごとではない狀況を漠然と感じていても、一まず平穩な家庭の中に逃れている私達は、もつともつと眞實を知ねばならない。松元という旅館兼料理屋を經營する女將の夫は土建業者であつた。デフレの影響で五百萬圓からの負債にあえいでいた彼等が思いついたことは女を提供することによつて、官廳や大會社の土木建築事業を請負うことであつた。それには商賣女では新鮮味がない、というので女學生や女事務員に眼をつけた。まず一人の十五六歲ばかりの中學の女生徒がボーイフレンドにつれられてその料理屋に遊びにきた。料理屋では御馳走ぜめの凡ゆる歡待をして、やがてこちらの室へいらつしやい、もつと面白いことを敎えてあげる、というのでついていくと、ボーイフレンドはいつか影を消していた。不安になつているところへ中年の男が入つてきた。泣きわめいて逃げようとしたけれど既に室の戸には鍵がかかつていたどいうのである。人生の經驗に乏しく道に踏み迷おうとする憐れな子供を守り、育てるべき立場にある大人が大わしの前にすくんでしまう小雀のような少女に自らの欲望のためにおそいかかる。そうして利益のためにそういう罪惡をほう助する女將たち業者。父の心、母の心、卽ち、人間の心を失つた人心の荒廢の恐しさに私たちはおののき、少女と共に號泣しそうである。こんなからだになつてという絶望からやけになつてか、復しゆう心からか、または同じような友を得たいという願いからか、「この次はお友達を誘つていらつしやい」といわれた女將の言葉にみせられたように友だちを誘つてきたともいわれる。

こうして事件に係わりあつた女は中學の女の子が三人、高等學校の女生徒が三人、その他洋裁學校の生徒や女店員、女事務員など二十數名、男は大會社の重役、官廳の高級官吏、新聞社の支社長、大學敎授など自白した人は三十數名であつたが、係わりあつたのは六十數名だという。

初の家事件というのは十七歲の少女、母親は離婚して他に嫁し、父親と後妻によつて五萬圓で藝者置屋に賣られ、からだをはつて一月稼いで借金は二倍にもかさみ、とうとう耐えきれなくて妹が女中をしている家に逃げていつた。警察は兒童福祉法違反など、どこ吹く風かと言う、うそぶいたような樣子で、藝者やからの訴えにより當事者同志で話しあえといつたという。十七の幼い娘が海千山千のその道のしたたか者とどうしてたちうちできよう。

この頃「曉の喫茶店」というのが現れたそうである。午前零時から國電始發の午前四時まで營業するのだという。勞働基準法などからいつても誠に不可思議な營業ぶりだといわなければならないが、どこに盲點があるのだろうか。

とに角こういう喫茶店には若い男女がひしめきあい、惜し氣もなく貴重な時間と青春をすりへらしている。親元を離れて東都に遊學している學生達の時には淋しく、時には解放されたような安易さに無軌道になり易い弱みにつけいつて榮える商賣。そうしてこのようなジメジメした不健康な生活がやがて人間として豊かに、美しく花咲き成育すべき成年男女をすさみはてた見るかげもない雜草のような姿にかえてしまう。

世田谷で中學校の男の子がある宵暗がりで飛びだしナイフで婦人を突刺した。幸い、その婦人は病院に運ばれてから輸血や手術で息を吹き返したそうだけれど何のためにそんなことをしたか。ジャックナイフは大人でも一寸面白くてためしてみたいような品、チャンバラ映畫の魅力に息をはづませる子供が、何の意味もなくただやつてみたかつたのだという。

そんな危險極まる道具が子供でも簡單に買える商賣のやり方、儲かりさえすればどのようなフィルムでも寫して毒々しい看板に靑少年の慾情をあおりたてる商魂、大人も到底讀み終えないで眼をそむけずにはいられない新聞雜誌の賣れ行き、自分自身の利益のためには無邪氣な靑少年が頽落していこうが、彼らを斷崖から滅亡の淵につき落そうが、平氣で人身御供に供して涼しい顔をしていることのできるその人心の荒廢は、恐しいともいいようのない思いではないか。愛情の枯渇した社會にいびつにゆがめられた不良靑少年が雜草のようにはびこつていく。

人命の尊重、人間性の育成、人權の擁護などという言葉が今日程叫ばれるようになつたことはないのに、こういう現象は何であろうか。戰爭は男がし、戰爭のあと始末は女がするといわれるけれど、これは戰爭の影響であろうか。

評論家の十返氏はこのような風潮にいても立つてもいられないような氣もちから抵抗して立ち上がつた母親たちの言葉や動きを「PTA倫理」として批判し、「この扇情的な現實をそのままに放任しておいて、マンガ本を取締まつても仕方ない」とか「何ごとも〃子供の敎育〃を中心にして割切つてしまうような風潮になると新しい藝術は生れはしない」、また「私たち子供時代にも今から考えると悪い影響を與えそうな本を讀んでいたが、べつだんそのために害を受けたと思わぬ。多少感化を受けたとしても、すこしたてば自然に批判するようになる」などいつている。然したち上つた母達の誰がこの扇情的な現實をそのままに放任しておこうとしているであろうか。そのような現實に苦しみ、そのような現實にまきこまれたり、まきこまれようとしている子供たちを守ろうとし救おうとして、日夜惱み闘つている親たちの苦悶を知らないのであろうか。「チャタレー夫人の戀人」も「セクサス」も優れた藝術かも知れない。然し新しい藝術が生れるよりも、母たちにとつては子供の守られることの方が比べようもなく重大なのだ。十返氏が悪い本を讀んで害をうけなかつたのは氏がバカでなかつたと同時に、時代を違つていたのではなかろうか。親が子を殺したり、子が親を殺したり、ということが戰前の世の中では一大ショックを受けるほどの超重大ニュースではなかつたろうか。ただごとでない狀況と私は前に書いたが、實際今日は異狀な時代ではなかろうか。時代が落ちつくまでのこの轉換期に靑少年のあわれな犧牲者が一人でも少くなるために母親たちは團結しなければならない。政治に關心をもたなければならない。食うや食わずの生活が早く改まり、また食うか食われるかの弱肉强食の社會が、友愛と協力によつて早く變つて親も社會も愛らしい子供たちを顧みることのできる餘裕を、心の豊かさを取り戻したいと思う。

惡の花を培うもの

——賣春禁止法の成立を希つて——

菅《すが》谷《や》直《なお》子《こ》

縣の指定業者になるために、女子高校生を人身ご供にしたという鹿児島の松元荘事件、僅か十七才の少女に賣春させていた芝神明の花乃家事件等悪質業者の餌食とされていた少女の賣春事實が明るみに出され、藤原道子參議院議員がこれを議會に持ち出して首相に所信をただす一方、婦人議員團は衆議院の神近市子、參議院の市川房枝氏らが中心となり賣春禁止法案を上提すべく準備中とあつて賣春問題についての世論はかつてみない高揚を示している。また婦人側は、この法案を成立さすべく婦風會はじめ二十五團體が一つとなつて去る六月十日朝日講堂で「賣春禁止法制定促進關東大會」を開いて前記二事件の眞相を發表し、法制化の必要を世に訴え、勞働省婦人少年局では時、ちようど「賣春防止特別活動」一月間（六月十日〜七月十一日）に當り、防止方策の促進のため種々の活動を行つている。

ところがこのような一般の世論のたかまりや婦人側の熱望にもかかわらず、賣春禁止法の成立は今度もまた樂觀を許されないと言われている。

賣春制度の非人道性、社會に對する破壞性は改めて言うまでもない。誰が考えても決していいこととは思われない。それだのにどうしてこれを取締る法律をつくることがそんなにむづかしいのだろうか。

關東大會に久布白落實さんは、「明治五年遊女解放令が布告されてから今年で八十三年いまだにこの法律ができないということは、いかにこの問題が複雜で、困難なものであるかを物語つている……」と語つていたが、事實賣春問題は日本の政治、社會、制度、習俗に亂麻のようにからみ合つたまことに複雜困難な問題である。

今、良識ある人なら、賣春禁止法の立法精神に反對な人はおそらくないであろう。しかし、これを取締る法律をつくるとなると必ずしも贊成する人ばかりはいない。勞働省の調査によると、理想的にはなくした方がよいという人が六九％（これに對してあつた方がいい人は一七％）を示していながら、法律で禁止することについては贊成三七％、反對三七％と半々となつている。その理由をジャーナリズムの論調に求めてみると、

一、例え法律をつくつてみたところで巧妙な業者を撲滅することはできず、地下にもぐらせて返つて惡質なものとする。二、取締りの行過ぎから個人の自由を侵害するおそれがある。三、社會保障の不完全な今日、これを禁止することは弱い女性に自殺を強いることに等しい。四、實効を期し難い法律をつくることは國民に、遵法精神を失わせる等であつて、概して法に對する不信に基ずくもののようである。そこでなぜ國民が國家權力や法に對してこのような不信を抱いているかということも考えなければならない。

周知の通り公娼制度は昭和二十二年の勅令によつて廢止され、これに替つて發生したのが赤線區域である。しかしこの勅令は賣春行爲そのものを禁止したわけではなく、次官通

牒によつて、賣春は止むを得ない社會の必要惡として、個人の自由意志による賣淫は認めたものである。つまり以前は賣春の契約をした雇主と使用人の關係にあつたものが、現在は特殊飲食店の從業婦という契約で、女は店主の家の下宿人という形になり、本人の部屋で行う賣春行爲は本人の自由意志によるものとして店主のあづかり知らないことだ、という解釋のもとに違法ではないとされている。そして官廳調査によるとこの赤線區域及びこれに準ずるもの全國で六百カ所、業者一萬七千軒、接客婦五萬八千と數えられているが、事實はこの他飲みや、カフエー、基地の街娼など賣春する女性はその十倍約五十萬と言われている。

この赤線區域の賣春制度が前借金によつて身體の自由を束縛された以前の公娼制度と實質的になんら變りのないものであることは言うまでもない。このように巧みに法を解釋されてはいかに立派な法律を作つてみたところで無意味ではないか、と疑いが起るのも一應もつともである。

と言つて社會を破壞に導くこれらの惡の花を蔓らせるような制度を法律以外の何をもつて取締れるであろうか。要はそれを運營する人々によるのではなかろうか。それが今までどういう人々によつて行われていたか、つまり、國家權力はどんな考えを持つた人々によつて握られていたかを考えてみなければならない。磯野誠一氏の執筆による「家族制度を復活してはならない」というパンフレットによると昭和十年に東京で開かれた全國貸座敷連合會の公娼廢止反對大會には多數の貴・衆兩院議員が參加した。そのうちの前文相安藤正純、現自由黨總務會長大野伴睦をはじめ、現代議士前田房之助、船田中、現參議院議員一松定吉などという政界にその名を知られている人々は、公娼制度の廢止は家族制度の破壞になりこれほど由々しきことはない、公娼制度はむしろ世界に誇るべきものだと、公娼廢止に反對した記錄が殘つていると述べている。このような人々が個人の人格の尊嚴が謳われている民主國家となつた今日の日本の政治に大きな力を持つているのである。また吉田內閣當時、賣春禁止法案についてはそれまでの相法中最も誠意を示したと言われる犬養毅氏が次第にその意を變えていつたのも、某有力閣僚からの壓力によるものと、當時は專ら噂されたものである。保守系政治家と業者のつながりはこと改めて言うまでもない。今、法案通過があやぶまれているのも、この法案が理想的に過ぎるとか、時期尙早とかいう理由からではなく、こうした政治家が議席の大部分を占めているからに他ならない。

賣春婦の轉落の動機は個人的な原因によるものも元よりあるが、過半數（五七％、勞働省・婦人關係資料シリーズ一二號）は生活苦つまり社會的原因によるものである。もし日本に社會保障が充實してい、安全雇傭が行われていたら、そして、日本の庶民大衆を貧乏から解放するような政治が行われていたら、少くもこれらの同性は奈落の底に沈まなくとも濟んだ人々である。

それと同時に考えなければならないのは、賣春問題と家族制度の關係である。親が子を賣るのを罪惡と考えない人、また家のため犧牲になることを少しも不合理と思わない女性は珍しくない。そして家族の問題は家族間において解決しようとする習慣があるため、國家の保護や救濟を受けることを恥じとし、個人的な解決を求めて倫落の淵に飛んだのが、これらの不幸な人々である。このような思想や習慣をなくさない限りどれほど立派な機關や施設が設けられてもその活用は期し難い。

（九ページへつづく）

衆参婦人議員團
より提出される

賣春等處罰法案

第一條（目的）この法律は、賣春及び賣春をさせる行爲等に關する刑罰規定を定めることによつて、風紀のびん亂を防ぐとともに婦女の基本的人權を擁護し、もつて健全な社會秩序の維持に寄與することを目的とする。

第二條（定義）この法律で「賣春」とは、婦女が對償を受け、又は受ける約束で不持定の相手方と性交することをいう。

第三條（賣春等）賣春をした者又はその相手方となつた者は、一萬圓以下の罰金又は拘留若しくは科料に處する。

2、常習として賣春をした者は、六ヵ月以下の懲役又は三萬圓以下の罰金に處する。

第四條（賣春の周旋等）次の各號の一に該當する者は、一年以下の懲役又は十萬圓以下の罰金に處する。

一、賣春の周旋をした者、二、賣春の周旋をする目的で、人に賣春の相手方となることを勸誘した者。

2、賣春を行う場所を供與した者の罰も、また前項と同樣とする。

3、常習として第一項又は前項の罪を犯した者は、三年以下の懲役又は二十萬圓以下の罰金に處する。

第五條（賣春をさせる行爲）婦女を欺き、若くは困惑させて、又は親族、業務、雇用その他の特殊な關係を利用して賣春をさせた者は、五年以下の懲役又は三十萬圓以下の罰金に處する。

2、前項の罪を犯した者が當該賣春の對償の全部若しくは一部を收受し、又はこれを要求し、若しくは約束したときは一年以上十年以下の懲役又は五十萬圓以下の罰金に處する。

3、第一項の未遂罪は罰する。

第六條（賣春をさせる契約）婦女に賣春をさせることを内容とする契約の申込又は承諾をした者は、五年以下の懲役又は三十萬圓以下の罰金に處する。

第七條（賣春施設の經營又は管理）營利の目的で、賣春を行う場所を供與することを主たる目的とする施設を經營した者は、一年以上十年以下の懲役又は五十萬圓以下の罰金に處する。

2、營利の目的で經營される前項の施設を管理した者は、五年以下の懲役又は三十萬圓以下の罰金に處する。

第八條（資金の供與）情を知つて、營利の目的でされる前條第一項の施設の經營に要する資金、建物その他の財産上の利益を供與した者は、五年以下の懲役又は三十萬圓以下の罰金に處する。

第九條（兩罰）法人の代表者又は法人若しくは人の代理人、使用人その他の從業者が、その法人又は人の業務に關し、前三條の罰を犯したときは、その行爲者を罰するほか、その法人又は人に對しても、各本條の罰金刑を科する。

第十條（併科）第三條第二項又は第四條から第八條までの罰を犯した者に對しては、情狀により、懲役及び罰金を併科することができる。

附則

1、この法律は公布の日から起算して三ヵ月を經過した日から施行する。

2、婦女に賣淫をさせた者等の處罰に關する勅令（昭和二十二年勅令第九號）は、廢止する。ただし、この法律の施行前にした行爲に對する罰則の適用については、同令は、この法律の施行後も、なお效力を有する。

ある轉落ケース

松平《まつだいら》すず

私の親戚に美人で學校もよくでき、兩親もあり、生活には困らない娘がありましたが、年二十八歳になつても親娘の望むような縁談がない。相手に教育もあり生活の安定があると思えば親や兄弟があつて氣らくでない。氣らくだと思えば引揚者であつたり、住む家もないような人ばかりでつい年を重ねました。

その中に早大卒二十八歳、兩親なし、姉二人あるも何れも他家に嫁して目下自分一人きり、公務員試験を受けるため勉强中で下宿住いという人との話がありました。親も娘も財産はなくても、公務員の試驗はだめになつても、小學校か中學校の先生ならできるだろうと安心して結婚前の交際をはじめるうち、身をまかせてしまいました。

それ専門の男でしたのを何の調査もせずに交際し、娘はよい人が見つかつたと、浮き浮きしてしまい、二人で遊ぶ費用のため、嫁入り仕度にと親が一枚ずつ買つた衣類をだんだんもち出して賣り拂つていたのに、兩親は氣ずかずにいました。娘が外出するとき荷物が大きい、歸つて來る時はハンドバッグ一つ。娘の外出中に母親が箪笥の引出を開けてみたらスッカラカン。殘つているのは使い古したものばかり、新しいものは何一つない。娘にわけをきくと「あの人下宿代が三カ月分拂えないのでもう出されるというから私の着物を賣つて仕末をしたの」と平然としている。

母親が私の所にきて右の仕末を語り、どうしたものだろう、と泣いているのです。娘が翌日男の下宿に行つたので、次の朝私が早くたずねて行きました。

「早稲田を何年にご卒業しましたか」「いや大學部は卒業しません、中退で」「學校ではこの邊のどなた達とご一緒でしたか」返事ができません。ああ分つた。大學どころか舊制中學の中退ぐらいだろうと私は感じました。

「この娘と結婚なさるなら今日から一緒に生活して下さい。娘にも何か仕事をさせるなり働きに出すなりなされば生活できると思いますから」今更仕方がないので私は念をおしてかえりました。

私が母親にその報告をしている所へ娘が歸つて來て、二人の生活費を三カ月分すぐほしいと男が言うから六萬圓ばかり貰いたい。嫁入仕度として用意した衣類は殆んど賣却ずみ、今買うとしたら三十萬圓ではできない。殘つているのが夜具に座ぶとん、蚊帳、娘は「そんならふとんを賣ろうかしらん、一組で一萬圓には賣れるわ」母親は涙で顔中がぬれている。一萬圓だけ今あげるからあとはあとのことにしてと母は一萬圓を娘に渡しました。二日經て娘が又家にもどり、どうしても三萬圓なければ借金が拂えないから三萬圓出してくれ、と言うので母がまた私を呼びにきました。私はすぐ行つて話を聞き、

「借金を拂うために三萬圓いるなら、それからの生活はどうするつもりか」

「でも夫婦になれば同體だから三萬圓の借金を拂わないと二人とも同罪で刑務所に引張られるから何んとかしてお金を出してほしい」

「結婚しない前に男の作つた借金で同罪になるなんて、そんな馬鹿な話は聞いたことがない。そんなお金は出してはいけないよ、とにかく今日はお金は渡さないこと」

娘は夕方お金を出さぬ兩親をさんざんののしつて出て行きました。四日目の朝靜岡縣〇

〇町××樓方として娘の名でこんな手紙が來ました。

男のねまき一枚、女のねまき一枚、上等のちり紙一〆、茶道具一揃い、きうす、茶碗、茶托、菓子器、ぶりきの茶入かん、なるたけ赤い柄の絞りゆかた一枚その他轉出證と共に至急送つてほしいと。

私は警察に調査方を依頼すると、まもなく返事がきました。

××樓は特殊飲食店、本人は接客婦〇月〇日某男二十九歳が、自分の內緣の妻だが、至急金子入用のためということで、接客婦として働かせている。

さあ大變！　兩親と姉二人、姉婿一人と私、六人頭をつき合せて青息吐息、姉婿というのは中學校長です。

「こんな大事件が起つているのに私になぜ早く相談しないのか、泥沼の中に今とび込んだばかりの所だ。少しも早く引き上げて正しい道を歩かせなければならない。」

「本人がどうあろうと、特殊飲食店接客婦なんて社會に面目ない。今すぐというわけにも行くまいから明朝わしが出掛ける。」と校長さんは頭から湯氣を立て、眼の玉をむき出して怒る。實は最初この話で兩親は一番先にこの人に相談したのですが、その時大學を出ていれば、私が中學校か小學校の先生に世話してやるから、心配しないで結婚させるがいい、といいました。が人物調査も何もせず、頭から信用してかかつたのでこんなことになつたのです。

校長は翌朝一番汽車ででかけ、夜十一時半頃歸つて來ました。〇〇樓の主人は、金さえ拂えばいつつれて歸つてもいいというのだが、どうしても娘が承知しない。やむをえず終列車に後れぬように歸つてきたというのです。

娘はそのまま特飲街の賣春婦をしています。家の者は靜岡縣の方へ嫁にいつたと人に話はするものの、結婚式も婚姻手續きもできません。

賣春禁止法ももちろん作らなければなりませんが、根本的には政治にあると思います。もつと、もつと、社會主義の政治を取り入れて、基地も一日も早く無くなるようにし、生活の安定した社會で、みんなが樂しく暮せる政治がしていただきたいのです。

＊　＊　＊　＊　＊

短歌

萩《はぎ》元《もと》たけ子《こ》選

標本の顎骨は齒を露き出して命をもてるわれを威嚇す　中村ます子

子の逝きて排泄物となりし乳音たてゝ腕にしたゝりおつる　可兒和歌枝

いづくまでひかれて歸る母山羊の乳房がゆれて陽は斜なり　植田美世子

母となる喜び一つ胸にあり桃のふくらむ庭に佇ちゐて　加藤雄子

拔齒すみふらふらとたへ治療室赤きチューリップに瞳をばそらしぬ　中谷千代

主婦のこえ

貯蓄奬勵には保障を

關《せき》根《ね》敏《とし》子《こ》

保險ぎらいの主人が、外交員に就職した教え子にくどかれて根まけし、私のために五千圓の養老保險に加入したのは今から廿年前のことである。

その頃の五千圓といえば私たちにとっては、約二カ年間の生活を支えるにたりた金額であり、一年間二百圓の掛金も、當時としては相當我々のつつましい欲望を滿すに足りた金額であつた。それを使わずに十年間我慢した曉には？　戰後のインフレで、お金の價値はガタリとおちた。五千圓では半月も暮せない。折も折り、零細な金額は手數がかかるから增加してほしいという會社側の一方的な御都合から二萬五千圓の額面にさせられて、またまた苦しい中で掛金をつづけた、それがいよいよ滿期となつて私の手許にかえる日も近づいた。二萬五千圓！　かけた當時のお金の價値からいえば成程その利子で一生生活が出來るくらいのものであつたろうが、現在はどうであろう、一體これだけで何が買えるというのであろう。いいえ物を買うどころではない。高い税金の未納分を埋めるにもそれは足りなかつた。腹だたしいというよりはなさけない話である。「戰爭に敗けたのだから仕方がない」とこれはあきらめてしまえる問題だろうか。それは國民に對して血も淚もない當時及び現在の爲政者の正體を、最も具體的に示しているのではなかろうか。

一人の街の主婦は訴えていう。政府への協力を强いられて、月一圓掛けの簡易保險に加入させられた。その頃では浴衣一反が八十錢で買えたものだつたけれど、十年滿期で、インフレの最中百八十圓のお金が歸つて來た時は浴衣一反が何と千八百圓、泣くにも泣けませんでしたと。

此頃しきりに保險の勸誘員がやつてくる。街かどでも宣傳カーがしきりにわめいている「皆樣〇〇保險に何卒、保險は皆樣を仕合せにいたします。社會保障と思召して御加入下さい」と。また政府では減税の代償として貯蓄をしきりに奬勵している。正直者は一度はだまされるがよほどの馬鹿でない限り、同じペテンには二度かかることはない。「今度は大丈夫」という保障は一體今日の政治のどこに見出されるだろう。戰爭とインフレはつきものであるというのに、軍事豫算が今も依然として組まれている。そして戰爭には絕對に協力しないと斷言出來る人は政府には勿論議會にも果して何人いるかしら。「獨立國だから軍備を」と、もつともらしい言葉を並べながら何をしようとしているのだろう。

保險も貯蓄も大贊成である。それが眞に國民へのものであるならば……國民への誠意をまず示してからでなければ協力はえられない「まず第一に信用ですよ」と私は云いたい。（主婦）

（五ページよりつづく）

立案者の婦人議員團も言つているように、賣春禁止法一つだけでこの問題が解決できるとは誰しも考えてはいない。が、解決の一里塚になることは疑いない。つまり賣春を罪惡とする觀念を國民に徹底させ、これを社會の絕對惡と認めされるために、また女性の弱味を利用して生血を吸つている惡らつな業者をなくするためにぜひともこの法案は成立させなければならない。

《働く婦人の歴史》
(14)

最初に賃勞働者になつた婦人たち

その二　綿糸紡績業

三《さん》瓶《ぺい》孝《こう》子《こ》

この前の號で製糸業についてのべたが製糸業者と綿糸紡績業とでは事情が異つていた。

製糸業においては、養蠶は盛んで、原料が豊富であり、すでに幕末（十七世紀後半）にはマニュファクチュアといわれるところの、製糸勞働者を若干雇いいれて操業する工場らしいものさえあつた。明治になつてからは、從來の製糸業を改良すればよいのであつた。

ところが、綿糸紡績の方は、日本内で綿が栽培され、糸が紡がれても、製糸業のようにマニュファクチュアの經營にまで發展していなかつたし、農家は大てい自家用綿糸は自給していた。

綿糸は生糸と違つて生活必需品であるために、明治以後一般の生活の向上と共に綿糸の需要も增大し、そこに外國綿糸が輸入されることになつた。外國綿糸（英國）は品質がよく、機を織るのにも織り易いために、毎年綿糸の輸入は繰綿を加えて、輸入貿易の三割にも達していた。

明治十年代の日本は毎年貿易は入超で、これを防ぐためにも綿糸を國内で生産せねばならなかつた。英國綿糸の輸入をふさぐためには、英國の綿糸紡績機を輸入して、英國と同じ近代產業としての綿紡業を起さねばならなかつた。だから紡績業の方は、改良でなく、新しい產業としての移植であつた。

綿糸紡績業が、初めて日本に移植されたのは、鹿兒島藩主島津忠義公が建設した鹿兒島紡績所で、これは慶應三年に操業を開始した。職工數は、男女合計二百八人、一日の就業時間十時間、一日平均四十八貫餘の綿糸を紡績したと傳えられている。島津藩は外國文化に觸れる機會の多い地方だつたので、この紡績業も近代文明として起されたものであろう。藩主の設けた工場であるから、働く人達は勿論武士階級の人々であり、「武士は食わねど高揚子」という考えがまだ深く殘つていた時代であるから紡績工場で働いたとはいえ、勞働者という考えはなかつたろうし、賃金は藩公の下さつたお手當位に思われていたのであろう。今日詳しいことはわかつていない。

民間人が最初に創設した綿糸紡績所は、明治五年東京府下王子瀧野川に設けられた鹿島紡績所であつた。この紡績所の設立者鹿島萬兵衞は、江戸の木綿問屋であつたが、幕末元治元年（一八六四）物價が暴騰した時、綿糸を生産するに、人力をはぶき、生產費を安くして安い綿糸を供給するには、洋式紡績機械を輸入するに越したことはないと、綿糸紡績所設立を幕府に進言して、紡績機を英國に注文したのであつた。彼は木綿問屋であつたから綿糸を安く生產して利益を多くすることを考えていたであろうことはいうまでもない。

この英國製紡績機は明治になつてからようやく輸入出來たのであつた。創立當初工女二四人、男工八人であつたが、この人達はどういうところから出たのか、また勞働時間や賃金に關することも明かにされていない。

綿糸紡績所の設立が急に增大したのは、前にのべた外國綿糸の輸入を防ぐことが痛切になつて、政府が明治十二年に英國製の綿糸紡績機十臺を輸入して、模範工場を建設したり紡績機を無利息十カ年賦で拂下げたりして、大いに奨勵してからのことであつた。そして前の鹿児島紡績所設立以後、明治十八年までに、綿糸紡績所は二十二ヵ所設立された。

綿糸紡績業においても、昔からの綿作地である愛知縣、廣島縣に官立の愛知紡績所、廣島紡績所が設立され、傳習生がここにはついて洋式紡績技術を習得した。

綿糸紡績業においても、創立當初は、勞働者を集めるに骨が折れたことは製糸と同じであつた。ただ富岡製糸の場合のように外國人をおそれたり、葡萄酒を生血と思つたりすることはなかつた。紡績所の設立の場所が富岡のような群馬の田舍町とはちがつていたからであろう。しかしその時代には市中を走る人力車さえ非常に危險なものと恐れていた程であるから、紡績の仕事は命がけと噂されていた。それにまだ徳川時代の、士農工商といつて、武士は一ばん上の階層の人であり、工人である製造工業に従事する人は、武士よりもはるかに下の階層に屬していて、武士階級からみれば、製造工業に従事することは、いやしい職業という考えが多分に殘つていたので、紡績業に従事することも卑しいものとして工場にはいろうとする人が少なかつた。それで三重紡績所（創立明治十五年）などでは創立者の奥さんが卒先して工場にはいつたために社員の奥さん達も三人ばかり工場にはいつて、そうした古い考えを打破することに努めねばならなかつた。

しかし、こうした勞働者募集の困難も束の間で、明治十年代は、舊士族の失業者の授産（失業救濟）の問題も大きくなり、世の中はインフレで大へん困窮した時代である上に、これといつて目星しい仕事もない時代であつたので、愛知紡績所などは、男女勞働者を募集するに何の手段もいらず、却つて志望者が殺到して斷り難い狀態であつたと、愛知紡績所の傳習生であり、その後日本紡績業に大きな功績を殘した高木修一翁は語つている。愛知縣は徳川時代には、河内國（大阪）と並んで日本の二大綿作地であり、農家の手紡も廣く行われていたから、從來手紡をしていた人達が洋式紡績に職を求めたのであろうと考えられる。

三重紡績所は創立當時（明治十五年、三重縣川島村）女工六〇名、男工二〇名で、女子は大てい士族の娘であつた。三重縣は愛知縣ほどの綿作地ではなかつたし、當時は下級武士が失業で困つていたので、武士の娘が多かつたのであろう。その他の紡績所については從業者數ははつきりしないが、勞働時間は日の出より日沒まであつた。この勞働時間は紡績業だけでなく、ずつとあとまで行われたものであつた。賃金は工場により多少相違するが、標準は初給男工八錢、女工五錢、見習中の十五日間は手當として男工五錢、女工三錢であつた。（尤も明治十年の大阪の米の値段は一升五錢一厘であつたが）愛知紡績所では傳習生は一ヵ月十二圓の官給と被服が支給されたというから、當時としては高級で、これは官費の學生のようなものであつた。

年令はこの頃は、幼年工は怪我するからといつて全然使用せず、十七、八才以上であつた。三重紡績所には寄宿舍もあつたが、愛知紡績所（官立模範工場）では傳習生は、出身地別に三四人づつ適當な民家に間借りしていた。明治十五年から二十年頃までに實施された三重紡績所の就業規則や待遇などについて詳しいことは數字の多い關係からここでは割愛する。

この時代の紡績勞働者の服裝が、なかなか面白い。男工は小倉地軍服の拂下品を着たり筒袖に半天、股引、草履ばき、または脚絆に鞋ばき、士族出身は袴ばきというでたちであり、女子はたもとに襷（たすき）がけ、丸髷、島田に結つており、この髷に綿埃がつくので薄い紙をかぶせて作業した。これから當時の作業の有樣が想像される。封建時代と近代と、和と洋との折衷で、當時の日本社會の縮圖でもあつた。これが明治初期の紡績業である。

解説

米價のはなし

芹《せり》澤《ざわ》彪《ひょう》衛《え》

生産者を壓迫せず、消費者が安い米を食べられるようにするにはどうしたらいいか、つまり米の値段をいくらにするかは國民生活の上に大きな影響を持つているので毎年豫算編成に當つて論議の中心となつています。

米價決定にもつとも困るのは、米の生産實費が正確に分らないということです。それだけでなく凶作の補助費（減收加算）だの荷造り代なども加わるので農家の手取りがいくらになるかはつきりしないというようなことが根本問題として横たわり、その上輸入米の値段がまたまちまちです。つまり自由經濟の資本主義社會で人爲的に正確な米價が割出せるかどうかと言うことが疑問とされています。

それにしても現在の樣に農民からは出來るだけ高く買上げ消費者には安く賣つて双方が大體がまんのできるような値段にすると、財政上赤字が出ることは明らかです。今年は消費者價格を十キロ七百六十圓と昨年度並に押え、農家手取り一〇、二〇〇圓（二十八年度の手取り九、九八〇圓）とした農林省案によると約二百億の赤字が豫定されています。本當は政府が米の賣買に使う金は一般會計から支出する（インベントリイ・ファイナンス）(註)ことになつており銀行から借りてはいけないことになつています。このためにプールしてあつた金が一時は一千億前後もありましたが毎年使つてきて今年は二百億ばかり殘つています。それでこれを使えという意見があります。しかしこれを使い果してしまうと來年から早速困つてしまう、だからなんとか他に財源を見付けようとしていろいろの案が出されているわけです。

いま民主黨から出されている廣川案によると、酒米を二十萬石増し、元酒一に對し、合成酒九をまぜて二百四十萬石の三級酒をつくり、これを一升四百圓で賣つて酒税として吸上げて、この赤字に當てるというのですが、結局は名目を變えて赤字を大衆に負擔させるというからくりに過ぎません。

また大藏省案によると生産者米價を九、七三九圓として七〇億の赤字とみ、これを特殊物資納附金處理特別會計から出せと主張しています。つまり砂糖やバナナやパイナップルを輸入する際に掛けた税金がこの特別會計にプールされ、七十億ほどになつているのでそれを廻せと言つているのですが、政府は賛成しておりません。

ところで私たちの家計からみて米は決して安くありません、が一方生産者である農民の生活もまた樂ではありません。なぜこんな矛盾が起るのか簡單に述べてみましょう。

誰れでも知つているように資本主義社會では物價は需要と供給の關係によつてきまります。そこで採算のとれないものは生産を止めてしまいます。しかしお米のような生活の基本物資は簡單にはそれができません。そこに複雜な問題が起つてくるわけで、資本主義經濟が常態に復し、發展すればするほど農民の生活は苦しくなつてきます。ところが戰時から戰後數年の間資本主義經濟がめちゃめちゃになつた時は農民の生活は非常によかつたわけです。

日本の米價は確かに高いのです。それは日本米が上質で收穫の少いこともありますが、それよりも零細經營のため過剰勞働力が投下されていることが根本の原因であります。大體日本では兼業農家と、五反以下の農家が多いのですが、これを解決するには單に農業政策だけではだめで、全體的に産業政策を替えて、過剰勞働力を他の産業にふりむけ、肥料や農機具を安くし、技術的にも生産を高めるようにしなければなりません。從つて米價問題は總合的にしか考えられない性質のものであるにも拘らず、それを米價だけの問題として解決しようとすれば農民からは高く買い、消費者に安く賣るという無理（二重價格）が起り、その無理を朝三暮四の方法（註）でごまかそうとするのが資本主義經濟の建前に立つ政府のやり方です。

これに對して左派社會黨の案は國民經濟全體の立場から農業經營の合理化を進め、農民の生活を保障しながら生産者價格の引下げを圖り、他方では勤勞者の所得をふやし、次第に二重價格をなくしていこうとするものです。

それから闇米がほとんど公然となつている今日統制をはずしたらどうかという聲が大分あります。

しかしこれには消費者は値上りを恐れ、農家は値下りを憂いて反對しています。また統制を撤廢すると、主食統制關係の公務員や農業協同組合に働いている職員が多數ありますので、この人たちの失業問題も起り、簡單には實現できないようです。

家庭婦人の最も關心を持つ點はどうしたら美味しい日本米を安く食べられるようになるかということであろうと思いますが、それは現在の狀態では不可能と言つてもいいでしょう。そこで私は食習慣を改めるようにすべきだと思つています。今、最も多く米を食べているのは最低の生活を除いた勤勞階級です。上流の生活をしているものはむしろ麥を食べています。つまり、彼等は副食物が充分にとれるのでパンを主に食べています。またずつと下の勞働者は米に手がとどかず副食なしでコッペパンやうどんを食べています。この中位の勤勞階級の人々が目ざめて食生活全體の改善をして米の需要を減らすことが米價問題解決の一つのカギになるのではないかと思います。最近の榮養科學によると、三十歳から四十歳以上の人々はアミノ酸系統の食品、つまり漬物や干物を好み、三十歳以下の人は芳香屬の紅茶、コーヒー、バター、パンを好む樣になつたともいわれています。これは何といつても國民生活が多少ずつ向上しているわけで、このように日本人の食物嗜好も變つてきて米中心の生活から脱しつつあります。

要するに勤勞階級が米をたくさん食べるのは單に習慣によるばかりではなく、經濟問題もからんでいるので、從來の副食物では鹽物乾物、タクアンに御茶漬が一番安上りにつくのですが、これは工夫によつて充分改められる問題です。お互に日常の食生活にこうした合理的な考え方を活用したいものです。（談）

註(1) インベントリー・ファイアンス
それは本來商人の仕入れのもとでのことを云うのですが、日本では政府の主食の買入れや、外國爲替の買取資金を日銀からの借金にたよらず税金で賄う意味に使つています。

(2) 朝三暮四
昔、狙公という猿廻しがありました。不景氣なので猿に食べさせる「どんぐり」を朝三つにして晩に四つずつ渡そうといつたら猿が大變怒りました。それでは朝四つにして晩は三つにしようといつたら猿が大へん喜んだと、中國の「列子」という本にあります。一方でお米を安く賣る代り、他方でその分を税金でとり立てられているわれわれも、一寸この猿に似てはいませんか。

（文責・菅谷）

國連の婦人の地位委員會

編集部

國際連合の婦人の地位委員會は一九五五年度の會合を本年三月十四日から四月一日までニューヨークで開き、日本からは婦人少年局長藤田たき氏が參加しましたが、アメリカ代表として參加したアンダースン夫人の報告を左に抄譯してご紹介します。

世界各國の婦人は政治、經濟、及び各種の指導的地位にますます勢よく進出しています。しかし同一勞働同一賃金、公けの地位につく權利、財產をもつ權利、裁判に訴える權利などの點でまだ男女平等に遠い國々も多く、敎育、職業的訓練の機會の不平等は珍しいことでなく、世界中の文盲の大部分は婦人です。それにもかかわらず、パンだねがパンの中でふくれるのを誰もとめることができないように、今や全世界にわたつての男女平等への動きをとめることのできるものはなくなりました。この成行を促したものは一九四六年國際連合の中に作られた婦人の地位委員會であります。この委員會は國連の經濟—社會理事會に屬し、その委員十八名は全部婦人で、あらゆる種類の婦人に對する差別待遇をとり除く問題を考えるために一年一回會合します。現在のその役員は議長M・ベルナルディ(ドミニカ共和國)、第一副議長B・アーメド(パキスタン)、第二副議長A・ロセル(スウェーデン)等。

……國連に加盟している國で婦人がまだ政治的權利を認められていないのは以下の十五國。スウィス、アフガニスタン、カムボジア、エジプト、エチオピア、イラン、イラク、ヨルダン、ラオス、リビア、リヒテンスタイン、ニカラガ、サウジ・アラビア、イェーメン。(サウジ・アラビア及びイェーメンでは男女共に參政權なし)

……ニカラガでは本年五月に行われた憲法の修正により、婦人は議會に對する選擧權及び被選擧權を得た筈。

ガテマラ、ポルトガル、及びシリアでは、婦人はすべての選擧に參加できるが、男子とちがつていろいろの資格制限を課せられている。

モナコとペルーでは、婦人は地方選擧權だけで、國會の參政權なし。

……婦人議員のある國は二二。

婦人議員の數	
イタリー及びスウェーデン	三四人
インド	三三人
アルゼンティン	三一人
イギリス	二一人
アメリカ	一七人
婦人大臣のある國	一三
婦人の高級外交官ある國	一三

最高裁判所に婦人判事のある國——フランス、メキシコ、ポーランド、デンマーク。

一九五五年の委員會の主要な業績の一つは、外國人と結婚した婦人の國籍についての條約草案(キューバ提出)を可決したことでした。これは婦人が外國の男子と結婚し又は離婚する場合、自分の意思に反してその國籍をかえずにすむ權利を認めたもの。卽ち妻は自動的に夫の國籍に從う必要なく、夫の國籍が變る毎にその國籍が變るものでないことを認めたものです。この草案は委員會を壓倒的多數で通過したので、その親機關である國連の經濟―社會評議會に提出され、そこを通過すれば總會へかけて、その承認を求めることになるのです。

政治的權利

一九五二年十二月の國連總會で次の條約が満場一致で可決され、これは歷史上始めて婦人の權利を國際法の一部としたものでした。

一、婦人はすべての選擧を通じて男子と平等の條件で、何らの差別なく、投票する資格をもつべきである。

二、婦人は男子と同じ條件で、何らの差別なく、國別法によつて確立された一切の公選による團體に選擧される資格をもつべきである。

三、婦人は男子と同じ條件で、何らの差別をうけず、國別法によつて確立された公職につき、一切の公的職分をはたす資格をもつべきである。

一九五二年にこの認定に調印した國は十七カ國、今はそれが四十カ國に達している（日本は一九五五年四月一日調印、六月四日批准）

第一次世界大戰以前に婦人が國會に對する選擧權をもつていた國は、オーストラリア、ニュージーランド、ノルウェーの三カ國だけでしたが、今日はそれが六二カ國に及んでいます。

同一勞働、同一賃金

勞働力人口の三分一は婦人から成つています。委員會の意見では、婦人がほかの方面で平等の權利をもつためには、男子と平等の經濟的權利をもつことが絕對に必要だというのです。それは婦人にその働き相應の公平な報酬を與えるという、單なる經濟的正義に留まらず、それ以上、はるかに重大な社會的意義をもつものだというのです。

「私たちが或ものに對して支拂う代價は、それに對して認める價値と密接な關係のあるものだ。婦人の仕事には男子だけの賃金を拂わぬしきたりは、單にその仕事の價値を同等と認めぬばかりでなく、つきつめて見れば人間として、市民としての婦人の價値を低く見ているからだ」と或委員はいいました。

婦人の地位委員會は單に平等の權利のみならず、特に雇用、報酬、教育、老年、病氣、勞働力を失つた場合の平等な經濟的保障を認めることをも熱心に主張しています。

婦人に不適當な危險又は過重な作業、たとえば抗內勞働、レンガや石材の運搬、街路の清掃、及び或種の夜業を禁ずる保護立法を制定している國は多くあります。ところが「完全な男女平等」というたてまえで、曾て婦人の得ていた保護法規を廢し、職業選擇の權利のような自由を奪つた國―例えばチェコの如き―もあります。

職業的訓練の不足のために婦人が就職にこまることも多いので、委員會は婦人のために、一、職業的訓練の機關を增設すること、二、職業指導を改善すること、三、職業紹介を一層充分にすること、を强く主張しました。

委員會はＩＬＯ（國際勞働機關）を通じて一九五三年五月三日から效果を發生した同一賃金の原則についての申合せを實施するため、すべての國家に對して立法又は他の手段に訴えることをすすめました。

同一賃金についての法律はそれだけでは不充實であります。法律の制定は長い年月にわたつての教育政策の第一歩にすぎず、多くの國々で婦人團體、文化團體、及び勞働組合が、社會一般にその原則を認めさせるようにと骨を折つています。たとえば男子には家族扶養の義務があるが、婦人にはそれがないのだから婦人の賃金は安くてかまわないのだ、というなことが廣く信ぜられています。

アメリカの婦人局はこの點を調査した結果、これは事實とちがつていることを發見しました。その調査の結果、

一、有夫の婦人勞働者で家計に寄與していないものはほんの少數の例外にすぎないこと、

二、大部分の婦人は、男子と同じく生活のために働き、更に老年の親又は他の親戚を養つている者が多いこと、

が明らかになつたのです。もし婦人が男子より低い賃金率で雇われるとなれば、その結果、男子の賃金も安くなり、一般の勞働者の地位を低くする危險があります。

英國の官公廳では久しく婦人は同じ仕事に對して男子の八割の俸給を規定されていました。これに對して約五十をかぞえる全國的民間諸團體が十年にわたり、「大英國同一賃金運動委員會」を結成して活動してきました。(勞働黨內閣の時、左派の勞相ベヴァンは男女公務員に對し平等の俸給實施を主張し、右派の藏相ゲイツケルの反對で實現せず)。その結果、漸進的に男女公務員の俸給のデコボコを改め、(これはすでに實行の緒につき、男子と共通の仕事で同じ俸給を得ている者が十三萬に達している)一九六一年までに完全に平等を實現することを政府は公約しました。こうして最大の雇主である政府の方針が確立されれば、民間企業における男女賃金の不平等はそれにならつて改められるわけです。(もつとも現在でも、民間企業は產業別に經營者と組合との團體交涉によつて賃金をきめるので、出來高拂いの場合は、男女平等の原則が行われている職業が多いのです)。

委員會の席上、近來年かさの勤勞婦人がふえてきたこと、今後それがますますふえていく傾向のあることがＩＬＯ代表のチリー婦人によつて明らかにされ、フランス代表の下院副議長ルフォーショー夫人(カトリック婦人連盟會長)は、男子より早い婦人の停年制にはげしく反對し、委員一同夫人を支持しました。なお國連の技術援助計畫の一部として婦人に教育の機會を與えること、私法上の婦人の地位も論議されました。この會議の報告は七月十二日からジュネーヴで開かれる國連經濟社會理事會に提出される筈。一九五六年度の婦人の地位委員會の會議も同じ所で開かれます。

(山川)

母のメーデー

古賀斗始子

ハンドルに立てた小旗をならしながら
まぶしい柿若葉をくぐつて
母の自轉車が歸つてくる

「働くことと鬪うことしか知らない」
といつた青年の話はよかつた
女の人も若かつたけど
きつぱりしてとても立派でね
わたしはどんどん拍手したけど
みんなはお上品でいけないねえ
歌だつて
半分もうたはないんだから
ハイヒールで來た人は
駈け出す時にころんだよ

頰を光らせながら
おひるのごはんを食べ終ると
花かざりをつけた乙女のようにはずんで
せわしく午後の仕事に出て行く母の
古風な束髮の上から
初夏の陽は
いつぱいにきんの光をぶちまけている

イギリスの問題兒

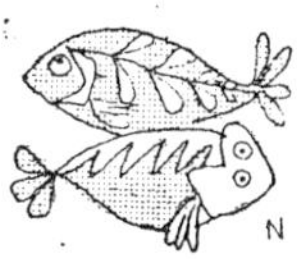

山川《やまかわ》菊榮《きくえ》

日本は特にひどいにしても青少年不良化の問題は今や世界共通の現象です。さきごろ英國へいつた時、私たちは英國第二の大都市バーミンガムで保護監察官にあいましたが、その話では英國ではこの問題には第一次大戰以來なやんでいるが、それは第一に戰爭によつて家庭がこわされ、父を奪われ、母は働きに出て、子供たちの世話がいき屆かなくなつたこと、父が失われたため戰後も一般に家庭における男子の影響力が足りなくなつたこと、完全雇用で失業を知らぬ代り、いくらでも仕事口があるので職場を轉々としておちつかぬ癖ができたり、賃金が割にいいのでむだ使いをしたりすることから不良化するという話でした。職場のえり好みは、職業の自由を認めるたてまえから禁ずることができず、また勞働力が不足し、仕事口は多いのでそうなるので、これは少年少女のみでなく、大人にもある傾向だとのこと。

◇　◇

英國では組合が強いので不當な解雇は許されませんが、そのために怠け者でも不良でもクビの心配がなくてのさばると完全雇用と職場規律の問題はあちこちでいつており、保守系の人は特に大げさにいいますが、それほどではないにしても多少の問題はあると見るべきでしょう。もちろんこれは完全雇用そのものが悪いわけではなく、誘惑の多い環境、しつけの屆かぬ家庭、意思の弱い性格など、いろいろ原因はありましょうが、自由を與えてしかもそれを濫用することのないしつかりした個人と社會を作る仕事はそう簡單なものでないことを知らされたわけです。ロンドンから汽車で半時間、ロイヤル・アーセナルという大きな軍需工場のある町の協同組合婦人ギルド（組合の中の勞働黨の政治教育團體）の會合によばれていつた時、驛まで出迎えてくれた婦人がバスの中で、その大きな軍需工場を指さして「ここがいま再軍備のために大へんな景氣で、おかげで少年まで高賃金でむだ使いから不良化して困るんですよ」と、ちようど日本の戰時中のような話をしてきかせました。

◇　◇　◇

一方、勞働省の年少勞働者專門の職業紹介所では、「ここの仕事は個々の求職者の適性をよく檢査して、その人に最もよく適した仕事をえらんでお世話することです。仕事はいくらでもあり、人はたりないので、仕事をさがす苦勞はありません」とのこと。そこに働いていたおもな職員には婦人が多いようでした。なお英國では住宅政策が成功していて、戰爭で建物の三分一が破壞されたにもかかわらず、日本とはくらべものにならないほど住宅には困らないのですが、特に廿一歳以下の青少年のためには政府の手で寮が營まれており、都會に出て泊る所がないとか、仕事があつても宿舍がないとかいう心配がないように子供を守つています。前號に書いた勞働黨婦人大會でも青少年不良化の問題と共に、子供に無關心な父母の責任とその對策が熱心に論議されました。

◇　◇

非行少女を收容している矯正機關も見ましたが院長は美しくお化粧した中年婦人。建物は氣のきいたアパートのよう。一人一室。六疊くらいの小ぎれいな室にベッドと机。少女らしく繪入雜誌などが多い中に串合せたように當時まだ王女だつたエリザベス女王の寫眞を切ぬいたのが目につきました。やはり知能の水準は低い者が多く、惡い癖を直すためには積極的に物に興味をもたせ、作業を學ばせるようにしていました。洗濯の作業場は大仕掛で分業になつており、工場と同じく、組織的、能率的に働いていました。

母親座談會

青少年の不良化問題について

出席者

岩田　延代（主婦　四一歳）
江田　光子（主婦　三九歳）
上方　雪子（元婦人警察官　窓愛園副園長　四七歳）
松井　ハナ（市外電話局・パートタイム勤務　四六歳）
榊原　千代（本誌編集委員）

編集部　戦後十年經つて世の中もだんだん落付きを取戻して來た今日、青少年の不良化問題が大きな社會問題として取上げられていることは御存じの通りです。例え問題兒を持つたお母さんでなくとも、このように不良化が一般的な傾向を持つてくると、いつ自分の子供がこの惡に陷らないとも限らないという不安はどこのお母さん方もお持ちではないかと思います。また母親であるものは、誰のどこの子供であろうと、不良化していくのを謗觀していることはできません。母親の立場からなんとかしなければ、というお考えは誰れでもお持ちだろうと存じます。

で、今日は家庭や、職場にあるお母さんたちにお集り願いまして、お母さん方としてこれをどうしたらいいか、お話合つて頂くことにいたしました。

それでは最初に婦人警察官として少年係を擔當され、現在自宅を解放なさつて、問題兒の保護施設を開いている上方さんからお話頂きたいと存じます。

上方　警察で取締るのは主に兒童福祉法違反や職業安定法違反にかかつたもので、一般の不良靑少年はとくに問題でも起さない限り取締つてはおりません。隨分いろいろなケースを取扱いましたが、その中で十六歳の少女の例など家出娘の轉落の典型的なものではないかと思います。その子ははじめそば屋に紹介するという約束で連れて行かれて次の晩から賣春させられました。最初の水上げ料が三萬圓、しかも業者は客を變えて一週間も續けて水上げ料を取つていました。これが警察に上げられ、處罰されたのですが、刑がとても輕く、業者はそのくらいの罰金はすぐ取戻せるとうそぶいている始末です。その時の業者側の辯護士は保守黨の代議士で、今度も茨城縣二區から當選したYという人ですが、少女が恥かしさと恐ろしさで、法廷でシドロモドロになつているのを幸いに、その子が合意の上で賣春したように言くるめてしまつたのです。結局この子は警察で救い出し、私がしばらくお預りしてきちんとした家庭に女中として勤めさせたのですが、前歴がばれて解雇されてしまいました。そのため、ヤケを起してまた家出をし、鳩の巣に行つてしまつたのですが、こんな場合アフターケアーが完備しているか、世間の理解があつたら立派に更生できたろうにと殘念に思つています。

岩田　その少女は性格的に變つているところはなかつたでしょうか。

上方　別にありません。知能も普通でしたただ少々早熟で、家出癖がありました。もつともこれは家庭が冷たかつたのです。両親が夫婦別れして母親がいない、その母を慕つて度々家出したのです。

編集部 すると、この子の場合、家庭が普通だつたらそんな不幸が起らなかつたわけですね、しかし十六にもなつて誘拐に氣付かないものでしょうか。

上方 家出娘は就職に釣られるのです。そして誘拐するとまず體を犯して劣等感を植付け、もう普通の人間にはなれないと思い込ませてしまうのです。

岩田 親がそれに氣がつかないでしょうか

上方 氣がつかない人が多いようです。

編集部 靑春の問題は別の機會にゆずるといたしまして、松井さんはお急ぎのようですから働いているお母さんの立場からお話願いましょうか、お家を空けていらつしやるので家にいるお母さんよりご心配なこともおありと思いますが。

松井 私は今非常に惱んでいる問題があるのです。そのため幾度兒童相談所に行こうかと思つたか知れません。うちでは五人の子供のうち女三人、男二人です。女の子は皆よそからほめられるような子で一人は働きながら短期大學にいつています。ところが四番目の高校一年生の男の子に困つているのです。

上方 そのくらいの年齢の男の子は一番女の人の協力がいる時期ですね。

（寫眞左より）榊原千代、岩田延代、上方雪子、江田光子、松井ハナの諸氏

松井 その子の小學校五年生のとき父親が亡くなりまして、それからますますいけなくなつたのです。

上方 女のお友達がお家に來ることがありますか。

松井 全然ありません。まだ聲も變らない無邪氣な子供つぽい子なのですが性格的に困るのです。短氣で我儘で自分の思うことを通さないと氣がすまない。そして姉妹たちに亂暴するのです。それにひどい偏食で野菜はほとんど食べません。姉弟けんかをすると母親を大變慕います、母の愛情に餓えているようにも見えますが……。

江田 男の子は甘え坊のようですね、宅でも中學二年の男の子が最近特に母を慕つてつきまといます。父親が不在勝ちのせいもありましょうが。

松井 うちでは私が働かなければ食べていけないので、母の生活は理解しているようです。とにかく勉强がきらいで、學校は半分以上休んでしまいます。そしてなにか始めると一圖になつて一日中しています。今は釣に凝つて朝から出掛けてしまいます。

上方 何か欲求の不滿があるようですね、兒童相談に行つてごらんなさい。いろいろなテストをして、適切な指導をして下さいますよ。

松井 それも隨分考えたのですが他の子供へ影響するようなことがあつてはとためらつているのです。

上方　ちつともそんなことはありませんよ。また本人が行くのを厭がるようでしたら福祉司さんに來て頂けばよろしいのです。相談所に行つて養護施設に入れた結果偏食や勉强きらいが治つた例はたくさんありますよ。そして將來のこともご相談なさるとよろしいと思いますわ。

榊原　養護施設に入つて偏食が治るというのはどういうわけですか。

上方　集團生活ですから我儘がきかないのです。それに環境が變ると氣分も變るからでしよう。

編集部　入園費用はどのくらいですか。

上方　兒童福祉法による養護施設ですと、食費は一日五七圓四四錢で二四〇〇カロリーを與えています。その他教育費として小學生月一五〇圓、中學生二百二三十圓ほどです。

江田　そんなにいい施設があるということを知らないお母さんたちが多いですね、何か困つたことがあつたら一人でくよくよせず、そういうところを大いに利用したら救われる方が多いでしように。

上方　そうなんですよ、お母さんたちは世間態をまず考えて家庭内の問題はなるべく世間に知らせまいとするんです。こういう母親の見榮から取り返しのつかない結果を招く場合も多いのですから、いろいろな施設をよく知つておいて、利用するようにするといいのですが、それと共にこのような施設に對する世間の偏見も改めなければいけませんね。

榊原　親は子供の困つたことをひとに話したがりませんね。それは世間の母親たちが自分の子供のことばかり考えてひとの子供のことは輕蔑したがるせいもあるのです。みんなが子供は社會の子供として考え、自分の子供が惡くならないのは一寸したチャンスの問題だというように考えて欲しいですね。

上方　皆さんが、よその子も自分の子と同じように考えて話合えるようになるといいのですけど、それにはお互に子供を取り替えて育ててみるのもいいと思います。

岩田　そこまでいけたらすばらしいですがまだとても、そこまでは。

榊原　學校の先生にも問題がありはしませんか、松井さんのお子さんの場合、そう學校がきらいだということは。

松井　始めはそうでした。遲刻したのを大變叱られたことがあつて、それから學校が厭になつてしまつたのです。

江田　一人一人の生徒に立入つて教育してくれる先生は少ないのではないでしようか。これも教育費が少く、先生の足りないせいでもありましようが。

岩田　あつても、母親が先生の話を素直に受入れない場合もありますね、注意されると面白くないお母さんもおりますから。

編集部　要するに、お母さんたちが社會的な意識を持つことと周圍の協力が必要ということになりますね。

上方　私はお母さんたちが受持區域をつくつて、自分の區域には一人も問題兒がいないというようにすればいいのではないかと思います。例えば時間でもないときに、學校の生徒が街をブラブラしていて、家の人が氣がつかなければ、これを見つけたお母さんたちが注意するとか、家に知らせるとかいうようにして。靑少年保護週間とか、何々運動とかを上の方から起したり、また名流婦人が中心になつて偉い人を呼んでお話をきいたり、鳴物入りで宣傳したりしてもそれだけで終り、それを日常活動にどう移すかという具體的な策は建てない、それではだめですね。

江田　上でやることは下までおりてきませんね。婦人團體などが取り上げて地味な努力をするとかなりな効果があげられます。私たち岡山の「くらしの會」では今俗悪ポスターの追放運動を起していますが、明るい見通しを持つています。

榊原　昨年の統計によると犯罪者六十餘萬のうち青少年が半數以上占めています。そして十八歳以下のものについてはいろいろな保護施設や指導機關がありますが、それ以上の青年にはありません。これは母親の聲でなんとかしなければならない問題ですね。

江田　青少年の犯罪の原因には就職難が多いということです。するとこれは政治や經濟の問題になつて母親の手に負えないように思いますが、母親が、そこまで考えるようにならなければうそですね。

榊原　もちろんそうなんですよ、でも助け合いがないことも事實でしよう。そういう面では家族主義的な考えが強く、悪い面で社會的になつているということもありますね。

岩田　私は學生をお預りした經驗から一番心配なのは地方から出て來た青年ではないかと思います。都會生活を始めて知つたことと家庭がらの解放感、その上自分でお金を自由に使えるなどから、フラフラと横道にそれる危險が充分あります。これは郷里のお母さんたちもよく注意しなければなりませんが、それと共に日常を共にする周圍の人たちが氣をつけてやらなければいけないと思います。助け合いと言いますか、社會の母という自覺のもとに。

榊原　そうですね大事な、大事な次代を背負う青年たちなんですからみんなが注意することね。

江田　今の青少年は一般に根氣がないと言われています。これは家庭經濟が不安定のためだと言うことですが……。

岩田　家庭經濟の影響は。大きいと思います、私のところは公務員ですが、同僚の方が間違いではないか、と仰言つたというほど給料が少いのです。お金がなくなるとどうしても焦々しますので、つい悪いと知りつつ當るところがないので子供に當つてしまいます。私共は子供になにも殘してやれない、せめて勉强していい學校に入り、確實なところに就職して貰うことが唯一の希望ですから、ただ勉强しろ、勉强しろと子供を追立てている始末です。これでは子供も落付けないだろうと思いますけど……、この間學校からのアンケートに、一日中で一番樂しい時間は、という問に夕食後のひととき、と書いてあつたのをみてかあいそうになりました。もつとのんびりと、子供を育てることができらと思いまして。全く今の社會ではそれすらできません。働きさえすれば安心して生活できるような社會だつたら、みんながそうガツガツしなくともすむんじやないでしょうか。そう思つて私はこの頃政治というものを眞劍に考えるようになりました。

江田　ほんとうに子供のことにのみ專念できる家庭は少いのではないでしようか。忙がしいといくらかの小遣をやつて外へ追出してしまう、すると子供はチャンバラ映畫をみたり、安價な雜誌を買つて讀んでいたりというような狀態なのじアないでしようか。

榊原　不良雜誌のはんらんは困つたものねどうしてあんなものが流行るようになつたのでしよう。

江田　子供はああいうものが好きなのじアないでしようか。それにもうけ主義の商人がつけ入つて。

榊原　誤つた自由主義、解放感も手つだつていますね。

岩田　大人が顏をそむけるようなものを平氣で讀んでいる學生もありますよ。母親が權威を持つて指導できたらと思います。

江田　それには母親の教育がまず第一です

ね、母親が自信をなくしているのではないでしょうか、つまり民主的なモラルを身につけていないので自信を持つて導けないということがありましようね。だから母親の民主教育の機會があるといいのですが。

編集部 それから先ほど仰言つた經濟問題ですがこれはいろいろな面で大きな影響を及ぼしていますね。例えば戰前は子供の小遣や學資は大體親が與えるのが普通でしたが、戰後は子供が自分で働く、そのため子供の行動について親がやかましく言われなくなつたこれがプラスになつている人もあるかもしれないがマイナスになつている家庭が多いのじやないですか。親の自信の喪失もこんなところからきている人も案外多いのではないでしようか。

榊原 それから今の二十過ぎの人たちは一番大事な時期を疎開やら住宅事情やらで母親から離れて育つた人が多いでしよう。これをみても母親の任務がどんなに大事かということが分りますね。

江田 一般的な不良化のうち硬派と軟派に分けられますね。で、私たち母親が問題とするのはこの軟派をどうするかということじやないでしようか。それと、社會に害を流すものですね。これは母親が立上らなければ駄目だと思います。

岩田 この間ある方のお話を聞いて實際そうだと思つたのですが、皆さん私の話を聞いてただ共感を持つだけじや駄目だ、大事なことはこれをどう實踐するかだ、と仰言つていました。偉い人のお話を聞いて感激しただけでは何にもならない、それを行動に移すことですわね。

上方 そうですよ、もう自分の子とか、ひとの子とかの問題ではないのですから、考えている時期じやないのです。

榊原 上方さんはどん動機で保護施設を始められたのですか。

上方 終戰後間もなく長男を亡くしましてね。その頃經濟的にも苦しかつたし、物資もなかつたので、思うようなことがしてやれなかつたのです。それが悲しくて諦められなかつたのです。それで自分の子供にしてやれなかつたことをひとの子に、ことに不幸な子にしてやろうと思つて警察の少年係になつたのです。ところが折角警察で救い出してもその後を引受けてくれる人が少いものですから自分で引取つて世話していたのです。それがだんだん多くなつてしまつたので警察をやめすつかり自宅を解放して本格的にやり始めたのです、只今四十人ほどおります。

編集部 地方選擧（茨城縣議選）に失敗なさつたそうですが、それほど立派なお仕事をなさつていらしてどうしたことでしよう。

上方 なにしろ田舍のことでしよう。社會黨の公認だつたので、赤だと宣傳されたのです。そして、先生は立派な人だが、あの子供たちを赤くされたら日本はどうなるんだ、というんです。五百票の差で落ちたのですが、みなさん無所屬だつたらと仰言つていました。七百萬も使つた候補者が落ちたところで物凄い選擧でした。私は五萬圓もかかりませんでしたが。

編集部 永い間いろいろとありがとうございました。今日のお話は別に結論めいたものはつけませんが、お話のうちに自然結論はでていると存じますから、改めて申上げないことに致します。

ご承知のようにここ二三年來、青少年の不良化問題に結びつけて、家族制度や修身科の復活が一部の反動政治家によつてたくらまれその宣傳に乘つているお母さんたちも少くないのではないかと存じます。しかしそれは新しい時代に合つた新しい制度やモラルを創り出すことを知らない人々であり、またものごとの根本を見透し得ない皮相な考えではないかと思います。そういうお母さんがおりましたら注意し合いまして、お互社會の母としての意識のもとに廣い深い愛情で青少年を見守つて參りたいと存じます。（文責・菅谷）

リボン闘争は勝つた

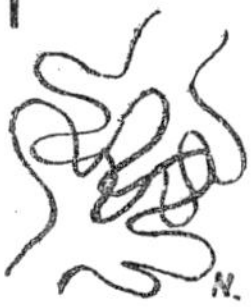

—富士フィルム初任給男女差の撤廃—

千葉菊子

昨秋十一月二十六日、小田原勞政事務所で勤勞婦人の座談會が開かれた。その席上、富士フィルム足柄工場の婦人部を代表して出席した人たちの話では、その工場では、高校卒業生の初任給に男女差がつけられており、しかも會社側では、これを男女差とは言わず、給與體系のAB差であると稱しているが、實質的には男女の賃金差であることは確認されている。なぜなら、婦人側はひとりでもAという給與を受けたことなく、男子側はBという給與を受けたことがないので、これは明らかに賃金の男女差を會社側がカモフラージュして、A・Bと稱する給與體系を打ち立てたものであつた。

富士フィルム足柄工場といえば、同小田原工場と共に、神奈川縣西部で最も給與の高い職場であり、しかも從業員の60%は婦人である關係上、高校卒業生が就職希望の第一にあげるくらいである。そのフィルム王國で、男女共學の學校を出たばかりの婦人工員が、入社と同時に初任給に差額を付けられることは、誠に不合理な話であり、同時にこれは基準法にも背くものだと思われたので、私は婦人部の團結により差格撤廢の斗いに立ち上ることを要望し、その方法等についても自分がかつて教組婦人部長當時の經驗等を語り激勵してその日は別れることとなつた。

高校卒業生の婦人部員は、入社當時は誰でもあこがれの會社に、多數の競爭者の中より選抜され、しかも初任給七九〇〇圓の給與を手にすることができるので、（男子は初任給八四五〇圓）給與の不合理を云々するものは一人もないと言つていいと思う。〃女は男より給料の安いのは普通のことだ〃という習慣的な考え方で、初任給の差額に氣が付いてもあまり氣にしなかつたと、言つている人もある。

しかし、入社當時の感激も薄らぎ、日々生產向上の努力を續けている中に、女子の勞働價値が正當に評價されねばならないとの意識に目覺めて來たのであつた。殊にフィルムを生產する作業のうち、包裝、捲込、撰別、事務など、女子の特徵を効果的に發揮するのに適したものが多いのである。

會社側では、女子は重量運搬ができない、生理休暇をとる、勞働時間の制限等の諸點をあげて、ＡＢの格差は卽ち男女差ではなくて就勞差であるといつているが、勞働を評價するには、あくまでも七時間十分の勞働時間を基礎とすべきであり、その他の問題は諸手當等の點で解決されるのが妥當である。

婦人部員の意識を高めるには、勞政事務所主催による〃勤勞婦人のつどい〃〃勞働婦人講座〃等の數回に亙る啓蒙教育も有効であつたが、最も强い力付けを得たのは、フィルム勞組主催の講演會に於ける〃男女の平等について〃山川菊榮氏の講演を聞いたことであつた。

足柄支部婦人部員は遂に立つた。

闘爭經過の大要を熊坂婦人部長は次のように語つた。

十一月に行われた勞組中央委員會―（婦人の委員は一名も加わつていない）では、初任給ＡＢの差を否決されたが、それに反撥する氣運が急激に高まり、十一月二十四日婦人部大會を開き、決議文を作製し、二十六日の支部大會には、賛否活潑な論議の結果多數決によつて可決、十二月三日、最後の決議機關である中央大會では小田原支部、今泉支部との共同闘爭が實を結んで、遂に新高卒初任給ＡＢの格差撤廢が採決された。

これより問題は組合對會社側のものとなつたが、婦人部員は最初より中央大會採擇に至る期間中、全部員申合せにより、胸に黄色いリボンを付けることにした。これによつて抗議の心持と團結心とを示したものである。〃ＡＢの差を撤廢しよう〃と……。

會社で働いている間は、必ずつけていなければならないこの黄色いリボンも、時に用事があつて會社側の人と對談する時には、そつと外して机の上において行くという、しおらしい風景もあつたという。

中央大會可決以後は全組合員の問題として黄色いリボンは、赤いリボンに變つた。男も女も、三千人以上の組合員が胸につけた赤いリボンは、働く者の共闘精神を遺憾なく象徴して、フィルム王國を風び(靡)した。

其の後組合對會社側との數次にわたる交渉の結果、初任給九〇〇〇圓の要求は、入れられず、男女共に八四五〇圓と決定し、男子は從前通り、女子は五五〇圓引上げとなつた。

リボン闘爭は勝つた。

しかし今後に殘された問題がないだろうか。その幾つかをあげて見るとすれば、

1　短大初任給ＡＢ差はまだ殘つている。

2　今年度採用の初任給は改められたが、從來就職したものは、昇給差が取れていない。三年間で二千圓位の開きがある。

3　勞働强化の傾向が强くなつた。一例として、從來は缺勤1/25、生理休暇1/30、遲參早退は1/50差引かれていたが、現在は生理休暇の差引額を1/25として、普通缺勤と同じ取扱をするようになつた。

そこで今後解決されねばならぬ問題としては、昇給差の是正に、主力を注ぎたいと、勞組の多田書記長は語つていた。

短大卒初任給のＡＢ差は、學校差、卽ち個人の修得した課目差であるとして、組合の中央大會でも否決されたという。

いずれにしてもリボン闘爭という美しい形で闘われた賃金闘爭が、婦人部員の結束と、男女組合員協力の體制の中に勝利を得たことは、喜ばしいことで、西湘地方に、多數の組織勞働者のある中の特に婦人部員に輝かしい希望を與えたことが、リボン闘爭に依る最大の收穫であつたように思う。

（婦人少年室協助員）

くらしの會第一回教養講座

くらしの會東京連合會では去る六月二日午後一時より參議院會館で第一回教養講座を開き、講師に婦人人權擁護同盟の**田邊繁子**さんを招いて**家族制度**についてお話をうかがいました。なお、この講座は今後毎月繼續されます。

四月選擧の結果

去る四月の地方選擧の結果進出した婦人議員數は左の通り。都道府縣會二九名（解散前三四名）、市町村（未報告縣三縣を除く）、市會一一五名（うち五大市一一名）、區會（東京）四二名、町村會一八五名、町村會が少いのは合併により町村の絕體數が減つたことと、合併當時旣に選擧を終つていたため、こんどは選擧しなかつたものによる。全體的に見れば激減はない模樣。

お願い

誌代納入が近頃とくに悪くなつてきました。何彼とご都合もおありのことと存じますが、本誌の使命をご理解のうえ、一層の御協力を賜りたく、滯納分は分割拂いで結構ですからお送り下さいますようお願いいたします。

（會計係）

編集後記

△日ソ交渉始まる。どうか双方の誠意で一日も早く正常な國交のとり戻せますように。

□　□

△私は自分の息子がぶじで幸福な家庭生活を營んでいるのを見るにつけ、親戚知己その他抑留者のお母さん方、奥さん方のご心勞を見るに忍びない氣がします。この問題は國內的にも國際的にも他の目的のために利用すべきではなく、純粹に人道的見地から、早く解決するのが人間の義務でもあり、權利でもあると思います。どの道うつとうしいツユ空のような外交的フンイキを早く追拂つて晴々したツユあけを迎えたいものです。

□　□

△厚生省の發表では體位（身長、體重、胸圍、座高）は都市農村を通じ全國的によくなつていますが農村における發育狀態は都市より劣つています。營養をとる量の點ではあぶら類がふえているほかあまり變りがなく、食品のとり方では米がへり、麥、いも、油脂、乳製品、野菜、くだものがふえており、全體としてはいくらかいい方に向つています。農村も昔にくらべてはいいが病氣が多く、體位の劣つていることも相變らずです。本誌の營養の記事で大いに勉强したと喜んで下さる方もあり、こちらも喜んでおります。病人でなくとも疲れがちの昨今、ご病氣の方、病人をかかえておいでの方はなおさらお疲れが出ますから、休息と營養に充分お氣をおつけ下さい。

□　□

△今月は婦人關係の記事に集中し、心ならずも婦人問題の背後にあり、その基礎である內外の重要なできごとの解説を來月送りにしたのは紙面の狹い悲しさです。各地の婦人の活動ご感想ご質問どしどしおよせ下さい。（山川）

婦人のこえ　七月號
定價三〇圓（〒五圓）
半年分　一八〇圓（送共）
一年分　三六〇圓（送共）
昭和三十年六月廿五日印刷
昭和三十年七月一日發行
編集發行人　菅谷直子
東京都千代田區神田三崎町二ノ三
印刷者　堀內文治郎
東京都港區本芝三ノ二〇
（硫勞連會館內）
發行所　婦人のこえ社
電話三田（45）〇三四〇番
振替口座東京貳壹壹參四番

婦人のこえ

8月號

1955

平和憲法を守りましょう

本誌・社友

（五十音順）

淡谷のり子　阿部艶子
安部キミ子　磯野富士子
石井桃子　石垣綾子
圓地文子　大谷藤子
小川マリ　大内節子
川上喜久子　小倉麗子
桑原小枝子　神近市子
木村光江　久米愛
久保まち子　芝木好子
清水慶子　杉村春子
菅谷直子　田所芙美子
田邊繁子　高田なほ子
戸川エマ　長岡輝子
新居好子　西清子
西尾くに子　萩元たけ子
深尾須磨子　古市ふみ子
福田昌子　宮崎白蓮
三岸節子　米山ヒサ

日本労働組合総評議會傘下各労働組合婦人部
全國産業別労働組合（新産別）連合傘下各労働組合婦人部

原稿募集

◇**論文・随筆・ルポルタージュ**　職場でも家庭でも婦人の立場から訴えたいこと、發言したいことはたくさんあると思います。また政治や時事問題についてご意見やご批判をお持ちの方も多いと思います。そうした皆さまのご意見、ご批判、ご感想あるいは職場や地域のルポルタージュなどをふるつてご投稿下さい。

四百字詰原稿用紙　七枚以内

◇**短歌・俳句**　生活の歌を歡迎いたします。短歌にかぎりご希望の方には選者が添削してお返しいたしますから返信料を添えてお申込み願います。

送り先　「婦人のこえ」編集部

婦人界だより

新生活運動と婦人團體

昨今の婦人界の中心話題の一つとなつているものに新生活運動がある。ことの起りは、こんど政府が新生活運動推進のため、文部省豫算として五千萬圓を計上、これを民間婦人團體に使わせるということにあるようだ。そのため各黨婦人部をはじめ、有力婦人團體が集つて**新生活運動（婦人團體）連絡協議會**を結成し、一方労働組合婦人は總評婦人協議會が中心となつてこの豫算の使途について各々協議中という。

ところが政府はこの運動についてなんら具體策を示していない。中央に本部をおくということだけは最近になつてやつと言明したようであるが、その機構、人事については不明である。去る七月十五日前記協議會の人々と松村文相との會談が參議院會館で行われる豫定であつたが、かんじんの文相が缺席責任ある代理さえ見えない有様だつた。こうして政府の考えが不明のまま、當日の會合は五千萬圓を婦人團體が自主的に使うことのできるよう政府に申込れをする、その交渉は婦人議員に依頼するということを決めて解散した。果してこの婦人團體の希望が入れられるか、いなや、非常な危惧を抱かざるを得ない。

當日出席した民主黨の婦人部員が、新生活運動には道徳復興運動や新しい修身科の復活も考えられると、暗示に富んだ發言をしているのをみても政府の意圖するところがほぼうかがわれるような氣がする。民間婦人團體はよほどの明識と自主性をもつて望まないと、この五千萬圓は命取りともなるおそれなしとは言えないだろう。

婦人のこえ

1955年
八月號

八月號　目　次

表紙……小川マリ・カット……中西淳子

国際的変化

戰後十年の收獲

—小國の發言力强まる—

山《やま》川《かわ》菊《きく》榮《え》

八月十五日！　またこの記念の日が近づいてきました。日本帝國主義が崩れ去つたこの日は、平和の第一日、日本の男女人民が自分たち自身の手で、新しい日本を作り出す第一日でもありました。それにしても、何という大きな犧牲であがなわれた平和であつたことか。しかしどんなに大きな犧牲であつたにしても、それによつて永久の平和があがなわれたとしたら、その犧牲もむだではなかつたということができますが、戰後十年間の世界のありさまは、安心どころか、第三次大戰の恐ろしい夢にうなされつづけてきたといつていいでしよう。そしてこれには古く深いところにある原因を考えてみる必要があります。

一九一四年から一八年にかけての第一次大戰を、連合國側では、「民主主義のための戰爭」、「戰爭をなくすための戰爭」と呼んで戰つたものですが、實際はどうでしたろう？　最後の一錢、最後の血の一滴までも敵から奪い去らずにはおかぬ、といつた英首相ロイド・ジョージの言葉通り、戰爭の原因を除く代りに、敵をまるはだかにし、その息の根をとめようとばかりした政策のために、戰爭は終つても平和は一時的なものに留まり、講和條件の中に次の大戰のタネをまいてしまいました。アメリカ大統領ウィルソンが唱えた非併合、非賠償、民族自決というような高い理想は連合國自身によつて裏ぎり、ふみにじられ、戰敗國の領土を分割し、拂いきれないほど重い賠償義務を負わせ、民族自決どころか、植民地主義と大國による小國の搾取を强化した結果、後進資本主義國として獅子のわけ前にあずかれない日本、ドイツ、イタリーの不滿がばくはつし、前回にもまさる大規模の破壞と殘虐をともなつた第二次大戰を避けがたいものにしたのでした。

第一次大戰の終りに社會主義革命を達成したロシアは、その革命の苦難經濟的にも社會的にも封建的な後れによつて手かせ足かせを加えられていた上に、資本主義諸國の武力干渉と戰うという、二重の苦難にあえぎました。そして國の內外における反革命勢力と戰うために新しい軍隊を組織し、革命的情熱の上にはげしい祖國愛の火をそえて、革命と祖國を一つのものとして命にかえて守る決意をかためさせ、同時に外國の社會主義勢力を動員して革命ロシアの防壁たらしめようとしました。

ロシア革命の當時、世界中の社會主義者は、マルクス主義者であると否とをとわず、これに同情と支持を與えることを惜しまなかつたものです。日本でも私たち社會主義者はこぞつてこれに聲援を與え、對ロ不干渉（ロシアから手をひけ）というスローガンのもとにシベリア撤兵と、ついでソヴィエト政府の承認を主張したものです。そしてやがてそれは日本の利益と一致することが認められて政府の政策として實行されました。

一九二三年英國で初めて成立した勞働内閣は、ロシアのために公債を募集し、その金でロシアで戰後の復興になくてはならぬ資材を送ると同時に、その生産によつて英國の失業者救濟を企てるという、一石二鳥の計畫をたてましたが、保守黨の妨害によつてはたされなかつたのみか、かえつて、逆宣傳の材料となつて内閣は倒れました。ロシアは自國の共産黨を中心として（コミンテルン共産黨インターナショナル）を作り、その命令に服從しないものは社會主義者でないどころか、反革命、反社會主義、最惡のファシストという烙印をおしたので、ロシア革命そのものには同情的であつても、自國の社會主義運動の自主性と指導性とを他國に讓り渡すことを望まなかつた社會主義者は勢い共産黨と對立せざるをえなくなり、ここに世界の社會主義運動は二つに分裂してしまいました。

第一次大戰後の世界はこういうむつかしい形勢にあつた上、科學技術が進めば進むほど、生産はふえ、交通貿易は促進され、從つて世界が狹くなつて、市場の爭奪戰がはげしくなりました。日本資本主義の飛躍的な發展が、アジア大陸及び東南アジアにおける英米勢力とのはげしい爭いを起し、結局それが同じような立場の後進資本主義國獨伊と結びついて第二次大戰をまき起すこととなつたのでした。

ヨーロッパがナチスにふみにじられた當時、ソ連はヒトラーと同盟を結んで自國の安全を信じていましたが、一九四一年、ヒトラーが二面作戰に出て突如矛先をロシアに向けると共に、連合國と同盟を結んで共同の作戰に出た。その友交關係を妨げる恐れから一九四三年コミンテルンを解散しました。一九四三年十一月には、スターリン、チャーチル、ローズヴェルトの三巨頭が始めてテヘランに相會して將來の政策を謀り、ついで、一九四五年二月に三人は再びヤルタに會し、ここでロシアの對日參戰とその代價として南カラフト、千島の領有を認めるという取引が行われたことは日本人なら誰しも知つている通り。心身共に疲れきつていたローズヴェルトが、その衰えのためにスターリンの强要を拒みえず、このとり返しのつかぬ失敗をおかしたのだともいわれ、誰にも語らなかつたこの失敗故に彼は二カ月後悶死したのだとも傳えられます。同じ四月にナチス・ドイツは亡び、七月にはポツダム會議、翌八月に入つてまもなく廣島と長崎の原爆事件、そして八月十五日がきたのでした。

國連の理想と現實

一九四五年六月、國際連合が成立し、基本的人權、人種、宗教、民族、性別によらぬ人類の平等とその福祉に對するすばらしい理想をかかげ、國際間の紛爭を話しあいで解決し、その原因を除くために經濟や文化の後れた國々にいろいろの援助を與えて、世界を平和と繁榮の樂園にすることを誓いました。これは戰前の國際連盟よりはるかに徹底した、實際的な政策をかかげてはいましたが、現實にはその總會はいつもソ連とアメリカの對立、駈引の舞臺として世界の國々の肝を冷させてきました。

ポツダム會議は冷たい戰爭の始まりだつたといわれますが、南北朝鮮の分割、東西ドイツの分斷は、それぞれの民族にとつても、世界の平和にとつてもまことに恐ろしい災のたねをまいたものとなりました。切るに切れない同じ血をわけた民族が昔から住みなれた自然の領土を、他國の占領軍が勝手にしきつて相對立し、その土地本來の主人である住民をその爭いにまきこみ、血で血を洗う慘劇に追いやるとは、大國の横暴非人道もまた極まれりというべきでありましよう。冷たい戰爭は東でも西でもそのはげしさを加え、一九五〇年東では遂に朝鮮戰爭が起り、滿二年の間に數十萬の命と、莫大な物資が失われ、國土は荒廢に歸しました。西の方ではベルリンの封鎖で肝を冷したあげく、朝鮮戰爭と共に、自由主義諸國では終戰後一旦解いた軍備がふたたび新しい裝備をもつて整えられ、特にアメリカは原爆を多くもつことを誇り、ソ連は平和時代に入つても復員を行わず、その强大な軍備を新しく加えた原爆の威力と共に、これまた世界の前に誇示する有樣です。

この間に一九四七年ソ連とそれをめぐる共産諸國との間にコミンフォルムが成立し、これはまもなくその加盟國であるユーゴスラヴィアがソ連との間に利害の衝突を來たし、大國の小國に對する壓迫、主權の侵害としてソ連の要求を拒絶するや、一九四八年ユーゴを除名し、同時にその青年同盟、婦人團體をもそれぞれの國際團體から除名しました。こうして兩國の間は國交斷絶、小さなユーゴをめぐつて巨大なソ連と、その七つの衞星國は經濟封鎖を行い、國境には物すごい要塞をきずき、强力な軍隊を配置し、飛行機の越境は年に數千回を算えるという、一觸卽發の危機をかもしました。アメリカはヨーロッパの諸國にも基地を設け、日本内地にも七百カ所の基地設定の權利をもち、中近東、東南アジアにも武器援助と基地設定により、次の戰爭に備えています。一九五〇年ヨーロッパの自主主義國は反ソ防衞同盟NATO——北大西洋條約機構を作り、一九五四年アメリカの指導のもとにSEATO——東南アジア條約機構が成立し、タイ、フィリピン、パキスタン等參加、インド、インドネシア、ビルマ等は參加せず。世界を大國中心の二大ブロックにわけることに反對し、後者は東西いずれの勢力にも加わらず第三勢力——平和地域——の獨自的な立場を守つて、一つの世界の實現に努力しています。

ソ連はヨーロッパではユーゴを除く東歐諸國と共に軍事同盟を作つて西歐に對抗し、アジアでは中共と同じく軍事同盟を作つて日本の侵略——實はアメリカ——に備え、北朝鮮及びインドシナのホーチミン軍はこれと結んでいます。しかしスターリンの死後、その外交政策に著しい變化を見せたソ連は平和共存を唱えて各國との間に個別的に正常な外交關係の回復に努め、まずオースタリーから撤兵してその中立化に成功し、曾て裏切者ティトーの政府を倒せとまで叫んで罵つた小國ユーゴに首相や共産黨書記長以下が出かけて過去のまちがいをあやまり、正常な外交關係をとり戻すというやり方。孤立無援の弱小國でここまでがんばつたユーゴの勇氣と共に、大國の面目をすてて正常關係回復のために努力したソ連の思いきつた態度も印象の深いものでしたが、ソ連は二年前にチャーチルが唱えて以來實現されなかつたジュネーヴの四國巨頭會談にも參加して國際關係の緊張を解く努力をするということになりました。アメリカ側はこの變化を西歐側の武力にソ連が叶わぬことを認めたからだとその軍備の優越を誇つていますが、ソ連を好むと好まぬとをとわず、世界はアメリカのそういう態度を好みません。英國保守黨政府は武力の代りに話しあいで緊張をとくため、東西の間にあつせんの勞をとつて巨頭會議を開くところまでこぎつけました。その英國では勞働黨左派がドイツ再軍備に反對し、パリ協定以前に巨頭會議を開いてドイツの統一、ヨーロッパの平和を進めよと、熱心に主張したに反し、右派は常に保守黨に同調してドイツ再軍備、パリ協定を支持したのみか、重大な外交政策ではいつも保守黨の相棒となりそのあとからついていく恰好なので、選擧民を失望させ投票を失うことになりました。

第三勢力の進出

日本は一九五二年四月、サンフランシスコ講和條約の發効により一應獨立ということにはなつたものの、共產黨はこれを植民地と呼び、社會黨左派は從屬國とよぶほど、アメリカへの依存度の强い狀態となり、この條約を支持した右派と、全面講和、中立堅持、軍事基地提供反對、再軍備反對を唱えてこれをうけいれなかつた左派との間に話しあいがつかず、日本社會黨は直接にはこれを原因として分裂しました。インドはサンフランシスコ講和會議に加わらず、別に日本と講和條約を結びましたが、これは、戰勝國として日本にのぞみ、賠償や領土の割讓を認めることに同調しない立場からのもの。ユーゴも同じく。この國はドイツ、イタリーからは侵略をうけて甚しい損害をうけたものの、日本とは直接に交渉なく、またサンフランシスコ條約は日本にとつて餘りに不利益であるというたてまえからこれに同調せず、東洋問題については常にインドと同調する基本的な線を守つています。

さて占領初期の日本民主化政策は冷たい戰爭の進行と共に逆コースをたどり、獨立後は平和憲法の改正、再軍備、基地の强化が一層切迫した當面の課題となり、これらをめぐつて革新勢力と保守勢力の對立はますます深刻を加えました。そして總選擧の度毎に前者の進出を見てはいるものの、今年二月の總選擧で辛うじて衆議院の三分一を占め、危く憲法改正をくいとめているだけで、保守勢力が合同すれば忽ちその關を突破される危険にさらされています。一九五三年朝鮮の休戰は成立したものの、その後の問題は解決せず、インドシナでも八年にわたる民族戰爭がますます火の手を加えているので、一九五四年四月、ジュネーヴでこれらの問題を話しあうための國際會議が開かれました。朝鮮問題については話が進まなかつたもののインドシナの休戰は成立し、始めてこういう國際的檜舞臺で主役を勤めた中共の地位はもはや動かぬものとなり、同時に復雜微妙を極め、いくたびか、危機にのぞんだ諸國の間を巧みにあつせんして、會議を成功に導いたインドの外交的功績は高く買われ、その國際的地位もとみに高まりました。周首相は歸途インドに寄つてネール首相と會談。「主權の尊重、內政不干渉、相互不侵略、平等互惠、平和共存」の五原則を基礎とする友交關係の確立を聲明しました。その前後にかけてビルマ、インドネシア、セイロン等も中共との間に貿易協定を結び、右の五原則を中心とする友交關係と共に經濟關係が發展しており、それだけアメリカのヒモツキとならずに、經濟的、外交的自立をめざす運動が東洋に根をおろしてきました。五四年十二月にはティトーユーゴ大統領のインド訪問となり、更に五五年にはネール首相のユーゴ、ソ連その他のヨーロッパ諸國の、三八日にわたる歷訪となつて、各國間の感情と利害の融和に努めたネールの外交的功績は大きく認められています。

東西兩陣營の間に立つて武力もなく、經濟的、文化的には悲慘を極めた後進國の第三勢力は、始めは夢のように思われて冷笑されていたのが、ここ二三年の間に押しもおされもせぬ國際的勢力をきずき、次第にその力を加えているのは、これが地球上の人口の半分以上をしめる國々に渡つているのと、もはや植民地主義が續くことを許されぬ時代錯誤の非人道政策であるのと、世界を大國の欲するままに二分して、小國の幸福を犧牲にする愚かさが認められたからです。第二次大戰後平和のための一番大きな貢献は小國の發言力の増大と、國連を通じての後進國の經濟的開發、技術援助にあります。

一九四五年日本に投げられた最初の原爆はこの最新の武器が人類の未來をおびやかす重大な危險を示しましたが、更に五四年三月ビキニの水爆實驗は、少數の日本人漁夫の問題だけではなく、全世界の、全人類の破滅を暗示する重大な問題として、時と共にあらゆる國々の人々の切實な關心をよび起しました。原水爆禁止、軍縮、內政不干渉、平和共存は今や人類の世論であり、これを言葉だけでなく、事實とするために私たち日本の婦人も一層固い決意を以て努力しましょう。

國内變化

敗戰後十年
日本はどんな變化を遂げてきたか

榊《さかき》原《ばら》千《ち》代《よ》

あれからもう十年もたつたのでしょうか。神国日本は絶対に敗けることはないと、信じこまされていた国民が無條件降服という祖国の立場に直面して、一寸戸まどうほどの衝撃を受けたことは事実ですけれど、長い戰禍の苦悩と恐怖から解放されて、何ともいえない安心感にホッとしたことも否めません。これから先日本はどうなつていくか、我々の生活はどう変るのだろうかといつた自分で自分が分らないような不安と、また一面には、「とうとう來るところまできた、日本は変るであろう、変らなければならない」と、軍閥政治の圧政にちつ息しかけていた人々はほの明るい希望をもつたことでしよう。

静かに見守つている国民の前に占領軍はどんどん上陸してきました。そうしてまたたく間に日本全土に配置されました。彼らは克明に戰争と敗戰に至るまでの日本の政治、經濟、教育、その他諸般の制度を調査研究すると同時に、占領政策の実施に取りかかりました。それは戰時中、政府が宣伝に日も足りなかつた鬼畜米英といつたもののやり方ではなく、文化をもつた国民の政治であつたといつていいでしょう。無謀な戦争に文字通り凡てを食いつぶした日本の今思い出してもあまりにみじめな貧しい国民の姿、浮浪児は巷に幾十人、幾百人となくうろつき、少年や青年たちが進駐軍宿舎の調理場の裏口に列をなして殘飯を貰うために立ち並び、若い女がもの欲しそうに米兵の腕にぶら下つて歩いている。私たち主婦は家族を養うためにどんなに苦労したか、僅かばかりの空地に野菜を作つてみたり、買い出しに出かけたり、そういう哀れな日本に占領軍は食糧の面倒から気をつかい、国民が立ち上がるために多少とも手をかしてくれたのは日本人として感謝しなければならないと思います。

占領政策は軍國主義舊日本を葬つて民主々義新日本を誕生させるために、次々と打ち出されました。アレヨアレヨと全く眼を見はるばかりでありました。軍隊は解體されて戰爭責任者はひかれ、舊日本を運営していた人々、またはその政治に關係していた人々、またそのお先棒をかついて特に戰爭に協力したとみられる人々は追放されました。こうして終戰まで權力を握つていた人々、軍人、政治家、資本家、官僚、教育家、思想家、その他有力な民間人など、今まで社會の指導的地位に立つて世の中を濶歩していた人々が、社會の表面からかくされてしまいました。新しい日本は新しい人によつて築かれなければならない、平和な日本は平和愛好國民によつて建設されなければならない、というのが占領軍の考え方でした。

このような状況から、婦人に參政權が與えられたことは極めて當然であり、戰前から、目覺めた指導的婦人たちが猛運動して、なお容易に獲得できなかつた參政權がタナボタ式に婦人の頭上に落ちてきたのは、敗戰の思いがけない一つの功績ではありませんか。

戰後の暫定的な帝國議會は間もなく解散されて、昭和二十一年四月青年婦人など新しく選擧權を賦與された國民全般を含めた總選擧が行われて、三十九人もの婦人が選出され、第一國會が國民の期待や好奇の眼を見はる中に開かれました。この國會で實に新憲法は制定されました。これまで權力に追い廻わされて、日の目も見られなかつた共產黨の人々や、女子供とたかをくくられていた婦人の代表が、晴れて加わつて審議したこの憲法が國會を通過する瞬間、いいようもない感激に私は眼頭がうるむ思いでした。國民の自由に表明する意思によつて愛する祖國が運営され、動かされる日は遂に來ました。この憲法は今後の日本の崇高な目標、平和な文化的な理想が高く掲げられ、一人の國民も粗略にされない民主的な姿を明瞭な言葉で示しています。時の最高司令官マッカサーの言葉をまねる譯ではないが、世界に誇るに足る憲法だと私は今も確信しています。

憲法前文には「日本國民は、恒久の平和を念願し、人間相互の關係を支配する崇高な理想を深く自覺するのであつて、平和を愛する諸國民の公正と信義に信頼して、われらの安全と生存を保持しようと決意した」また「政府の行爲によつて再び戰爭の慘禍が起ることのないようにすることを決意し」と重ねていつています。他方では連合軍總司令部や對日理事會が日本を平和國家として再生させようと、深い熱意をもつて力強い指導をしています。そこには戰爭の殘酷を骨身にこたえて味つた日本國民の堅い堅い決意があり、また日本という世界のこの一角から平和の曙をよびさましたいという、世界人類の强い希望がかけられていたというべきです。

第九條は「國權の發動たる戰爭と、武力による威嚇又は武力の行使は國際紛爭を解決する手段としては永久にこれを放棄する」「國の交戰權はこれを認めない」といつています。

世界史の上に初めて現われた完全な平和主義、武裝放棄のこの規定は人類の理想主義的念願に基礎づけられた格調の高いもので、時の流れによつて自由改變されるようなものではありません。

この憲法によつて新日本の建設は始められました。主權は天皇の御手から國民の手に戻り、象徴としての天皇の御地位さえも國民の意思によつてきめられることになりました。御直き宮のほか、宮樣や華族はなくなつて、國民は皆平等になりました。財閥は解體されて獨占禁止法や事業の集中排除法が國會を通過しました。三井、三菱やその他の少數財閥がどんなに國民大衆を壓迫し、利潤のために戰爭經濟に走つたか、そうして日本の政治經濟を自分たちの思うままにロウ斷していたか、その害毒を取り去らなければならなかつたのです。

農地は解放されて農民の耕作權は確立されたし、勞働者の權利は保證されて勞働三法が生まれ、勞働運動は、長足の進歩を遂げました。殊に婦人勞働が顧みられるようになつて、勞働婦人が特別の保護を與えられ、婦人の深夜業や危險作業が禁止されたり、或は働く婦人一般に生理休暇や産前産後の充分な休養が認められ、そうしてそれにもまして男女同一賃金の原則がたてられたことは當然とはいいながら有難いことです。

政治的、社會的、經濟的に男女の平等が保證されて、婦人の職業の範圍が廣まり、殆どの職業に婦人もつくことができ、戰前には一寸考えられなかつた婦人の檢事や警官、裁判官も現われ、その他公立私立の大學教授や助教授などもだんだん珍しくなくなつてきています。官公廳においては、戰前まではどんなに賢く有能な婦人でどんなに長く勤めていても、判任官以上になれず、頭の悪い無能な若い男が昇進していくのを文句もいえないで見ていたのを、戰後は婦人の局長課長もでき、本誌の山川菊榮女史も勞働省の初代婦人少年局長としてお盡しになつたなど隔世の觀があります。

家庭の中でも婦人の地位は著しく變りました。今まで國民生活の單位である家族生活を、形式的に支えていた法律は封建的なもので「家」を基本とし、家の長があらゆる權利の主體として外に向つては家を代表し、内にあつては家族の人々を支配する、こうして家長と相續豫定の長男だけが高い地位を占めて、他のものはこれに奉仕するという身分的隷屬關係でありました。殊に婦人の地位は最も低くどんなに有能で才能があつても、自らを伸ばす自由も機會も殆ど與えられなかつたし、ただ家のために働く道具のように疲れて老い朽ちていくばかりでした。新憲法は夫婦は同等の權利を有することを明記し、家族生活の一切は兩性の本質的平等に立脚してきめなければならない、と定められました。そこで民法第四編、第五編の親族、相續は全面的に改正され、家族生活の形態は近代化され、相互對等の關係に立つて相補い助けあつて、お互の個性を充實發展させていこうとする生活協同體であるべきだと、いうことが示されました。

生存權が保障されて、それに基く生活保護法によつてどんなに多くの未亡人たちが助けられたか、たとえ貧乏な敗戰國の豫算で充分なことは望まれなかつたとしても。次々に兒童福祉法、社會福祉事業法、失業保險法、職業安定法など社會立法が實現されたことは特筆に値します。

また教育の面においてはすべての國民はその能力に應じてひとし

く教育を受ける權利を保障され、義務教育は無償とする、と規定され、更に國家權力が教育內容について不當な干渉をすることを嚴重に斥けようとしています。中央集權的な教育がどんなに戰爭の片棒をかつぎ、教師たちから從つて教育される兒童から批判精神を奪い去つたか、教育使節團の示唆に基いて教育精神、制度、方針、メソドなど日本の教育は大きく變りました。多少の行き過ぎはあつたにしても因循だつた教師の顏にも生き生きした輝きが現われました。

その他、言論、集會、信仰、思想の自由が保障されたり、日本の國と國民生活の隅々にまでわたる革命的とも見られる改革が緒についたのです。十年一昔、英語でワンディケードと一應區切られる、この十年の歩みをふり返る時、葬られた舊憲法に變つて生れ出た新憲法と、何故舊憲法が死んで新憲法が生れなければならなかつたかの基本的な根據や、新憲法によつて新しい日本が生み出されようとした當時に、思いをひそめないではいられません。そして、もしこの新憲法が自信と誇りをもつて護られる努力が續けられたら、今日の日本は遙かに異つたものであつたでしよう。日本人がよつてたかつて押し進めようとしても、出來なかつたであろう多くのよい改革を成し遂げてくれた占領軍がそこでさつさと撤退してくれたら、日米双方の友情のためにどんなにプラスであつたでしよう。長い占領と、それに頼る安易な國の歩み方、アメリカの背景によつて權力を握つた支配層がいつの間にかアメカ一邊倒になり、アメリカべの追隨外交が年とともに強まつていつたこと、他方朝鮮事變など世界狀勢の變化や、二つの世界の緊張度の强化、多數講和と不平等な條約や協定による日本の地位の不安定さ、アメリカの共產圈に對する氣狂いじみた力の政策と、それに引きずられる日本の國策の建て方などから折角緒についた新日本の建設は停滯し、そればかりか捨てられてあつた古材がまた拾いあげられてあちらに立てられたり、こちらに張りめぐらされたりするような淺ましい姿が現われかかつています。

祖國を復興し、世界平和に寄與するために堅く決意して捨てたはずの軍備は、アメリカの要請のままに再び着々と整備され、戰力なき軍隊などと言葉のからくりによつて軍隊は復活され、戰後生活保護法一本で平等な立場においてすべての生活難にあえぐ國民を救い上げようとした社會保障から軍人だけを選び出して軍人恩給を增額したり、このような政府による憲法違反は、やがて憲法改正にまで辿りつこうとしています。國の復興は一擧にできないとしても、少くとも國家は理想をもち、信念に生き、その前に國民を結束させ、ひきしめてゆく大目標を明示しなければなりません。新憲法によつて日本國民の前に高く揭げられた平和國家、文化國家、民主國家の大目標、崇高な理想は軍備に走る政府によつてボヤかされ、こうしていつとはなしに理想を失つてしまつた國民は、アメリカの衞星國のように、微々たる存在を續ける祖國の中に生きる從屬國民のような卑屈さにおちいつてしまつたのではないでしようか。

防衞費は今年も增額されましたが、日米共同聲明に從つて來年度からは更にふえることは必至であり、軍需產業の遊休施設は政府保障によつて存續されなければならず、それでなくてさえ狹い土地はジェット機の飛翔にたえるように、さらに接收されようとし、今國民同志の間にさえ紛爭がたえません。その反面內政費は極度に壓迫されて終戰後十年末だに傷病兵は電車や巷にもの乞いをし、結核患者は陋屋に家族に邪魔にされながら肩身狹く住み、賣春婦と賣春宿は雨後の筍のように顏を出し、住むに家のない人々が止むなく同居して爭いながら生活し、落ちつけない狹い家から不良少年少女が飛び出し、親子心中、自殺、他殺は相續いています。

こういう狀況の中で再軍備へ地ならしする反動立法は次々と制定されていきます。破防法敎育二法案、警察法などの通つたことは先刻承知の通り。今會期末の國會では國防會議法案が討議されています。これが通れば自然軍人の發言が政治に大きく反映し、再軍備計畫が政治の中心となるでしよう。歴史の中の軍人政治を思い出してゾッとするではありませんか。國防會議法と並んで重要な法案に地方財政再建整備法や地方自治法改正があります。これによつて民主主義の基盤である地方自治は壓迫されて、中央の權力は擴大强化され、やがては官選知事が實現されないとはいえません。敎育委員會からは豫算編成の權限も取りあげ、こうして敎育なども中央集權的に統制されたりしたらどんなことになるでしよう。

婦人一般に直接關係する問題としては、日本古來の醇風美俗を維持するためにという口實の下に、民法改正が行われるかも知れない危險を常に感じさせられます。女が政治や社會のことに口出しすることは女らしくないという空氣が漂つてきたら、再軍備へ急ぐ政治家たちにとつてはどんなに事がやり安くなるでしよう。

こういうまことに樂しくない現實ですけれど、例えばかくの如くに反動的な鳩山内閣が日中貿易を稱え出したり、日ソ交渉に手をつけだすに至つた動因は内外の情勢や、それにもまして國民の强い世論です。終戰後十年、私たちは今嚴として存在している日本國憲法をもう一度熟讀して、國のあり方をそれにあわせていくために大努力をいたしましよう。國際社會學會長でハーヴァード大學敎授のピトリム・A・ソローキン氏は四巨頭會談に寄せて、「米ソ駐留軍を撤退し、國連を强化して戰爭放棄を行え」と主張しています。世界人類の前に、戰爭放棄を高く掲げた日本國憲法に誇りと、自信をもつて忠誠をつくす努力を捧げる時に、この弱小國日本もやがて世界から尊重される日がくるに違いありません。

随筆

子供の自殺

圓《えん》地《じ》文《ふみ》子《こ》

八つの男の子が先生に叱られて、自殺してしまつたという記事が新聞に出ていた。思春期以後の自殺者には慣れつこになつている世間もこれにはびつくりした模樣である。

子供の過失死は實に多いが、自殺はしないものだという原則が搖ぎ出した。原爆水爆禍が地球を不安にしている時代には子供にも性來强い筈の生きる欲求が稀薄になつてゆくのであろうか。

先生は十一人の生徒を一緒に叱つたというし、日頃から溫厚な評判のよい人であつたという。死んだ子供も氣の毒に違いないが先生は一そうお氣の毒である。このことが先生の罪でないことは誰れも知つている。この子供の死は過失死と同じ、責任者のないものと見てよい。この先生はこんなことによつてうちひしがれずに今後も敎育者としての仕事をつづけて行つてほしいものである。

主婦のこえ

二つの學校を見て

藤《ふじ》本《もと》美《み》榮《え》子《こ》

敷地九千坪、建坪千五百坪、總工費一億三千萬圓という、すばらしい計畫で、學藝大學附屬小學校が建設されているときいていたが、その一部が出來上つたというので、私は見に行つた。外觀、鐵筋三階建、全體灰色に、窓枠淡緑色、靴箱の立並んだ玄關に入つたとたんに、私は外國の小學校でも見學に來たような感じにおそわれた。高い天井、廣い廊下、壁の上部が白色、下部がごく淡いすみれ色、右手に給食室及び作業員室、廊下の南側に、教員室、衞生室、應接室、音樂室、體育室、と並んでいる。どの部屋も充分ゆとりがあり、大きい硝子窓からたつぷり日光が入るようになつている。音樂室には、リズム教育用具一式、小型ながらグランドピアノが置いてある。北側の壁ずたいに、ローズ色のパイプ式傘掛けがつけてあり、その奥に便所があるが、これが又すばらしい。第一廣いこと、全部白塗で（床タイル張）、水洗であるから清潔なこと、同じ意味でも便所ではなくて、トイレットだ。二階に上ると、まず理科圖工室、續いて三年の教室。理科圖工室の後方の壁に、幅の廣い硝子戸が入つているが、今に、マジック硝子というのが入るそうだ。マジック硝子とは、部屋の中からは見えないが、その外側から、部屋の様子が見える仕掛けになつているとのこと。各教室の外側の壁に、ロッカーが備えつけてある。三階は、圖書社會科室と四年の教室。もう一段上ると屋上に出られるようになつている。とにかく、どこもかしこも明るく衞生的な感じに漲つている。以上は、まだ計畫の一部であるから、完成後の壯觀は想像するに難くない。うちの子供の學校の、じめじめして臭い便所や、穴のあいた廊下を思い出しながら校舍を出ると、すぐ目と鼻の先に、平行して並んでいる區立の小學校を見つけて、はつとした。吸いよせられるように入つて行くと、何ともいえない臭氣が漂つている。便所と、給食の殘飯の入り交つたような匂である。廊下のせまいこと、天井が低く、暗いこと。いずれも、教室一杯に、机と椅子がぎつしりつまつていて、定員超過そのものが語られている。私は、やりきれない思いで歸途についた。朝に夕に、同じ道を通る子供達が、この天と地程に相違する學校に、夫々通つてゆくのである。

國立であろうと區立であろうと、公費で賄われていることにちがいはない。教育豫算の餘りも不均等な使い方に、だまつていられない氣がする。現在、その周邊の小學校は、二部授業に喘いでいる。二部授業の解消を、垣根や雨もりの補修を、と何とつましい要求だろう。それさえも滿されない現狀である。大多數の子供達が、凡ゆる不足に耐えながら勉强している一方で、少數の選ばれた子供が、完備された環境の中で育成されるということは、正しい教育のあり方ではないと思う。

（世田谷・主婦）

暑中御見舞

例年にないお暑さの折から讀者の皆さまの御健勝を切にお祈り申上げます。

「婦人のこえ」社一同

解說

社會保障とは

竹《たけ》中《なか》勝《かつ》男《お》

社會保障という言葉は随分使われているがどういうことが社會保障というものか、餘りはつきり分つていないのが現狀である。

これを一般的に言うと人が生れてから死ぬまでに誰れにでもおそいかかつてくる危險、卽ち、出生、病氣、失業、老年、死亡等の不時の出費や老後の生活問題を社會的に解決しようとする計畫をいうのである。

これらの危險は昔からあつたもので新しいものではない。しかし資本主義の發達する前には、これらは家族の責任において解決されていたために、社會問題とはならなかつたのである。つまり封建制度のもとにあつては、家族は强い家長權によつて支配され、家族の人權は認められなかつたが、そのかわり生活の保障はうけていた。ことに婦人や子供は家長の絶對權力下におかれ、自由は殆んどなく、その生殺與奪の權が握られていた。現在殘つているエンゲージリングや結納金や中國のテンソクは、こうした婦人の拘束、賣買の證據として用いられたものであり、奴隷制度の遺風だと考えられる。しかしこのように家長權が强力な一方、家長はまた家族成員の生活を保障する責任があつた。つまり昔の家長の收入は家族を養うだけあつたわけである。

ところが、資本主義となり、賃金制度が發達すると共に家の崩壞が始まつたのである。その原因は賃金は個人が生きていくのに必要な額を標準にして決められるので家族を養う餘裕がなくなり、また法律も個人主義の立場から制定されるようになつたためである。つまり、法律、經濟等が個人中心に變つたからである。

そこで、賃金とは何か、ということが問題になつてくる。普通賃金とは勞働力の値、卽ち勞働力の價値のこと、つまり、勞働力を再生產していく費用のことである。

しかし、これは勞働する當人一人が生きていくだけの費用で、家族を再生產していく費用ではない。そこで家長だけが働いているわけにはいかなくなつてきたし、また家計の項目の中に不時のために備える貯蓄がでて來ない。これが今日の賃金制度である。卽ち、資本主義制生產方法は安い賃金で商品を作つて賣ることを目的としているためにどうしてもこうしなければならないのである。そしてこの資本主義經濟においては賣ることが第一なので、廣告宣傳が非常に大きな役割を果している。そのため流行をつくり、購買力を刺戟する。アメリカの映畫株の大部分は衣服業者が持つていると言われているほどで、映畫は衣服業者の宣傳機關となつている。

一方勤勞者は低賃金の上にこういう廣告・宣傳によつて購買力をそそられるのでますます不時の入費や老後のための貯蓄ができなくなつてくる。こうして資本主義社會にあつては、人生にある危險がカヴァされないのが普通となつている。

そこで、これまではそれをどうしていたか

というと、從來の政治では救貧法によつて救濟していたのである。つまりこの人間生活の危險によつて貧窮に陷つた最低のものだけを救う方法がとられていたわけである。それともう一つはこの危險を分散しようとするものつまり保險による方法である。保險は最初營利事業としての私保險——生命、養老、火災保險等——が資本主義の初めから發達した。保險會社は保險數學や統計學によつて危險率を算出することができるので、保險料さえとれば決して損をしないどころが大いにもうかる。その上この危險率を引下げるような方法をとると更に利益があがる。アメリカの生命保險會社で、サーヴィスとして被保險者に看護婦を派遣して病氣の豫防に努めたところ加入者が增え死亡率が低くなつて非常にもうけたのである。このように社會的な方法をとればもうかるのである。それでこれを國で經營するようになつた。即ち、勞働者を保護することが國として有利であるというように考えたのである。(これを最初に考えたのはドイツのビスマークであつた)これが即ち社會保險のおこりで、國と事業主と勤勞者の三者が力をあわせて、事前にこれらの危險を分散し、この危險に對する個人負擔を出來るだけ輕くしようとするものである。

日本の生活保護法には七つの國家扶助がある、即ち、生活、疾病、出産、葬式、生産、教育、住宅等であり、その他に兒童福祉法によるものなどがある。社會保險では、健康保險、國民健康保障、失業保險、傷害保障、厚生年金保險などがおもなものである。健康保險は産業勞働者を對象としたものであり、國民健康保險は一般の人を對象としたものであるが、地域、職業別を中心としている。このいずれの健康保險にも加入できないものが三千萬人いるのである。これらの人々のうち貧困者は醫療扶助、結核對策法によつて療養を受けているわけであるが、社會保障費が極めて少ないため、療養は不完全で又それに配與するものが制限されている有樣である。おかしいことは今一番完全に療養できる人は生活保護を受けている人で、次に健康保險加入者、そして自費で療養できる人は生活保護法によるものが十日とすれば平均三日しか入院できないという狀態である。最も困るのは生活保護も受けられず、健康保險にも入つていない人々である。

スウヰーデンの病後及び輕症患者の醫療施設、國民は誰れでも全治するまで無料で入つていられます。

社會保障の目的は全國民の生きてゆく上の主要な危險に對し、最低の保障をすることである。こうみると日本の國民がどんなに危險な狀態にあるかがうかがわれよう。健康保險は今年度末には約百億の赤字が豫想され、そのため現行保險率千分の六〇を六五に引上げようとされている。しかしこれは社會黨などの反對で喰止められそうである。この赤字は國家保險給付費の二割を負擔すればすむのである。

わが國で社會保險の實現は可能か

ところで、問題なのは、今日の國民健康保險を全國民に及ぼす可能性があるか、どうかということであろう。左派社會黨の計畫によると、三年間で、少くも全國民を健康保險に强制加入せしめること、又養老年金のために現在の恩給（文官、軍人）厚生年金保險、共同組合、各種の退職金などを統合して國民年金保險法をつくり、日本人は誰れでも六十五歳になつたら安心してこの年金で生活できるようにするというのである。これを解決しなければ貧乏は救えない、というのは日の貧乏の主な原因の一つが病氣であるからである。誰れでも無料で診療が受けられるようになれば、早期に病氣を治すことができ、それだけ働けるのであるから、生活扶助費が減り、實質上國庫の負擔は變らない。そのいい例は、一九三三年イギリスで醫療國營を實施した當時醫師會はこぞつて反對し、皆が醫者にかかるようになつては國の財政が破産すると言われたものである。ところが、最初はたしかに赤字であつたが、早期治療のため病人が次第に減つて醫療費が非常に少くなつているのである。

國民健康保險と國民年金保險の確立は社會黨が政權を取つたらすぐにも着手すべき問題で、これは經濟的にも財政的にもなりたつと考えている。現在の保守政黨にもできるはずであるが、それを手しないのは國民生活のことを眞劍に考えない證據であろう。

次に養老年金制度について今少しお話すると、この制度のないのは文明國では日本だけである。前にも述べた通り、資本主義社會では勤勞者は老後のための貯蓄をする餘裕がない。一所懸命働いても年をとつてからの生活の保障がないと働くことに希望すら持てなくなる。これでは生產は上らないし、人間の幸福も國の發展も望めない。こういう點から言つても養老年金制度は是非早く實施されなければならない。これらの財源は、低率な社會保障税として誰からも一率にとるようにし一般會計から國が一定の負擔をすればなりたつのである。現在すでに文官軍人の恩給だけで一兆圓豫算の一割一千億圓近くも出しているのである。

日本では人々が年をとり、永生きすることが不安であるが、養老年金のあるフランス、イギリスその他北歐諸國の人々は老後を樂しみに働いている。先年夏フランスで養老年金支給の年令引上げが大問題となり、遂にゼネストになつたことがある。しかもこれは女五五、男六〇歳を、各々二年づつ延ばそうとしたためである。これらの國の人々は養老年金が貰えるようになつたら、ほんとうに人生を樂しもうとしているのであるし、また樂しめるほど支給されているわけでもある。よくスウヰーデンの養老院と言われるが、スウヰーデンでは養老院は保養所だと言つている。それほど完備した施設を持つているのであるが、そこに入ることを好まない人は年金でホテル住いもできる。

老後、失業、病氣、子供等の心配がなくなると、人間は變つてくる。賣笑問題もなくなつてゆく。第一悪いことをする必要がなくなるからである。そして生活を保障されている國の人々は自分の國を守ろうとするので非常に愛國心が強い。從つて社會保障の問題は國防にもかかわるものである。

日本の社會保障の充實は二千億以下で實現できるのであるから、現在の恩給制、各種社會保障、社國扶助を統合し、整備して、國民全體の社會保障制度の確立に努力すべきである。それには勞働組合などが先頭に立つて働いて貰いたい。外國の勞働組合は社會保障を取上げて鬪つて來たのである。一般の國民はまだ氣がつかないのであるから、まず目覺めた組織勞働者が立上つて、世論を起して頂きたい。更に生活、くらしの問題に直面している各種の婦人團體がもつと社會保障のことを研究し、その確立充實のためにたたかつてほし

質疑應答室

（問） 六月號「食品の話」、たいへんけつこうな記事でしたが、第二段の左のはし「ヴィタミンAの必要量は日本人一人平約一日三七〇〇國際單位（一國際單位とはβ《ベーター》ーカロチン〇・六ガンマーの効力を云う）ときめられています」の一節。分りやすくご説明下さい今の中學では營養學のことまで習うそうですが、私のような舊制高小卒でただ働きつづけてきた中年の農村婦人は何も知らず、御誌で勉强するのを樂しみにしていますのでどうぞよろしく願います。（**中島まさ子**）

（答） 大阪府立生活改善研究所　**林　郁**

いろいろの營養素の量をはかる單位にはたいていグラム・ミリグラムを用いています。しかしヴィタミンAはこの國際單位というものによつて、示しております。

國際單位というのは、世界各國の代表者による會議により定められた單位のことです。ヴィタミンAの一單位は右の會議によつて、β《ベーター》カロチン・〇・六ガンマーときめられております。これに使つたガンマーというのは一ミリグラムの一千分の一で、〇・六ガンマーは一萬分の六となるわけです。

β《ベーター》ーカロチンですが、植物性ビタミンAとよばれるカロチン色素にはいろいろの形があまりしてα《アルファー》・β《ベーター》・γ《ガンマー》の三つが現在わかつております。このうちβ《ベーター》ーカロチンがもつとも代表的で効力の高いものですので、一應このβ《ベーター》ーカロチンを標準にして動物性ヴィタミンAγ《ガンマー》・カロチン・γ《ガンマー》カロチンもすべてβ《ベーター》ーカロチンに換算してその量を表わすことになつております。

以上のようなわけで、ヴィタミンA一國際單位というのは、βカロチン一萬分の六ミリグラムの量になります。それで日本人を平約して健康な生活を送るに必要なヴィタミンAの量が、それの三七〇〇倍、つまり、三七〇〇國際單位ということになります。これだけをとらないと身體に何かの故障を起して病氣になるのです。國際單位というのはヴィタミンA以外にヴィタミンDにもつかつておりますあの短い言葉を分析すればこのようになるのですがおわかりでしょうか。

いものである。

現在日本の失業者は完全失業約四〇萬、潜在失業（一週間二十四時間以下の勞働しかしない人）一千萬と言われている。これらの失業問題はアジア貿易を盛んにしなければ解決できない。またこの解決なくしては完全な社會保障制度の實現はむつかしい。

なお私たちが完全雇傭と言つているのは、失業者を一國の失業保險でカヴァできる程度に減らすことを指している。

最後に、社會保障制度の完備している國はスウヰーデン、デンマーク等の社會主義國であり、また例えイギリス、フランスのような資本主義國であつても勞働黨や社會黨の勢力の非常に強い國であるということを考える必要があろう。（談）

註　この記事は七月六日參議院會館において行われた「**くらしの會**」第二回教養講座竹中勝男先生の「**社會保障制度について**」から抜萃したものです。（文責・菅谷）

なおこの問題については同氏著朝日文化手帳「**社會保障**」が大變參考になります。

《働く婦人の歴史》
(15)

最初に賃勞働者になつた婦人たち

その三　織物勞働者
その他及び女紅場について

三《さん》瓶《ぺい》孝《こう》子《こ》

織物もまた製糸、紡績と共に婦人の從事する三大産業の一つである。

織物業の方は、明治の初め頃には、綿糸や生糸ほどに日本の貿易上重大な影響をもつてはいなかつたので、紡績業や製糸業のように政府によつて模範工場は建てられなかつた。それでも、ジヤカード機、ドビー機という綜絖の數が多く紋を織り出す織機を、政府や京都府が輸入して、外國の新しい織布技術の紹介に努めたが、これは高價でもあり、高級な織物を製織する織機であるために一般の機業には廣まらず、この織機を操作するのも、まだ男子の研究の域を脱しなかつた。ただこれらの織機と一緒に輸入されたバッタン機（これは手機の一種であつたが）だけは明治二十年頃から各地に廣まつて機を織る婦人の能率を高くした。

織物業は古來からの日本の重要な産業であり、國民の必需品生産であつたので、幕末・明治維新にかけての機業の衰亡を復興させ、それによつて地方經濟を建てなおし、あわせて失業救濟する目的をもつて、織物業が明治十年代に各地に起された。こうして各産業を起し、奬勵することを勸業といわれた。

政府の勸業政策によつて各地に起された機業の中には政府の補助金によつたものが多くあつた。從來殆んど家內工業として營なれていた機業において、この頃から工場の形をとるようなものが多くなつた（これ以前にも工場の形を備えた機場は若干あつたが）。工場の形をとれば働く人達は賃勞働者であつた。もつともこの時代の賃勞働者は、後にのべるように前借年期奉公であつたから、今日の賃勞働とは異なるが、勞働力に對して代償として賃金をうけとる限りにおいて賃勞働者になつた。この時代はこれらの婦人達を、勞働者といわずに工女といつた。工場とはいえ、織機がまだ多くは手機であるから（若干の力織機工場もあつたが）、富岡製糸工場や、綿絲紡績所に比べれば、また近代工場とはいえなかつた。

機織に從事する婦人はこれだけではない。工場以外にもつともつと多くの家內工業や、賃機に働く婦人達がいた。明治十年代の機織工女の數は不明であるが、明治二十七年によると八九五、四一六人（男女合計九四三、五九一人）もあつた。

以上のべたように婦人の從事する産業といえば織維産業が第一にあげられたことは古今東西變りはないが、明治の初めに官營工場に女子勞働者としてはいつたのに、大藏省紙幣寮抄紙局に紙漉工として招かれた婦人があつた。これは、紙幣や公債の贋造を防ぐために、それらの用紙を漉くために抄紙局が設けられ、古來より和紙の特産地である越前國（今の福井県）岡本より漉紙の熟練工としてまねかれたのであつた。明治七年一月三十一日大藏省紙幣寮において女工規則を定めて女工を置くとあるから、彼女達もやはり女工であつた。この紙幣寮抄紙局は後の印刷局の前身である。

以上は明治になつてから、賃金勞働者として働くようになつた先驅的な婦人達のことであるが、これ以外に、この時代の婦人勞働の一つの型として女紅場のことについて觸れなければならない。

明治十年頃は、日本はまだ明治維新の變革の後始末の時代であつた。明治維新による武士階級の沒落者及び封建制の崩壞によつて失業した人々、例えば劍刀工、革細工、漆工、馬具工はじめ、服裝の變化による武家用衣服及び裝身具製造業等の沒落から生じた失業者、それらを救濟することが明治政府の大きな悩みであつた。綿絲紡績業、養蠶、製糸業を起し、茶園を開墾したのも、實はその目的の主なるものがこの失業救濟にあつた。その上に明治六年の地租改正によつて小さい土地所有者は現金で地租を納めるごとに苦しんで土地をすててプロレタリアートになつた。

こうした失業者、貧民層の婦人の中には食うに困つて藝娼妓となる者も少くなかつた。政府がこうした婦人の對策として考え出したのが授產場であつた。授產場で職業を身につけて生活の助けにさせようとした。しかしこの授產場こそ、後の賃勞働者を送り出すトンネルではなかつたかと思われる。それに、明治五年十月に政府は太政官布告第二九五號で、人身賣買を一切嚴禁した手前もあり、その裏付對策としても、貧困婦人の職業補導が必要とされた。尤もこの對策は大した効がなく、その後の都市工業の發達はこれらの婦人を低賃金勞働として吸收したのであるが。

この授產場は「女紅場」といわれ、そこにはいつた婦人を紅女と呼ばれ、機織、裁縫、組紐の仕事の外に讀書等が教えられた。

女紅場は各府縣に設けられた。明治十年の府縣勸業着手概況から當時の女紅場設立の意義や目的、方法など見よう。

「**神奈川女紅誘導之事**」には次のようにある。

「貧窶《ひんろう》（貧しいこと）の婦女をして女紅場に入らしめ、授產の法を立つるは卽ち今の要務なり、また物產の價をして低層ならしむも之急務なり、此の二つを併行せんには須らく保護勸誘して一社を創立し、各種の器械及び絹綿糸等を貯置し、爲めに簡單なる規則を設け、區内の婦女を懇諭し、保證人を定め、請求する者は貧富を問わず器械を貸與し、各自共家に於て裁縫、紝《りん》（機を織ること）の業を習はしめ、豪巷（町中のこと）の賤婦と雖も亦少時間に其功を積むを得、終に產業の裨補《ひほ》（たすけること）するに至るべし、且つ藝娼妓之如きは、別に條規を設けて又此業に就かしめんとす」

これは貧しい家の婦人を女紅場に入れ、或は家内勞働として道具や原料を出して賃加工させるものであるが、この女工場を設置することが授產と同時に物價引下に目的が置かれたことに注意しなければならない點である。これは低賃金による物價引下策の一つであつた。

新潟の女紅場は授產場とはいえ、後の工場勞働と同じであつた。

「**新潟女紅場の事**」

「新潟女紅場は元陸軍營所にあり。地凡て五千坪、建物凡二千坪、明治八年中に創設する所。其旨趣たる貧民の身を娼婦絃妓に陷るものを未然に救い、且つ機織を業とする者をして準則する所あらしむるにあり、故に機織を基として傍裁縫及讀書算術を採り、此他女子の手藝をも漸次兼業を授けんとす。管內機織を業とする者、絹帛木綿に論なく、到る所あらざるなし、然るに近來、物品粗惡に陷り頗る聲價を損す、其原因を按ずるに、織工目前の小利に眩掉せられ、藍染に贋雜あり、或は殺匹（一反、一匹のこと）長短相同じからざるにより、故に女紅場の製品に務めて丈尺を正ふし、藍染を純精に、該業を行ふ者をして準則する所あらしむ。現今機織教師六名、裁縫教師二名、算師五名、染工七名、習業生徒二百名あり……習業生徒は總て寄宿せしめ、賄費其半は官給し、

（21頁へつづく）

なぜ農家は娘を賣るか

新《にい》妻《づま》　イト

　幾度か流産の浮目をみた賣春等處罰法案も、今度こそはぜひ通させたいと、婦人の殆んどが念じているし、また世論も今までより強く湧上つており、曾てはこの問題を白眼視していた人々も、興味をもつてこられたことは賴もしいことです。こうして社會の掃溜めになげこまれた婦人や、殊に悪らつきわまる業者や仲介者を徹底的に處罰できる法律が制定されるのは當然ですが、これと同時に、なぜこのような氣の毒な娘達が生じるのか、またどうしたら無くし得るか、もちろん非常に難しい問題ではあるが、いささかでも掘下げて考え、よりよい方向に導かなければならないと思います。

　賣春婦にまで陥入つた婦人たちの徑路については種々ありましようが、何としても家の貧困が最大の原因であることは事實です。そこでその親元について婦人少年局の調査を見ると、農業が約四分の一占めているのに氣がつきます。そこで私はこれらの農家の實情について、私の知るごく狹い範圍でここに書かせて頂きたいと思うのです。

　私たち婦人が解放されたのと、兩翼とも云わるべき農民解放令が、昭和二十年十二月九日に占領軍から出され、農地百九十萬町歩、牧野四十四萬七千町歩、未墾地百三十一萬町歩の土地が解放され、かつては地主から苦しめられてきた小作も、待望の土地が持てるようになり、農家の人身賣買など、これで全く解消されるかのようにみえました。ところが十年もたたない昨今、過剰農家人口からくる壓迫と、零細經營のための貧困化は子供の身賣りや、辛うじて得た土地の手ばなし、そして離農する者が非常に增してきつつあることです。二十八年の農林省統計によると、自作地の無償の緣故關係をのぞく、農地所有權移動の面積は四萬七千百十三町歩で、實に二十五年に對して四倍となつています。さらにこの賣手、買手を東大農敎室調査でみると、賣手には貧農と自作地主で、賣手三百三十二戸のうち、貧農百十七戸、自作地主七十七戸、とくに日雇や出稼をかねる貧農より、日雇の非農家、兼業者などの生活費にあてるものや、借金の整理のため、まとまつた金を必要とする者達ですから、賣る土地の面積も一反、二反という零細なものが多いのです。これからみても三反未満の農家が、全農家數六百十九萬餘戸の中に百四萬二千七百三十九戸もあるのですから、益々脫農、自滅の道をたどりつつあることは、重大問題であると云わねばなりません。

　もつともこうした中に不思議に感じさせられるものは、中農や地主の買手が少く、むしろ四、五反の小農について、貧農が數えられることです。卽ち土地を買つた者三百四十七戸のうち小農百二十五戸、貧農百三十六戸が數えられますが、何れも日雇や賃勞働しているもので、あくまでも農業で生き抜こうとする人々です。もちろんこの裏には高利を拂う借金によつたり、娘の身賣りに依る場合もありましようが、なぜこのようにしてまで土地を買わねばならないか。勞賃と小作でどうやら食えている人々が、地主から常に「自作するのだ」の口實のもとに、小作地取上げにおびやかされているところえ、さもなければ買いとれとおどかされるので、買わねばならなくなるのです。平凡社から出ている「綴方風土記(二)」の中に、「心配ごと」と云う子供のうめき聲が、綴方に現われています。その內容を見ると「地主から田を買え、そうでなければほかにゆずると强要されているので、母親は田全部で三十萬圓ではすぐ買えぬから、すこしずつでも買うから、他へ賣らないでくれろ、と地主に語るべいかと、兄に相談しているのを聞き、地主は金持なのになぜだろう、思い出すたびに心配になる」と、よくその間のことを物語つています。

土地の價格にしても考えさせられるものがあるのは、地主が買う場合は反當りの二萬九千圓、中農が三萬二千圓、小農三萬七千五百圓、貧農四萬四千圓というように貧乏人ほど高く買わされていることです。もちろん高値でも決して美田はあてがわれていないはずです。しかも購入資金は三百四十七人のうち百二十九人までが借金で買い取り、、百人の貧農者は一割、二割の高利貸しの金で拂われているそうです。この賣値は二十五年頃のもので、農地の移動價格の統制のはずれた今日では、反當り五、六萬圓から十萬圓を越えています。

こうした農村の窮乏は山間部へいつて一層はげしくなります。殊に昨年の冷害による凶作の影響は深刻になつてきています。これらの山間農家はもちろん耕地が少いので、炭燒や山仕事で補つているのですが、その山仕事にしても、自分の林野をもつているのではなし、炭燒にしても交通不便の僻地では、集荷地まで遠いため運賃などみこまれ、安値にたたかれてしまいます。そもそも農地解放といつても、大きなミスをしていたのは、同時に山林の解放がされなかつたことです。ですから山間の小農家は一人だちできるものは甚だ少なく、山地主につながる親分子分であり、名子制度の存在も、今日なお嚴然と成立しているわけです。島根縣下のある大山地主から聞いた話では、その地主は特殊な事業をしていて、子分衆四十戸も養つているというのです。その辯明に、「この仕事も時代おくれではあるが、一人だちできない子分衆をほうり出すことはできない」といい、全く封建的な制度から一步も出ぬ、生活の中に搾取の對象としておいています。脫落してゆく農家より、ヒクヒクながら食つていられる生活に安定感をもつているので、習性となつた依賴心や、無智な隷屬性が、殼を破ろうとさせないでいます。

可愛い子供を賣り、わずかな土地も手離す貧困農家には、充分同情はしますが、それと同時に彼らの無智を啓蒙し、勇氣を起させるよう努力しなければなりません。「なぜ食えないか」「どうしたら生きられるか」を考え、それを實行している人たちは、こうした立場から立派に切抜けている例が決してないわけではありません。平場農家でも五、六戸が共同生產をして戰いぬいている者も各所に出てきましたし、山間農家の炭燒事業にしても、長野縣靑木村の入奈良本部落の四十四戸が、社會主義生產樣式に變え、共同製炭をしてその成果をあげているなど、誠によいお手本だと思います。

こうして大多數の貧農家たちが眠つている間に、地主階級は頭を持ちあげ、轉落する農家を救濟するという美名のもとに、お互いの結束を各地に急ぎできつつあります。更に農村に於ても貧富の差が甚だしくなつているのが目につきますが、これに對しての政策は、もちろん個人の自覺を大いにうながさなければならないが、それにもまして一日も早く社會主義政權が確立され、貧しき者の安定した生活が、營めるようになる日の來ることを念じられてなりません。（三〇・七・七）

社會保障の一斷面

中大路《なかおおじ》　まき子《こ》

　せまい土間にはいつて案内をこうとその家の主婦らしい人が出てきた。彼女は初對面の挨拶をのべると自分たちの當面していることがらについて話してくれた。それによるとこの一家は夫婦に息子二人の四人暮し、自動車の修理工である夫、小さな會社に勤めていた長男、中學生の次男である。ところが長男が四年前から結核にかかり會社の休職期限も切れて退職となり、病氣は惡化して現在入院中とのこと、夫の收入が少いので醫療扶助を受けていたが、最近中學を終えた次男が近所の人の好意で店の手傳いをしながら晝間の高等學校に通うようになつたら福祉事務所で扶助を打ち切ると云われた。

「高等學校へ通うことが生活保護を受ける身分にとつてぜいたくなんでございましょうか？　子供はどうしても學校へ行きたいと申しますし、扶助がなくなれば病人の面倒がみられませんし……」と母親はいう。

　私は福祉事務所をたずねてこのことを話すと、「たとえ店の手傳いにしろ、アルバイトにしろ收入は收入として加算されることになつています、なお再調査して善處しましよう」との返事だつた。

　その後一月ほどたつてこの家を訪ねたら、靑白い顔をした青年が座つていた。ああこの人が病人だなと思つて「扶助は駄目だつたのですか」と聞くと、「いいえ、おかげ樣で續けていただけるのですが全額扶助ではないので醫療扶助をもらつても、なお毎月六千圓位は自費で負たんしなければならないのです。まだ退院は少し早いのですが自宅療養させます」と仕方なさそうに答えた。

　私の區（東京都S區）は世帶數約九萬一千此の三％弱が被保護世帶である。生活保護法にもとずく各種の扶助金は毎月凡そ二千萬圓位い支拂われているが、この一、二年來の特色は醫療扶助の金額が生活扶助の金額を上廻つて來たことである。しかしこれらの扶助の額、法規は前記の一例にみられるように決して滿足なものではなく、この法の適用を受けるすれすれの線にいる人たちの問題は何んとか考えなければならない。

　生活保護法による最低生活基準が極めて低いこと（成年男子月額二、〇二〇圓、女子一、六六〇圓、夫婦に男子の學童二人で八、七六五圓）は一般に餘り知られていないから、家計の苦しい人が醫者にかかつた場合、醫師は「それなら醫療扶助をもらいなさい」と簡單に云う。患者もその氣になつて馴れない福祉事務所へ足を運ぶと、どうしてそうたやすく扶助はもらえないのが實情だ。しかもこういう問題について今日の政府は、社會保障費の中で生活保護費を昨年より減らしているのは何んとしたことだろう。

　また、もう一つ忘れてはならないのにこれらの仕事を扱う人の問題がある。第一線のケースワーカーたちが、ほんとうに專門的な知識、教養、理解をもつた人であれば問題は少いが、中には、こうした仕事に未熟な人、昔からの長い役人生活で頭の固い人である場合、その取扱いが不親切であつたり、尊大であつたりして住民の反感を買うことがある。又厚生省ではケースワーカー一人の受持世帶六〇世帯という一應の考えがあるようだが、實際にはもつと多く、私の區などでも一〇〇世帯餘りを受け持ち、手不足から來る調査の不充分や粗雜な應待も出てくるのだろう。さらに生活保護に關する仕事、民生事業が保守的な人々によつて運營されている面が相當多いので、何か恩惠的なからが殘つており、最低の生活權を守る問題、社會の問題としての取り上げ方が少いようにも思うのである。

とにかく、政治にたずさわる人々も、一般市民も、もう少し眞劍に考えなければ、社會の要求とは逆に日本の社會保障、社會福祉の問題には危機が來るのではないだろうか。

（品川區・區議）

短歌

萩《はぎ》元《もと》たけ子《こ》選

歯根のごと石削られて石堤がえんえんと川岸に築かれてゆく　川島至計子

雪片が靜かに舞ひをり枯草の道キャベツの球は籠に重たく　毛呂みゆき

冬池に浮く靑みどろ陽を吸へば何か生物ゐて波紋を起す　關　ふさ子

終發のバス待つ辻に威嚇めく風遠くから音立てて來る　横山てる

逃れきて翳ある言葉を反復す燃え移る薪の樹液垂りつつ　花岡貴美子

（**訂正**、前號中谷さんの短歌、拔歯すみふらふらとたい……は**たつ**の誤り）

（17頁からつづく）其半は工錢を以つて支辨せしむ。習業四ケ年を以て期とす、期滿るときは賄費を辨ずるも尙幾許の餘金あるを以て、入場のとき其幾分の前借を乞ふ者あれば、窮迫人民に限り之を許せり、製出物品木綿縮、木綿縞、小倉袴地、白木綿、足袋、シャツ等なり」

これからみると、この女紅場に入場している二百名の習業生徒は寄宿生活し、四年間の賄費は工賃と帳消で、手許に一錢も殘らず、四年以後は、若干手許に殘ることになる。その四年以後の收入を見越して前借するものもあるということであつて、明治三〇年代あるいはその後も行われた前貸年期勞働の工場勞働者姿をここにみることができる。

新潟縣長岡の女工場においては習業生徒六名、皆士族の子女であつて、紬、博多織、海氣織等を製織したとあるし、その他の地方でも、こうした授產場は多く見られた。これは官營であるが故に授產場と呼ばれたので、その內容は、低賃金によるその土地の特產物生產の增大と品質改良、コスト引下のための工場にすぎなかつた。

久留米絣においては明治四十年頃初められた刑務所勞働が有名であるが、この女紅場における勞働も、高い塀がないだけで、授產と低賃金と官營の點においては刑務所勞働と大差がなかつたろうと考えられる。

母への手紙

禾《のぎ》晴《はる》道《みち》

お母さま

　その後お元氣ですか、何時も心配いたしております。刑を受けて戰爭犯罪人の名のもとに巢鴨プリズンに移されてもう八年になりますね。刑を受けたのは私ではなく、母上でした。最近つくづくそう考えるようになりました。母上が「三十年の重勞働」の判決を受けたのです。毎日苦しんでいるのは私ではなく母上だつたのです。そう考えま時すたまらないものがあります。許して下さい。

　だけど、母上は私が「國家のためにやつたのに」と、そう考えられると思います。私もそう考えていただきたいと考ていました。けれど私が殺したアメリカの若い青年の母は、母上以上に淋しい思いで今なお過していることを考えます時、殺されたのは靑年ですが、一生この苦しみを味わうのは母です。

　もちろん私は軍隊の命令でやつたのです。しかし、やはりいけないことだと思います。こんな命令を出さねばならない戰爭を二度とやるべきではないと、心からそう考えます。戰爭で生命を捨てる勇氣よりも、この戰爭を起さないために努力することが、もつと偉いもつと勇氣ある行爲であると考えるようになりました。

　お母樣、子供のことを本當に考えるなら、やはり、戰爭の準備をするような一切の政治に關心をもつて、それに反對してゆく行動こそ、子供をまもることなのではないでしようか。「今の日本の政治は全く關心がもてない」そう考えたくなります。しかし、その無關心さが、可愛い自分の子供を戰場へ送るようになることを考え、ぜひとも政治に關心をもたなければならないと思います。

　私たちは最近戰死者の遺族の方々の慰問を受けます。全國から靖國神社にお參りになる方々です。しかし、母上その方々は靖國神社に參り、自分の最愛の夫に、子供に、または父に會えるわけではありません。私は靖國神社に對して最近疑いをいだくようになりました。生きた肉親に會えない限りたとえ遺族の方々が靖國神社にお參りしても本當に慰められるでしようか、私の會つた六十歲位のお母さんは私にこういいました。「あなた方は生きていて、ほんとに幸福です。私は自分の全財產を出せば生きた息子を返してやるというなら、何でも出しますよ」私は淚が出てどうにもなりませんでした。これが人間の本當の氣持であると思いました。私はその時靖國神社は平和のシンボルにしなければならないと、考えたのです。もう二度とこの靖國の社に祭られる人人のない日本をつくるための神社であつてほしいと思います。だけど母上、もしかすると、靖國神社を將來再び若人を戰場に送るためのものにしようとしている人達が日本の現指導者の人達の中にいるのではないでしようか。こんなことをきいたことがあります。「靖國神社に祀らないでだれが今後戰爭なんかにゆくもんですか」この言葉は氣をつける必要があります。母上、全人類の上から考えるようにしなけれ人間の幸福なんてないのではないでしようか。

　全世界の女性が、母が、戰爭の準備に反對する大きな運動を起したなら戰爭も、そして戰爭犯罪人もでないのではないでしようか。

　今日は大變理窟めいたことを書いてしまいました。もうすぐ釋放されると思いますから、どうか用心して待つていて下さい、身體に氣をつけて、ではまた(三・四)

この記事は戰犯者として巢鴨拘置所に服役していた一青年からお母樣に送られた私信でそのお母樣から、世のお母樣方にぜひ讀んで頂きたいと本誌に寄せられたものです

戰後日本の變化 アンケート

一、よい面
二、惡い面

（到着順）

詩人　**深尾須磨子**

一、原水爆のの谷間に位置する日本は、是が非でも平和を推進する以外に生きるすべはないという明白な事實を、とにかくすべてが認識しつつあるのは、當然ながらけつこうなことです。日本を救うものは日本自らであり、どんな甘い言葉も信ずるに足りないということを實例によつてい思知らされたことも大きな進歩と思います。一般に女性の眼が開けたこと、これを特にうれしく思います。

二、いわゆる民主主義のはきちがえが、學校教育、家庭教育の面、その他に根をおろしつつあるのは恐るべきです。開闢《びゃく》以來ともいうべき政治の貧困と墮落。敗戰日本の唯一の誇りである人類の理想平和憲法改惡の動き。正を非とし、不正を是とする傾向。金錢萬能の露骨な世相等に。すべては最悪の面です。

東武交通勞組婦人部長　**高木洋子**

一、①職場や家庭の中でまだ目に見えない壓迫はあるが自由に自分の意見が發表できる。②平和憲法ができたこと、參政權を得たこと、③婦人が特に主婦が家事勞働に追われながらも社會的に目ざめてきたこと、④勞働者を中心とした平和運動が盛んになつてきたこと、⑤勞働者の團結。

二、①占領當時の進駐軍が獨立した現在も駐留軍として在留し、かつ又基地まで勝手に作り植民地化してきたこと、②經濟的に苦しいこと、またアメリカのケバケバしい影響と性道德を辯えぬ駐留軍により賣春婦が多くなつたこと、③日本の政府が國民の要望をとり入れずアメリカ依存主義であるため國民の生活はますます苦しく、日増に小中企業の倒産、失業者の增大、心中、惡への轉落等多くの暗い問題が起きていること

經濟學者　**三瓶孝子**

一、「男女七歳にして席を同じくせず」の差別「婦道」という女大學がなくなつたこと私は「婦道」という言葉は大きらい。

二、自由と勝手放だいとの區別がつかないこと、權利のみ主張して義務を無視すること、また本當の民主主義を體得できないからです。

全日通勞組中央執行委員　**大野はる**

一、新憲法の實施によつて主權在民の精神が生活の中に浸透してきた。このことは民主主義、人權尊重が强調されてきたことでよろこばしい。

二、①再軍備の抬頭、戰時中の軍國主義からくる權力のぬけきれない日本人を再び人權を無視し民主主義を危機におとし入れる狀態にあるので注意すべきだ。②アメリカの高度に發達した資本主義が半强制的なまでに日本經濟を左右し、爲に農村、家庭、職場の封建性の中に不均衡にとり入れられ、國民の失業、貧乏、病氣の不安が一層はげしく人間をタイハイ的にし、社會惡が充滿してきている。

青森市　**武田圭子**

一、婦人の參政權獲得、家族制度の廢止。婦人の發言及行動が社會の動きに影響力を持つてきたこと（併し一連の逆コース政策の抬頭があるので手離しでは安心できないが）

二、頹廢、無氣力、生活の困難

大阪（地方公務員）　**上野容子**

一、民主主義と人間尊重の考え方が一般に浸

透し、逆コースの波が高い一面婦人の立場にしてもだんだん理解されつつあること。

二、日本民族全體が、まだ働く階級の幸福をきづくという體制になつていないこと。

神奈川（地方公務員）　**田中英子**

一、①婦人に有利に憲法が改正され參政權も得られ一應形の上では男女平等になつたこと。②自由民主主義の風潮により基本的人權が認められ平等になつたこと。

二、折角得た右のような平等もまたぞろ逆もどりしようとしていることは私共の敗戰の苦しみより得た尊い體驗を無にし、女の地位を低めることに外ならぬものと殘念でなりません。

津田塾大學講師　**大内節子**

一、表面的な民主主義化によつて、ともかくも言論の自由、女性の地位の向上などがかちえられたこと。

二、基本的には日本が從屬國家となつたこと、個人的に切實な問題としては教育制度の惡化。

島根（教育委員）　**楯幸子**

一、①憲法改正により婦人や子供の地位が向上せられ自主的に物事を考え行うようになつてきた。②社會福祉行政が發達し、不幸な人を國家がみてくれるようになつた。

二、誤つた自由が道義感を低下させたことはいなめない。

全遞中央本部　**坂本咲子**

一、特に婦人が見ざる、きかざる、言わざるの狀態から除々にではあるが考えることと思つていることを言う、正しいことは實行に移そうという形に變つてきている點は、忍從のみが美德とされていた時代から言えば前進だと思う。團結しなければ生活の苦しさ、社會の仕組の惡さを直していくことはできないことを知り、みんなが力を合わせる形がいろいろな場合に現れていること。

二、アメリカの占領政策が終戰當時に比し、年月がたつに從つて基地擴張、植民地政策の强行で、日本の國民としての誇りがうすくなつて從屬する風潮がある點、たいはい的な風潮、働く者がいつも苦しめられる政治が餘りにも長くつづくこと。

大阪（幼稚園々長）　**安家周子**

一、①戰後華かに活動し始めた婦人運動が次第に足を地につけた運動になりつつある事。②婦人の職業意識が次第に高まり「家庭と職場を兩立させたい」という事が眞劍に討議されつつあること。

二、①再軍備が押し進められて逆コースが次第にろ骨化してきたこと。當地にも伊丹基地があり、市民生活に大きな脅威となりつつあるようにアメリカの軍事政策が日本國民を益々困難な立場に追いやりつつある事、婦人の面ばかりでなく戰後民主主義が唱えられ、新しい社會に變りつつあつたが次第に逆行しつつあり、婦人が主要ポストから追われているのも、その現れである。

主婦（文京區）　**芹澤よし子**

一、よい面での根本の原因となるものは民主的になつたことではないでしょうか。男女共學が手傳つて男女間の交際が解放的になり、互いの理解と良識によつて結婚に冒險性が少くなつたこと。思うことをハッキリ言える自由と習慣のつきはじめたこと。

二、惡い面も結局よい面の裏返しのようなもので、絶對的なものはないように思われます。

筆者紹介

竹中勝男氏 明治二三年長崎縣生れ。同志社大學、シカゴ大學卒。文學博士、現在同志社大學院講師、參議院議員、社會保障制度審議會委員

藤本美榮子氏 昭和三年東京生れ。東洋英和女學校卒。參加團體、世田谷生活文化の會、土曜會

新妻イト氏 明治二十二年生れ 參加團體、「婦人緣十字社」、「全國農業婦人團體連絡協議會」その他。主要著書「女性の職業」その他。

訂正

前號既報、四月選擧の結果選出された東京都婦人地方職員の數はその後左の如く變更がありましたので訂正いたします。

區會議員　四五名（練馬區二名を除く）
都下市會議員　一一名
都下町村議員　一八名（特例法により九月まで延期されたものを含む

編集後記

終戰から早くも十年の歳月が流れました。世界中あれほどの大慘害を蒙りながら、なお眞の平和への途遠く冷戰に終始したこの十年！　思い出の八月十五日を迎えるに當つてれどなたも感慨一入無量のことと存じます。

× ×

今月は第二次大戰終了以來今日までの内外の變化を山川、榊原兩先生にご執筆願い、併せて本誌關係の諸姉に國内的な變化の善悪兩面についてご意思をうかがつてみました。今後私たちがこの日本を民主的にして平和な眞の獨立國家とするために必要な知識と反省と考えまして。

× ×

ちようどこの後記を書いている今日、七月十八日からジュネーヴで四巨頭會談が開かれます。冷戰に果して終止符が打たれるかどうか、世界中の人々が深い關心をもつて見詰めていることでしょう。平和を希うもの、誰れしもその成功を祈らずにはいられません。

× ×

あれほどの世論の支持を受けた賣春等處罰法案、四回目の流産。革新政黨議員が全部贊成したこの法案が保守黨議員によつて葬られたということの事實を私たちは次の選擧までぜひとも心に銘記しておかなければなりません。婦人の解放をはばむものは誰れか、これではつきりいたしました。業者の金力と共に、業者側へ千六百億を融資している相互銀行からの壓力も流産の大きな原因とか。權力と金融資本家の鐵の團結、もうかりさえすればどんなところへでも投資する資本主義、正義も人道もここではナンセンス。

（菅谷）

婦人のこえ　八月號
定價三〇圓（〒五圓）
半年分　一八〇圓（送共）
一年分　三六〇圓（送共）
昭和三十年七月廿五日印刷
昭和三十年八月一日發行
編集發行人　菅谷直子
東京都千代田區神田三崎町三ノ三
印刷者　堀內文治郎
東京都港區本芝三ノ二〇
（硫勞連會館內）
發行所　婦人のこえ社
電話三田（45）〇三四〇番
振替口座東京貳壹壹參四番

婦人のこえ

9月號

1955

平和憲法を守りましょう

本誌・社友（五十音順）

淡谷のり子　阿部艶子
安部キミ子　磯野富士子
石井桃子　石垣綾子
圓地文子　大谷藤子
小川マリ　大内節子
川上喜久子　小倉麗子
桑原小枝子　神近市子
木村光江　久米愛
久保まち子　芝木好子
清水慶子　杉村春子
菅谷直子　田所芙美子
田邊繁子　高田なほ子
戸川エマ　長岡輝子
新居好子　西清子
西尾くに子　萩元たけ子
深尾須磨子　古市ふみ子
福田昌子　宮崎白蓮
三岸節子　米山ヒサ

日本勞働組合總評議會傘下各勞働組合婦人部
全國産業別勞働組合（新産別）連合傘下各勞働組合婦人部

原稿募集

◇創作　四百字詰　一五枚以内

◇論文・隨筆・ルポルタージュ　職場でも家庭でも婦人の立場から訴えたいこと、發言したいことはたくさんあると思います。

また政治や時事問題についてご意見やご批判をお持ちの方も多いと思います。

そうした皆さまのご意見、ご批判、ご感想あるいは職場や地域のルポルタージュなどをふるつてご投稿下さい。

四百字詰原稿用紙　七枚以内

◇短歌・俳句　生活の歌を歡迎いたします。短歌添削御希望の方は行間一行あけに書き、返信料を添えてお申込み願います。

送り先　「婦人のこえ」編集部

全專賣勞働組合
全國婦人代表者會議

去る八月十一日、二日の両日全專賣の第四回全國婦人代表者會議が品川の東京支部で開かれました。會議は**第一分科會**（働らく婦人の勞動條件について）、**第二分科會**（婦人部活動を活潑にするために）、**第三分科會**（組合と家庭について）に分かれて討議されました。これらの問題について主な意見を拾つてみますと、第一分科會では職場における男女差が問題にされました。女故にお茶汲みや雑用私用に使われ、そのため仕事が遅れると責任がないといつて叱られる。

というどこの職場でも共通問題がでています。

第二分科會の議題に對しては、働いている人同士誰れとでも親しくすること、コーラス部を作りたい、中年層のために託兒所の問題を、若い人には結婚資金をという意見が出ました。

生活扶助基準額表（甲地域）一カ月（第一類）保健衛生費 飲食物費

年令	性別 男	性別 女
〇—二歳	六七〇圓	同上圓
二—五	一、二五〇	一、二一〇
五—九	一、五二〇	一、四八〇
九—一三	一、七七〇	一、七三〇
一三—一四	二、〇六〇	一、九五〇
一四—二五	二、一六五	一、八三五
二五—六〇	二、〇二〇	一、六六〇
六〇以上	一、七八五	一、三九〇

註　地域差は甲、乙、丙の三種に分れ、甲は六大都市、乙は中都市、丙はその他で差額は四〇圓から七、八〇圓づつ少くなります。（文責・菅谷）

婦人のこえ

1955年
九月號

九月號 目次

文藝欄

表紙……小川マリ・カット……中西淳子

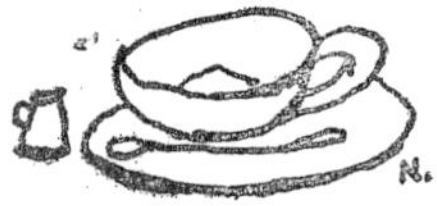

時評

なぜ保守黨を支持する？

榊《さかき》原《ばら》千《ち》代《よ》

八月十五日付讀賣新聞社全國世論調査は、「いま總選擧が行われたらあなたは何黨を支持されますか」という問に對して左のような結果をみたことを報じています。

民主黨	三二％	自由黨	二一％
左派社會黨	一三％	右派社會黨	一三％
勞農黨	一％	共產黨	一％
支持政黨なし	一九％		

職層別では事務技術が保守支持、革新支持とも同率の四四％、勞務現業が保守四三％、革新四〇％、年齢別で二十歳代が保守四四％、革新三八％でいづれも接近し、學歴別で大學高專率が保守四一％、革新四七％で逆となつているほかはすべて相當のひらきをもつて保守黨支持に傾いている」と。

私はこの世論に現われた事實を、國際情勢や國內の事情をできるだけはつきりと見つめながら、深く掘り下げて考えてみたいと思います。

四巨頭會談

戰後十年あの原爆を落された運命の日はめぐり來つて、地獄繪圖のような慘酷な光景が生々しく思い出によみがえり、そうして六千人もの原爆症患者が今もうめき苦しみ、十萬人もの人たちがいつ發病するかも知れない原爆症の前に恐れおののいています。今やその原爆にさえ比べようもない破壞力をもつた水爆やコバルト爆彈が現われました。更に近代戰というものの考え方に新たな次元をつけ加えるだろうといわれる人工衞星の打上げ計畫がされつつあります。人工衞星は軍事的にみると將來任意の目的物に核兵器を運ぶ新たな手段ともなり、大陸横斷爆擊機をはるかにしのぐ威力を發揮し、しかもこれに對する防衞手段は全くないといわれます。まさに現在は恐怖の時代、米ソ兩國ともお互いに相手を壞滅してしまう核兵器をかかえこんで、恐怖の對立によつてやつと戰爭を回避しています。

四巨頭會談はこうした原水爆戰爭の惡夢から解放されたい、人類絶滅の悲慘から逃れたい、と必死で努力している全世界の人々の切なる希いや全世界的な世論の聲に押上げられて實現したものです。既に一九五三年五月にチャーチルは巨頭會談を提唱していますが、それは一つの信念に基づくもので、その信念とは原子兵器の意味するものを政治家たちは現在よくつかんでいないが、一度これを知ればいやでも戰爭などできるものではないというものでした。二年の年月がたつて世界人類はやつとこの事實を認識し、殊にソヴェトの軍部の考え方に大きな變化が起つたことは公けの記錄にも出ています。片やアメリカでもマッカーシズムがちよう落していつた蔭には近代戰はとても耐え難いものであることを何よりも國民が悟つたということがあります。アメリカが急角度に第三次大戰反對に切りかわり、そうして一たびソヴェトが戰爭を恐れていることを示し始めると、戰爭に反對してきたアイゼンハワー大統領は全國民こぞつての支持を受けるに至りこうしてジュネーヴにやつて來たのです。

十年にもおよぶ冷戰、しかも核兵器の發達はとう底月並な外交手續きではどうにもならないところまで國際情勢をこじらせ、動きのとれないものとしてしまつた今日、直接四大國の首腦者間で問題解決へのふんいきを作りあげようとするこの會談はある意味では人類存亡の闘頭に立つたまことに使命の重大なものでありました。ここでは特定の議題を決めるようなことをせず、廣く國際緊張の緩和について話合うというのがネライでした。何がこのような緊張を激化させているかということになると、西歐側は鐵のカーテンによるドイツの分割、ソ連の東歐支配、共產主義の世界的謀略活動をあげるでしようが、ソ連としてみれば西歐の戰爭宣傳、ココムによる貿易の制限、原水爆軍備の擴張、軍事同盟による共產陣營の包圍政策こそ緊張激化の原因だとみるでしよう。これらの問題、それに對する双方の見方考え方について率直にきたんなく話し得たということはどんなによかつたでしよう。

結局話合いの焦點はドイツ統一を含む歐洲安全保障、軍縮、極東・東西貿易、自由な交通、文化交流などにしぼられましたが、勿論立場の違う國々、一致し得ないもののあつたのは當然です。たとえば統一されたドイツが西歐側NATOに屬するというようなことはソ連としては到底承認できないことです。未來に對する恐怖感は過去の經驗に根ざしているといいますがソ連の今日の世代にとつて西の侵略者とはドイツ陸軍を意味します。このような食い違いにも關わらず、お互いがお互いの考えに傾聽し、お互いの立場にたつて歩み寄ろうとした努

短歌

萩《はぎ》元《もと》たけ子《こ》選

ドアー押して目に入る位置に一盛りの殘菊活けて職場整ふ　横山てる

塵芥車にはみ出す造花の櫻あり春雨の坂を揺られてゆけり　杉本政子

パンジーの花籠置きてニコヨンの女寢轉ぶ公園の晝　西村鶴子

自衛隊樂かなで行くを見てをりて憤りわく吾は軍備反對者　沖田あさ子

働いても食ふにさへかたき吾國ぞ武器持ちて何を防ぐと言ふか　同

力を私たちは見逃すことはできません。率直に表明された各首腦の見解にもとづいて問題の解決、調整をすることは十月開かれる四國外相會議と軍縮については國連の軍縮小委員會に委任されることになりましたが、とも角東西兩陣營の巨頭が一堂に會し、友好的なふんいきのうちに平和に對する相互の誠意を確認しあつたということは實に大きな意義をもつものと認めないわけにはいきません。殊にソ連の意圖にたいして警戒的であつたアイゼンハワー大統領が議會にたいする報告で「ソ連はまじめに平和をのぞんでいる」と述べたこと、またブルガーニンソ連首相が「戰爭回避にかんするア大統領の聲明にたいして心から感謝する」といつにない調子でア大統領の演說を稱讃していることも印象的であり、西歐諸國の間にこれだけでも巨頭會談を開いたかいがあつたという滿足感さえ見られます。

ジュネーヴからロンドンに歸つてきたマクミラン英外相はうれしそうに「もう戰爭はないよ」といつたといいますし、力の外交の權化のようなダレス長官でさえ七月二十六日の記者會見で「ジュネーヴ會談の結果、外交官たちは今や戰爭の不安なしに外交をおし進めることができるようになつた」といつています。ソ連はその後既に地上軍六十萬の縮減を決行したと報じ、アメリカもスタッセン米大統領軍縮特別補佐官を中心に軍縮計畫を進めているといわれます。

ワシントンに歸還したアイゼンハワー大統領が「世界に新しい接觸が作り上げられ、また新しい友情が結ばれた證據のあることを私はよく知つている」と話しましたがジュネーヴ會議を契機として東西の國が接觸を增してきたことは喜ばしいことです。イーデン英首相は七月二十七日の下院でソヴェトのブルガーニン首相とフルシチョーフ共產黨第一書記が來春イギリスを訪問されたいというイーデン首相の招請を受諾したと發表、與野黨兩席から盛んな歡聲をもつて迎えられ、「私は下院がこの訪英について最初に知らされたことをよろこんでいると思う。下院もイギリス全國も冷戰と呼ばれる相互不信の狀態に終止符を打つための第一步としてこれを歡迎するであろう」と述べています。アイゼンハワー大統領は同じ日の記者會見で、ジュネーヴ會議中、東西交流の促進をはかる問題の一環としてソヴェト指導者のアメリカ訪問の可能性が檢討されたことを明らかにしました。しかし大統領は、これはただ非公式な話合いに出た問題で正式な提案はまだなされていないと述べました。

フランスのフォール首相とピネー外相とは十月にソ連の招請に應じてソ連を訪問します。このような親しいつき合いが始まつたこと、この眼、この皮膚で直接見、感じる接觸がその後どんなに相互の理解を助け、信頼を深めるでしょう。

原子力平和利用國際會議

巨頭會談に續いてジュネーヴでは原子力平和利用國際會議が開かれて、日本からも多勢の學者や技術家が參加しました。熱核反應とか、トリウムとか、核燃料とか、難しい科學用語が各國民の日常會話にまで使われようになつたほど、今や全世界をあげて原子力の平和利用に關心をもち、從つてこの會議や、またジュネーヴに開かれた原子力展示會や見本市が世界の興味を吸いよせたのも當然です。人間は自分で作つた原子力という怪物に亡ぼされるか、それを制御して新しい文明を開くか、というどたんばへ追いつめられて、やつと制御の方法について世界の知惠と成果を持寄ろうというところまでこぎつけたのです。原子力の秘密ははぎとられて各國研究の結果を競う、インドのバーバ議長は開會のあいさつの中で「現在までに可能になつた原子核分裂反應の利用ばかりでなく、二十年以內には融合反應によるエネルギーをコントロールしながら取り出す方法を發見するだろう」といつています。卽ち地球を一瞬に吹きとばすような恐しい水爆エネルギーを平和的に利用して發電用に使えるというのですが、イギリスのコッククロフト代表はこれに呼應するように「イギリスはこれを研究中だ」と發表しました。そうなるとウランやトリウムなどを燃料に使う原子力發電、いわば原爆的な構想はもう時代おくれなものになつてしまう。バーバ議長のいうように「私たちはまさに原子力文明の入口に立つている」のです。

こうして原子力會議で次々と發表される美しい夢も、その實現は「平和」というただ一つの條件にかかつており、その平和はまた「政治」にかかつているということを思わねばなりません。

なおこの會議に日本からの展示はなかつたのですが、三日目からフランスのキューリー研究所教授の湯淺年子さんの放射能測定用計算器がフランス展示場で公開されたことは、私たち日本女性にとつてほこらしい氣がします。

再軍備本格化と國防省の構想

國際間の緊張がほぐれる糸口が見出だされかかつて、力を背景とする暴力外交が時代錯誤となり、見解の對立をあくまでも辛抱づよく平和的な話合いで解消させようという「會談外交」の方向へ世界が歩みだした時に、八月九日我が國では大がかりな再軍備の計畫が明かにされました。砂田防衛廳長官はもはや防衛廳では間に合わず、國防省の構想を打ち出しました。防衛閣僚懇談會で重光外相から「對米防衛のため早急に大膽率直な長期防衛計畫をとりまとめたい」という要望があつた、時これに對して砂田防衛廳長官から陸上を昭和三十三年までに十八萬名に增勢する基本方針の説明があり、一万田藏相をはじめ全員これを了承しました。これらの話合いから來年度は陸海空合わせると約二十萬の「日本軍」が生まれることになりますが、さらに砂田長官は二つの計畫を發表しています。一つは辻政信氏や舊改進黨系の人々が提唱した鄕士防衛隊と稱する民兵組織であり、これによつて全國民に自衛の義務を負わせ、それを組織化すること、他の一つは大學高專卒業生の中から志願兵を募集し、一定の期間自衛隊の學校で訓練してこれに「幹部適任證」というものを渡して、一たんかん急あれば幹部として召集する豫備幹部自衛官、卽ち舊日本陸軍の幹部候補生を思わせるもので、こういうことを實施するとなれば、當然立法措置も必要となり、憲法改正は必至となります。砂田長官は更に進んで自衛隊で原子ロケット砲を研究して、優秀な誘導彈を導入して自衛隊の科學的裝備强化に重點を置くなど發表しています。思えば砂田氏は戰時中、南方總軍最高顧問として現地住民に軍政を行つた人であります。

鳩山內閣は經濟六カ年計畫の一部として防衛六カ年計畫を立てましたが、これによると昭和三十五年までに地上軍十八萬、飛行機約八百、艦艇約十二萬トンという數字になり、重光外相はこれをもつてアメリカへ行きました。

地上軍十八萬といえば海空を合わせれば二十四、五萬、志願兵制をはるかにこえた數字でこの計畫が實施されると昭和三十五年にはその維持費だけで二千百億かかるといいます。日本財政狀態からみても、來年は賠償支拂い、ガリオアの返濟がはじまる上に、減稅が平年化して税收入は二百億減の豫定、健全財政のたてまえではとても計畫通りの支出はできそうもありません。

そこで赤字公債を出すか、とにかくこんな計畫があるということを示して、アメリカの反應をみながらMSA援助、防衛產業への外資導入など有利に折衝しようとするのでしょう。もしアメリカが分擔金、防衛產業育成（特需發注）および各種援助に格別の配慮を行わない場合、長期防衛計畫を變更、縮少するというかけひきもするのでしょうが、いつたん日本政府が公式な態度を表明した以上、アメリカがそんなことで承知するかどうか、日本國民はぬきさしならない事態の前に立つているといえないでしょうか。重光外相は十三日別府での記者團會見で、「さきのバンドン會議でもわかるように日本がアジアにおける國際會議の主導權をとるにいたつていない。少くとも吉田內閣末期以來國際信用を高める努力は何もしていない。結局日本の國際的地位を高めるためには經濟協力の促進、貿易の增進をはからねばならず、これには賠償實施が最上の解決策だ」といつていますが、つまり日本經濟の確立を必要だといつているのに防衛分擔金問題や、國防會議法案の流產でアメリカの信用を落したから、鳩山內閣はそれをばん回するために、アメリカが一番關心をもつている防衛力を增强する決意を示すことが得策だ、などというやり方をしてムダ金をつかつていいものでしょうか。

保守黨の政綱政策

少數黨の鳩山內閣が國會乘り切りの手段として保守合同を唱え出し、自由黨の出方に一喜一憂しながら、たとえばボス政治家の「足して二で割りやいいさ」といつたような國民を馬鹿にした豫算のやりとりをして豫算を通過させたことなどまだ私たちの記憶にあざやかです。鳩山內閣ができた當初自由黨の緒方總裁が國會本會議の席上「鳩山さんは自由を出たり、入つたり、また出たり」と暗に信念のないことを非難したような演說をしましたが、朝に離れ、夕に結ぶ保守政黨は主義政綱を中心に動くものではない證據で、今度の合同も政權の維持とか、合同劇に動いている黨內の大ボス小ボスが合同後の新黨の中に自分の勢力をのばすためとか、更には社會黨に政權を渡したくないというような私的な立場から動いているようです。

民自兩黨政策委員會で保守新黨の使命、性格、政綱原案も一應まとまり公表されましたが、その案中、各所において强調され、また政綱のまつ先にでてくるものは自衛隊の增强や憲法改正、占領下諸制度の改廢ということです。具體的にはどういう內容かはつきりしませんが、憲法改正や諸制度の改廢に名をかりて反動的に反動的になつていくという心配が非常に多いのです。例えば我國古來の醇風美俗とある家族制度は近代的に復活させなければならないとか、また占領政策が「不當に國家觀念と愛國心とを抑壓し、また國權を過度に分裂弱化させ」そうして「共產主義階級社會主義勢力の乘ずる」スキを與えたといつて、天皇主權を稱え出したりしないとはいないのです。自衛隊の整備增强ということも大きく書かれている政策ですから、保守黨を支持することによつていつの間にか愛する祖國日本が平和の方向へどんどん進み行く世界から取り殘され、アジアの孤兒にならないとはいえないと思います。六年もの吉田政權が倒れて鳩山內閣に變つただけでも、社會黨の政策を横取りしたなどといわれながらも日ソ交涉もすべりだしました。社會黨は對米一邊倒の狀態を改めていこうとする限り現內閣を支持しようとするものですが、保守の性格は爭われず、保守合同の線にまで後退してしまいました。終戰以來保守黨は七八年も政權についています。十年一昔行きづまつた壁が打ち破られ、新しい日本が生み出されるために、いつまでも保守黨を支持していてよいものでしょうか。

種子ヵ島の河童

古市《ふるいち》フミ

柳田國男先生の民俗學辭典「河童」の項に、「河童が年に二度、山と川との間を移動する所が諸地にある」と書いてある。種子ヵ島ではそれを「メン」と言つている。他にもガラッパというものがいて、普通の河童のように人とすもうを取りたがつて、昔のたれかれが川つぷちで、一晩中すもうを取らされたという話はあるが、存命の人では、あの男が河童とすもうを取つたといわれる人はいない。廿年位前に亡くなつた老嫗は、時々その後姿を山かげの池のほとりで見たと話していた。

「メン」は種子ヵ島には實在する。民俗學辭典に、「ヒヨウヒヨウと鳴きながら移動する河童の聲をきく……」とあるが、種子ヵ島では、春、メンが山からくだると川の水がその日から濁り、秋、メンが山にのぼると、川の水が澄むという。「メンとはどんなものでしよう」ときいても、メンはただメンであつて、誰もその正體を知るものはない。知ろうとする者もいない。わたくしは好奇心から、一度そのメンの聲を聲きたいものだと思つていた。島の女たちは、その聲をきくと、どうにもならない程こわいのである。それは、その聲がこわいというよりも、むしろこわがるべきものと思い込んでいるように、ただ、むやみやたらにこわいのである。わたくしもこわがりでは人後におちない方であるが、こわいもの見たさから、「メンのこえ」を待望した。今から十四、五年前、四月から五月にかけて、種子ヵ島に滞在したことがある。ある人げのない靜かな宵であつた。アッと思う間に、ヒヨウヒヨウという聲の群が渡つていつた。不思議な今まできいたことのない聲である。

それは、神祕という言葉があてはまるような聲であつた。翌日、「よんべメンがくだつたからもう川の水が濁つている」という村人の話を聞いて、あれがやはりメンであつたかと思い、もう一度、そのつもりであの聲をきいて見たいと思うが、以後その折もない。

別にカンザーメンというものがいる。カンザーとは原始的リユックサックで、特殊の草の葉で作られた四角い背負い袋である。リユックと同様に、おむすびその他何でも入れて背負つて歩くものである。材料の草が、陽が照れば乾いて風通しがよくなつて中のおむすびの腐敗をふせぎ、雨氣になればしめつて目がつまり中の物がぬれないという仕組になつている。磯にゆく時も山にゆく時も、隣村に用たしにゆく時も、昔の人は必ずカンザーを背負つて行つた。それを背負つてくるのがカンザーメンである。子供達が日の暮れるまで遊んで歸つてくると、「早く歸らなければカンザーメンが來るぞ」といわれる。灯ともし頃、あまつて（甘えて）泣いていると、「早くおやめ、泣くとカンザーメンが來るよ」とおどかされる。子供達は、背の低い何だかえたいの知れない者が、カンザーを背負つて軒下に立つていることを想像する。子供達はだんだんこわくなつて、泣きじやくりながら母親にしがみついてしまう。わたしのような大人でも、種子ヵ島の鹽たれた軒端のたそがれに、カンザーを背負つた、背の低いものが、ぢつと立つて家の中をのぞいている有様を想像すると、この東京のまん中にいても、一寸ブルブルとなるのである。

《働く婦人の歴史》
(16)

労働力のブール、零細農

三《さん》瓶《ぺい》孝《こう》子《こ》

原稿が少し前後するが、これは「婦人労働者はどこから供給されたか」の中の一部分です。特に婦人労働者にのみ限ったわけではないが、婦人を含めた凡ての労働力の供給と零細農との關係です。

日本の農家には零細農が多く、そこから工場、鑛山へ労働力が出される。零細農から出るために賃金は低くされている、というのが定説となつている。では農家のうち零細農はどのくらいあるのか、賃労働者を出さねばならない生計狀態はどうであるかをみよう。

日本の農家戸數のうち明治、大正、昭和を通じて五反未滿の水飲百姓が三五%内外、五反以上一町未滿（この平均七反）の農家もまた三五%前後を占めている。そしてまた、農地改革以前までは、農家全體のうち約三〇%近くが小作であり、約四〇%が自作兼小作、小作兼自作農で、自作はわづかに三〇%にすぎなかつた。

これからすると、日本農業の七〇%が平均七反以下の小作農か、小自作、自小作農だということになる。

この平均七反以下の農家の收入をみれば、農業だけでは食つて行けないこと、口ベラシに労働力を出さねばならないことが、明かとなるであろう。

農地改革前の七反の水田自作農を例として計算してみれば次のようになる。

日本の水稻の反當收量は明治以來全國平均二石以下で、昭和十年頃に二石となつた。昭和十四年の帝國農會の「米生産費に關する調査」によると、自作農の場合、全國平均して反當り生産額（副收入を加えて）一一七円五四錢、その生産費九三円四七錢で、生産額の七九%にもあたつていた。

この生産費の割合をもつて計算すれば、反當二石の七反自作農の收量は一四石、生産費は一一石六升にあたり、所得は二石九斗四升となる。この二石九斗四升を全部家計に廻わしたとしても、家族員數平均六人のうち三人分の一年間の食糧の量にしか當らない。その他は赤字である。

この調査によると、小作農の場合は、生産費は生産額の九〇%に達していた。收量の半分を小作料とし、殘りの半分では生産費にも足らず、完全に赤字である。

この調査の行われた昭和十四年は戰時中で生産費の高くなつた時であるから（その代り反當收量も全國平均二石二斗と多くなつたが）、特にこのような高い生産費となつたのかも知れないが、普通、生産費を五〇%とみても自作農に於ては飯米量だけ殘るにすぎず、小作農の場合には小作料と生産費とをとれば何も殘らない計算となる。農家は自家労働の労賃部分初め、多くの自給部分をゼロにみているためマイナスと計算しないだけである。

日本農家の七割を占める平均七反以下の農家が、耕作だけで食つてゆけないことは、これでもわかることである。

零細農は、こうした狀態を、明治、大正、昭和とつづけてきた。零細農は、農耕をつづけるために、そして食つて行くために、兼業をし、出稼をし、それでも食えない部分は離村した。兼業農家が、明治、大正時代から三〇%餘もあつたのはこのためであつた。

前述した昭和十四年の米生産費が大きく、

小作農が丸々赤字であつた時代に、軍需産業の膨張から、農村の青年男女はみな近くの飛行機製作所その他の軍需産業へ通勤工として出た。當時、この通勤工を出す農家を「職工農家」と呼んだ。半農、半工の通勤工は、片や食糧增産、片や軍需工業への挺身という兩頭人としてもてはやされたが、實は、農業經營の內狀がこれほど惡化していたことは「秘」として發表されなかつた。

戰後、農地改革によつて小作農は急激に減少したが、零細農は逆に十萬戸ほど增大した。軍需産業の閉鎖と兵士の復員とによつて、農家人口は終戰直後の二十一年と二十七年との間に、一二、七〇六千人も增大し、農家一戸當り家族數も六・〇一人から六・一七人に增大した。これに對して、農耕地は全國平均（北海道を除く）一人當り六畝一歩より六畝三歩にはなつたが、農産物價に對する農業用品物價は、二十五年對二十六年の僅か一カ年においてさえ一六・七%上まわつた。生活用品も値上りした。農家は農業以外の現金收入を、戰前以上に必要とするようになつた。

兼業農家は昭和二十六年には農家戸數の五一%にもなつた。農家よりの出稼人は、二十五年の調査で五八五千人、うち七三%は一町未滿（平均七反）の農家から出ており、また出稼人の半數は農家に現金を送つていた。二十七年の農業動態調査では、北海道を含めて農村からの流出一、〇〇四千人（うち男子四三〇千人、女子五七〇千人）もあつた。これらはみな、零細農が赤字を農耕以外の收入によつて補つていることを物語つている。

農家の收入のうち農業外收入率は、零細農ほど大きく、昭和二十六年四月から二十七年三月までの一カ年間の零細農の收入をみると次のようであつた。

ここでは、明治時代より勞働力の給源地の上位にあるといわれている東北、北陸、北關東地区の五反未滿（東北區のみ一町未滿）の農家を例として取りあげることとした。

		東北地区（一町未滿）	北陸地区（五反未滿）	北關東地区（五反未滿）
實數	農業收入	一三一 千圓	七二 千圓	八八 千圓
	農業外收入	一〇九	一二七	一一四
	（うち勞賃俸給等）	（六二）	（九一）	（八一）
比率	農業收入	五四%	四七%	四八%
	農業外收入	四六	六三	五二
	（うち勞賃俸給等）	（五六）	（七一）	（七一）

これでみると農業收入は總收入の半分以下である。これでは零細農はほんとうの農家とはいえない。

またその家計費はこんなである。

	平均家族數	二六年四月二七年三月 家計費（現物を含む）	一人當り算術平均	消費單位當り
東北（一町未滿）	七・五三 人	一六、二〇九 圓	二、〇七五 圓	三、一一七 圓
北陸（五反未滿）	五・九三	一三、〇三〇	二、二七七	三、〇三〇
北關東（五反未滿）	六・七九	一三、六七〇	二、〇一三	二、七八九

一人當りの支出はわずかに二千餘圓にすぎない。これをおよそ消費單位（男子大人一人當り一）に算出しても三千圓程度である。

エンゲル係數は一町以上の農家を含めてさえ、東北五六・〇〇、北陸五三・六、北關東五二・八で、同年の全都市勤勞者の平均五二・七より高い。これが零細農にいたつてはより一そう高率となるわけである。

日本における低賃金産業として、絹、人絹織物業、玉糸座繰、手漉和紙があげられたとき（いづれも女子が多い）、昭和二十七年二月の男女平均賃金が、絹人絹業四、四八七圓、玉糸座繰三、二一九圓、手漉和紙四、七一八圓、初任給は三千圓前後であり、その勞働者の屬している家計の一人當り支出がいずれも二、〇〇〇―三、〇〇〇圓程度であつた。

（二四ページへつづく）

戀愛と結婚について

玉のさかづき 瓦の底

山川《やまかわ》 菊榮《きくえ》

本誌をまじめな、よい雜誌だ、むだな記事がない、と喜んで下さる讀者も多い一方、堅すぎる、も少しやわらかい身近な記事をというご希望も多いようです。ではやわらかい、身近な記事とはどんなものでしようときくと、戀愛や結婚のことだという。女の雜誌のくせに戀愛や結婚の問題を扱わぬのはさしずめ兼好法師なら玉のさかづき底なきがごとし、とでもいうところらしいのです。そこで玉のさかづきに底をつけるため、ひとつ今日はそういう問題にふれてみることにします。が、きつと、玉のさかづきに瓦の底をつけてどうするか？ もつと氣のきいた底にしろとか、この底ではかたすぎる、もつとやわらかいのがいい、とかいうお聲がかかるかもしれません。幸い十月號からは定價すえおき、八ページ增という兼ての夢が實現する見こみがつきましたから、戀愛論、結婚論のコンテストも結構、玉のさかづきに似合う玉の底をどしどしおもちこみ願うとして、さし當つて今月はあり合せのお粗末な底でしんぼうして頂きましよう。

むかしむかし、まだ第一次大戰の前、從つてロシア革命も起らず、婦人參政權が月の世界の夢のように思われていたころ、英國の詩人エドワード・カーペンターという人が、「戀愛の成熟期」という本をかきました。この人はこの世の中が政府とか權力とか法律とかいうものの支配をうけず、人間同士の愛情と理解のみで結ばれる無政府共產主義の理想鄕にあこがれ、英國流のきゆうくつな服裝さえも嫌つてネクタイなしの輕い服裝にサンダルばき。家庭ももたず一生獨身で通した人で、同じ無政府主義者といつてもフランスや米國に出たような一揆暴動主義者の荒つぽいのとはわけがちがい、平和な田園詩人で、個人的、哲學的な文明批評家でした。

さてこのカーペンターの戀愛論によると、男女が平等になつた未來の社會では、相手を私有視する觀念がなくなり、自由な、自主的な結合が行われ、今日ではむつかしい特殊の結合形體も圓滿に續く場合があろう。未來の社會でも一夫一婦の方が好もしく、自然で、一般的な形體ではあろうが、それと共に、それと並行して例外的な三角、四角の形體が、男女いずれの犧牲にもよらず、誰の屈辱をも伴わずに存在し得るであろう、といつています。大杉榮氏などはだいぶこの說が氣にいつていたものです。

またカーペンターは、未來の社會では、そんな風に男女關係は自由であるけれども、戀愛や結婚よりも社會に奉仕することに人生の意義を認め、生きがいを認めて獨身で終る者も多いだろう、つまり蜜蜂の群のなかの働き蜂のような役割をして終る者も多かろう、今までの人間の社會でも、進んでそういう役割を買つた人々の、人類に對する寄與は非常に大きいものだつたとたたえています。これは東西どちらの世界にも昔からすぐれた學者や宗教家の中に獨身で終つた人の少くないのをさしていることと思われます。カーペンター自身生涯家庭をもたずに終り、そういう生活を樂しみ、それに意義を認めていたらしいのです。

　しかし自由意思による圓滿な三角、四角關係というようなものは詩人の空想の中ではともかく、現實には不可能なようで、大杉氏の多角戀愛も不成功に終りました。人間の結婚生活は株式會社とちがい、株主が何人いてもよく、大株主、小株主が各々の配當に滿足じて仲よくしていくようなわけにはいかないようです。

　ロシア革命はいろいろの貴重な實驗をして見せ、その實驗の犧牲になつた人々は氣の毒でしたが、他の國々にはよい參考となりました。その中で最初の十數年間のように、男女いずれも相手の知らぬまに登錄所へ結婚解消の屆出をすればそれで離婚ができ、新しく誰とでも結婚できるというような法律も、現實無視の空想的な理想主義、又は戀愛至上主義の失敗を示したもので、その結果、子を抱いてすてられる妻が多く、その負擔は國の肩にかかり、次々と妻をかえる無責任な男子の利益になるばかりなので、次第に離婚に制限が加らえれ、今日では離婚は必らず裁判を經なければならず、別れた妻子への仕送りも月收の何割と規定されて勵行され、怠れば罰せられるので、その負擔のためにそう簡單に離婚のできない點、裁判費用が高く、誰でも訴えることがむつかしい點など、西歐諸國で、ソ連は帝制時代の離婚禁止に歸つたなどといつている位です。

　社會主義の社會では戀愛は無制限に自由だとか、愛情のない結婚は罪惡としてすぐに解消されるとか、ロマンティックな考え方をしていた人間は、大いに幻滅を感ずることでしようが、人間の現實、とりわけ男子の多くはその本能や衝動に何らかの制限を加えなくては反家庭的、反社會的な作用をしかねず、當分の間は法律の鎖でつなぎ、罰則のムチでおどさなくては家庭の安全が保たれないという情ない狀態にあるのです。

働き蜂はふえるか

　さてカーペンターのいう働き蜂的獨身者の方はどうか、というと、いつたい結婚するかしないかというようなことは、全く個人の自由で、はたからおせつかいをしないでいいわけですから、本當に自主的に獨身をえらぶ人人の場合には問題はありません。しかし貧乏や系類が多すぎるとかいう不幸な原因のために結婚できないのは社會的な缺陷ですから、それは改めなければなりません。英國なども第一次大戰直後の頃までは男女ともに結婚しない者がふえ、人口がへり、民族の將來が危ぶまれたものですが、その後婦人の地位が高まり、社會保險が發達したりするにつれて結婚がふえ、特に第二次大戰後、社會保障制度が確立し、生活が安定し、母子保護が行屆くにつれて人口もふえてきました。今の英國は勞働力不足になやんでおり、せめて一夫婦が平均三人の子を生んでほしいと政府は望んでいますが、一人子が多く、二人すら少いというくらい。しかし二三十年前よりはずつと人口の前途が明るくなつてきています。

　資本主義の社會で婦人の地位が向上するにつれ、或期間獨身者がふえるということはどこの國でも共通の現象ですが、婦人が職業をもちつづけるためには結婚をぎせいにするという、半强制的なこの傾向も、職業をもつことが例外でなく、一般的なものとなつてくるにつれて、追々に緩和されてくることも見のがすことのできない現象のようです。

　男子は家庭があつても仕事にさしつかえぬのみか、かえつてそれによつて人間的な滿足や喜びをえられ、才能をより充分に發揮することができるのに、女子の方はその反對になりがちだというのは、女子には母としての特別な自然的、社會的任務があるからであると同時に、女子のそういう二重の任務を調和し兩立させるように社會の制度や習慣が改められるには時間がかかるからだと思います。

　カーペンターのいう中性的、働き蜂的な役割をつとめる勤勞婦人は、半世紀前の、婦人の職業生活が新しい、稀な例であつた時代の姿であつて、今日では、英米ともに女子が全雇用者數の半數に達し、勤勞婦人の五割が妻であるという事實は、この半世紀の間の婦人の地位の變化を語つていると思います。

離婚、再婚

　各國共に婦人の地位が高くなるにつれて離婚の多くなつていることも共通の現象です。アメリカでは結婚五につき離婚一、英國では六對一。日本九對一、但し内縁關係を入れればはるかに高率となる筈。しかしこれは平均であつて、離婚者の内譯を見れば學歴の低い妻に多く、大學卒業生などに少い。職業は俳優、歌手等藝能人に多く、學者、教育家には少い。英國には私立の結婚相談所があり、これは日本のように未婚男女の紹介ではなく、多くはこわれかかつている結婚生活の相談役をつとめています。各都市にあるのですが、所長、書記等三四人の職員のほか、必要に應じて意見を出し相談役となる教育家、法律家、醫師、宗教家、心理學者等男女の委員が何人もいます。離婚者には委員となる資格を認めないので、離婚者こそ、夫婦問題のいざこざを最もよく理解し、從つて最もよい相談相手となれるものだという、離婚者からも抗議もありましたが、遂にそれは認められませんでした。職員の給料は政府から出ます。では政府の干渉をうけるでしよう、といいましたら、そこがわが英國の特徴で、政府はこの事業の必要なことを認めて補助金を出すだけ、運營に官吏は加わらず、全く私たち民間人だけの自主的な仕事として全責任を任されていますとのこと。補助金めあてのイカサマ社會事業の許されぬ國柄としては安心してそれができるのでしよう。所長のアーンショウ氏の話では、英國に離婚のふえた原因の中で一番有力なのは婦人の地位の變つたことだそうです。

「廿世紀の初め、私の祖父の時代には子供の教育にせよ、家事にせよ、何につけても祖父は祖母に命令さえすればよかつた。祖母に相談するの、意見をきくのということはなかつたものです。それでもぶじにすんでいた。ところが今日はそうはいきません。一家のことを婦人と相談し、その意見をきかなければならない。が男子の中にはまだ祖父の時代と同じような氣分でいる者が多い。妻には命令さえすれば片つくつもりでいるものが多い。これが離婚の多い一番の原因です」

　ついで同氏はこうもいいました。

「もう一つは近來結婚生活の性の面をあまり大きく見すぎる、必要以上に大きく見すぎることです。もとより性の問題は重要で、昔のようにことさらにかくしたり、輕く見すぎたりするのはまちがつていますが、またこの頃のようにセックス万能で、それだけにこだわるのも健全ではありません。そういう流行のためにむやみに神經的になつてかえつて夫婦生活に不滿を來たし、ヒビをいらせる場合も多い。この相談所では性の問題には醫者、心理學者も相談にあずかつています」とのこと。

　では離縁話は相當くいとめられますか、ときくと

「なかなかうまくいきません、まあ二割というところですな」という話でした。

　このアーンショウ氏は勞働黨の準機關紙デーリー・ヘラルドで毎週身上相談に應じてい

ますが、そのうちの一つ二つをご紹介しましよう。一つは或若い職業婦人が、大學生と婚約して二年になる。彼はあと一年しないと卒業できないが、自分たちはもう待ちきれないが今結婚するとすれば自分の收入でやつていかなければならない、どうしたらよいかというのです。ア氏の答えはこうでした。「婚約期間というものは短くて六カ月、長くて二年。それより短いのも長いのもよくない。あなた方は結婚していい時です。あと一年間妻の收入で支えるのは大變だが、若い時分のそういう苦勞は、あとになつてよい思い出になり、結婚生活を一層樂しく根强いものにするでしよう。男が稼ぎ、女が家事をするのは今までの常道だが時世は變つてきている。それにあと一年のしんぼうです。彼が卒業して自分の收入を得るまで、あなたが職業をもちつづけても早く結婚すべきです」

もつともこう答えられるのも英國だからこそで、大學生の八割は奬學金でアルバイトなしで勉强できる（勞働黨は將來全部奬學金でやらせる政策を主張している）し、卒業しても就職難はなく、完全雇用で必ず就職できるのですから心配はないのです。若い戀人たちのためにも日本を早く何とかしなければなりませんね。

も一つ或戰爭未亡人がア氏に意見をきいていました。その人は大層親切なやさしい男子から求婚されており、自分はもとより二人の遺兒のためにもそういうお父さんを迎えることは幸福なように思うのだが、自分の最初の結婚が申分なく幸福だつたために、再婚は先夫を裏ぎるような氣がしてその點だけでなやんでいるというのでした。ア氏はこれに答えて、先夫の戰死は一家の不幸だが、あなた方がも一度幸福になるのはよいことで、誰を裏ぎることにもならない。先夫とてもあなたや子供さんたちがこの先長くさみしく不幸な生活を續けるより、よい夫、よい父をえて新たに幸福な家庭を營まれることを裏ぎりと思う筈はない。あなたは再婚なさるがいい。しかし再婚の場合、男も女も心しなければならないのは、決して前の夫、前の妻と今の人々を心の中で比べてみないことです。どこまでも初婚の氣持で相手に接すること、それが再婚を幸福にすることだということをどうかお忘れにならないように、という注意もかきそえられていました。

二度目めの新家庭は火の中に

ある日の新聞にはこんな話が出ていました。たしか地中海あたりの植民地に勤めていた或英國官吏が、三人子供のある妻と離婚し、夫は任地に留まり、妻は子供と共に本國で暮していました。しかし夫が子供たちにあいに來ることは妻も承知していたので、夫は休暇の時にはるばる歸國して成長した子供を見るのを樂しみにしているうち、いつとなくヨリが戻つて二人はも一度結婚し直そうということになりました。夫は任地に歸つて佗しい獨り暮しも今日限りと新婚の思いで遠く本國から飛んでくる妻子を迎える家を整え、室をかざり、飛行場へ向いました。時計を見つめて今か、今かと雲の中から姿を見せる飛行機を望む夫を目の前に、そこまでぶじに妻子をのせてきた機は一瞬もえ狂う炎に包まれて木の葉のようにバラバラになつて散りました。

これが天命というものでしょうか。もしこの夫妻が離婚せず、ずつと一所に暮していたならこの悲劇はさけられたとも考えられる。また離婚しても復縁せず、妻子が本國に留まつていたならぶじであつたろうとも考えられる。とにかく運命の神とはよくよく嫉妬深いものとみえます。

賣春等處罰法はなぜ流れた？

神《かみ》近《ちか》市《いち》子《こ》

賣春等處罰法の第四回目の流産の原因は、第一に、傳統の問題であろうと思います。昭和十年二月、東京で開かれた貸座敷業者の臨時大會に大野伴睦、安藤正純、船田中、一松定吉さんなどが出席し、賣春問題を讃美して、これは日本の良風美俗、忠君愛國思想の根底である、従つて諸君の生活ヨーゴ（擁護）は我々の主義であるなどと述べています。

この事實はあの方々が今でもそういう考えを持つているとか、いないとかの問題ではなく、あの人たちの人生の最盛期に抱いていた思想がそれであつて、民主主義になつてから一つのギ（擬）態を持つて行動はしていても、その思想が一朝一夕に一八〇度の轉換ができるはずもありませんし、またこれに努める人柄でもないと思います。これが第一の原因であり半ばこのことが障害となつているはずであります。このことはもちろん男性全體についていも部分的にはいいうることでしょう。

第二の原因は保守派の人々と革新派の人々の思想の違いです。私共は法案を通したいという念願が一杯で、超黨派で考えた方がいいと思つて初めました。大體婦人議員團というものの性格がそうしたものであり、こういう社會的な問題は黨派を問題とすべきものではありません。しかし論爭している過程において、保守派の諸君の考え方と、われわれの考え方とがほとんど一致できないということが事實になつてあらわれたと思います。

少くも私どもはその點で非常に言葉を愼んだ積りですが、論爭の理解の線を出ると、追付けない、というようなことが、この法案が革新派のものであるという印象を深めたのかも知れません。それはかねて、こういう人權の問題、貧困者の問題、搾取を受ける人たちの問題を被害者の立場から考える習慣を持たなかつたからで、今急に被害者の立場に立つてみると、革新派の考えに及ばないというようなことから、これは革新派のものであるというように考えた人もあつたわけです。

それから、第三の原因は、これは間違いなしに業者と銀行といえるでしょう。さきほど訪ねて來た人（ジャーナリスト）の話では一番効果的に動いたのは料亭乃至待合（赤坂や新橋）だつたと聞かされました。それから銀行、業者です。私共は誘惑される立場にいないため、先様に見切りをつけられて持つて來られたことがないので、どのくらいの金品が贈與されたものか見當もつきませんが、ただ業者については投書があつたり、聞込みがあつたりしました。それによると全部としては五千萬圓、有力な個人には二十萬から三十萬と考えられています。そのため有力な保守派の法務委員で、これを拒否したために差替えられたということまで聞いています。

法務委員會の討議が最初自由投票の立場をとりながら、急に採決の間際になつて、民主黨が黨として反對という立場をとつたため、法案通過がほとんど決定したところで逆轉して否決ということになつてしまつたのです。

結論的に言いますと、男たち、とくに戰前派の政治家たちの持つている傳統が最大の遠い理由であり、間接には黨派的感情、近因は

詩

賣春婦の母

トネタカオミ

産室を離れて神詣での今日まで
賣春婦であるこの母は
悲しみに濡れながら名を呼び續け
頰ずりし　乳房を寄せ
絶息せんほどに嗚咽《おえつ》を押え
「吾子よ、母さんを許して」と詫び
「ね、お前だけは幸せになつて」と希《ねが》い
「神よ、この子にお惠みを」と祈り
今日を生涯の別れと恐れながら
儚なき母子の緣を恨みながら
吾子を抱《いだ》く腕《かいな》は戰《おのゝ》いていたであろう
産着《うぶぎ》をかけ　晴着で飾り
抱き締めながら只一回の寫眞を撮る

その側《かたわら》には何處《いづこ》へか
吾子を運び去る〃親切〃な女が待つ
ている
再び明日から　客を引き
紅で粧うこの母の顏を
一夜で何人もの男が壓迫し
おつぱいが充ちている乳房をもてあ
そび
その肉體を獸《けもの》のような掌が這い廻る
のだ

あれから十餘年――
今もなお　その母は夜の街に
赤子の頰に寄せた愛の唇を
赤子の求めた溫い乳房を
聖なる胎動を感じた母體を
夜毎に變る男達に投げ出しながら
一枚の寫眞に詫びているのだろうか
吾子よ　健やかであれと
客の腕の中から祈つているのであろ
うか

やはり、銀行、待合、業者の買收、贈わいというようなことではないかと思います。

　ただし否決にはなりましたけれど、世論の絶對的な支持もあり、婦人たちの關心が全國的に盛り上つてきている現狀で、民主、自由兩黨が最後の採決の時間まで追つめられてしまつたということから、例の決議案を出していることなどから考えて、この法案はどんな形かで次の國會には持ち出されることは既定の事實でしよう。

　その場合にも、今回の法案の論爭で問題のありどころを相當深度にわたつて理解されているところをみれば、骨拔法案であつたなら必ず世間の反撃が強いでしようし、その反撃の因を作つたのが今度否決された法案であるとすれば、採決には負けはしても、全然敗北したとは思つておりません。半ば成功、半ば敗北というような、今までの全敗に比較して、勝利の錯覺を持つことすらあるのが現狀です。（談）＝文責・菅谷

執筆者紹介

沖田あさ子　大正十五年山口縣生れ。山口市立長女卒。農業。

小品

きみしぐれの香

花《はな》田《だ》歌《うた》

睦子の話は、そのとき話をしていることとは、まるでちがつた話になることがある。きいていれば、幼いときの思い出話とわかるが、はじめはなんのことかわからない。それというのも睦子の生いたちが、普通の娘のくらしとは大分ちがつていたからである。睦子の心から、そのことは、ながいこと去らぬことであつたから、こどものころの話を、誰の前でも、はじめるようなことはなかつた。夫と二人の場合にかぎつた。このごろでは、妹の八重が近くに住むようになり、八重となら、夫と二人のときより、睦子のおさな話は、すべりよく出てきた。

いま、問題になつている賣春等處罰法のことが、夫と八重との話に出ていた。睦子は、いつもの調子で、途中から、話をとつているのであつた。

「小春さんは、わたしを、かわいがつていたのね、二階へつれてつては、よくお菓子をくれたわ、そのお菓子、とても、きれいなんだけど、食べられないの」

八重は、この話、はじめてきくことであつたが、小春という名前で、どこの二階か、わかつていた。

「それ、あなた、あれ、なんというの」

さしむかいに座つている夫の顔をみていつている睦子には、光つた八重の眼は氣づかないままであつた。なが年、つれそつている夫は、この話を、きいたことがあるのであろう。

「クロロホルムだろう」

と、いつた。睦子の話は、そのあと、しばらくの間、五十年昔にとどまつた。

「いまでも覺えているのは、きみしみぐれだわ、あのお草子、黄色でしよう、そして、まんなかのわれているところに、かすかに桃色の層があつて、アンがみえるわね、みてると、とつてもきれいなんだけど、匂いがして食べられなかつたわ、クロロホルムの匂いだつたのね」

「…………」

八重はうなづいてきいていた。五十年昔にはそれとはたしかに氣ずかなかつたクロロホルムの匂いが、新らたな渦となつて、二人のまなざしのなかにわきかえつていた。

職業で、ことをすませたあとは、きまつて、クロロホルムの交つた洗條液を用いた遊女たちの習慣を、そのころ、七、八つの睦子は、しる由もなかつた。小春という源氏名だけで、性はなんといつたのかおそらくきいたこともなかつたであろう。今度のひどい敗戰までは廓とよんでいた色街の五十年昔に、小春にもらつた匂い菓子のなぞを、睦子は、かたぎの女房になるまえ、つまり、まだ玄人のとき、解いていたであろうが、いまのように、さらりと話し出せてはいなかつた。

睦子と八重は、そうした家の娘分で、成人していたが、二つちがいのこの姉妹も、實は賣られて行つていた身であつた。不幸中の幸といおうか、二人は、藝者になる約束で、養女になつていたため、夜毎、クロロホルムを愛用せねばならぬ身とも少しちがつていた。廓では、遊女と藝者の間の身分の上下が、互の胸のなかでは、不文律なものとなつて横つていた。藝者は遊女とはちがうぞという氣品を持つていながら、遊女にうとまれれば、座敷がかからぬという、けねんがあつた。そういうしきたりのなかにあつての小春のかわいがり方であつた。

「わたしたち、藝がきらいだつたからよかつたのよ」

二人の姉妹は、身の上を回顧するとき、よくこういうのであつた。八重は睦子よりもつと藝ぎらいであつた。八重は、半玉で出ていたときに落籍され、睦子よりさきに身をかためていた。

「きみしぐれ」を食べられなかつた日のことを、いま、睦子は、こともなく、いいだしてはいたが、藝ぎらいでは養家にいられなくなつた。逃げてその家を出ているのだから、美しいきみしぐれが食べられなかつた遠景には、つらく悲しく憎しみ多い想いが、雪の山脈のように凍てつきとなつて、胸底にのこつているのであつた。

あるインドネシア人は語る

中《なか》島《じま》有《ゆ》美《み》子《こ》

インドネシア在住のまだ三十代の或華僑夫妻が、インドネシア生れの舊知の日本人にあうために近頃來日しました。私は夫と共に帝國ホテルでその夫妻にあいましたが、その話の一部をご紹介したいと思います。

○何といつてもインドネシアで一番仕事のしいいのはオランダ人でしよう。外面的には植民地を失い、昔の王者の地位からころげおちて苦しいように見えますが、ともあれ何百年の間きずきあげた底力は大したものです。特に金融及び商業のかなめの地位をしめているので、經濟的實力は依然としておしもおされもしないように感ぜられます。

○インドネシア獨立のために死んだ日本人も澤山あり、ほんとにインドネシアを心から愛していた日本人も多かつたことと思います。

○共産勢力が侵入してきたためか、こんどの選擧は非常にはげしい。日本の賠償問題も愼重に扱われず、むしろ政爭の具となり、對日感情惡化を助長している傾があります。日本の出先官吏にりつぱな人を選ぶことが非常に大切ですよ。

○日本の出先商社が目先のことしか考えず、日本人同士で見苦しい爭いをくり返し、華僑の大商社からタカをくくられ、インドネシアの民族主義者からバカにされていますが、日本政府はこんなことを知つているのでしようか。

○日本の鐵鋼製品は、品質の割に恐ろしく高値で、とても他の外國品には追いつけません。どうして外國と同樣の値にできないのでしよう？

○現在インドネシアでは布類が不足で非常に困つており、また醫師は人口七千萬に對し二千人程度で手がまわりません。どうして日本人は來ないのですか。

○近ごろ華僑の青年が本國の新中國へたくさん留學しているので、大體の樣子は分つていますが、華僑はみな非常な希望をもつて本國を見ています。

○日本へきて一番殘念なことは午前中から若い男女がりつぱな建物の中でおどり狂い、かつ酒をのんでいる姿で、これは、他の東洋諸國に見られないことで、日本が頽廢の入口に立つているような氣がしました。

憤り

大久保《おおくぼ》さわ子《こ》

近年にない暑さといわれた夏もここ立秋來、さすがに朝夕の涼しさは爭えないがそれでも日中の暑さは格別である。

朝は八時半までに出勤、歸りは定時は四時半だがそれでも仕事の都合で、一時間、二時間の殘業はざら。何しろタイムレコーダーに規制されての出勤は生れて始めてなので、それだけでも神經の消耗は激しい。家へ歸ると、グッたりして物を考える氣力など全くない。しかし、その消耗した神經を、いたく刺戟したことがある。

一、孫殺し

八月十三日の夕刊で見た記事、皆さんも恐らく記憶に新しいに違いない。

「大田區の、あるニコヨン（三十五歳の男）が怠けものでパチンコにこつて一錢も家に入れない。妻は半年前に、この夫に愛想をつかし、一人の女の子（四歳）を殘して、正式離婚してしまつた。それでもこのパチンコ男の怠けぐせは直らず、男の實母は、三度の食事に事缺きながら孫可愛さに生きてきた。

十二日晝すぎ外から歸つてきた孫に「おいもが欲しい」とねだられたのに、おばあさんは一本の芋を買う金もなかつた。孫は外で近所の子たちが芋をかじりながら遊んでいるのを遠くから指をくわえてジッーとみつめていた。その夜、おばあちやんは、孫の好きな、そしてたつた一枚の、金魚の模樣のゆかたを着せ寢かせつけたが、晝間、指をくわえてみていた孫のいじらしい姿が忘れられず、「息子はちつともよくならない。どうせ貧乏が續くなら」と思い餘つて孫を手拭で絞め殺した。おばあさんは、「お父さんが惡いんだ。お父さんを生んだおばあちやんは、もつと惡いんだ。」と、いいきかせるように死體に取りすがつて泣き、その後、自分も死のうとして外へ出たが死にきれず、フラフラ戻つてきて近所の人につれられて自首した、という。

何だ、いつも新聞を賑わしているじやないか、殺したり、殺されたり、自殺したり、そんなものさ、といつてしまえばそれまでだが、私が、私の生活に馴れて、惰性で生きていることに、鐵鎚を下してくれた事件だつたのだ。

「芋一本買えぬ人」がいたという事實。——理論的には、當然そういう階層があることはうなづきもし、認識もしていたのだが——この出來事は、貧乏に起因する。

日雇人夫の父親が惡い、それもあるだろう。パチンコなんかがあるから、皆怠けものになる。一理あるかも知れない。何も殺さなくてもいいぢやないか、そりやおばあさんが惡い——。

でも、「お父さんが惡いんだ。お父さんを生んだおばあさんが、もつと惡い」ではない。この事件で一番の惡人はやつぱり、「貧乏」だ。

一、貧乏—先づ失業について—

こんな悲しい事故をおこす、「貧乏」をなくさなければならないが、一體、一人の、一家族の貧乏の原因は何であろう。

失業、中小企業の不振、賃勞働者の絶對的低賃金等が貧乏の原因であるとすれば一體この原因はどうしたら取り除けるだろうか。

三十五歳のこのパチンコ男、それは過去二十年近い生活歷の中で、恐らく何らかの職を身につけていたのではないか、それが職安人夫として生きなければならないことに問題があるのだ。およそニコヨンという職は定職であつてはならない。失業している間のつなぎとして、次の就職へのチャンスを待つているに過ぎないものだ。それが證據に、ニコヨンの賃金は、同一職種に支拂われる賃金の一〇%—二〇%低額を規定されているし、(緊急失對法施行規則八條)、また實際の稼働日數は一〇日—二〇日間位といわれている。この率でいけば「一般雇用勞働者の四〇%に過ぎない收入」であるのに、しかも、私たちが知つているように、職安人夫は常備化しようとしている。この「雇用されている失業者」群が貧乏であることは言をまたない。

さて、ここで特に問題になる失業について考えてみよう。

かつての失業は、(二十世紀の始め頃迄)資本主義經濟の景氣變動の波によつて左右されていた。好景氣になると勞働者は企業に雇用され、不況期、恐慌期には豫備軍としての位置にはき出される。その波にもまれることすら許し難いことであるのに、(經濟による人間支配の悪として)、第一次世界大戰のあとは、その波の高い時がなくなり、低い位置にとどまつて、ごくわずかなさざ波を立てる程度になつてしまつた。理由はいろいろあげられようが、資本の集積、集中(獨占)が高まつて、資本の有機的構成が高くなつたこと(ということは、可變資本をもつて吸收する雇用力が相對的にさがるか、又は同一の可變資本でより多くの勞働を實現させるので、勞働力人口の相對的過剩がおこる)。

また、植民地や、半植民地が獨立し、過去の原料を收奪され、高い工業生産物を買わされていた不合理が消え、近代産業が發達して、支配國も、今までのような超過利潤はえられなくなり結局、外へのはけ口がなくなつた事。

そこで戰爭によつて、植民地、半植民地、經濟的從屬國を作り市場を開拓していた過去のやり方は、もう絶對に許されぬであろうし、資本構成の變化そのものを度外視して、生活資料は算術級數的にふえ、人口は幾何級數的にふえるから、勞働者階級は貧困であるというた、マルサスの人口理論や、それを論據にし、リカードの賃金理論を結びつけた。ラッサールの賃銀鐵則も、二十世紀の人間ならもう承認しないであろう。

不況のままで、さざ波程度しか景氣の波はなく、又そのため失業者が、構造的失業者(慢性的失業者)となつている現在、貧困の大きな原因となつているこの失業現象をなくすにはどうしたらよいだろうか。

失業がこのように資本主義經濟の構造から發生する以上、この經濟の構造を變えねばならない。その具體的政策で、失業救濟を目的としたような、公共事業を興さねばならなかつたり、失業對策に向けられる國家豫算が、他の不必要な豫算にどうしても喰い込まれて絶對的額が少かつたりしては、(このことは、賣春等處罰法案がどうしても流されるのと根據を一にしている)失業そのものの發生を防止し得ない、資本主義經濟(資本家社會)のなせるわざという外はないのである。

× × ×

實は〃憤り〃というテーマのもとに、

一、孫殺し

二、平和への歩み(朝日の論壇欄(八月六日は)に出た石川達三氏の「平和は信じうるか」に對する私の憤り、

三、賣春等處罰法の流産に對する憤り、

の三つを取りあげ、また一の孫殺しのところでも、貧乏の失業以外の要因をとりあげ説明するつもりでいたのに、思いがけず紙數をつかつたので、又の機會に許されればこの形でとりあげたいと思い、あえて「憤り」ということにしておいた。

主婦のこえ

農婦の勞働過重を解消して

沖《おき》田《た》あさ子《こ》

今の日本の社會には數多くの不合理と矛盾が渦まいています。眞實に人生をおくろうとする若い私共には、時にはそれらが耐えられないほど重苦しく感ぜられます。

現在表面では民主主義社會が成立しておりますが、農村では昔と變らない封建遺習が、行われています。

たとえば「自分の娘には百姓をさせたくない」「百姓には嫁入りさせたくない」と考えながら「息子の嫁には百姓のできる娘がほしい」と考える母親が何と多いことでしよう。しかし娘さんは百姓そのものをきらつているのではなく、百姓仕事も、炊事も、洗濯も、子供の世話も、何もかも一人でしなければならない、おそろしいほどの勞働過重をきらつているのです。

したがつて農村における動働過重、特に嫁の立場が一番問題なのです。ある村では、婦人の勞働過重を緩和しようと考えていろいろ苦勞の末、共同炊事所を建設しました。今までばらばらに行われていた食事の仕度が能率的になり、また榮養も改善され、その點に關する限り、婦人の勞働過重は救われたように思えました。ところが幾日も經たないうちに、嫁たちから悲痛な叫び聲がおこつたのです。「共同炊事になつてから私たちは今までよりも、もつと疲れるようになつた」というのです。「今まで私達が使つていたカマドはなるほど舊式であり、非能率的であつた。しかしそのカマドの前で火吹竹を使いながらご飯を炊いていた時間は、朝おきてから、夜寢るまで息もつけない忙しさの中で、ほんの瞬間とはいえ心もからだも休まる時間であつた。たきつけの餘りの古新聞にちよつと目を通したり、わが子の未來にふと理想をえがいたりするひまは、この時以外になかつたのだ」

共同炊事は私達からこのわずかばかりのいこいの時間を奪い去つてしまつた。確かに炊事の手間は省けるが、そのかわりに與えられたものはもつと辛いほかの勞働だつたのだ。

これが嫁たちの悲痛な叫びだつたのです。文字通り牛馬に等しいこういう苦役を見、聞き、知つているからこそ、娘さんは百姓の嫁になるのをいやがり、こうしてつらい勞苦の永い年月を過してきているからこそ母親もまた、娘を都會のサラリーマンの所へやりたいと考えるのです。

農村のこの狀態を打開して、少しでも自由と幸福を求めようとする娘さんの考え方と、それを支持する母親の氣持はよくわかります。それなら「息子の嫁には百姓仕事のできる娘を」と考えるのはなぜでしようか？　私はここに日本の家族制度のもつとも醜惡な面をまざまざと見せつけられるような氣がします。農家の長男は家をつぎ、家をささえてゆかねばならぬと昔から今日まで信ぜられ、その通り行われてきました。が夫婦と親と子の愛情を中心とした家庭なら美くしいものですが、封建的な家族制度は百害あつて一利ないものではないでしようか？　私はこういう矛盾の多い社會を一日も早く改めたいと思います。私たち婦人も働くだけでなく、一歩進んでたえず勉强して希望のもてる明るい生活のために努力したならば必ずや近い將來には平和な社會が訪れてくるでありましよう。農村における嫁の勞働過重が解消し、夫と妻も親も子も、のびのびとした人間的な生活が送られるのを私は心から待つてをります。

座談會

生活保護の現狀について

出席者

瀬戸多美子（東京都民生委員）

原　つる（被保護者）

中大路まき子（品川區議・厚生委員）

（寫眞向つて二人目より原つる、瀬戸多美子、中大路まき子さんら）

編集部　ご承知のことと存じますが、近頃社會保障への關心が、婦人の間に大分高まつてきています。これは申すまでもなく一般に生活が苦しくなつてきたからでもございましようが、それと共に婦人が政治や社會に目覺めてきた結果でもあろうと思います。以前は貧乏を恥かしがつてなるべく表に現わさないようにしていました。ところが戰後は、生活困難が一般化したためでもありましようが、貧乏を罪悪かなんかのように考える人は少くなつているようです。また以前のように困窮を個人や同族間で解決することができなくなつている、こういう原因から必然社會保障への要求となつているのではないかと思います。

そこで、今日は、日本の社會保障の現狀についてお話し願い度いと考えていたのですが、それではお話が擴がり過ぎますので醫療保護と生活保護について、民生委員の方、保護を受けている方、それから區議として厚生委員をしている方々の三人からお話をうかがい度いと存じます。では民生委員の瀬戸さんからはじめて頂きましようか。

瀬　戸　私共の仕事は生活に困つている人を探し出すことなのです。噂などによつてこちらから訪ねていく場合もありますが、大低は自宅に訪ねてくる方が多く、そういう方は大體間違いなくほんとに困つている人たちです。

中大路　民生委員を通して保護を受けるようになつた人は後で連絡がありますか。

瀬　戸　ある場合もありますが、福祉事務所から連絡があります。

近頃の傾向としては生活保護より醫療保護の希望者が多くなつていることです。

編集部　どういうわけでしよう、急に病人が増えたわけではないでしように。

瀬　戸　ボーダーライン層が多くなつたか

らではないでしょうか。家族が健康で働いていればどうやら食べられる、しかし一人でも病人ができると早速困るという家庭が。

編集部　民生委員に頼んでから保護費を受けるようになるまでどのくらいの期間がありますか。

瀬　戸　一カ月くらいです。それで今すぐ出すようにすることが問題になつています。大低民生委員のところに來る人はいよいよとならなければ來ないので、明日の生活に困る人が多いのですから。

　こんなケースがありました。生活保護を受けていた人が怪我をしたんです。入院して看護婦を二週間つけたのですが、看護婦に支拂う費用が一週間分しか出ないことになつたのです。そこで生活保護費を繰上げ支給してその方に廻したので、こんどは生活に困つてしまいました。三千圓ほどのお金なんですが、それでいろいろ奔走して法外援助から半分だけ出してどうやら切り抜けました。

編集部　法外援助とはどういう種類のものなんですか。

中大路　各區にある、寄附から成つている救濟資金なんです。これを支給する場合には福祉協議會（民間團體）の審議にかけることになつています。

編集部　どういう方面に使われるものですか。

瀬　戸　品川區は引揚者が多いので主にその方に使つています。

編集部　醫療保護はどのくらいですか。

瀬　戸　月額最高一萬六千圓くらい、期間は普通三年ですが八年位まで認められているようです。

編集部　醫療保護を受ける資格は？

瀬　戸　生活保護を受けていれば醫料保護も受けられます。又生活はどうやらできるが、醫料費のでない人ですが、その資格審査がなかなかむつかしいのです。

編集部　そういう條件なら大部分の勤勞階級が有資格者ではないでしょうか、さしづめ私のところなど最有資格となりますわ。

中大路　あら駄目よ、第一自分の家に住んでいてはいけないんです、それから家具があつてはいけない、それはそれは大變。なにしろ困る人が多過ぎるんですから。

編集部　しかし日本の貧困の原因は大部分が病氣だと言われています。その線で救わなければドン底に落ちてしまつてからではなかなか浮び上れません、その前に救濟して頂きたいですね。

瀬　戸　今の社會保障はどん底に落ちるまで放つておくのです。そこへ行くまでに救濟すればなんとかなると思われるものを放つておくんです。ボーダーラインにとどまつている人には出さないんですよ。

　たとえば學校の給食費ですが、生活保護を受けている家庭の子は餘り滯納していませんが、それより少し上の保護の基準に達しない、ボーダーライン組が拂えないのです。またこんな例もありました。主人が醫療保護で入院していたのですが、期間がきれて退院してますます病氣が重くなつて死んでしまつたのです。遺族は以前から生活保護を受けておりましたが娘が成長して働き始めたら保護費を引下げられました、そこで娘は働く甲斐がないから働くのが厭になつてしまうと母にこぼしているそうです。

原　いくらか餘裕をみてくれると働き甲斐があるのですが、ケース・ワーカーがとても詳しく調べあげて、とても内緒で働くというわけにはいきません。

中大路　千圓くらいまで認めているのではないでしょうか。

保護を受けていると近所がうるさいという

ようなことはありませんか。

原　環境が環境で同じような生活程度の人が集まつているものですから、ねたまれます。貰いたいが基準にはずれて貰えない人が多いので傍に貰つている人がいると面白くないのでしよう。私はなるべくおつき合いをするように努めています。近所の方に憎まれると係の方が調査に來た時意地惡されます。それになんと言つても氣をつかうのは子供のことです。きれいな着物を着せないようにするとか、いろいろと。

編集部　要保護者にするかしないかの認定はどこでするのですか。

瀨戸　ケース・ワーカーの調査に基いて福祉事務所の所長がしています。しかし今は大變むつかしくなつています。ことに入院場合の醫療保護は所長だけでは出來ないのです。

編集部　生活保護費は一人どのくらい出るのでしようか。

中大路　年令によつてカロリー計算ができています。基準は夫婦二人で住居費その他を入れて、四、五千圓程度です。子供のある場合は敎育費もでます、子供五人と母親で大體一萬圓くらい出ます。風呂賃も十日に一度の割で出ています。（扶助基準額表・表紙二參照）

瀨戸　老夫婦だと五千圓弱、一人で三千圓位出るので、大體なんとか生活できます。

編集部　失禮ですが原さんのところではいかがですか。

原　うちは子供三人と私の四人ですがほとんど足りません。借金・無盡・親戚から貰うことなどでやりくりしています。働こうと思つたのですが、その分差引かれて却つて苦しくなるからと注意されて止めました。內緒で働くにしても子供を近所に賴まなければならず、とても內緒ではできません。

瀨戸　ご近所だけではなく、保護を受けている方同士でつげ口して來るんですよ。

原　朝鮮人は盲點をついて困らなくても保護を受けている人があると聞いていますが、私たちにはその盲點がわかりません。

編集部　保護を受けていらしつて、この點だけはぜひなんとかして貰いたいとお思いになつていることはありませんか。

原　係の方がとても冷たいのです。お役所仕事だから仕方ないと思いますけど……ぜひして頂きたいのは支給時間の嚴守です。規定は九時なのですが、それが十時、十一時になるのが普通です。雪の中を二時間も三時間も立ちつくしているのはほんとうに辛いと思います。

編集部　それからお子さんのことでは？

原　學校の先生に氣をつけて頂きたいと思います。要保護家庭の子には時々救援物資が配給されます。それをみんなの前で渡されると、とても肩身が狹くていやだというのです。それから寄附など免除されているのですが、他の子が袋を持つていくのに自分だけ持つていかないのは恥かしい、と駄々をこねられます。だから私は擔任の先生が變る度にお願いに上つています。下さるものは陰でそつと渡して頂きたい、寄附の時はお母さんが前に屆けてあるからというように言つて頂きたい、と。中にはとても氣をつけて下さる先生もあつてちつとも子供に劣等感を與えないように上手に取計つて下さる先生もおりますが。

編集部　今のご希望というようなものは。

原　子供が大きくなることです。一日も早く保護を受けずに暮したい、なんとか自立したいと、それのみで一杯です。自分自身に適當な仕事があれば一番いいと思つて探していますが、小さい子供を三人も抱えていたのでは、それもほとんど望みがありません。

編集部　職業安定所や內職あつせん所では

優先的にお世話するというようなことはないでしょうか。

瀬　戸　學校と内職あつせん所では優先的にしています。

原　内職あつせん所ではきつい基準があつて、それに達しないとやかましいのです。それで子供がおりますと、それがなかなか大變なのです。

中大路　私はいつも考えているのですが、品川區の場合、民生團體の人々と醫者とや職安の人とか、學校の先生などが話し合う場があるといいと思うのです。たとえば病人ができて困つて醫者のところに行くと、醫者は事情をきいて簡單に醫療保護を貰つてこい、という、それで民生委員や福祉事務所に馳けつけるとそれがなかなか容易なものじやない、そんな時お互の連絡がついているとかなりスムーズにいくんじやないかと思います。

編集部　ほんとにそうですね、せめて關係のある仕事の豫備知識でも持つておりますれば何彼と便利でしようね。それから母子貸付福祉資金の方はどうなつていますか。

瀬　戸　品川の場合餘つています。

中大路　それは品川ばかりではなく、他區でも殘つているところが多いようですよ。

編集部　ところによつては足りなくつて却下されたり、削られたりするところもあるそうですが。

中大路　調査した結果、削る場合もありますが、正確な數字を出せば、大體申告通り貸出していますよ。

瀬　戸　調べてみると母子家庭は割合に少ないのです。

原　それを貸りると保護を打切られるから、ということもありますね。

編集部　品川區で要保護家庭はどのくらいありますか。

中大路　大體三%くらいです。

瀬　戸　始め申しましたように、生活保護は乞食をするよりしかないという人を救うのが建前になつているので、いろいろ問題が多いわけです。ほんとうは救貧と共に防貧が大事なのですが、今のところどうにもなりません。寄附などでもお祭の寄附はよく集りますが、社會事業の寄附となるとさつぱりだめです。

編集部　ではこの邊で、お暑いところをどうもご苦勞さまでした。（文責・菅谷）

（九ページよりつづく）

一人當り金錢支出をもつて實際の生活を斷定することはできないが、農村との結びつきの深い低賃金産業の低賃金と零細農家の生活の低さとがお互に關係ある事は考えられよう。

好況その他の關係で賃金が上つても、需要供給の關係から最低の線となるのは、零細農の、農耕だけでは農業も續けて行けず、食つても行けないという經濟狀態の低さである。

今日では、この勞働力プールにも變化がきた。農家の勞働力プールはもう溢れてきた。耕地は最低限界となつた。昭和二十六年を最高として、食糧不足緩和と、調査基準の變更のせいもあるが、二十七年より農家戸數及び一戸當り家族數ともに減少し始めた。農家人口の日本全人口に對する割合は、終戰直後の四六・八%から、二十九年には四四・二%に減少した。農家はこれ以上人口をプールできなくなつた。人口を吐き出している。農家に結びついていながら、都市に勞働力として出る出稼型は減少し始め、離村が増大したのである。賃勞働收入に依存することの大きい農家自體が、もはや農家でなく、勞働者層へとうつり變りつつあることを示している。

今日ではまだ農家は工業勞働力のプールにはなつているが、そのプールは分解し初めているように見える。

衆議院法務委員氏名

×印・賣春法案に反對委員

氏名	黨	選擧區
×世耕弘一	民	和歌山二
×古島義英	民	埼玉四
×三田村武夫	民	岐阜一
×山本粂吉	民	茨城三
×馬場元治	自	長崎一
×福井盛太	自	群馬二
古屋貞雄	社左	山梨
田中幾三郎	社右	三重二
×今松治郎	民	愛媛三
×椎名隆	民	千葉二
×高橋禎一	民	廣島三
×長井源	民	三重二
×林博	民	東京六
×松永東	民	埼玉一
×永山忠則	自	廣島三
×山本友一	自	愛媛三
×薄田美朝	自	北海道一
×船田中	自	栃木一
×横川重次	自	埼玉二
猪俣浩三	社左	新潟四
神近市子	社左	東京五
福田昌子	社左	福岡一
三鍋義三	社左	富山一
戸叶里子	社右	栃木一
細田綱吉	社右	茨城三
吉田賢一	社右	兵庫三
松尾トシ子	社右	神奈川一
志賀義雄	共	大阪一

編集後記

政府の新生活運動の第一回準備會が去る八月二十二日首相官邸で開かれました。各界代表一二八名參集(内婦人一一名)。誰れが主唱者であろうと新生活運動そのものに反對な人は恐らくないでしょう。敗戰の傷痕深く、社會のどの部面をみてもなんとかしなければならない問題が山積しています。ところがこの運動に批判の聲が高いのはなぜでしょう。

× ×

政府の主旨は具體的に卑近な例をとれば蠅や蚊をなくすることだといいます。しかし、蠅や蚊と比較にならないほど大きな害毒を流している賣春問題さえ手のつけられない政府が何の新生活運動ぞ、と思う人が恐らく少なくないからではないでしょうか。とにかく私たち婦人もそのなりゆきを厳しく監視する必要があろうと思います。

× ×

ある勞働組合では本誌の支持を大會で決議したなど各方面の御支援厚く、本誌も來月より八ページ增しの三二ページに致すことになりました。御期待に添うべく努力致す積りです。よろしく御願い致します。(菅谷)

婦人のこえ 九月號

定價三〇圓(〒五圓)
半年分 一八〇圓(送共)
一年分 三六〇圓(送共)

昭和三十年八月廿五日印刷
昭和三十年九月一日發行

編集發行人 菅谷直子
東京都千代田區神田三崎町二ノ三
印刷者 堀内文治郎
東京都港區本芝三ノ二〇
(硫勞連會館内)
發行所 婦人のこえ社
電話三田(45)〇三四〇番
振替口座東京貳壹壹参四番

婦人のこえ

10月號 1955

平和憲法を守りましょう

本誌・社友

（五十音順）

淡谷のり子　阿部艶子
安部キミ子　磯野富士子
石井桃子　石垣綾子
圓地文子　大谷藤子
小川マリ　大人節子
川上喜久子　小倉麗子
桑原小枝子　神近市子
木村光江　久米愛
久保まち子　芝木好子
清水慶子　杉村春子
菅谷直子　田所芙美子
田邊繁子　高田なほ子
戸川エマ　長岡輝子
新居好子　西清子
西尾くに子　萩元たけ子
深尾須磨子　古市ふみ子
福田昌子　宮崎白蓮
三岸節子　米山ヒサ

日本労働組合総評議會傘下
各労働組合婦人部
全國産業別労働組合（新産別）
連合傘下各労働組合婦人部

原稿募集

◇**創作**　四百字詰　一五枚以内

◇**論文・隨筆・ルポルタージュ**　職場でも家庭でも婦人の立場から訴えたいこと、發言したいことはたくさんあると思います。

また政治や時事問題についてご意見やご批判をお持ちの方も多いと思います。そうした皆さまのご意見、ご批判、ご感想あるいは職場や地域のルポルタージュなどをふるつてご投稿下さい。

四百字詰
原稿用紙　七枚以内

◇**短歌・俳句**　生活の歌を歡迎いたします。短歌添削御希望の方は行間一行あけに書き、返信料を添えてお申込み願います。

送り先　「婦人のこえ」編集部

婦人界だより

内地米増配運動

今年の豐作豫想に、少い內地米の配給と高い闇米に惱まされている主婦側から、增配要求の聲が全國的に上つています。

東京では去る九月六日、參議院會館に社會黨婦人對策部の呼びかけのもとに、くらしの會、地域婦人會、婦人問題研究會、武藏野婦人會、婦人民主クラブ、全遞、全專賣、東京急行等各勞組婦人部の代表が集り、東大農學部助教授川田信一郎氏、全食糧勞組佐藤信義氏、日本農民組合中村迪氏等を招き專門の立場から「豐作と日本の食糧事情」（本誌掲載）を聞き、卽日「**內地米增配運動連絡會準備會**」を結成。同月十四日、食糧廳・農林省・大藏省に陳情を行い、併せて、政府の今年度增收分を主食統制撤廢のための備蓄米にするという向に對し、主食の統廢は米價を不安定にし、家庭の計畫經濟をくずす恐れのあるものとして、强く反對の意を表明しました。

なお、この運動を廣く一般に押し進めるため、街頭宣傳などを行うことになつています。

賣春問題の資料

「賣春をなくさなければいけない」

社會黨左派婦人對策部では次期國會に民主黨から上提を豫想されている「賣春等處罰法案」が、今國會における民主黨の否決理由に照し賣春制度を溫存する可能性あるものとして、人權擁護のため、賣春は絕對になくさなければいけないと、その參考資料として「**賣春をなくさなければいけない**」（一部十圓）を發行いたしました。賣春の歷史、世界の現狀、今國會のうごき、なぜ日本ではこの社會惡をなくすることが困難かを槪括的に述べたもので、完全な賣春處罰法の成立を望む方の一讀を要するもの。婦人團體、勞働組合等まとめてお申込みの場合は三十部以上一部八圓。

婦人のこえ

1955年
十月號

十月號 目次

表紙……小川マリ・カット……中西淳子

創刊二周年を迎えて

三號雜誌で終るのではないかと危ぶまれた本誌がつつがなく二周年を迎えたのみか、この記念號から八ページ增の發展を見ることになりましたのも、ひとえに讀者の皆さまのお力によることと深く感謝し、今後ますますご期待に添うよう、編集部一同大いに勉强いたすつもりでおります。

政府は秋祭の太鼓に調子を合せて新生活運動のラッパをふいています。このラッパにつれて踊れば五千萬圓のチップが出るとか。盆暮の贈答廢止、冠婚葬祭の簡素化などは「生活改善」と稱して明治時代から耳にタコのできるほどきかされてきたことばで、それしきのことも自分でやれないいくじなさに對する罰金としてこの五千萬圓は國民の懷から稅の形でしぼられたもの。來年度の豫算案の中にも一度この罰金を認めるかどうか、婦人團體は大いに考える必要がありましょう。五千萬圓を、計何百回にのぼるかもしれぬ官民合同の小田原會議の飲食費に使えば忽ち煙になつて消えてしまいます。その金をサツマ芋が買つてやれないばかりに最愛の孫の首をしめて自分も死のうとした年寄や子供の命を救う方にまわせないものでしょうか。別項四谷區會議員の寄稿にもあるような飲食のための公金の浪費と、サツマ芋一本の命とを比べてみましよう。

新生活といえば農村のカマドや湯殿の改善の話。これも結構ですし、今年は大豊作でオートバイや耕耘機や電氣洗濯機までとぶように賣れるというのも明るい話題です。ただ問題はそのことだけに滿足しないこと、そういう新しい道具の利用が個人の富と安逸とのためでなく、日本の進歩、民主化という高い目的のために行われること、それによつて生れた時間と生活の餘裕を文化と平和とのためにささげることを忘れぬこと、つまり政治をよくするために使うことです。ただ新しい、高い道具を買うことに滿足するなら、それは新生活でも何でもない、小ツブな安つぽい紀文大盡みたいなものがふえるばかりで日本の將來のためにはマイナスです。といつて銀行や郵便局にはこぶだけで利子のふえるだけを樂しみにしているとまたインフレで煙になつてしまいます。戰時中大藏省のお先棒をかついだ女史たちがお國のためという魔術的なことばで婦人を醉わせ、政治に目をつぶらせている間に貧乏人の貯金が大砲になり、軍艦になり、インフレで消えてしまつたのです。個人の生活から因習や浪費を追放し合理的に改めるのはまことに結構なことですが、それが政治から目をそらせることになつては新生活の假面をかぶつた舊生活の奬勵にすぎません。新しい、正しい政治をめざす運動よりほかにほんとの新生活運動はない筈です。婦人の解放は近代產業に働く女性の量と質とにかかつていますが雇用者總數に對する女性の割合はここ數年來のびず、高給を受ける熟練者は職場を追われ、從つて勤勞女性の地位が不安定で組織率も低く、これは日本の勞働運動全體の弱みになつています。組合婦人部の强化と共に、その婦人部と婦人團體との協力をすすめることも進歩的勢力を育てる上に重要な役割をもつています。本誌をその高い目的のために充分ご利用下さい。私たちは皆さまのお役にたつことに生きがいを感ずる者です。

教科書の問題をうれう

大《おお》内《うち》節《せつ》子《こ》

このほど新聞紙上をにぎわしている教科書の問題は、たしかはじめは、教科書の値段が高すぎる、というようなことからはじまつたのであつた。教科書が高すぎて家庭の負擔がはなはだしい、そこで教科書出版會社の内狀を調べてみたら、教科書の値段には、その賣込みに要する費用が全部かけられていた、というのである。ところが問題はそこから急に別の方向へむかいだした。教科書をすこしでも餘計賣りこむためには、なるべく日教組に氣に入られるようにしなければならない、だから教科書はしばしば日教組の講師團によつて編集され、その結果として偏向的色彩が多分に強くなつているのだと。そしてこの後の問題を主眼としたパンフレットが、日本民主黨から、「うれうべき教科書の問題」と銘うつて、廣く一般に配布されたのである。ところが、このパンフレットで民主黨がいわゆる偏向教育としてあげている實例をみると、あまりにも奇異の感にうたれざるをえないので、ここでそのいくつかを選んで検討してみたいと思う。

たとえば、「社會のしくみ」という中學教科書が、勞働賃銀は、勞働者が健康で働くのに必要な生活費と、その家族の養育費との合計であると説明しているのにたいして、民主黨は、これは資本主義社會をそれとなく否定し、ことさらに急進的な勞働運動を煽動せんとする政治的な内容を盛るものだと攻擊する。すなわち、ここには、企業の支拂能力がどうであろうと、それにはお構いなく、とにかく健康に生活しうるだけの賃銀を支拂えという、共產黨ばりの要求が隱されていると。しかしわれわれが經濟理論をのべるときにはそのように個々の企業における個々の勞働者を考えているのではない。ましてや、その企業に支拂能力があるかどうかなどという特殊な條件をいれているのではない。そもそも社會の生產が維持されていくうえに、基本的にいつて勞働者にはどれだけのものが支拂われなければならないかを問題にしているのである。勞働者が一日働いて一日生活しうるだけの賃銀を與えられないならば、原則として彼はその翌日も同じように健康に働くことができないであろう。また、もし彼が一日働いて二日生活しうるだけの賃銀をえるならば、社會的にいつて、勞働者は一日働いて翌日は休むといつた現象を生じるであろう。いずれにしても、社會の生產の續行に支障が生じるから、資本家が勞働者に與える賃銀は、後者がその生活を維持しうるだけのものとなるのである。その場合、次代の勞働者を養成するために、家族の維持費がこれに加算されることはいうまでもない。

こう考えてくると、民主黨は、經濟學の理論的な問題と具體的な條件とを混同して論じていることは明らかであろう。むろん經濟學といつてもけつして抽象的な理論にとどまるのではなく、さらに具體的な條件をいれた研究分野をも包含するのであるが、これは中學生用の教科書なのだから、そこではなお問題を理論的に簡單に記述するにとどめたのであろう。それを偏向というのは、いうほうが偏向なのではなかろうか。

このパンフレットは、さらに續けて、この賃銀理論は勞働の時間や質を問題にしていない點にまた別の意圖があると非難する。しかし、ここでは、勞働の質や時間は社會的平均的なものとして前提されているのである。それも經濟の基本的な運動法則を明らかにするためには、どうしてもなされなければならない方法論上の手續きなのであつて、その點をつかまえてとやかくいうのは、經濟學の方法を知らないもののやり方である。しかも民主黨は、それを、やがては勞働組合員になるかもしれない兒童のことを思えば、早手まわしの煽動だとしているのだが、ここまでくると民主黨が何を考えているか正常の頭腦では全く理解しえないのである。

小學校六年用の「あかるい社會」は、このパンフレットによればソ連中共禮讃型だそうである。すなわちこの教科書が、古代の日本が中國にみつぎものをしたり、中國の進んだ文化をまねたと書いているのは、すべて中國を正しいとする現實の政治的意圖からだという。だが、日本が中國をまねてその文化を築きあげたのは歴史的事實なのであるから、それをそのとおり述べるのは學問的な態度であろう。もし逆に日本があくまでも文化の中心だつたなどといえば、それは日本中心の、戰前の偏向教育への逆もどりである。同じ教科書の後半は、その大部分が日本の「大陸侵略史」で占められているそうであるが、明治中期以後たえずくり返された日本の大陸にたいする侵略は、イギリスやアメリカのそれと共にまぎれもない事實であつて、もしそれを記述することが「祖國喪失の暴狀」であるというならば、そういう民主黨は、いまだにそれが八紘一宇の聖戰であつたとでも信じこんでいるのであろうか。

最後に、もつとも恐るべき偏向教育の教科書として指摘されているのが、中學三年用の「模範中學社會」である。これは民主黨によれば「平和闘爭のテキスト」なのだそうであるが、それは、平和は戰爭によつてこわされるという規定から出發して、戰爭の原因は一部の獨占資本家のしわざである、としている。そして、それは、戰爭をのぞき平和を實現するためには、社會を改善しなければならないと教え、そのための工夫と努力を强調している。しかし民主黨はそれがいけないというのである。そのような戰爭の原因を除去しよう社會を改善しようという努力は、すべてマルクス＝レーニンの教えだというわけである。

だが、マルクス＝レーニンの教えだからいけないという民主黨の態度は、マルクス＝レーニンの教えだから無條件に正しいとする主張と同様、偏向であろう。民主黨がもしこの教科書を批判するつもりなら、マルクスだからいけないという傳家の寶刀をふりまわすまえに、もつと冷靜に、戰爭の原因は一部の獨占資本家だというこの教科書の結論を、科學的に反駁してみせてほしかつた。資本主義が獨占資本主義段階に到達すると、資本主義社會の生産力は國内的には處理しきれないものとなり、資本の輸出が必然的になる。それが諸列强の世界分割の闘爭となり、帝國主義戰爭となることについては、すでに四十年來經濟學が論證してきたことである。民主黨がこれを否定するならば、學問的根據をもつてそのゆえんを展開したらよいであろう。それができない以上、その批判は無知にもとづく獨斷的な批判であるというしかない。

以上の民主黨の主張に一貫してみられることは、民主黨はその無知と偏見とにもとづいて、ただやたらに教科書が赤いとか偏向だとかいつているだけだということである。しかし無知の上にたつてひとを偏向だというものは、みずから偏向でないと誰がいえようか。

（筆者は津田塾大學講師・專攻、經濟學）

随筆

食物あれこれ

戸《と》川《がわ》エマ

私は食いしん坊なので、今までに随分おいしいものを食べた。食物の話には腰のり出していつまで喋舌つていても飽きない方である。ふぐ、鮎、鱚、鳥の唐揚げ、燒いた肉、うど、蕗、セロリ、果物では、柿、いちぢく、オレンジなど、頭に浮べるだけでたのしくなる。どこそこの何がおいしいと聞くと、無理をしても行つてみたくなる。料理屋や招かれた家で珍らしいものを頂くと、早速自己流に眞似てみたりする。

その私が、今まで食べたほうれん草のおしたしのうちで、一番おいしかつたのが、姑の妹にあたる叔母の作つてくれたものであつた。ほうれん草そのものが違うのかしらと思つた程であつた。固からずやわらかすぎず程よくゆでられて、キチンと切り揃えられた上に、細かいカツオブシがかかつていた。この叔母は、豆を煮ることも、つけ物をつけることも大層上手で、私はどんな豪華な御馳走を出された時より、うれしい。ほうれん草のおしたしなど、小學校の子供にも出來るやさしいものであるけれど、この叔母のを食べてみて、私はいろいろ教えられた氣がした。

「叔母さんのおしたし、どうしてこんなにおいしいのかしら」と私が云つても、叔母は「そう」とだけ云つて、ただ笑つているだけである。別に講釋めいたことも云わないところに、私は一層叔母の人柄がしのばれて好きになつた。一度でいいから叔母の煮たように、豆を煮てみようと、何度もやつてみたけれど忙しい私は、ガスにかけたまま、原稿を書いていたり、アイロンをかけたりしているうちに、こげつかせてしまうので、どうもうまくいつたためしがない。

私の身内に、もう一人お料理の上手な人があつた。もうずつと前に死んでしまつた母方の祖母である。今でもこの祖母が、切干を作つたり梅干を干していた姿をありありと思い出す。お正月になるとお重に入れて家にとどけてくれた、豆のきんとん、ギセ豆腐、それからお彼岸のちらしずしは何とも云えずおいしかつた。大體きざみ物は不細工に大きく切つてあるのは勿論不味いけれど、そうかと云つてあまりに技巧を誇つて細かすぎても味を失うように思う。祖母のちらしの上にかかつていた玉子燒や片すみに色あざやかにのつていた紅しようがは、その點、實に丁度よくきざまれてあつた。

話は別になるが、私はどんな立派な御料理が出されても、つけ物が不味いとがつかりする。いつだつたか避暑地で、海からの歸りぎわ、私が「あら、おいしそうな白瓜」と云つて、水着のまま八百屋に飛びこもうとしたので、そばにいた友達に呆れられたが、つけ物はその材料のよしあしで大いに違うのだと、力說した。女中まかせで、一山いくらの胡瓜など買つてきてつけたつて、おいしくないのだと云つてやりたかつた。夏、東京の家を留守にする時、私が一番氣になるのは、泥棒に入られやしないかという心配ではなく、ぬかみそをどうしておこうかということである。文字通りぬかみそ臭い、と笑われそうであるが、私には一大事なのである。

若い方々が手のこんだお料理を習うこともいいけれど、どこの家庭にも、つけ物の上手なお年寄りやおしたしをおいしく作る方がいるものであると思うので、說明の出來ないこうしたコツを手傳いながら覺えることも大切なことであろう。(文化學院教授)

時評

國民を置き忘れた政治

榊《さかき》原《ばら》千《ち》代《よ》

「きのうの砂川基地の現地放送を聞きましたか？　何ともいいようがないよう。女の人などのまるで斷末魔のような叫び聲――お願いします。お願いします！　何にも惡いことはいたしません――なんて。まだ耳についています。何ということでしょうね」

いつもおだやかなTさんが全く驚いたような調子で話しだしました。

「一體日本の政治つてどうしたのでしょう。ほんとになつちやいないわね」聲はすぐそこ、右と左に別れる時こんな風に話しながら、私は最近中國を視察して歸つたお友達が「中國へいつてみて始めて政治というものを見ました」といつた話を思い出しました。

來る日も來る日も新聞紙上をにぎわした立川基地擴張に反對する砂川町民の抵抗はとうとう中央の問題にまでもり上つて、日本國中の人の眼がその成行をみつめて住民の上にそそがれています。戰後すでに米軍に十一回、合計して二百四十町歩が削られてろくな補償もされず、今また米軍立川基地に五萬一千坪を要求され、百二十世帶が立退きを要求される。「ひくにひかれぬ生命線だ。かりに宅地としてこの邊の市價の二倍の坪一萬圓で接收されたとしても現金だけにたよる農民の末路なんてみじめなもんだ、斷乎郷土をまもれ」こうして過去五カ月反對鬪爭を續けてきた町民の上についに强權が發動されて、町民たちはバリケードを家の前にめぐらし、ピケをはつて應援の勞組の人達にまじつて女子供まで土下座して守つている中へ、千人以上もの警官や豫備隊の早朝襲撃の不意打ちをくらつて守る方の線はうろたえ、騷ぎ、二日目は警官隊は鐵カブトさえかぶつてくりこみ、官民とはいえ民族血で血を洗うような衝突をして多くの重輕傷者や檢束者を出しました。

國家の强權の前に、鐵カブトをかぶつた警官や豫備隊の物量の前に、少數國民の抵抗なんてあわれなもの、町民にとつては暴力ともみえるやり方で、測量が成しとげられているのを新聞で讀んだ私たちは何とも割り切れないものを感ぜずにはいられませんでした。

どうせ自分達がじだばたしたところで、政府は結局思い通りにやつていくのだから、反對して法律によつて土地をいや應なしにとられて損をするよりも、少しでも有利に折衝しようと主張するいわゆる條件派の人々はもとより、强制測量の恐しさに條件鬪爭に切替える動きもありましたが、十四日夜八時三十五分から開かれた緊急町議會では、再びこれまでの基本線をかえず、依然拒否闘爭を續行する線を打ち出しましたので、今後どうなつて行くか、國民は憂慮して事態を見守つています。曉を告げる鷄の聲に淸々しい夏の朝が明けていく平和な部落に、その平和な町民の生活をおびやかすような不安に満ちた騒々しさはなぜ起つたか。

　五月號の「日本の獨立と誇りはいつの日に？」という記事を讀んで下さつたでしようか。そこに詳しく書いておきましたが、アメリカとの話し合いがうまくつかず防衛豫算をめぐつて三十年度國家豫算を編成することができないはめに政府が追いつめられた時、政府はアメリカに懇願して防衛分擔金を負けて貰いました。その時發表された日米共同聲明によると「防衛分擔金の減額は今年度限り、日本政府は三十年度以降防衛費を增額しなければならいこと、またジェット戰闘機が發着するために飛行場施設を擴充しなければならないことが、約束されています。鳩山内閣が選擧に公約した防衛分擔金の減額分二百億を社會保障の擴充や國民住宅の建設にあてるということは空手形に終り、そうして今立川、木更津、横田など全國で六カ所の基地の擴張が實現されようとしています。砂川町の紛爭もこのようなことからも起つているのです。

　なるほど政府と政府の合意に基ずく基地の擴張は政府としてはぬきさしならないことかも知れませんけれど、住民としては政府が勝手に氣輕に國民を置き忘れたような取りきめをして、一片の公示で立入强行などされる、いつ何時自分達の生活がおびやかされるかも知れないというのではまことに不安な限りです。

　砂川町の事件を批判する識者の中には町民は法治國の國民として法に従え、安保條約、行政協定を承認した以上、住民は妥協し、有利な條件闘爭を行うべきで、基地反對のような政治的なことは國會闘爭にまかせるべきだ、といつています。そこにも一理あるとすれば砂川町の混亂や、その他基地の大小さまざまな問題の實例は私たちに政治に無關心であつてはならない、ということを強く示していると思います。經濟の自立が確立し、國民の生活も安定せず、三分の二近い國民がニコヨンに近い貧乏に追い立てられているというのに再軍備促進のためになけなしの國費を投入し、國民よりもアメリカの御機嫌を氣にするような政黨を選擧の時に支持しながら、政治的な不幸が頭の上にふりかかつた時、あわて騒いてもおそいのではないでしようか。

日米會談と海外派兵問題

　八月二十九日からはじまつた三日間の日米會談は「兩國關係の新しい出發點であると同時に、日本の將來を決する轉換點を意味する」重光外相やアメリカ側の意向を總合すると、明るい意味でこのような結論が導き出されるような印象を日米兩國民に與えたのですが、誠にそれは暗い意味で日本の運命を決する重大な取決めをやつたように思われます。會談の中に出たという自衛隊の海外派兵問題は日本國内に意外に大きな波紋を投じ、やがては内閣の運命にも及びそうになるや、重光外相から長文の海外派兵否定の電報が鳩山首相に屆けられたり、河野農相が根本官房長官を國際電話に呼び出して「三日間の會談中、海外派兵に關する話題は出されなかつた」と辯明してきたりしています。そうしてアメリカ側もこれを否定しようとするような樣子をみせ始めました。日本大使館と國務省は九月二日互に非公式に記者會見を行つてこの問題に說明を加え、その後さらに両者の見解をてらし合わせて、くい違いのないことを確認したり、アリソン大使は九月三日ニューヨークで重光大使を訪問して打合わせの上辻つまをあわせたもようであります。九月三日アメリカの一高官は「アメリカとしては現在のところ、或は近い將來において日本に海外派兵を要請する意向はない。日本の海外派兵はあくまでも日本國民がその必要に迫られた時自ら決定すべきものである」と語っています。

海外派兵を約束したものとして國内に大きな反響を呼んだ日米共同聲明には次のように書いてあります。

「日本ができる限り早く本土の防衛に第一次的責任を引きうけ、かつ西太平洋における國際的平和と安全保障の維持に寄與し得るがごとき條件を確立するため、協力的基礎に立つて努力すべきことが同意された。さらに右のような諸條件が實現された場合には、現在の安全保障條約をより相互的の強い條約に替えることが適當であろうということも同意された。」

井口駐米大使は日米共同聲明の表現についてアメリカ側と協議した結果「日本が國土防衛の主要な責任をとること」と、「西太平洋の平和と安全に貢献すること」とは併列のものではなく、「かくて」という言葉でつづくべきものであつたことをアメリカ國務省側も確認したということを公電で外務省へ傳えました、外務省はそこで日本側の自主的防衛體制確立が結果的に西太平洋の安全保障に寄與することになるのだという見解をとつていますが、そのような言葉のゴマカシによつて國民は安心していられるでしようか。アメリカの新聞は「重光外相は海外派兵を約束した」とハッキリ割りきつた報道をしましたし、九月三日アメリカの某權威筋は外相はダレス長官との會談の席上で對等の立場に立つた日米共同防衛という問題を持ち出し、將來海外派兵の用意のあることに言及した、これに對し長官は日本が現在眼に見えた防衛力さえもつていないのに、對等の立場にたつ日米共同防衛はできないと指摘し、まず何よりも防衛力を増強してみせることだといつたとすつぱぬいています。現に、會談後「米政府筋」は共同聲明の相互性の強い條約に替えるという解釋を裏書して「安保條約を双務的なものにするということは、日本の防衛力をもつと擴大するという意味で海外に派兵できるようになることを考え方の基本にしている」と述べています。

ニューヨーク・ヘラルド・トリビューンによれば、ウォルター・リップマン氏は重光外相を傑出した人物だと評し、「われわれは日本を戰いで破り、占領し、支配している國だと考えることに慣れていたので、獨立國として日本を考え始めるのは、ちよつとビックリする。

日米共同聲明の中の日本が西太平洋の安全に寄與するという意味を私は次のように理解する。〝アメリカが日本から地上部隊を撤退する意向であることを考慮にいれながら、米軍地上部隊が撤退すれば、西太平洋におけるアメリカの軍事力といえば艦艇と空軍機が殘されるに過ぎない。私がいうのは、即時手もとに動員できる兵力をいうので、太平洋を越えて輸送される兵力をいうのではない。そこで直に朝鮮に、武力介入できる與國の兵力といえば、現在漸増しつつある日本の自衛隊以外にはない〟」といつています。

アメリカのボーイスに代つて日本の自衛隊が戰つてくれる。アメリカにとつてはどんなにホッとすることでしよう。だからタイム誌からも「マモル・シゲミツはアメリカの最も有能な友」と稱讃されています。

「重光さんは何故あんな馬鹿なことをいつたのでしよう」と、あるお友達にいいましたら、その人は言下に「アメリカの好意を得て總理大臣になりたかつたのだろう」といいました。そういえば渡米直前吉田前總理にコッソリあつて疑惑の種子をまきました。吉田氏は保守合同に反對だといわれていますが、正確にいうと、鳩山氏や緒方竹虎氏を總裁にする保守合同に反對らしい。日ソ交渉などに動き出した鳩山首相に好意をもつていない。重光外交は吉田外交を踏襲し、從つて鳩山方式にブレーキをかけていることに吉田氏は安心感をもち、こうした吉田―重光の關係はやがて舊改進黨の重光總裁が保守合同の總裁になることを吉田氏に納得させつつあるともいえないことはないと思います。

ナショナル・プレス・クラブにおける重光さんの演說、アメリカ言論界でも一流の記者や各國特派員を加えて二百二十九名の優れた記者たちを前に、一國の運命を背負つて立つ外相が世界の世論に訴え、世界の世論を動かす好チャンスに惠まれながら、何という筋の通らないくだらないことをいつたものでしよう。加瀨大使がつくつた作文だといいますが、リス談義はユーモアのつもりだつたでしようか。

アジアの不安定におよんで「東亞の平和の促進を切望する我々としてはソ連との正常關係回復を賢明な處置であると信ずるものであります。しかしながら、このことは技術的な戰爭狀態を終結させることを意味するのであつて、決してわれわれがソ連と親交を結ぶ意圖があるという意味ではありません」

世界が何とか平和的共存を實現させようと願つている時に何という馬鹿なことをいつたものでしよう。國內政治については「我國においては建設的勢力を糾合し結集させる强大な運動が目下行われています」と告げています。建設的勢力とは保守合同のことでしようか。八月二十八日夜メーフラワー・ホテルで河野農相と岸幹事長と外相との會談前の三者打ち合わせでも「破壞的勢力に對する建設的勢力の結集のために」三者が助けあつて會談にのぞむということをきめていますが、アメリカ側も、當面の日米關係最大の要因として「建設的勢力」である保守政黨の政治力が强化されることを希い支援しています。

ビルマのウ・ヌー首相は「わたしの國の民衆はいかなる軍事ブロックにも屬すことを希つていません。だから私たちは中立的立場にたつて世界の平和に貢献して行きたいと思います」と、アメリカに來て中立論を堂々とぶつていく、その信念に徹した立派な態度をわが外相と比べて羨しくなるではありませんか。

一體何のための日米會談であつたか。沖繩、小笠原の返還もならず、戰犯の大量釋放も實現せず、日本側が氣負つてもち出した筈の中共貿易については聲明の中に一言もふれず、讀賣新聞社との國際電話では外相は「制限範圍內で貿易を促進することは異議ありませんが、制限の緩和まで話をしているわけではありません」と答えています。日ソ交渉については愼重にやるようにとダレス長官から警告を受けた樣子ですし、結局會談のおみやげは軍備增强の約束と、安保條約がやがて双務的なものに代つて日本地域外にまで防衛の義務が擴張されたこと、日米混合委員會といつたような、國民からみれば全く寢耳に水の重大なことばかりです。

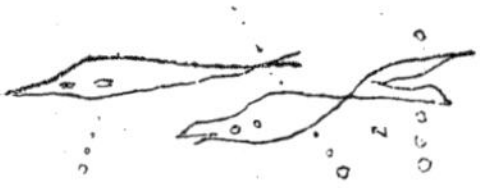

《働く婦人の歴史》
(17)

明治時代の產業の發達

三《さん》瓶《ぺい》孝《こう》子《こ》

明治時代の婦人勞働の歴史を見るに先立つて、この時代の產業の發達を一瞥しておかねばならない。

德川三百年の鎖國の後、安政五年（一八五八年）に米、露、英、佛と通商條約を結び、神奈川、函館を貿易港として開いた（一八五九年）頃には、世界列强に資本主義も高度に發達して、極東に手をのばしていた。

イギリスは、阿片戰爭によつて、一八四二年淸國と南京條約を結んで香港の割讓をうけまたボルネオを領有し、一八五八年にはインドを合併した。同年フランスはカンボチャを保護國とした。イギリス、フランスはじめ、ロシア、アメリカが淸國といろいろの條約を結んでいた。列强諸國が極東に手をのばしたのは、具體的にいえば、極東に資源を求め、本國の商品の販路を廣げ、あわよくば植民地を得ようとすることであつた。世界の工場といわれていたイギリスはランカシャーの綿糸綿布をはじめ、多くの商品を極東に輸出していた。また淸國、フランス、イタリーは世界の生糸輸出國として競つていた。

日本はこうした世界の先進資本主義諸國の市場擴大、植民地獲得の競爭のはげしい中でようやく統一國家となり、おそまきながら資本主義國の仲間入りしたのであつた。

明治政府は、この世界情勢の中にあつて、列强に追いつくためには、近代的產業を起し軍備を强めねばならなかつた。しかし當時の日本はチョンマゲを切つたばかりで（明治四年斬髮を許す）西洋文化には、何もかも眼をみはるばかりであつた。蒸汽で動く機械はもちろん、いろいろの產業の移植、醫學、藥學、あらゆる科學技術、學問の移植、陸、海軍の編成にまで、イギリス、フランス、ドイツから學ばねばならなかつた。それだけに對外支拂も大きくなつた。その上に、開港と共に外國の安い商品が激流のようにはいつてきたので、日本は每年輸入超過になやまされた。そのために、明治政府は富國强兵を國是として產業を奬勵し、輸出を盛んにしなければならなかつた。

產業奬勵は、前にのべた失業士族の救濟もあつて、以前からあつた地方產業の復興と發展のために行われた。基礎產業としての鑛山業（石炭、銅）を起し、軍事上の必要もあつて、陸海の交通の發達には保護政策を行つた。

こうした中で、生產額の大きな、そして輸出上の重要な產物といえば生糸、蠶卵紙、絹織物、茶、麥稈眞田、マッチ、陶磁器のように婦人勞働によることの大きい產業であつた。生糸、絹織物、蠶卵紙、茶、麥稈眞田は原料がみな自給できるために、貿易上の受取り勘定も大きく、中でも生糸は第一位輸出品であつた。

綿糸紡績業は、最初は外國綿糸の輸入を防ぐために、英國から機械をいれて起されたものであつたが、あまり生產力が大きく、當時の日本の國內市場では消化しきれず、英國綿糸の輸入を防いだ上に、更に明治二十三年から中國大陸へ輸出を初め、これ以來綿糸紡績は重要な輸出產業となつた。

明治時代の日本は、鐵資源がない（現在もそうだが）という原因ばかりでなく、機械、器具、化學藥品のような、高度の科學技術を必要とする産業に手を出すには、まだほど遠く、時間と金とをかけてこれらの産業を志すよりも、輸入した方がそれだけ早く先進國に追いつく方法であつた。機械器具、化學工業もあるにはあつたが、それよりも、資本の回轉の早い、利潤率の大きい製糸、紡績、織物、お茶、マッチ等の輕工業といわれる産業に重點をおいた方が有利であつた。これは資本主義發達の未熟な時代にはどこの國においても見られる現象である。日本ではこれらの輕工業の製品が輸出總額のおよそ五〇％も占めていたので、外貨獲得に、そして原料、機械その他の商品の輸入のために基礎的なものとされた。このために、特に製糸、紡績、織物の三大纖維産業は日本の母體産業といわれた。それだけに、これらの纖維産業の發達はいちじるしく、生産額は次のように明治二十年以後急速に發達した。

	明治二〇年	三〇年	四〇年
生糸（千　貫）	一,〇五五	二,三三五	三,三二七
綿糸（千　梱）	三	五一一	九八三
織物（百萬圓）	二七	一三	二四九

（註）綿糸一梱（こおり）は三百斤、卽ち四十八貫である。

この三つの主要産業のうち、綿糸紡績は初めから洋式機械であつたが、製糸業においては、富岡製糸や築地製糸場で初めて操業された器械製糸が、その後各地に廣まつて、日淸戰爭頃には從來の座繰製糸より生産額が多くなり、明治四十年には、生糸生産額の七〇％を器機製糸が占めるようになつた。織物業においては機械化はおそく、明治四十年頃よりようやく力織機化が進んだ程度であつたが、纖維産業の中でも最も重要な製糸業において機械化が支配的となり、またその他の産業においても、思想においても、封建的なものから近代資本主義的なものへの變化がなしとげられたのが丁度日露戰爭を境とする時代であつた。日本における産業革命は日露戰爭前後にほぼ完了したといわれるのはこのためである。

製糸であれ、紡績であれ、幼稚な道具を用いて――例えば製糸なら座繰機、紡績なら糸車――手をもつて生産する場合は、それに從事する勞働者の使倆とか、腕前とか、熟練とかが物をいつて、その個人々々の能力の相違によつて、製品の良し惡し、生産量の多少が決定された。それ故に、腕をみがくために一定期間の技術習得期間――徒弟――を必要とした。ところが、機械の採用は、勞働者の個人的な腕の差を必要としなくなつた。機械自身が人間の手に代つて操業するからである。そのために仕事は簡單になり、熟練工でなくとも、未經驗の年若い婦人でも、または幼年工でさえも機械の作業には從事することが出來るのであつた。資本主義産業は、婦人・幼年勞働を多く使用するようになつたとは、このためである。

マッチは明治八年に大阪市で製造が初められ、次第に盛んになり、明治十年頃から重要輸出品として中國大陸に輸出された。これは製糸、紡績のような大工業ではなく、零細な工場と貧民の家內勞働によつて生産されたがその勞働力には婦人と幼年工が多くあつた。製茶、麥稈眞田の重要輸出品も婦人の勞働力による部分が大きいものであるが、これは農家の副業として營まれているが故に、從事する勞働者の數は不明である。

こうして明治時代の重要産業はみな婦人勞働者によるものが多くあつたために、明治時代の勞働者總數のうち、婦人勞働者數は六〇％の多數を占め、婦人勞働者のうち、製糸、紡績、織物、マッチの四つの産業の婦人勞働者は八一％をしめていた。

（一三ページへづづく）

豊作をめぐつて

増配か？ 統制撤廢か？

婦人界だよりでおしらせしたように各婦人團體が集まり増配要求運動を起すことになりましたがそれに先立ち、去る九月六日參議院會館に集り、今年の豊作狀況と日本の食糧事情について、各方面の專門の方々を招いてお話をうかがいました。増配は可能か、統制撤癈は是か、非か、私たちにとつて大變興味深いお話でしたので以下その大要をご紹介いたします。

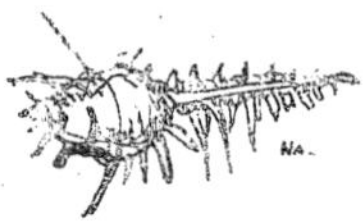

豊作と日本の農業

東大農學部助教授 農博 川《かわ》田《た》信《しん》一《いち》郎《ろう》

今年は豊作だといわれています。たしかに今年は米がとれそうで、村にでてみましても非常によくできています。私もそう廣くは歩きませんが、四國、北陸、信州、北海道などを歩いて農家の人びとに觸れてみましたが、皆さんもそういつておりました。

八月のはじめ新聞では七千百八萬石の收穫豫想を出していますし、農林省では七千四百萬石餘りと收穫豫想を發表しています。これらの數字はこれまでの日本の統計にはない大きな數字で、七千萬石を上廻つたのは昭和八年だけですが、今年はさらにそれを上廻つているわけです。昭和八年に比べて十萬町歩減つているといいますが、それにもかかわらず收穫は上廻つているわけです。

この増收の原因についていろいろな意見があります。たとえば技術の進歩ということが言われていますし、私もそう言い切りたいのですが、實はそう言い切れないものを持つているのです。たしかに、日本の米の作り方は進歩しています。明治末年に比べると同じ面積で二倍を上廻る收穫を得ています。そういう取れ高をしているのはもちろん農家の努力とか、技術者の努力もあります。

しかし、今年の増收が農家の實力そのものかという點になりますと疑問を持たないわけにはいきません。それで、今年の豊作の決め手は何かということが問題になります。一般には天候が良かつたといわれています。氣象臺の話でも今年の天候は稻作にぴつたりとした天候であると言つています。

しかし今後共にこれだけの米が作れるか、どうかというところに問題點があると思います。いいかえれば今年の豊作の原因は何であるかを決めるということが今後の米作問題の分れ路となつてくると思います。

農家の人達は、これからの天候を心配しています。あちこち歩きますと、水害や日照りの被害を受けたところもあります。また戦後の水害についてはその復舊工事がほとんど行われていないのが現狀です。これは、今年の豊作の陰に見逃すことのできない事實です。たとえば、大雨になれば水をかぶつてしまう地帶が相當あります。こういう問題は消費者の立場に立つ者にとつてはあまり問題ではないと思われるかも知れませんが、農家の八割が大なり、少なり米を作つているのですから大切な問題です。

米を作つている農家を一軒一軒訪ねてみますと、取りたくとも取れないところが少くありません。全國的にそういうところがあるのです。そのようなところは、豊作だといいながら、平年作にいかないのです。早い話が、日本の農家は羽織・袴を着たりつぱな稻作りをしているかどうかということであります。私はそうは思いません。多くの日本の農家は非常に貧しい稻作りである、極めてみすぼらしい稻作りをしている、と見ています。りつぱな稻を作るには、りつぱな態勢がいります。土壤もよく、用水も完備して水をかぶる心配もなければ、日照りの心配もない、肥料も充分やれるというような條件がそろつていなければなりません。ところが貧乏世帶で稻作りをしていると非常に無理な作り方をしています。それが問題です、天候がよいと貧乏世帶の稻作りも羽織・袴を着た稻作りもそう差がありませんが、しかし災害の時はその差が著しく現われてきます。つまり天候に左右されるわけです。

日本の稻作りは大部分は羽織・袴ではなく寢卷の方です。羽織・袴組みが二割くらいで、七・八割が寢卷組みです。天候が惡いと寢卷組みはすぐ風邪を引いてしまいます。貧しい人たちは羽織・袴を着せたくとも金がなくて着せられないのです。これが平常の日本の稻作りの現狀です。こういうところに、日本の米の生產について、大きな問題があるといえましよう。今年の大豊作も、こうみてくればでしよう。「ねまき豊作」といつてもいいすぎではない

つまり今年の豊作は偶然の豊作で、パチンコに當つたと同じようなものではないかということです。毎年豊作を續ける實力は日本の農家には到底ありそうでありません。

豊作で、農家は電氣洗濯機を買つたとか、溫泉宿のような風呂場を作つたとか、そんなことを興味本位にジアーナリズムは報道しています。もつと眞自目に生產の面から考えて頂きたいものです。これが問題の第一です。

それから今年の豊作を言い出したのは誰かそれが分りません。一昨年の大凶作を言い出したのは新聞ではなく、自由黨から共產黨にいたる農村にいる政治に關係ある人、村會議員、協組の幹部、縣會議員等が政治的な工作の道具として言い出したものでした。私たちも現地にまいりましたが、縣から案內されるところはいずれも凶作でした、ところが自分で勝手に歩いたところは豊作なんです。つまり冷害觀光ルートがつくられているんです。そういう意味で今年の豊作の聲はどこから上つたか、ということが疑問になるわけです。統制撤廢のための宣傳だという人もいます。とにかく、政治家の豊作論か、農民自身の聲か、疑問です。

農村が豊作でタイル張りの風呂を作つたとか、電氣洗濯機を買つたとかいう話については、これはごく一部の農家のことで、大部分は決してそういう餘裕はありません。一體に日本の農村は古くから政治からかわいがられたことがありません。社會的にも、そうです。たとえば家屋でも日本の建築家は都會向の建築を研究している人は澤山おりますが農家建築を研究している人はほとんどありません。

そこで、農家が新しい風呂場でも作るとなつて大工に頼むと、溫泉か旅館のようなものを作つてしまうのです。ですから、農家のタイル張りの浴場は一種の喜劇というか、悲劇というか、まアそう言つたものなのです。そういう點についても消費者は農村のことを理解して欲しいと思います。一般に農村を卑下している傾向が日本にはあります。農村のことを本氣に研究している人のないのもその一つの現われです。これが第二の問題です。

、第三は、豫約制度による前渡し金が一石につき二千圓、約五百億が一度に農村に流れ込んだといいます、しかしその豊作ブームと言われるものの實態を知つて頂きたいということです。この金が稻作農家に均等にうるおつているか、というと絶對にそうじやないのです。この金は大農家に集中して大部分の農家には入つておりません。これまでの借金返しで終つてしまつている農家も多いのです。豊作でうるおる人は農家の二、三割あればよい方でしよう。

このような狀態なのですから、今年の豊作を手離しで喜んでいいか、どうか、食糧のこともいろいろな問題をよく調べてから考えて貰いたいと思います。（談）

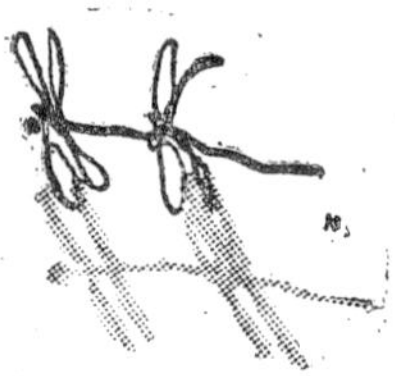

四日分（消費縣）増配は可能……

——軍備擴張につながる統制撤配——

食糧廳事務官　佐《さ》藤《とう》信《のぶ》義《よし》

まず數字の上から言いますと、本年度の農林省の米穀豫想收穫高は七千四百萬石であります。ご承知のように、供出制度が變つて今年から豫約集荷制度となり、政府は私契約と同じ形式で米を買上げるようになりました。

今年の買上げ豫定高は二千三百五十萬石でありますが、八月末までの豫約申込〆切にすでに二千七百七十五萬石の契約が出來ました。これをみると一應數字の上では成功していますが、しかし内容を檢討すると必ずしも成功とはいわれません。というのはまだ六百萬石位が契約をされずにおります。これは米價が東北地帶と西日本地帶と石當り二千圓から違うことと、闇値が高いために、西日本、東京近邊の農家では闇に流したいという考えがあるからです。この點から必ずしも百%の成功とは申せません。東北等の單作地帶で豫約買付が成功したのは農家が貧困化しているため、豫約前渡金石二千圓に飛びついたこと、と消費人口が少いため闇値が安いことが大きな原因と考えられます。もちろん農協が共販態勢確立に非常な熱意をしめしたことも大きな原因の一つです。

現在の配給量を維推するには二千三百五十萬石あれば足りるので、二千七百七十五萬石の豫約が實行されれば、四百二十五萬石餘ることになります。これをどうするかが大きな政治問題となろうとしているわけです。

もしこの四百二十五萬石を増配に廻すといたしますと、全國一率増量で、一日當り十五萬八千石、月二日の増配が可能となります。それを消費縣だけにすると一日十萬五千石、月四日の増配となります。

これまで、消費縣の消費者と生産縣の消費者とは不公平な配給をされていました。即ち昭和二十八年の凶作までは生産縣の米の配給量は二十日、消費縣は十五日、一日當りに逆算すると前者二合三勺・後者二合一勺でした。現在は生産縣十五日（内地米のみ）消費縣内地米八日あと七日は外米となつています。

今年のように、四百二十五萬石も餘計に集められた場合、當然これを消費縣に廻すべきであろうと思います。

ところが、統制撤廢論がでてきて、この方を操作米のために備蓄しろという意見がでてきています。統制撤廢を唱える人は、現在のような統制を維持すれば經費がかかるというわけです。本年三月三十一日の食糧管理會計の總決算は九十億から百億の赤字となります。この赤字を埋めるため、大藏省では米價の値上げを言い出しています。

來年度消費者米價を据置きとし、生産者米價を石一萬二百圓としますと、三百億（三十年度の赤字百億餘を含めて）の赤字が出ることになります。これをどうするかということが大きな問題となつているわけで、アメリカの軍備擴張要請などから豫算をその方に大きくとらなければならず、統制撤廢を叫ぶ者が出てきています。

次に外國食糧は値下りしています。原因は食糧の自給計畫を立てた國が――インド、フイリピン等――戰後益々多くなつて輸入國が減つて、世界的に農産物の生産過剩となつているためです。二十八年の終りから小麥の値段が下つて日本では外國小麥を買つて利益を得ています。米は二百二、三十萬トン買手がなく、日本が第一の輸入國となつています。そこで日本の米價問題は世界注視の的となつています。このような點から、外國の米麥を輸入して食糧の値段を安定させることができるという見方をしている人もあります。

しかし、外國食糧を輸入して日本の農産物の値段を下げると農家がなり立たず、生産が下り、またこれは外貨を要するため、加工貿易によつて成立つている日本は原料買入に支障を來すなど、いろいろな障害が起りますので、外國食糧の買入には限度があります。

また統制の撤廢については、消費者と農家の希望をいれた價格を維持することができるか、どうかが問題になつています。

米を自由販賣にした場合は一千五百萬石程度の消費增は必要でありますし、これを外國食糧に仰ぎこれでバランスをとるといたしましても、一度凶作があると忽ちくずれてしまいます。それから、内地米に代替えし得る米はない譯ですから、必ず投機の材料に使われ米價が上下するばかりでなく、米の變在は避けられない點は大正七年の米騷動の經驗と共によく考える必要があります。こういうわけで統制撤廢にはいろいろな困難があります。ですから豊作、直ちに統制撤廢という論は非常に危險なものといいましょう。（談）

（二〇ページよりつづく）私たちの方も次々と發賣禁止やらブチこまれるやらで手をとられ、續けられなくなり、そのうちに赤旗事件、幸徳事件という大嵐がきて何もかもめちゃくちゃになつたのです。しかし治警第五條修正というような運動も平民社時代堺、幸徳などという人々が相談に乘り、手傳つてくれたからこそで、私たち婦人の實力というものはまだお話になりませんでした。明治卅九年頃、深尾韶氏から保子さんと私が英語を習いましたが、或日保子さんのノートを深尾さんにとられたところ、「プリーズ」（どうぞ）ということばに「銅像」という譯語がついており、大笑いされたものです。まあその程度だつたのです。

農民の立場から

日本農民組合總本部　事務局長
中《なか》村《むら》　迪《すすむ》

農民の立場から申上げたいことは、前の二講師の方からほとんど言い盡されておりますので、私は實際に米作りをしている者としてその補足を簡單に述べさせて頂きたいと思います。

第一には、今年はたしかに豊作でございます。豊作でありながら、農民がこの豊作を心配している、つまり豊作の結果を恐れているということとであります。

その心配というのは、統制撤廢と、豊作の後で政治上傷めつけられるようになるのではないか、という點であります。これは農民が永い間傷めつけられていた本能的な恐れであります。豊作が農民にとつても、消費者にとつても惠みとなるべきものであるにもかかわらず、政治的な性質を持つて農民を脅やかしている、ということを知つて頂きたいと思います。農民が麥を多く食べている事實を國民全體が考えてみる必要があるのではないかと思います。なぜ麥を食べなければならないかと申しますと、農業だけでは食べていけないような狀態にあるからで、殆んどが農業外の收入でまかなつているためであります。

私は八月中、山形、宮城、新潟、靜岡及び京都周邊を歩いてみまして、驚ろいたのです。農民、米を作つている農民が政府に賣り渡す米の値段を知らないのです。大體五十人から百五十人くらいの集りでしたが、その中で豫約米價を知つている人はせいぜい二人くらいです。それも正確な値段は知りません。この實狀は農民だけでなく、國民全體が考えてみなければならない問題ではないかと思います。

農民に對して、政治がいかに冷淡であるか、協同組合ですら米價の説明はしていないのです。

ご承知のように戰時中政府は國家總動員法という法律を作つて國民を彈壓いたしました。この法律の中で戰後たつた一つ殘つている法律が食糧管理法という强權で政府が農民から米をとりあげる法律なのです。これが十年後の今日なお農民の上にのしかかつているわけです。この事實に對して、農民が反撥を感じ、いまの政府の統制の仕方には反對で、もつと合理的で民主的な統制方法をとつてくれるように要求しているのも無理のないことだろうと思います。

米價については、農民は一圖に高米價のみを望んでいるわけではありません。農機具、肥料、衣料など他の物價が安くなれば米價が低くなつてもいいと思つています。米價値上げを叫ぶのは、買うものが多いから要求するのであつて、決して農民だけよければ他はどうあつてもいいとは考えていません。

農家の闇米が大分問題にされているようですが、これも税金の關係で、不當に高い所得税を忌避するため、やむを得ずやつていますが、それも全體からみればごく一部です、というのは納税の對象となつている農家は全體の二割にすぎません。日本の農家がどんなに貧しいか、これをみてもお分りになろうと思います。

　統制がなくなれば農民は喜ぶかというと、決してそうではなりません。東日本に比べて西日本は一帯に闇値が高いのですが、ここでさえ闇米が高い故に統制撤廃を望んでいるものはありません。

　むしろ農民は生産費をつぐなう一定の値段でいつでも買取るという政府の保證を望んでいます。つまり米價の安定であり、生活を安定した狀態において貰いたいと希つているわけです。

　増配については農民も贊成で日本農民組合は増配要求運動を起すことになつています。

　こういうわけで消費者である皆さん方と、生産者の立場にある私たちとは決して對立しているものではないということを御了解願いたいと存じます。それを對立しているような印象を與えているのは、むしろ政治であろうと信じます。（談）

詩

黄色い勲章

古《こ》賀《が》斗《と》始《し》子《こ》

「母をクビにしないで下さい」
かじかむ手に息をかけかけ
私は先を書きいそぐ
「どうか　お願いします
いま母ちゃんがやめさせられたら
家の中は　めちゃめちゃです
私も　寝ていられなくなります」

何人のひとが
本氣で讀んでくれるだろうか――
あてもない陳情文を
赤くなつた指に力をこめて
たどたどしく書き續ける私の前に

新聞の大きなみだし
勤勞者褒賞!!

勤勉で有能でその上つつましく
なるほど立派な働き手ばかり
賞められるのも當りまえです
ほんとに偉いと思います
そして何とうらやましい……

働きたがつていながら
むりやり仕事を取り上げられる人が
ここにはいるのです
そこにもいます
あそこにもいます
勲章はほしがらないけど
仕事を欲しがつている人たちが
こんなに澤山いるのです

（二七頁よりつづく）
やり方一つで、われわれの考えや、主張に同調させることもできることがわかる。しかし、それにしても進歩勢力の數が餘りにも少なすぎる。いずれの會議でも發言するのは革新政黨だけだが、しかし保守派といえども幹部の命には從うのだから、なんといつても數がほしいということも、最も痛感した一つであつた。（筆者は新宿區・區會議員）

五十年前の社會主義運動と婦人

―堺爲子さんに聞く―

山《やま》川《かわ》菊《きく》榮《え》

堺利彦氏（一八七〇年―一九三三年）はわが國社會主義運動の動かぬ礎をおいた一人として歴史的な人物で社會黨左派では九月二一日國鐵會館でその記念講演會と共に文献等の展示會を開きました。夫人爲子さんは本年八十三歳の高齢で健在。九月十八日市川房枝、神近市子、藤原道子、平林たい子、山川菊榮の發起で有志婦人が集まつて夫人の長壽を祝い過去の勞苦に敬意を表する盛んな集會を開く筈です。以下は夫人から伺つた思い出話です。（文責　菊榮）

私の父は加賀藩お出入り米仲買衆兩替商で延岡淸兵衞といい、金澤の生れでした。が加賀百萬石の兩替商で金が自由になるところから道樂がすぎ、若い頃に金澤をとびだして江戸に行き札差し、つまり幕府の米仲買商の中で働いていましたが、そこもまた道樂でいられなくなつて、維新の頃大阪にとんで荷受問屋の仕事をやつていました。そのうち大阪近郊の幡野村から妻を迎え、明治五年生れたのが私で、ついで弟と妹とが生れました。

その頃一家は北區若松町という所に住んでタバコ屋をし、父はそこの學務委員もやつていました。私はかぞえ年七歳で若松小學校にはいりました。その時の教科書は今でも忘れません、「神は天地の主宰にして人は萬物の靈長なり」ということばで始まつており、全く西洋の教科書の反譯だつたようです。中等科五級というのに進み一等賞のごほうびを頂いたのが十二の年で、學校はそれで打切り。その頃の大阪の商家のいとはん(娘)はお針、踊り、三味線などのけいこごとをして嫁にいく例でしたが、私も型通りそういう娘時代をすごして十七の年或葉茶屋へ嫁にやられました。するとやがて先方の父親と私の父とケンカになり、そのために私は離緣になつて家へ引とられました。ばかばかしいことですが、昔はよくそんなことがあつたのです。そのうち父は家を賣つて金澤へ歸るといいだし、家族は父と共に金澤へひきあげました。藩の兩替屋だつた昔のおもかげはなくとも、そこで困ることなく暮していました。

明治三十四五年の頃から弟の常太郎が萬朝報や家庭雜誌をとつており、堺利彦さんの書いたものを私も一所に愛讀していました。ワイロだ何だということはどの時代もさかんなことで、えらい人のする悪いことがしじゆう新聞に出て私たちも腹をたてたものですが、その度ごとに堺さんのような人に政治をやつて貰つたら、と弟たちといつたものでした。明治三十六年末堺さんたちのなかまが平民社というのを作り、そこで週刊「平民」を發行し、私もその讀者でしたが、或日その片すみに松岡文子の名で炊事の手傳いをして下さる婦人がほしいという廣告を見ました。そこで手紙を出してみるとすぐきて頂きたいという返事です。私は割合らくに育つてまだおさんどんをしたことはなかつたのですが、皆さんがせつかくりつぱな仕事をしておいでなのだから、せめて臺所のお手つだいでもして役に立ちたいという田舍者の生一本の氣持から、さつそく生れて始めての東京へ足をふみ入れました。明治三十八年二月のことです。

來てみると平民社は今の朝日新聞社の裏手あたりにあつた古びた二階家で、二階が八、六の二室で編集室になつており、階下が九疊に四半二室でしたか。幸徳秋水、幸枝の夫妻は柏木から通勤、堺利彥、神崎、德永、齋藤兼二郎氏などが合宿、女は松岡文子さんと私が同室に寝起きしました。私の前には清田老六婦がいて、炊事や雜用をやつていたのですが、松岡さんとあわないで出て行き、困つたので求人廣告を出し、何も知らない私がとびこんだわけです。平生いるのは五六人でしたが、食事の時になるといつも五六人ふえるので、總勢十二三人となり、まだガスがなくへついでご飯をたく頃のことで、朝は五時に起き夜は十一時十二時、不規則でのべつに忙しく手はヒビ、アカギレで痛くておふろにはいれないほどでした。

　その年一月に週刊平民が廢刊になり、二月に「直言」が創刊されたのですが、二月二十八日には幸徳さんが下獄しました。堺氏は永らく病床にあつた夫人と前年死別し、女兒眞柄をドクトル加藤時次郎氏にあずけてここに合宿していたのでした。松岡さんも先夫に死別した獨り身でしたが、赤い花かんざしなどをさして若い娘のよう。しかし臺所には一切手を出さず、といつて讀み書きをするでもなく、恐ろしい人使いの荒い人で、田舍者の私はいつも小さくなつて涙をふきふき働いたものです。或時私はひどい風邪をひいて熱が高く何日も寢ついて動かれなかつたこともありましたが、そんな時玄關番の齋藤兼さんがやさじくいたわつてくれ、平生の疲れが出たのだからむりをして起きるな、氣がねせずに休みなさいといつてくれたものです。兼さんはいつも松岡さんの横暴を憤つて私に同情してくれました。（兼さんは馬の毛をすく金屬の櫛を作る職人で平がなしか讀めない人でしたが、まことにまじめでおだやかないい人で誰にも好かれ、信用されていました。松岡女史はその頃まだ廿歳そこそこだつた大杉氏や十代の荒畑氏などは小僧扱いでよびすてにし、「オイ大杉、その炭取とつてよこせ」という工合で同志の男たちをアゴで使う傍若無人の女王ぶりだつたとは大杉氏の直話でした。菊榮）

　月給は堺、幸徳兩氏が各五十圓、石川三四郎氏が三十圓。あとは男の人たちも松岡さんも私もみな一律に五圓ずつ貰つていました。お金はきまつた引出しにはいつているのを、必要に應じて銘々名刺にその金額をかいて入れ、それとひきかえにもつて出るだけで、誰も監督するものはなくてまちがいもありませんでした。私も米

短歌

萩《はぎ》元《もと》たけ子《こ》選

振向きし山羊の瞳にかそかにも新樹の綠ゆらめきてあり　内富利子

山越ゆる母に負はれて眠る子の持ちしたんぽゝ一つづゝ落つ　山崎つぎ子

いつしんに何の本をば讀むならむ子の耳赤し夜の灯に透きて　篠原由枝

洗ひもの山と積みゐてよく笑ひよく話す主婦の齒並美し　井口釧子

ドアを押す卽ち白き目がありき我に優しきは何一つなし　押鐘啓子

代や菜つぱの代金を、かきつけとひきかえにその引出から出して使いました。その頃のあの邊一帶は三菱が原といい、昔の大名屋敷がなくなつたあと一面の草原でさみしかつたこと、今では想像もつかないほどでした。毎週校正の出たあと、金曜は一日休みで外出も自由でした。かんづめ問屋の逸見さん夫婦は平民社の支持者でもあり、私の同郷でもある所から、たいへん親切にして下さり、私はよくその家で休日をすごしたり、その家が下谷だつたので、朝早く入谷の朝顔を見につれていかれたこともあります。私は別に知識才能で認められたわけでなく、ただ皆さんのお役に立ちたい一心でひとのいやがる臺所仕事をひきうけ、骨身惜まずに働いたので重寶がられただけなのです。

或金曜日に休日を幸い堺さんが一所に幸德さんに面會に行こうというのでいきましたがその歸りに社の方も財政難で維持できるかどうか分らぬという話。私は始めて内情をきいて驚きましたが、私のことで心配をかけては悪いと思い、いよいよの時には私は國へ歸ればいいのですからというと、「イヤせつかく遠い所から出てきて働いてくれるあなたをむざむざ國に返すようなことはしたくない。何とかするからふみ留まつて下さい」というような話でした。その頃御常連の婦人の中には菅野すが、福田英子、木下尙江氏の妹などもあり、堺先夫人の妹、保子さんもいて社の廣告をとつたりしていました。そのうち幸德さんも出て來、西川光次郎さんも出獄して松岡さんと結婚しました。（この二人はまもなく脫落）或日堺さんが「半生の墓」という自分の文章を私に見せて、「今までの自分はこんな風にして生きてきたが、もうそういう過去は墓場に葬つて、これからの生涯は社會主義にささげることにする。ついては今後の生涯は非常に骨のおれることと思うが、それを覺悟の上で私の家庭にはいつて家事や子供をひきうけ、私が運動に專心できるように助けてはもらえまいか」というお話。私は全く思いがけぬ成行に驚き、臺所のお手傳いだけのつもりで出て來たこと故、一應郷里へ歸つて親兄弟にも相談した上で、ということで一旦金澤へ歸りました。家でも皆喜んでくれまして一通り仕度をととのえ、再び出京して堺氏の待つ麴町元園町の新居で、ささやかな式をあげたのが九月五日、日露戰爭の講和條約に不滿で東京中に燒打さわぎの起つたあの晩のことです。至る所に火の手が上り、群衆がときの聲をあげて内務省や警察や交番や、御用新聞社を襲撃した物凄い晩でした。式にたちあつたのは幸德夫婦、山路愛山、木下尙江、時事新報主筆福澤捨次郎、同編集長永島夫妻など。永島夫人きよさんは加藤ドクトルの開いていた實費診療所の看護婦長で今も高齢で健在です。實費診療所はその頃、唯一の無產者のための安い診療所として感謝されたものです。

治安警察法第五條のため私たち婦人は政治結社にはいることもできず、同志の男の人たちの演說會すら聞くことができないので、治警第五條修正の請願を議會にもちだすことになりました。そこで多勢の人によびかけたところ、遠藤淸子さんという女學生風の人がとても熱心にやつてくれました。請願用紙という印刷した罫紙に署名をとつてあるくのが大骨でしたが方々歩きまわつて話してとりました。それをもつて代議士の立川雲平という人に渡し、議會にも二三度いつたことがあります。遠藤さんは後に妻子のある岩野泡鳴と一所になり、子供ができるやら又すてられるやらで、政治運動から遠くなりました。

（一五ページへつづく）

闘いのなかに成長した少女たち

鈴《すず》木《き》初《はつ》江《え》

北區の荒川放水路の近くには、中小工場が林立している。それらの工場からはきだす煙と臭氣はそのあたりにムッとたちこめている。杏林製業工場は、そんなところにあるのだ。浮間橋をわたつて川ぷちにそつてゆくと、川岸に破れ船が一そうつないである。さびたトタンをはりあわせ、鍋釜のたぐいもみえ、〃ここに人間の住めるしるしあり〃老いさらばえた老爺がもぞもぞとうごきだした。電柱といわず、塀といわず〃私たちに仕事を與えろ〃〃横暴な工場長をおいだせ〃などのビラがめにつく。

九月一日明日は一〇八日の闘いからかちとつた就勞の日、職場入りだ。數千本の赤旗は色あせて、秋雨にぬれていた。〃どんな氣持でいるのだろう〃合化勞連の大會で泣きぬれた少女、キャラメルをうりにきた少女など、何人かの澄んだ瞳を思出しながら私は門を入つた。――ワァッとその時頭上にひろがる、それはたしか歡聲だつた。二階の廣間はテープや色紙の花で飾られ、職場大會はうたと踊りの輪……それは一〇八日闘かつた偉大な少女たちのおもかげではなく、ふつうの十六歳のいきいきした若さにあふれていた。

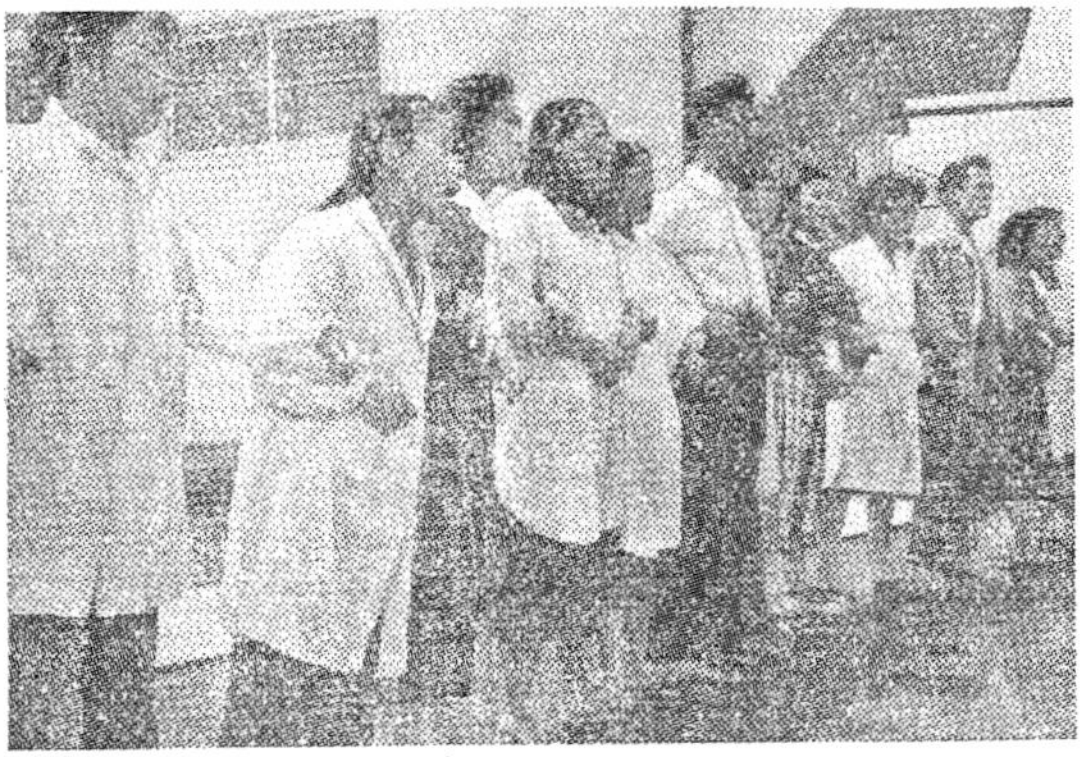

（一〇八日の斗いに勝つてがい歌をあげる杏林製藥の女工さんたち）

杏林製藥というのはペニシリンとかブドー糖とか三十種類にのぼる臨床藥品をつくつている會社だ（資本金は公表百五十萬だが實は二千萬だという）。ここに九十二名の（うち男子十名）婦人といつても十五、六歳から最高二十七歳、そのうち五十名は昨年新制中學をでたばかりの少女たちが働いている。給料は三千六百圓から六千圓、平均四千圓という飢餓賃金だ、硫化水素でたおれても一錢の補償もない。ケガをしてもホータイも赤チンもくれない。職制を〃先生〃とよばされ、近江絹糸ばりの社訓十二カ條を暗誦させられる。もちろん組合もなかつた。勞働基準法のあることもしらない。勞働者というにはあまりみじめな、徒弟のような存在だつた。

こんなところへも、昨年來の近江絹糸の人權ストや證券會社のストの影響はしのびこむ。「私たちも組合を」という聲は、ひそかに青年から少女へ、年上のものから年下のものへとささやかれてきた。

そして今年の三月二十三日、ようやく組合結成までこぎつけた。結成と同時に申しいれたのは、

一、勞働基準法を適用して下さい。
一、就業規則をみせて下さい。
一、組合活動の自由をみとめて下さい。

等で、普通の組織勞働者ならとつくの昔に自分たちのものにしている筈のもの。だが、一〇八日の鬪かいの口火はここからきられたといつてもいい。

會社はただちに、組合長初め三役の首切りを通告してきた。さらに五月四日には二十七名の解雇通告、五月十八日工場閉鎖（三役の首切りは團交ですぐ取りけさせたが、二十七名のなかには三役その他の組合幹部がほとんどふくまれている。組合はただちに北區勞連や合化勞連に應援をもとめ、地裁に不當勞働行爲として提訴した)。

こまかい經過をのぞけば問題はこれだけである。がそれは九十二人のその家族をふくめての生活の大問題であつた。

中小企業の經營者のほとんどは、勞働者が組合をつくるとただちに幹部を首切り、その反對鬪爭をすると、工場閉鎖とだしてくる。その間に經營者は製品や機械を他へ運びだし、もつと安い勞働力を雇つて仕事を始める。杏林の經營者もやはりその道をとつた。東京のほかに長野縣の岡谷工場をもつている彼は、東京意の如くならずと岡谷に主力を移し、生產を强化し始めたのだ。

こうして〃首切り反對〃〃就勞させろ〃の鬪かいは、若葉かおる五月のころから、五月分の給料半分を手にしたのを最後に梅雨時を經、やがて炎熱の夏とはなり、……

わずか三、四千圓の給料も、いなそれゆえにこそ、（大部分の少女はこれで家計をせおつていた）生活の困窮は大變だつた。

少女たちの家庭の大半は片親のみ、日雇人夫や、お針の內職、農家の手傳い、派出婦などに辛苦している母や、失業や病氣の父、あるいは兩親があつても繼母や、また繼父だつたり、川ぷちのやぶれ船さえ少女たちの一人の家庭だつた。ともかく愛情にも經濟にもめぐまれない逆境の少女たち、だから普通の就職條件からノックアウトされる家庭の娘たちが、新制中學を出てどうにか職にありつけるのは、こうした飢餓賃金の中小企業ということになる。おしやれや娛樂に使うにはあまりにみじめな、そして尊い金なのだ。經營者はこの低賃金を維持するために、家庭環境を利用するだけではない恩恵感を植えつける封建的勞務管理ということになる。

少女たちは生れて初めて勞働歌を覚えた。スクラムをくむことも、――近く組合に大會や中央委員會や、うたごえの集りがあるときくと、二人、三人くんで支援を訴えにゆく、キャラメルや石けんの行商にいく。その間に彼女たちは「若草」という詩の雜誌をつくつた（詩といつても、初めてかいたものばかりだが）そのなかに次のようなのがある。

商行

生れて初めての行商、
二人ずつ一組になり
重い荷物をぶらさげて
玄關の前でたちどまる
（買つてくれるかしら）
心配だ
初めの聲がなかなかでない
（みんなも初めはこうかしら）
「ごめん下さい」
聲はふるえていた
「杏林のものですが」
「まあそうですか
暑いところを大變だね、

がんばつて下さい」
キャラメル五つかつてくれたおぢさん
涙がでるほどうれしかつた。
「ごめん下さい」
聲は少しなれた
前と同じように話すと
「うちには子供がいないからけつこうよ」
私は困つた
（何て冷たいおばさんだろう）
あゝ恥かしい思いをした。
しかしこんなことでくじけたらだめだ
組合にゆけば仲間がいる
同じことといわれた仲間がいる
そうだ勇氣をだそう
最後までガンバろう。

「キャラメルかつて下さい」の聲もでなかつた彼女たち、大勢の大人を前にして支援を訴える時には、足がふるえ泣きそうになつたという。しかしゆくところどこでも、働らく仲間たちは、杏林の少女の闘いを支持した。その場で强力なカンパ活動が行われた。次第に勇氣と自信が、少女たちを一そう强くたえさせた。「私たちのしていることは正しい」「みんなが守つてくれる」ものごころついてからしいたげられてきただけに、この目覺はひとしお大きな喜びとなつた。人間なみにあつかわれることによつて、人間としての怒りも、喜びも、ほこりもしつたのだ。闘いは少女たちの人間開眼であつたかもしれない。ひとくちに百八日といつても、その毎日が、どんなに苦しく辛いものであるか、――大の男たちが長い闘いの渦中に脱落し、第二組合にはしり、そのために闘いは勝つても、分裂の悲慘さをなめている所はいくらもある。

しかし少女たちはついに一人の落伍者もなかつた。それどころか、新聞もよまず、字をみることにさえ興味のなかつた少女たちが、「オネスト・ジョンつて何？」「どうして基地をひろめなくちやならないの？」と、新聞記事のふしんを、組合にききにくるようになつた。「若草」はもうすぐ二號がでるという。自分の思つていることを、感じたことを文字にかきあらわすすべも知つた。そしてもつとも大切なことは、〃みんなが結びあうこと〃の偉大さを身をもつて知つたことではないだろうか。

×　×

杏林製藥の闘いは百八日目の八月二十七日工場再開と、閉鎖中の賃金及び立上り賃金總額六十萬圓をかちとつて妥結した。二十七名の首切り反對闘爭は法廷闘爭に移さなければならなかつたが、現在の勞資の關係では最大の成果をあげたといえる。しかし問題はここで終つたのではない。二十七名の年かさの主要な人々がいなくなつた職場で、彼女たちがいかに結びあい、また法廷闘爭を闘かつてゆくか、むしろ問題はここから勞働者として出發しなければならないだろう。

（筆者は合成化學連合勤務）

（一一ページよりつづく）

	勞働者總數	女子	女子の割合
明治一九	千人 一三三	｜	｜
二九	四三七	二六三	五九・八
三五	四九八	三一三	六〇・八

明治三十一年產業別勞働者數

	總數	女子	女子の割合
製糸	千人 六四	千人 四六	七二・一
綿糸紡績	一〇五	九八	九三・一
織物	三九	三四	八五・五
マッチ	一七	一一	六五・一

以上の產業においては婦人の、それも若い婦人勞働者が多く、その上に勞働者の組織は發達していなかつたので、あとでのべるような女子勞働者の酷使は平然と行われた。部分的には待遇改善、監督排斥、賃上の闘爭が散發的に行われたが、全體からみて、また勞働者意識が低い時代であつた。

誰のための「新生活運動」か

大《おお》野《の》　はる

誰でも、自分を含めた家族の幸せをのぞんでおり、毎日が樂しく安心して生活できることをのぞんでいるのに、なかなかそうならないところに問題がある。

現在、國民は、住宅を欲しており、失業しないように、少しでも收入が多くなるようにのぞんでいるのに、それらのことが一向に解決されそうもない。

そして、最近は、新聞などで「新生活運動」なるものが話題をまきおこしている。誰が提唱したのだろう。新生活とはどんな生活なのだろう。そして何かの意圖と結びついてはいないだろうか。運動の費用がどこから出るのかと考えずにいられない。

私がこのようにいろいろと關連させて考えるのも、私がまだ政治や組合のことに關心のなかつた戰時中の經驗が思い出されるからだ。

當時は、「勝つまではほしがりません」の合言葉が國民の中に徹底して、大多數の人々は勝つために頑張つた。國民があのように戰いに勝つことに全力を傾けたのも、當時の政治も教育も新聞もラジオも、みんな戰爭に勝つこと以外は國民に知らされていなかつたからである。

代議士も、この政治に協力し國民を目かくした。そして正直な素朴な人々は、洗面器も座蒲團も辨當箱も戰爭に役立つものは何でも提供した。代議士は、この町を日本一戰爭に協力した町にしようと努力もした。

一方勞働者は、二カ月、三カ月も休まず働き、夜も八時、九時までも働くことがめずらしくなかつた。ところが敗戰の結果知らされたことは、この戰爭が軍閥や財閥の人々によつて企てられ、日本の少數資本家を利するだけで、國民を幸せにし、生活をゆたかにし、高めるためのものでなかつたことだつた。

「新生活運動」が、民主黨によつて提唱され國の豫算の中から五千萬圓支出されているという。民主黨中心の現在の政府は、資本家を有利にすること、再軍備のために、政治の力で國民の前にのしかかつてきている。

國民が今のぞんでいることは、賃金を少しでも多くしてもらいたいこと、首切りなどのない職場で安心して働きたいこと、子供の教育や就職を滿たしてやりたいこと、病氣したらよくなるまで休んで療養できること、住宅を建ててほしいことなどである。

それなのに、現實は逆の方向に行つている。政府のよびかけで賃金ストップの政策は日經連につながる經營者を中心に、どの會社もどの工場も、組合の賃上げを拒みつづけ最近はゼロ回答がめずらしくなくなつた。それでも足りなくて人を減らそうと、働く人々を、待命制度や歸休制度や半強制的な希望退職等で職場から放り出した。殘つた人々は、その分までの仕事をかかえて、勞働强化や低賃金や職制の壓迫の中で働かされている。それでもなお足りなくて臨時を傭い、常傭の人人と同じくらいの三年五年という長い期間を安い賃金で働かせている。こうして常傭の人人は賃金を引下げられ、職場不安にさらされて働いている。最近は更に勞働基準法を改惡

お◇料◇理

林　郁

スキムミルク（又は牛乳）を使つた献立

一、御飯の場合

（Aホワイトソースかけ
（Bすまし

材料（分量は五人分）

A
じやがいも一二〇匁、きやべつ大葉五枚、ほうれん草一〇〇匁、にんじん中一本、さば水煮罐詰半ポンド一罐、マーガリン角ザトウ大八コ（四〇瓦）、小麥粉大さじ五杯、スキムミルク大さじ五杯、湯一合、鹽、こしよう

B
燒麩一五コ、みようが少々、煮出汁五合、鹽しようゆ、

作り方

御飯の副食にもスキムミルク、牛乳を使つていくために、考えてみました。じやがいもはさいの目、にんじんはいちよう形に切つて茹でます。きやべつは熱湯（鹽少々を加える）にさつととおし、せん切りにし、その後でほうれん草を茹で三センチ位に刻みます。さばは罐から出してあらく身をほぐしておきます。これ等のものを洋皿に美しく盛り合せ次のホワイトソースをかけてすすめます。フライパンにマーガリンを入れ、火にかけてとかし小麥粉をふり入れ炒めます。火を弱くしてこげないようにし、よく炒められたらスキムミルクをぬるま湯でとかし溫めたものを徐々に加えてのばします。（牛乳を溫めて加えてもよい）これに鹽、こしようで味を付けホワイトソースを作ります。これには麩とみようがを使つた和風のすましをそます。

一人當、榮養價（主食米麥九勺とも）

（**熱量**　七六〇カロリー
（**蛋白質**　二六グラム

價格　約三六圓

（日本食品成分表）

榮養價表

	熱量 カロリー	蛋白質 グラム	脂肪 グラム	カルシウム ミリグラム	燐 ミリグラム	鐵 ミリグラム	ビタミンA I.U	B1 ミリグラム	B2 ミリグラム
牛乳一合	一〇六	三・四	三・八	一八〇	一六三	〇・一八	一八〇	〇・〇五	〇・二七
スキムミルク大さじ二杯	七二	七・〇	〇・二	二四〇	一九六	〇・二	四	〇・〇六	〇・三三
卵一コ	七六	六・四	五・六	三三	一二五	一・三	四〇〇	〇・〇五	〇・一五

して、もつともつと資本を增やすことと、これらの人々を守る再軍備にそなえようとしている。このままで行くならば私達が經驗したあの戰時中の目かくしされた休みなしの戰争へ協力した勞働を强いられることになろう。

新生活運動をほんとうに必要とするならば國民の中から自然の力で發展するであろうが政府の計畫で國の豫算でこころみようとするこの「新生活運動」は、當面する國民の生活と直結しない一つの目的をもつた上からのおしつけ的な運動と斷定せざるを得ない。

ほんとうに國民のためを思い、社會のためになることを考えているならば、國民が當面苦しんでいること、のぞんでいることを滿たす運動としてほしいと思う。

私が純眞であつたために戰時中に何も知らずに戰争に協力し一家をめちやめちやにしてしまつた。この責を今爲政者にのみきせたくないと思うからこそ、再びめかくしされて擧國一致のかけ聲で引づりまわされることに反對して行きたいと思つている。

從つて、この「新生活運動」も國民に働きかける前にまず提唱する政府與黨の幹部連が國民の生活水準で生活し、その苦しみを解決することからはじめてこそ、この「新生活運動」が本ものとして國民が協力することであろう。（筆者は全日通勞組・中執委員）

區議一年生は何を見たか

四谷《よつや》信子《のぶこ》

この何年來、黨候補の應援は隨分したけれど自分が候補となつて、選擧をやつたのはこんどがはじめてであつた。このS區に居所ーといつても四疊の間借であるがーを定めたのが、選擧に入る十カ月前、それでも多少の日常鬪爭はやつていたのだがまだまだ地元に顔なじみがなく、告示になつてはじめて隣近所の人が、「へえーあの建具屋さんの二階にいるあの人が……」と知つたという仕末。

しかし、革新系であること、若い婦人であることなど、の特色がものをいつたのか、豫想外の成績で當選し、ここに少しは政治に足をつつこんでいた、多少生意氣な議員一年生が生れたわけである。

一年生としての感想をのべる前に、このS區の議員の構成を少しお知らせする方がよいと思う。ここは自由黨の古くからの地盤であるが、吉田政府がすつかり人氣をおとしたため、多くは無所屬という形で立候補して、當選後、はじめて自由黨と名のつたというずるいのが澤山いる。定員は四十四名で、保守派の間では、しきりに引き拔き合戰が行われ、結局最後的な分布狀況は、自由黨二十六名、民主黨六名、無所屬六名、社會黨四名、共産黨二名というところである。從つてこのS區は自由黨王國という形で、自由黨の意のままにならざるはなし、というごー慢な態度が支配している。

ところがこの自由黨王國も内部をみると決しておだやかではない。このS區は、舊四谷、牛込、淀橋の三區が一緒になつてできた區である。從つてこの三カ所の地元からでたものが、それぞれグループをつくつているし、また都會議員や、元衆院議員の親方の子飼いのものと、そうでないものとに別れるなど、誠に複雜なことである。いよいよ初議會が召集されて、議長、副議長の選擧となつた。社會黨は、議長は仕方がないが、副議長は他會派にまわせと主張したところ、自由黨は、大親分の吉田さんにならつて、議長も副議長も斷乎としてとると主張してゆづらない。そこで社會黨は「それではわれわれも候補をだすから、直ちに本會議で決選投票をしよう」と應酬した。ところが、自由黨内部では、議長は○○地區からだす、いや△△地區から、とてんやわんやで一向に候補がきまらない。このごたごたで三日間も、議會は停止狀態になつてしまつた。さすがにこの醜態をはじてかこの間自由黨の幹事長は「いや全く申譯ありません。もう少しお待ちを!」と汗をふきふき各黨をまわつて、平あやまりにあやまるひと幕もあつて、結局議長には七十二歳で耳の遠い、鼻の頭のみごとといいたいほど赤い人、副議長には六十歳の中風で手足を動かすごとに、ブルブルふるえる老人がきまつた。人生の最後の花をかざらせたいという、自由黨の親心?かも知れない。

さてこの議長の仕事について面白いことがある。本會議が開かれ、型のごとく議長が着席し、さて議事にうつる段になると、事務局があらかじめ書いた脚本が、議長の手もとにわたる。議長は、その脚本通りを無事讀みあげていけば、その職責が完全につとまるのである。この脚本が事務局長の机にあつたのを一寸拝見したが、まず、まことに大きな字で

議長――これより本日の會議を開きます。

日程第一を議題に供します。

（○○局長朗續）…ここは朱筆

議長――唯今の議題の○○候補決定の方法は如何いたしますか、おはかりします。

（○○番發言）…朱筆

議長――ただ今の○○番の動議に御異議ありませんか

（異議なし）…朱筆

一寸このようなものである。（　）をして朱筆になつたところは讀まないで、黒い字のところだけ讀んでいけば、名議長として拍手かつさいをうけるだんどりになつている。だから字さえ讀めれば、子供でも議長はつとまるというわけだ。さて私がこの初議會で、はじめて壇上にたつたのは、區長選衡に關する質問のためであつた。ご承知の通り、首長官選の橋頭堡として、區長は直接選擧ではなく、間接選擧になつてしまつたのであるが、この區長を選衡するための特別委員會では、保守派はようやく意見の一致をみたいきさつから、一擧に決定にもちこもうと、國會でもたびたびやる曉の議會をやり、本會議が開かれたのが、午前二時であつた。この特別委員會の報告に對し、私の質問は「議會だけできめずに、區民の意見を充分にくみ、愼重にきめるべきだと思うが、そのような手續きもとらず、一擧に決定にもちこむのは、誠に非民主的だと思う」という意味のものである。これに對し、自由黨の七十三歳の特別委員長が答辯したが、まだ不滿だつたので再質問をしたところ、壇上からみると、私のお祖父さんぐらいにあたる年頃のこの委員長は「なにを小娘が」といつた具合でにらみつけ、ついに答辯にたたないという仕末、よほど癪にさわつたようだ。かくして社會黨、共産黨だけの反對で、前區長の推せんが行われた。これで、初議會のおもな議事はすんだのだが、この間に私が痛感したことは、本會議は一般區民の傍聴をゆるすが、委員會は非公開である點だ。本會議というのは、型通りの質問と討論に終始するだけのもので、實際に問題をとりあげて、自由な質問と討論が行われる、最も重要な場所は委員會である。保守勢力はこれを非公開にして、區民の監視をのがれているのである。それというのも、區民の目がこわい、變な發言をして笑われたくないという氣持からだろうが、これは當然國會の委員會同樣、公開して區民の議會にしなければならないものである。黨ではこんどの定例會でこれをとりあげる豫定になつているが、果して、保守派が同調するかどうか。しかもこの初議會では實に飲み食いがひんぱんに行われた。議長がきまつた、ソレ一杯。區長がきまつた、また飲む。ソレ委員會の初顔合せだ。ヤレ、議會が終つた、といつてはそのたびに飲むという仕末。區民からプールがほしい保育所がほしいという要望があつても、豫算がない、の一點ばりだが、飲み食いの金は充分にとつてあるようだ。こんなことが區民にわかつては、なにかとおしかりをうけるので、議會と區民の間に幕をはつておく方が都合がいいらしい。また彼ら保守派の議員というのは、政黨に所屬しながらその意識はない、民主黨政府の手で、地方自治體を骨ぬきにする改正案が國會に提出され、社會黨はすぐその反對を提案した。するとなんと民主黨所屬議員は、双手をあげて賛成し、別に矛盾も感じていないようである。これは彼等は黨よりも自分たち自身の個人的な利益が大切だからだろうが、それだけに地方議會というものは、

（一七ページへつづく）

食糧問題と人口問題

編集部

政府の本年度產米豫想高は七千四百萬石ですが、實のところ平年作でも近年は最低七千萬石は動かぬといわれ、農村通の人々の中には平年作、八千萬石と見積る者も少くなく、河野農相は渡米前、「今年は九千萬石だよ」と明言したとか。何にしても貧乏國にとつて豊作は何よりのことですが、日本ばかりでなく、世界中大豊作で、食物の增產は人口の增加に追いつかぬ、人類の食糧難は未年永ごう解決の道がないといつたマルサスを墓場からよび戻して見せてやりたいところです。

東南アジアに日本の技術をいれれば穀物の收量は三倍するというのは定說ですが、すでにインド、ビルマなどは、その方法で好成績をあげており、この後未開發後進國の技術援助等により、年々躍進的に食物は增產され、生物的な飢餓の問題は解決される日がそう遠くはない筈です。

しかし豊作ゆえに穀物の値下りを憂い、餘つた穀物の賣込みに血まなこになり、刀にかけても、又はオネスト・ジョンや原爆にかけても、餘つた穀物を買わせずにはおかぬという國があるとなるとだいぶ話が物騷になります。平和主義のためかどうか、河野農相は貧乏國の身分も忘れて、國民の血の出るような金で、金持國のもて餘している穀類を高く買つたといつてその氣前のよさが問題になつています。食物が足りなければ足りないで缺乏から、奪いあいから戰爭が起る。餘れば餘るで賣込み競爭でまた戰爭氣がまえとなる。子供を多く生んでも生まなくても、もうけるために物をつくり、人間を金もうけのぎせいにする社會の仕組みをかえなければ、豊作までも、人類の喜びどころか、戰爭の原因になりかねないとは恐ろしい世の中ではありませんか。

先頃發表された人口問題研究所の資料によると、日本の出生率はここ數年來著しく低くなり、ヨーロッパの先進國に近くなりましたが、人口の增加は年々約百萬で以前と變りません。これは死亡率が著しくへつた結果でまことに嬉しいことなのです。以前は多產多死今は少產少死、文明國の型に近ずいてきたわけです。產兒調節は多少のかたよりはあるものの、以前からみればだいぶ普及し、今後ますます廣く行われる見込ですが、どの道すでに生れた者をへらすことはできず、この人口をどう消化するかは、國の經濟政策の問題で家族計畫で解決できる問題ではありません。

德川時代の中期から三千萬人に留まつた日本の人口が明治維新から五十年の間に二倍となつたのは國の商工業が發達し、貿易がのびて、ふえただけの人口を吸收したからです。戰後貿易が縮少し雇用機會が縮少したからこそ、出生率はへつても失業問題が深刻化しており、慢性的になつているのです。貿易を振興するために技術の向上による生產コストの引さげが必要であり、能率の高い責任感の强い、優秀な勞働者を育成しなければなりません。科學の研究や教育をぎせいにして再軍備につぎこみ、勞働條件の改善どころか基準法改惡を敢てするようでは、國際的信用を失い、貿易の發展の代りにゆきずまりをきたすにきまつています。東京で開かれる國際家族會議大に結構。私たちはそのお客樣を大に歡迎しますが、日本の人口問題を、單なる食糧問題又は、家族計畫で解決できる問題として甘く見ることに反對し、國內及び國際經濟問題の一環として考える必要を强調します。

（山　川）

同窓會館か、奬學金か

——舊友へのたより——

増《ます》田《だ》多《た》喜《き》子《こ》

おなつかしいおたより拝見。先日母校同窓會より同窓會館復興のための資金募集の通知を戴きましたが、私はその趣旨に賛同できず、というよりもそれに反發を感じて應募しなかつたのです。その通知によると會館復興の目的は學校よりの要望とあり、また同窓會、クラス會などを氣樂に開く場所を作るためというようなことでしたが、私はあの昔ながらの作法室で、昔の友達と語り合う方がどれほど樂しいかといいたいのです。壁は落ちかけていても、黒くよごれていてもその一つ一つに私たちの古い思い出がこもつているのですもの。あの窓も壁も一つとしてなつかしくないものがあるでしょうか。募金のことの出ているのと同じ會報に、それと對照せよとでもいうように悲しい、しかも力強い記事のあつたことを覺えていらつしやいますか。九州で母子寮長をしておられるY先生からのお便りです。そしてその寮の子供たちにと衣類などを送つている同窓生もあるというお便りです。「これこそ」と私はどれくらい心強く頼もしく思つたことでしょう。これほど苦しんでいる人々の多い現在何のさし迫つた必要あつて會館を建て直そうというのでしょう？ たとえ學校側からそういう案が出たとしても同窓會の代表者の中で、その故なきを説き反對を唱えて下さる方がひとりもなかつたのでしょうか。

私たちは何のために教育を受けたのでしょうか。O校を出た、どこの大學を出たというだけでは何にもならない、その得た知識や考え方を正しい行いに現わしてこそ、教育をうけたかいがあるのではないのかと申したいのです。お手紙では募金は目標額に程遠いとのこと。私はこの「程遠い」という字に一すじの光を見出しました。社會保障の不徹底な現在、みえばかりはるような同窓會館の復興よりも、もつとほかに私たちのなすべき仕事があるのだという、私と同じ考えの方々がほかにも多いような氣がして。これがもつと有意義な仕事、たとえば同窓生の有望なお子たちのために奬學資金を、というような目的のためなら、資金はもつとスムースに集まるのではありませんか。

私たち同じような境遇の中で卒業した者の中にも、現在では我が子を高校へ上げることができないほど生活に苦しんでいる人たちが少くないのです。子供の教育はもつと生活が樂になつた上でというわけにはいかず、適當な年令をはずすとのびられる者ものびられないことになりがちです。四百萬圓の資金募集も目的が「同窓會員の子女のための奬學資金」ということになれば、忽ち集まることと信じます。私自身も心から喜んで生活費の一部をさくことができましょう。私は夫を戰場で失い、三人の子供の一番上はやつと今年から高校へ入りました。私は實家からの援助を得ていますが、それでもギリギリ一パイ、その日暮しの苦しさは不自由のない方にはご想像がつきますまい。といつて、奬學資金のことは私自身皆さまの援助をお願いしたいからではありません。親戚からの援助も同情もない、私以上に困つている同窓の方々を思うと、私はほんとうに胸のつまる思いです。一寸した援助、一寸した同情が精神的に、物質的にどれだけ大きくひびくことか。これは私自身の體驗から大きな聲で皆さまの前に申上げたいことです。

Kさん。昔呼びなれたなつかしいお名前を呼び、目の前にいらつしやるように思いながら心の底からお願いします。學生時代のあの得がたい知と愛とを、もつと大切に、廣くおしみなくおつかい下さい。實力もネームヴァリューもあるあなたの言動で不幸な同窓の人人が一人でも多く救われるように。

子供の讀物とその對策

編集部

戦後十年資本主義諸國のなやみの一つは言論、出版の自由が金もうけのために利用され子供のためにならない出版物や映畫がたいへんな勢ではびこつていることです。らちもない漫畫だけならまだしも、性と冒險、殺人强盗などのあくどく刺戟の强い讀物が子供の世界に横行し、それが大企業となつて勢力をきずき、どんな反對運動もよりつけないようになつているというのは自由の亂用といつてよく、賣笑などと同じく、いわゆる自由世界が權力を用いずにこれをどう始末するかは大に注目されています。

アメリカではこの種の出版物が一カ月八千萬部に達し、子供は一週間に平均一〇――一二册ぐらい讀んでいるそうです。英國でも久しく問題になつていましたが、逆に最近に法律を設けてそういう種類のものの發行を禁止しましたが、それまで年間三億五千部發行され、一册を八人が讀んでいたといいます。英國では一九五二年五月に始めて一議員が政府にこの種の出版物を禁止する意思はないかと質問したことから問題が表面化、當時の政府は言論の自由を壓迫する恐れがあるからという理由で禁止する意向は示しませんでした。それから二年後、業者側では自肅して「そういう種類のものは出しもせず、賣ろうともしていない」といつていましたが、世論はそれに滿足しません。英國教會、教員組合その他の教育家、いろいろの婦人團體などがそれの禁止處分を求める空氣を作りあげ、遂に本年六月、その法律が議會を通過しました。この法律は「犯罪、暴力行爲、殘虐、又は恐ろしいできごとを描いて、全體としての作品が、これを手に入れる兒童又は年少者を腐敗させるようなすべての圖書、雜誌、又は他の作品に適用され、（文章がついていると否とを問わぬ）、そういうものを印刷し、出版、販賣したものは四カ月の禁固又は約十萬圓の罰金に處せられる」ということをきめました。

フランスでは一九四一年からあつた取締規定を一層强化し、子供の讀物の中に人種的偏見をうえつけるような點のある場合も禁止することにしました。

南北及び中央アメリカでもこの問題は重要視され、パナマで開かれた汎米兒童問題會議でもとりあげられ、ラテン・アメリカ諸國はこの問題を業者の反省と地方當局の意向に一任せず、取締規定を以てのぞもうとしているとのことです。

北アメリカ合衆國だけは自由尊重のたてまえから政府の取締りに反對する空氣が强く、業者の自肅と安い良書を出版する團體を作ることによつて不良文化財に對抗しています。合衆國間のいくつかの州議會では取締條例を通過したものの、憲法違反と宣告されました。カリフォルニア州の如き兒童讀物に放火、劇藥投下、殺人というように具體的な條項をあげて禁止しましたが、裁判所はそんなことをいえばリンカーン大統領の暗殺のことを書いた本も禁止にひつかかるという論法で、これを憲法違反と斷じ、今のところアメリカだけは取締ろうとしていません。オーストラリアでは教育家と兒童福祉關係の仕事をしている人々が集まつて兒童書籍協議會を作り、もつと良い本を作ろうとしています。ニュージランドでも不良文化財が子供の不良化を加えているというので、すでに五〇年近く存在している「道德を腐敗させる傾向ある出版物」取締規定を强化し、「性、犯罪、暴力、殘虐を强調するもの」をそれと指定し、定期刊行物の販賣人はその刊行物に住所氏名を明記することになりました。

（山川）

國際婦人同盟大會の決議

加《か》藤《とう》禮《れい》子《こ》

一九〇五年、婦人參政權運動の連絡機關として成立した無黨派を標榜する國際婦人同盟(本誌七月號參照)の五十周年大會は八月十八日から三十日までコロンボで開かれました。大會には平和、經濟、男女平等教育權、平等市民權及び選擧權等の諸委員會があり、それぞれ大會に報告書と決議草案を出しましたが、その中の特に重要なものをかいつまんでご紹介しましよう。これらの草案は多少の字句の修正だけで大會を通過したはずです。この同盟の大會は三年に一回で、前回は一九五二年ナポリで開かれました。

平和決議案

國際婦人同盟はナポリ大會で採決された次の決議を再確認する。

一、本同盟は、人類が意見の相異を暴力に訴えることなく平和的な話しあいによつて解決することのできる文明の段階に達しつつあるものと信じて原水爆もこめて、一切の大量的虐殺の手段に對して抗議する。同盟は戰爭の廢止と共に世界にみなぎる不安と恐怖感から人類を解放する効果的な國際管理を要望する。

二、同盟はすべての人種同士の間に可能な限りの最善の友交關係を結ぶことを奬勵し、かつ教育、勞働、專門職業のあらゆる面に於て、民族的差別を設けることに反對するその決意を再確認する。

三、同盟は生活水準の低い民族のあることが平和をおびやかすことを思い、可能な限り最大の技術援助を求めるものである。

男女同一道徳基準の問題

同一道徳基準委員はおもに次のような仕事をしてきました。

一、婦人警官の仕事、給與、その將來の見通しについて、また默認されている賣春施設の廢止(この運動には賣春防止、犠牲者への援助、正しい教育への關心等がふくまれる)を促進する方法を加盟團體に問合せ、それに對するフランス、イタリー、トルコ、ギリシア、エジプトからの報告、デンマークの婦人警官との會見記錄を入念に檢討した。

一、植民地の未開發地域にまだ殘つている女子の割禮の習慣については國連の適當な人物に、扶養義務の問題についてはC・マホン女史に照會し、また賣春廢止については、國連關係者のほかにイタリー上院議長、フランス領赤道アフリカ總督、ベルギー領コンゴー總督、フランス植民大臣、英領ナイジェリアの婦人團體などに問合せた。シンガポールのフォザー夫人からは婦人達の中には赤線區域の再開を支持しているものがあるとの知らせがあつた。またイタリー上院議員のメルリン女史に對し、本同盟は、賣春施設廢止への努力を感謝している。

一、國連の出版物による資料、殊に婦人の人身賣買につき、最近の保護委託制度につき、また奴隷制特別委員會發行の婦人子供の所有權をも含む賣春制度に關する質問書を檢討した。同盟にはこのほか婦人の奴隷狀態についての臨時大會の提案など明らかにこの委員會に直接關係のある資料が澤山集つてきている。本委員會は、國連の人權委員會の仕事、時々送られて來る賣春關係の請願書、及びこれらの問題に對する各國政府代表の態度について絶えず注意を拂つていなければならないと考える。

一、賣春廢止論者からの資料も多く集まつている。殊にタンジール（モロッコの國際管理都市）の賣春施設の情況に關する報告は非常に重要なもので、その眞相は大きな影響をあたえよう。地方官憲が同意年令（結婚）引き下げの手段をとつたり、周旋業者の處罰を輕くしたりできるという事實も重大なことである。

議長は、加盟團體が廣い範圍にわたつて、男女平等の高い道德基準に對する各自の責任を自覺せねばならず、社會をよりよくして行く眞の道は、正しい道德教育、正しい社會的訓練にあることを忘れてはならないと痛感する。

それ故に次の決議案を大會に提出する。

同一道德基準委員會の決議案

一、（a）婦人の人身賣買は如何なる場合においても常に道德に反し、社會に反する。

（b）默認されている賣春施設は道德的にも重大な缺點であるばかりでなく、婦人の人身賣買への强力な誘因となつていることは疑いをいれない。

（c）從つてこの大會は世界の道德水準を高め、この恥ずべき人身賣買を根絶することに關心を持つすべての團體、すべての個人に對して、賣春施設廢止運動に加わるよう切にすすめる。

一、本大會はアルゼンチン政府が二十年間禁止していた後、突然賣春施設の再開を公認したことを遺憾とする。この處置は一九四八年にアルゼンチンが贊成投票をした女子人身賣買協定に全く違反している。

一、各加盟團體はその屬する國々の政府に對し、生活保護と加盟に關する双務協定の問題を考慮することをぜひすすめること。

一、青年男女が平等の性道德の高い基準を忠實に守ろうとする態度を保護するにはどうしたらよいか、加盟團體はその方法をはつきりと考えねばならぬ。とりわけなぜ道德が必要かという理由をどうしたら青年達に一番よく理解して貰えるかを各々の國で研究する必要がある。

經濟委員會の決議案

一、男女平等賃金協定の批准と施行

一、職業的訓練をうける機會の男女平等

一、婦人局の設置

一、パートタイム制の確立

なお以上のほか今年の大會のために各國の加盟團體から次の樣な決議案が提出された。

○**スウィス**　同盟は勞働、賃金などについての男女同一條件護得のために努力すること

○**セイロン**

（一）同盟は國連又はその專門機關から派遣される經濟專門家達が、各地の民間團體と連絡をとつて地域的な問題、その地方の將來の見込について廣い知識を得ることをすすめる

（二）國連又はＩＬＯなどの專門機關は加盟國非加盟國を問わず、婦人局を設けようとする國には援助を與うべきである。

○**英　國**

（一）老年の勞働者でも世界經濟の中で大切な地位についていられるように、すべての勞働者に男女を問わず同一の職業的訓練再訓練を行うことを、同盟はその計畫の筆頭にあげなければならない。

（二）パートタイムの狙いは、男女勞働者が各々の健康、體力、その他の特殊事情に應じて公平な條件で働く機會を利用できることにあるので、これを勞働組織の基本的な部分とする必要がある。

○**エジプト**

同盟は加盟團體の同一經濟的權利獲得を援助すること

社會黨左派婦對部 全國代表者會議

社會黨左派婦人部第七回全國代表者會議は去る九月十七・八日の二日に亘つて衆院第二會館及び參議院會館で開かれました。北は北海道から南は九州までの、子供を抱えた未亡人が自費で出席するなど、いずれも熱心な婦人黨員七十名が參集。第一日の本部報告、地方報告について、一、當面の活動方針、二、參議員選擧對策、三、内地米增配運動、四、賣春映畫製作、五、婦選十周年祭、六、統一問題等を審議、討論いたしましたが、とくに黨活動、賣春問題、統一問題などについては稅い活潑な質問や意見が展開され、統一問題について説明に當つた佐々木更三統一委員長自身、これほど厳しい質問は受けたことがない、と言われたほどでした。この問題に對する婦對部一同の希望は、平和四原則はあくまで守り通して貫いたいということで、日本婦人の平和への希願を代表している觀がありました。

地方報告のうちオネスト・ジョンを持込まれた埼玉、神奈川の代表の報告、砂川問題についての各代表の關心の深さなど、いずれも心を打たれるものがありました。

また、自由黨の牙城といわれる高知で今年の地方選擧に初めて一名の黨縣議を出し、市議に三名を立候補させたという、未亡人の高知代表の報告も極めて印象的でした。

なお、本部報告によると、二月の總選擧には婦人議員二名、四月の地方選擧には都道府縣會議員三名、市區町村議員十二名當選。

編集後記

別項堺爲子さんを慰める會は思わぬさわりのため延期となりましたが、九月十八日日本社會黨(左)第七回婦人代表立會議は次のような感謝決議を行いました。

× ×

堺爲子さんは一九〇五年一月、社會主義團體平民社の運動を助けるため上京され、社の炊事婦をひきうけて、最も骨がおれて、最も引立たない仕事に献身的につくされました。同年秋利彦氏と結婚。先夫人の遺兒三歳の眞柄さんのお母さんとして、また、たびたび投獄された利彦氏の留守をまもり、時には髪結までして生活を支えるなど、二十八年間、共に壓制迫害と戰い、よい協力者として終始されました。私たちは爲子さんが八十三の御高令なのにお元氣なのを喜び、社會主義婦人のよい先輩として、堅實な主婦としての爲子さんの人しれぬお働きに對し、深く感謝と敬意とを表するものであります。

婦人のこえ 十月號
定價三〇圓(〒五圓)
半年分 一八〇圓(送共)
一年分 三六〇圓(送共)
昭和三〇年九月廿五日印刷
昭和三十年十月一日發行
編集發行人 菅谷直子
東京都千代田區神田三崎町二ノ三
印刷者 堀内文治郎
東京都港區本芝三ノ二〇
(硫勞連會館内)
發行所 婦人のこえ社
電話三田(45)〇三四〇番
振替口座東京貳壹壹參四番

婦人のこえ

11月號

1955

執筆者紹介

佐竹れい子氏　大正九年東京生れ日本女子大社會事業科卒。元日本勞働組合總同盟婦人部書記、參加團體、日本社會黨

田中壽美子氏　明治四十二年神戸市生れ。津田英學塾、ブリマ大學大學院卒。專攻英文學、社會學及び人類學、前勞働省婦人少年局婦人課長、主要著書アシュレイ・モンタギュウ著、譯「女性、この優れたるもの」

山下正子氏　大正四年香川縣生れ東京女子體育專門學校卒、教員參加團體日本教職員組合。

吉村とく氏　明治三十七年橫濱市生れ。日本女子大學社會事業學部女工保全科卒。前兵庫婦人少年室長、現神戸市會議員。

川口光子氏　大正元年東京生れ。大連神明高女卒。社會事業家、現社會黨高知縣連合會婦人部長

中島有美子氏　大正十四年京都生れ。京都府立第二高女卒。インドネシア協會員の夫君と共にインドネシアとの親善家。

特別原稿募集

別項「**しいたげられる妻**」の中の「**なぐりける夫**」のような場合が近所にあつたらどうしたらいいか、「**私ならこうする**」というお考えを本社あてお送り下さい。**四百字以內。締切十一月十日。**

編集後記

遲くなつて現われた台風も大したこともなく過ぎ、空前の大豊作と傳えられたお米の收穫も大體豫想通りにいくようです。

この天の惠みを消費者にもと全國の婦人團體や勞働組合から現行値による增配運動が起つていますが、政府は十一月から一キロ十圓値上げして消費縣月三日分の希望配給ということに決定、統制撤廢への第一歩を進めました。統廢の結果についてはは今更申すまでもありません。

このお米の問題に限らず、砂川はじめ全國各地に起つている基地問題、勞基法の改惡、教科書問題等々、國民の希いと政府の方針がことごとに背反するとはなんという國の不幸でしょうか。

×　×

いつも手不足やら何やらで地方出張はできませんでしたが、今月は思い切つて長野縣まで足を延し農村婦人の聲を聞いて參りましたジャーナリズムで傳えられる豊作ブームと豊村の實狀とはなんという相異でしょう。

結局、日本の勤勞階級はお互同士羨やみ合うほどの幸運には惠まれないという感を深くした次第です。都市も農村も働く者の立場からしつかりと手を結びましょう。

×　×

兩派社會黨もめでたく統一、責任政黨として保守政黨と對決することになりました。社會黨の育成こそ眞の民主主義を確立し、平和を希い、生活の安定を望むものの責務と信じます。

（菅谷）

婦人のこえ 十一月號
定價三〇圓（〒五圓）
半年分 一八〇圓（送共）
一年分 三六〇圓（送共）
昭和三十年十月廿五日印刷
昭和三十年十一月一日發行
編集發行人 菅谷直子
東京都千代田區神田三崎町三ノ三
印刷者 堀內文治郎
東京都港區本芝三ノ二〇
（硫勞連會館內）
發行所 婦人のこえ社
電話三田（45）〇三四〇番
振替口座東京貳壹壹參四番

婦人のこえ

1955年
十一月號

十一月號 目次

婦人參政權十周年

山《やま》川《かわ》菊《きく》榮《え》

一九四五年九月二十一日、幣原内閣は選擧法改正の根本的對策を協議、一、選擧區制の改正、一、選擧年令の低下、と共に一、婦人參政權の付與を改正の主眼とすることになり、二十年十月十一日、首相がマッカーサーを訪問した時、五項目の重要な改革の中に婦人參政權をあげました。そして十二月十七日　改正選擧法の公布、實施を見、これによつて男女平等の選擧權と被選擧權とが與えられ、翌年四月十日、ほんとの意味での普通選擧による總選擧が行われたわけです。

ここでなぜ特に「ほんとの意味での」というかといいますと、日本では一九二五年に議會を通つた、男子だけの普通選擧法を、一般に「普通選擧」と呼んでいますが、外國ではそれでは通じないのです。占領中私はアメリカ婦人二十名ほどのグループに對し、日本の婦人運動の簡單な話をしたことがあります。その時何げなく、日本では一九二五年に普選法案が通過しながら、それ以前から男子と共に選擧權を要求していた婦人はおいてきぼりをくつたので、その後婦人參政權運動がさかんになつた、というと、ちよつと待つてくれ、いまあなたは普通選擧が認められたあとで婦人參政權がさかんになつた、といつたが、それは私たちに分らない。私たちの國では普通選擧という以上、當然婦人參政權もはいつているので、婦人が除かれている場合は普通選擧とはいわないのだ、というのです。なるほどそれは私のいいそこないだつたと氣がついて、改めて私は一九二五年に男性普通選擧（ユニヴァーサル・メール・サウレッジ）が認められた、といい直しましたら、彼女たちも納得しました。

こういうわけで日本でほんとの意味の普通選擧が認められたのは一九二五年三月でなく、一九四五年十二月、即ち婦人參政權が認められた時なので、四月十日は始めて日本婦人が實際に投票した記念日であると同時に、ほんとの意味の普通選擧の記念日を兼ねてもいるわけなのです。

大正十二年（一九二三年）の大震災の直後、大久保の婦人矯風會に各種婦人團體の人々が集まり、海外からの救援物資の處置について相談した時、それを機會に性格を異にする團體の間にも、當面共通の目標のためには協力することを申合せ、東京婦人連合會というものを作りました。そしてその中に後に婦選獲得同盟と名をかえたいろいろの參政權要求の團體の大合同もできました。この團體は市川房枝、金子（山高）しげりさんたちが中心となつて活動されましたが、そのスローガンに「婦選なくして普選なし」というのをかかげたのは語呂合せのようで少しふざけた感じだという評もありましたが、内容からいえば當つていたのです。この頃まで他の團體とは別になつていた社會主義婦人のグループも、この中に參加し、殊に堺まがらさんなどはよく働きました。

眞の婦人解放は社會主義の手で

男性普通選擧が認められるまでの間、何年もかかつて、いろいろ議論をしてまとめあげた勞働農民黨は一九二五年成立するとすぐ解散を命ぜられましたが、その綱領の中に戸主制度の廢止、公娼制度の廢止、一切の男女不平等法律の廢止が私たち女性の發言によつてとりあげられたことは誇つていいでしよう。

この男性普通選擧によつて勞働階級の政治勢力が強くなるのを恐れ、またロシアの新政府を承認する一方その影響を防ぐ防波堤として政府は、治安維持法という途法もない法律を作り、言論、集會、結社の自由を奪いました。解散された無産政黨――當時は社會黨という言葉が使えなかつたのです――は名前をかえ、綱領も改め、當りさわりのないものにして生れ變りましたが、相變らず彈壓はひどく、書くものは發賣禁止、演說會は中止、解散が當然のようになつており、また無産政黨ができた後も治安警察法第五條によつて婦人は政黨にはいることを禁ぜられていたので、社會主義者は婦人同盟という外廓團體を作つてその中で活動しました。

資本家や地主の保守的な勢力とロシア革命の影響への恐怖、軍縮に對する陸海軍人の不滿などが結びついて狂氣じみた暗黑時代が襲つて來、外へ向つては侵略戰爭を起すと同時に、時々內では一切の進步的な運動が抑えられました。無産政黨は解散されてその中の御用分子は保守政治家、役人と共に大政翼賛會に、勞働組合は資本家、役人と共に産業報國會に、婦人團體も解散され、將校婦人會や愛國婦人會と共に大日本婦人會に統合され、女たちは焦土と化した國土の上で「うちてしやまむ」を唱えつつ、バケツと竹槍のダンスをやつていました。そこへ無條件降伏、そして參政權！　新しい國作りのために男子と平等の責任をになうという、重い役割をうけもつことになつたのです。

一九〇五年日露戰爭のあと、ロシアから獨立したフィンランドが世界で初めて婦人の國會に對する參政權を認め、第一次大戰の終りに、ロシア革命が起り、またイギリス、アメリカ、ドイツその他資本主義が衰えて社會主義の勢力が起るに從い、戰爭前から社會主義政黨の旗じるしの一つであつた婦人參政權を認める國がふえました。第二次大戰後は日本、フランス、イタリー等甚だ保守的な國でもこれにならい、インド、ビルマ、インドネシア等、新しく獨立したばかりで、長い間の植民地時代のためにまだ文盲が國民、殊に婦人の大部分をしめる國でさえ、男女平等の參政權が認められた中で一部の人々は世界の樂園のようにいわれるスウィスだけはまだ婦人に選擧權がなく、早急に認められそうもない有樣です。

日本では婦人參政權運動の歷史がイギリスやアメリカほど古くもなく、さかんでもなかつたのは事實ですが、世界中どこの國でもそういう古い資本主義國に比べれば同じことで、またいつの時代でも進步的な要求が一人殘らずによつて支持されるまで、認められてならないものでもないので、後れた國ほど國際情勢によつてそのテンポが早められるのです。婦人の大部分が文盲で、これから義務敎育の制度を作るというほど後れた東洋の諸國、しかも民族や言葉や宗敎がちがつてなかなか協力や團結のむつかしい東洋の後進國でさえ婦人たちはあらゆる困難と戰つて新しい制度を作り、新しい社會を育てています。

かつては參政權なり、敎育や職業の權利が問題でしたが、それらがえられた今はどれだけそれが實際に生きているかが問題です。婦人の大學卒業生が男の三％しか就職できず、あらゆる職場から女が追放されかねぬ現狀は婦人參政權以前の狀態への逆行です。新憲法を守り、勞働基準法を守り、新民法を守り、結社權を利用して社會主義政黨を强くしましよう。婦人參政權、いなほんとの意味の普通選擧の十周年を迎えるに當つて私たちはこう誓います。

民主教育を守るために

――敎科書の國定化はいけない――

山《やま》下《した》正《まさ》子《こ》

　最近全國各地で開かれているお母さんと女敎師の會合や、子供を守る會などで出される問題に敎科書のことがあります。それはきまつて父母の經濟面から來る定價が高いということ、兄姉の古いものが使えないということ轉校した時に困るということです。

　義務敎育無償とは程遠く父母の負擔による敎育費の增大がこの聲となり、不滿となつて現われています。百四十億圓あれば小中學校の完全無償は實施出來るのです。純軍事費千三百二十七億圓の一割にすぎない金額で千七百萬の兒童生徒をよろこばせ、父母の負擔を輕くすることが出來ます。本年二月の總選擧のさ中、民主黨の代議士によつて「民編國管論」がとびだし、物議をかもしました。六月二十四日衆議院行政監察特別委員會が「小中學校敎科書事件」として敎科書問題をとりあげました。最も熱心に國定化をねらつている民主黨は、黨内に「敎科書問題特別委員會」を設けて、現行敎科書制度の問題點は行監委の調査によつて明らかにされたから偏向敎育を徹底的に究明する、との方針をきめて活動を開始しました。「うれうべき敎科書の問題」という小册子を公刊、五萬部を全國に配布したと云われています。子供や敎師の問題がこのような形で、政治の問題としてだされることを悲しく思います。敎科書問題という敎育內容を規制する問題が政爭のルツボに投ぜられることは、どうしても納得がゆきません。親も敎師も共に願うことは、子供を眞實な人間、實力をもつた人間に育てたい、幸福に成長させたいということです。云いたいことも云えず、眞實を眞實として語れない程、子供の幸福と健全な成長をゆがめるものはないと思います。

　敗戰後民主國家の建設をめざして、敎育制度にも、敎育內容にも、大きな變革が加えられました。敎育の中央集權化を排除するために敎育委員會制度がつくられ、國民の思想を統制する畫一的敎育の弊を改めるために、現行の敎科書制度が設けられました。すなわち國家が權力をもつて國民の公敎育を干渉支配する國定敎科書をやめて數多くの特色ある敎科書が編集されるようになりました。文部省できめた檢定の基準にもとづいて民間の出版會社が發行します。その中から子供の成長と學習能力、地域の實情に卽したものを、現場の敎師や、敎育委員會によつて採擇される制度に改められました。毎年六月には全國一齊に展示會が開かれ、そこで次の年に使用する敎科書を決定するわけです。

　現在の檢定制度についてもいろいろの問題點があります。今年一月長野市で開かれた日本敎職員組合の第四次敎育研究全國集會では現在の敎科書制度について詳細な研究がもち寄られ、次のことが結論として出されました。その第一は現狀の檢定制度のままでよい敎科書はできない、敎科書の檢定制度は實質的に骨拔きにされようとしている、すなわち出版社が文部省に原稿を提出すると、これが調査委員に廻わされ、こまかな檢定をうけ、その指示に從つて訂正する（調査員は一敎科について四名位、秘密に委囑され、名前は公表されない。公表されない意味もわかるが、これを文部省はたくみに利用している)。形の上の制度としては民主的であるが、實質的には權力の干渉が明らかに加つている。特に社會科教科書の檢定はイデオロギーがからむので强腰の指示や干渉がなされている。第二には採擇が現場の教員の手からうばわれている。縣教委や地教委の一方的選定のおしつけが行われたり、校長や研究團體の長や有力者と業者の結びつきによつて法律に規定されている現場教師の採擇權が無視されつつある。全國一齊に開かれる展示會ではゆつくり研究する暇がない。教師の熱意というよりも、現在の展示會制度に問題がある。第三は教科書國定化は着々と進められているということでした。

サンフランシスコ講和條約締結の後、吉田政府が設けた政令諮問委員會は「教育制度の改革に關する答申」をしています。その中に「教科書については檢定制度を原則とすべきも、現在の實情に鑑み、種々バラエテイをもつた標準教科書を國家において作成し、教科書の進歩向上を圖ることを考慮する」という一條がもられています。保守政黨は何れも國定化を狙つています。國定による思想統制、教育內容の變革、ひいては憲法改正の實質的効果をたくらんでいることは明白です。戰時中の國定教科書はなつかしさを通りこして、ゾーツとするものを感じます。「ヘイタイサン、ススメ、ススメ」、自衛隊の增强や、オネストジョンのもちこみ、基地の擴張に一生懸命になつている政治のもとで、再び「ヘイタイサン、ススメ、ススメ」と進ませられてはたまりません。

どこが憲法と教育基本法の精神からはなれているかを指摘することなしに偏向ときめつけ、しかも國民の素朴な願いを逆用して國定化の道をとりつつあります。どんな名目にせよ、政治權力が教育を支配することは根本的にあやまつていると考えます。現行制度の不備は不備として、政治家も、教師も、親も一緒になつて改めてゆくべきだと思います。子供の幸福を根底に、眞實を學ばせる教育の實現をめざしての改革こそ最も大切です。

價格を下げること、教科書事業に對する國庫の低利融資、郵税運賃をやすくする措置を行つて二割から四割のひきさげを實施すること、義務教育無償の原則通り教科書無償配布の實現をかちとる。教科書出版會社や、教科書販賣業者の宣傳、販賣にからむ不公正な行爲を排除する措置をとること。特色のあるよい教科書が編集出版され、現場教師の研究批判によつて、よい教科書が多く使用されるようになれば、賣込み競争や宣傳工作の意味が失われることになる。採擇は直接兒童生徒の學習指導にあたる教師の意見にもとづいて學校が行うように、學校の採擇權を確立すること。檢定のための審議員、調査員は現在のように文部大臣による秘密委囑制を全廢し檢定に關することは一切が硝子ばりで行われるようにすること。秘密主義のもとで行われている文部省と出版社の結びつき、官僚による教育內容に對する干渉を排除すること。公費による教科書常設展示會をつくり、現場教師、父母、誰でもが何時でも研究できるようにすること。これらの施策がどうしても必要です。

日本の教育を正しく發展させ、民主國家の建設にふさわしい子供を育てるには、あくまでも、現行の檢定制度を守り、國定化には反對しなければならないと思います。子供と教育を守る立場で教科書の問題は考えるべきです。東京でも、京都でも、お母さん方が教科書の勉强を始めています。お母さん方が正しく理解し、多數の力が結集された時、政府の意圖をくつがえし、民主教育を守りぬくことができると信じます。

(日本教職員組合)

——隨◇◇筆——

戰禍のあと

沖縄にて

田《た》所《どころ》芙《ふ》美《み》子《こ》

沖縄へ來てハブを二度みかけた。部屋からものの一尺と離れていない、土のもり上つた草むらの中に。一度は、木から音を立てて落ちて、その物音で氣がついたのだつた。二度目は、窓から外をみていた時に、目の前を音もたてずにラセン狀に這つていくのを見た。ハブは、猛毒があつて、人間がかまれると命がない。石垣の中に棲んでいて、雨上りの宵に餌を探しに出るといわれている。

この土地では、ハブにかまれた人間は、後暗い行爲のあるものだといわれているので、案内知らずの、旅のものの私なぞがやられたら、同情より、よほど悪いことでもして來た人間だと思われるだろうと考えて、割りに合わないぞ——と思う。

だが、海にかこまれた島らしく、起伏に富んだこの島の自然は美しい。海の色は日本では見られないもので、岸邊から水平線まで、ダンダラ縞のジュータンをシキつめたようだ。黄土色、そして紫色になり、グリーンになつている。珊瑚しようだという。

ある日、首王城のあつた山、首里にある博物館を見にいつた。博物館は山の頂上より少し手前で、曲りくねつた道を歩いてたどりつく。この建物は、中國風で、平家で三棟に分れ、屋根はこの地特有のレンガ色と白で沖縄的な情緒をたたえている。玄關の横には、名物の骨壺がずらつとならび、眞赤に咲いたカンナの花と對照的である。もちろん戰爭で燒けて、戰後新しく建てた博物館ではあるが、昔の通りの形に造つたもの。足をふみ入れると、ガタガタの飾りつけに硝煙の匂いさえ感じられる內部の樣子で、まだ燒跡の名殘りを留めている感じである。沖縄の社會狀態というか、經濟狀態というか、それが何となく頭にピンときた。かねがね興味をもつていた紅型をみたいと目でさがした。目の前にならんだ陶器るいは、博物館の陳列品々というより安物のこつとう屋の品々の感じである。この島が、戰爭で形が變るほどやられたことが、內部の樣子で證明される。東京で博物館を見なれた私にはここにあるのが僅かにさがし出した品々であることが感じとられた。紅型も百年くらい前のもの。全部が一度ほこりをかぶつた——戰爭の灰を受けたという感じである。

ガラスに顏をくつつけるようにして見ていた私に、ここの案內人らしい老人が何げなく話しかけてきた。面白いので、いろいろ聞いてみた。燒けて何にもいいものがなくなつた話から、私が東京の者だと見てとつた老人は、自分の身の上話に移り、戰爭中は日本にいたが、終戰直後こちらに歸つてきたという。

「私が歸つてきた頃は、この邊にはまだ骨が散らばつていたのです。ここは牛島中將が指揮をとつていた司令部のあつた所だつただけに、この島で一番ひどくやられた所でしょう

——この邊の草は、眞赤でしたよ……」

老人の話を聞きながら、窓のそとの綠の草に目を落していた私は、ふつと、眞赤という言葉に、あたり一面の草々が眞赤な草に變じ、ぎよつとした間もなく、博物館の品々が消えて、なにもない燒野原に私一人たたずんでい

る眞空狀態を感じ、めまいを怖れて、陳列棚にとりすがつた。瞬間目の前をよこぎつた幻影はひめゆりの塔の、あの何十人も呑んでぽかんと口を開けた洞穴――また魂魄の塔の口許までつまつていた骨々だつた。頭蓋骨が足許で開かれたコンクリートの口から見えた時おぼえたあの驚きだつた。

それは天氣の好い實に暑い日であつた。土地の人の案内で、この島の最南端の戰跡を車で廻つた。ひめゆりの塔につくまで墓前に供える花のことを心配していた私は、安心した。車が止まると、バラバラと花をかかえた土地の女の人が賣りにきたからである。

花束をかかえた私は、全く人影も人家もないそこの場所にいつた。正面にかわいい形をした乙女の石像が、ガラスの中に入つて立つている。觀音像であろうか、全く乙女らしいかわいいその像は、羽が肩からはえて一寸前こごみに立つている。何氣なく横をのぞいた私は、ゾッとした。草むらの中にそれこそポカンと口を開いた洞穴は、叫ぶが如くひらいている。――「ここで何十人かの沖繩の乙女が最後までたたかつて、この穴の中に入り、そこへ上から手榴彈をぶちこまれたのです」と說明された。今は何事もけなげなこの陰慘な壕は乙女たちの血を吸つて、何か私にささやきかけるようであつた。

自然のこの壕の上に立つた私は、純眞な同性の苦悶の面影が目をかすめ、めまいを覺えその中に入つてみたい誘惑を感じつつ、他の人々のおもわくを考え、かろうじて思いとどまつた。全くここは淋しい。この島の最南端である。限りなき哀惜を覺えて、私は目をつむつた。

車は見渡す限りの芋畠と砂糖キビの間をぬつて更に進み、魂魄の塔についた。

ここはこの邊りにあつた人々の亡骸を一カ所に集めてまつつた所。丸く小高くなつていて、その周圍をコンクリートでかこつてある。土地の人の誘いでこのコンクリートの上にのつた私は、この下は全部骨だと聞されてまたギヨツとした。「今ここの戸を開けてみますよ」ときいて、足もとのコンクリートの戸をみつめていた。ギイギイと男二人がかりで開かれた五尺ばかりの内部は、人間の頭蓋骨が一番上で、下には骨、骨、骨……ぎつしりつまつている。

骨の上に立つているに忍びず、下へ降りて思わず深呼吸した。「どうしてあんな風に中を開けて、人にみせるのですか」という私の質問に、「なあに、まだまだ畠から骨が出るので、入れなくてはならないからですよ」という答えであつた。なる程とは思つたが、それでも戰後十年もたつた今日まで、何も知らずに殺されていつた人々を、こんな瀬戸物のこわれみたいに扱う、生身な人間の神經の太さを憎んだ。

それからも骨は健兒の塔の奥でもみた。晝でも暗い自然なこの壕の中には、ここ沖繩の若人が自決した骨が山を成している。

私は言葉も出ないほど戰爭を憎んだ。

歸途、車を運轉しながら土地の人がいつた。

「人間つて、榮養があるんですかね。ここの邊の砂糖キビや芋は、それやよくできるんですよ」

砂糖キビは人間の背丈より高く、その上を風が吹き渡つていつた。

世界總人口

國連統計局の發表によると、昨年の世界總人口は二十五億二千八百萬で、一昨年より三千五百萬ふえています。

主婦のこえ

押賣あれこれ

佐《さ》竹《たけ》れい子《こ》

その一

「わたしは傷痍軍人援護會から來たのですが決してごむりを申しません。私ども戰爭犧牲者のために溫かいおたすけを……」といんぎんに挨拶をしながらガッチリした體格の青年がカバンから樟腦(一〇〇圓)、鉛筆一ダース(一五〇圓)、ゴムひも一束(一〇〇圓)などをさつさと擴げる。

「こんな高い品物はとても都合が惡くて、せめて一〇圓くらいなら……」とことわると、急に態度を一變して「一〇圓などこまかく賣つていたら靴がへつてたまらん。てめえらあの雀の淚ほどのなさけでいちいち頭をさげて廻れるかア」と語氣荒く、玄關のガラス戶を割れんばかりに閉めていつた。

その二

灼熱の太陽がふりそそぐ午後だつた。

「わたしは夫が戰死してね、いま板橋の母子寮に厄介になつているんです。子供を抱えては仲々どこでも雇つてくれないんで……」と血色の惡い五歲位の男の子を背負つて汗をポトポト落しながら中年の婦人が入つて來た。小ロビニールの買物袋から京花紙(三〇圓)、小ローソク(三〇圓)を出して、「朝六時から步いてまだ一つも賣れず……助けて下さい」と哀訴歎願されるので、不用だつたが小ローソクを求めた。それは市價より二割は高かつた。

その三

木枯しの風が身に泌みるたそがれ、ボロボロの薄毛のシャツをまとつためくらの老人が杖をたよりによぼよぼと訪れてきた。

「わつしやね、深川で妻子五人空襲で亡くしてね。いま養老院に世話になつていますが、今日はまだ二本しか賣れないんで、電車賃もないから救つてやつて下さいよ」

と乞うので一丈二〇圓で一本ゴムひもを買つた。あとで計つて(カネ尺)みたが一尺ほど不足、彈力性はなく二三日でのびてしまつた。

その後、失業したという青年がゴムひもを賣りに來たので、前回の經驗から彼の眼の前で物指しで計つてみせた。そのときも五寸五分も不足しているのでことわると、彼は憤然と言つた。「わしらはね、同じ家に何度も行かないから正直にしていたらもうからんよ。おくさんみたいに計つて買うひとはいないからね」

このほか、戰災孤兒の學生アルバイトから鉛筆(一本一〇圓)を買つたが、削れどもシンが折れて根氣くらべをしたことがある。引揚者から求めたタワシはすぐ毛が拔けて、四五日で不用品になつてしまつた。私が家にひきこもつていると日に二人くらいはこの「泣きおとし戰術」で押賣の攻勢にあう。それはあの怖るべき戰爭のいたでをうけて、いまもなお立ち上れず、その日のパンを求めてたたかつている人々の深刻な姿なのである。私もときには人情にほだされて買うこともあるがいつも惡くて高い品物をおしつけられ、憤りの種をしよいこむことになる。私たちの消費生活は必要に應じて、より安く、より良いものを求めるやりくりのくらしだからこうしたひとたちにまで慈善行爲はつくしきれない。もちろん、惠まれぬひとびとのために、社會保障制度がひとしく及んでいれば私たちの乏しい財布に救いを求めには來ないだろうが。

私はこの冷酷な政治を鋭く憤るとともに、このひとたちに品物をおろしている仲介者の誠意のほどを疑いたい。「押賣のものは高くて、惡い」という定評を一掃するために、もつと溫かい親心をもつて販賣の成果を考えてあげたらどうか。

「アメリカのディレンマ」

田《た》中《なか》壽《す》美《み》子《こ》

アメリカ合衆國の最大のなやみは、なんといつても黒人問題であろう。黒人は全人口の一割をしめているが、ニューヨーク、フイラデルフイア、シカゴなどの北部の大都市ではその割合はずつと大きく、フイラデルフイアなどは人口の半數に上つている。彼らは、奴隷解放以來、南部諸州から段々と北へ移動してきて、これらの都市に流れこんできた。彼らが入りこむとそのまわりからは白人が立ちのき、だんだん都市の外邊ににげ出すので、都市の郊外が美しい住宅地域になつてゆくのに反比例して、都心の住居地域は荒れてゆくばかりである。

ことに第二次大戦中には北部の軍需産業の膨脹にしたがつて、黒人は勞働力として南部の農村から大量に移つてきた。ところが、戦後、これらの軍人勞働力は白人の復歸で勞働市場からあぶれ、その多くが定職を失つて、日雇人夫や家事使用人のような仕事の他にはなかなか仕事が得られず、あるものは再び他州へ移動したり、また南部へ逆もどりしたりし、また多くが生活扶助をうけてその日ぐらしをする貧民の大群を形成している。

ニューヨークには、有名なハレムという黒人街があつて、黒人が五十萬人以上住んでいるといわれる。それは、百丁目あたりから北の地域で、この邊の街はまるで荒れ果てた感じで、兩側に並ぶ、古めかしい、五六階建ての煉瓦づくりや、木造のアパートに住む黒人たちは、室の又貸しや、同居、無宿の仲間の收容などで、超滿員の有様で、大人も子供も一日の大部分を街路上に出てくらしている。ここら邊りは、郊外の住宅地の清潔さに比べて、驚くほどとり散らかされている。紙くづ、食べもののかす、たんつば、かみたばこの吐き出したものなどで街上は汚され、建物のかべには軍の入隊のすすめのポスターと並んで、ハレム・ウオーカー（共産黨機關紙）の宣傳ビラなどがはりつけてある。犯罪や賣春などもこの邊では多く、私は、昨年の七月末の酷暑の夜、ハレムに接する、インターナショナル・ハウスに泊つていたら、夜半、ギャング狩りがあつて、警官の呼び子を吹く音や、ピストルの音がして、むし暑い夜は一層ね苦しかつた。

フイラデルフイアは、アメリカでも一番古い都會だけに、道巾がせまく、黒人街は一層汚い。ここは、クエーカーの地で、人種差別が少いということを聞きつたえて、黒人がどんどん押しよせてくるので、黒人の比率は大そう高く、人口の半數が黒人だということである。恐らく全米の都市では一番黒人の多いところだろう。ここでは、フイラデルフイア南驛前から市の中心部を黒人が占めていて、市の玄關が貧民窟だというので、最近、とり拂われて、驛前を美化しているが、下町はほとんど黒人の住家である。黒人、白人をとわず、少し暮しむきのよいものは市外に逃げ出すので、市の中心部にはいつも、最下層の貧民が住んでいることになり、したがつて、中心部ほど汚い。私がいる間にも石油ストーヴから火事が起つて親子がやけ死んだり、赤坊が鼻の頭をねずみにかじりとられたり、不良少年の殺人があつたり、いろいろのことがあつた。（次ページへつづく）

インドネシアの漁夫

中島《なかじま》有美子《ゆみこ》

マカッサル海峡を航行中に難破して先頃日本の鰹漁船明和丸に救われて横須賀につれてこられた十八のセレベス島ブギスの青年漁夫たちは小柄のガッシリした連中で色が黒くなかつたら日本のどこにでもいるような青年でした。舟に穴があいてから二日間、沈沒してから二日間、計四日間はのまずくわずで傷だらけでしたが、折よく通りかかつた日本船明和丸に救われてから二週間で東京につきました。プラオ（舟）は十—十五トン位の大きさでカラパ（ヤシの實）を運んで中國人に賣るためにボルネオとセレベスのマカッサル間を航行しいるが僚船も非常に多いようで、順風を受けると五日間、風が全然なくなると一カ月も海上をただようことがあるそうです。しかもこのプラオは丸木舟で、サンマのように細長く、帆を張つてあの太洋の中を勇敢にも出て行くもので、彼等の父や祖父の時代には、西はインドのゴア邊まで、東はマカオ、香港廣東邊まで行つたそうです。彼らもまた父祖に劣らぬという口ぶりでこんなに恐ろしい目にあつても生涯舟で暮すと一同口を揃えていいました。

バリサン・サキット・ハテイ（不平軍）のカール、モザカットはどうしているかと聞くと「モザカット大佐は大變信望の厚い方ですから一朝一夕に退去させられないでしよう。彼は一方口を開けば必ず西部ニューギニア歸屬問題を述べ、その論旨は極めて明白强硬です。言いかえれば反政府軍司令官ではあるが反インドネシア軍司令官ではなく、從つて政府の出方一つではうまくゆくものと思います。他の地區のバリサン・サキット・ハテイのことは知りませんが、モザカットに關しては愛國者が說けば簡單に片付くと思います」

「セレベスは工業商業東京にくらべるものは何もありません。できたら日本で二三年勉强して技術を身につけてセレベスの復興と進歩のために働きたいと思います」

「戰爭中の日本人は粗暴でまた醉つぱらいが非常に多くてこれが惡い印象を殘し今でもよく話題に出ます。スパイの疑いのため罰せられ、斬殺されたものもあるのでそれが多く出たところでは今でも日本人の印象は惡い。只今マカッサルにいる日本人は中國人と同樣、商人も職人もいます。明和丸の船員と、只今こうして會つている日本人は本當に親切で一生忘れることができません。このような日本人がどしどしセレベスに來てくれれば日本インドネシア兩國の關係はどんなによくなるでしよう」

「日本は立派に能力のある國なのになぜアメリカの兵隊がこんなに多くいるのか。なぜ乞食がいるのか。なぜこんなに醉つぱらいが、」とふしぎがつていました。

（前ページより續く）

フィラデルフィア市內では、二十六世帶に一世帶の割合で、生活扶助をうけている、と、ソーシャル・ワーカーの人が云つていたが、この要保護世帶の多いことにはおどろかされる。それが大部分黒人なのである。

私は、みればみるほど果して、アメリカに、黒人と白人が對等の人格として融合する日が來るだろうか、疑問に思うのだつた。全く、アメリカは大きな問題をかかえているものである。それは、スエーデンの社會學者、ミルダル博士の名著が云うように、たしかに「アメリカのディレンマ」である。

國際婦人同盟

會長は語る

加藤禮子

婦人參政權の獲得をめざして國際婦人同盟が結成されてからすでに五十年、現在は三十六カ國、五十團體が加盟しており、十月號でお知らせしたように本年八月コロンボで記念大會が開かれました。この大會を機會として同盟の會長エスター・グラフ女史はアジア各國を訪問、日本にも婦人有權者同盟の招きで十月七日から十八日まで立寄られました。女史は五十八歳のデンマーク婦人で石鹸やシャンプーの宣傳業に從事しておられるとのこと、一九五二年に同盟の會長に選ばれました。女史はおいそがしい中で婦選會館におたずねした私にあらまし次のようなお話しをして下さいました。

「婦人は人口の五〇%を占め、從つて選擧權も被選擧權も五〇パーセント持つているはずだ、同盟では婦人の參政運動に努力して來たが、まだまだ婦人自身に關係のあることを男子が決定している現狀である。たとえば、學校の生徒も半數は女子であり、敎師も半數は婦人であるのに、敎育に關する問題をきめるのは男子なのだ。デンマークでは無痛分娩の費用を國で負擔するかどうかを決定するための委員會が男子のみで構成されていたので、婦人團體が抗議して婦人に有利なように解決したことがある。だから婦人は被選擧權も十分に行使して國會や地方議會にどんどん進出せねばならない、社會の問題の半分は婦人に關するものである。それをこのような問題に知識も經驗もない男子の手にまかせておいてよいのだろうか。議員の半數は婦人であつてもよいはずなのだ、婦人は今後もつと政治や社會に關心をもつて自らの水準を高めて行かねばならない、同盟はこの方面に努力を續けて行くつもりである。」

また女史は植民地問題についてはこのようにいわれました。

「植民地をもつことはたしかに平等の精神に反する、デンマークは幸いに植民地をもつた事がないから立派な民主國家といえるだろうイギリス人やフランスなどのいわゆる民主國家とその植民地との紛爭が今日問題となつているが、民主主義の國でも、日本でもかつてそうだつたように、一度自國の領土となつた植民地はなかなか手ばなせないのだろう。英國では第二次大戰を契機として、インド、ビルマなどを獨立させた。フランスはそれよりかおくれている。一年ほど前、同盟に加盟しているギリシャの婦人團體から、キプロス島の問題を國連に提出してくれるようにと訴えて來たが、同盟では英國の加盟團體に手紙を出して當事者同士の話し合いで諒解をつけるようにはからつた。國際婦人同盟は男女間の眞の平等を確立するのが目的であり、婦人はそのような政治問題を男子と對等に解決して行く力はまだもつていない。政治問題は骨折損になるので扱わないことにしている。會員個人としてはこのような問題の解決のために努力をするのは自由である。だが同盟としては、植民地問題は他の適當な機關を經て解決すべきで、取上げるつもりはない。」

【時】　【評】

再軍備阻止の強力な音頭をとれ

―統一社會黨に望む―

榊原《さかきばら》千代《ちよ》

過去四年間分裂していた兩派社會黨は、ついにまた統一されました。これは實に國民の要望と期待に答えようとした兩派の大きな努力の結果であります。新聞の報導や、知識人の批判ではそこには多くの對立の要因があり、政治的な背景や行きがかりなどを無視してもできるはずのない統一であつた、と評される程の困難があつたらしい。人の關係や、個人の利害や派閥の抗爭など、人間の世界ですから保守黨ほどではないにしても、そういう種類のゴタゴタのあつたことも解黨大會や統一大會の模様から察せられますが、同時にそれ以上に困難な面、即ち保守黨などの場合はほとんど問題にならない綱領や政策、さらに思想やイデオロギーの面で、その調整に、また黨員同志が納得するのにどんなに骨折つたことでしょう。

革新政黨が獨自の綱領の中に閉じこもつてお互いの立場や思想を守つてはなれぱなれに鬪つているためには、日本の現狀はあまりにせつぱ詰つていました。

ジュネーヴの四巨頭會談以來、何といつても世界の動向は平和への方向をたどつてきました。紛爭を力によらないで話しあいによつて解決しようという、いわゆる「ジュネーヴ精神」は、多くの試練にあいながらも、現實に生きながらえてきました。八月二十九日からは國連の軍縮少委員會が開かれて軍縮の本格的討議がふみだされましたし、巨頭會談直後には戰後はじめての米中大使級會談が始められて、このむづかしい交渉が二ヵ月あとには實を結んで双方の抑留者釋放のとりきめが成立しました。九月に入ると西ドイツのアデナウワー首相の一行がモスクワを訪問して、五日間難航に難航を重ねた交渉が最後の日に成立して、世界のおどろきの中に兩國間に大使交換と捕虜釋放の約束ができたのでした。

こういう時に我が日本の有様はどうでしょう。この二、三日の新聞だけでもたたみかけるように重要記事として再軍備の問題が相ついで現われてきています。十六日の新聞には「國防省設置方針を内定――一、陸上・海上・航空三自衛隊を國防軍に改編することは各方面への影響を顧慮して中止」、十七日の新聞には「第三國（國府、インドシナ、フィリピン、タイ）軍人受入れ――政府はさきに大きな波紋をなげた日本國内の米軍基地における第三國軍人の訓練問題につき外務省を中心に檢討を行つていたが……日米協調という見地からも受入れの方向に決定せざるをえないものとみられるので、近くアメリカ側との間に既存の協定とは別個の合意措置として公文交換を行うもよう」、また同様大見出しで「波紋呼ぶ國防省構想――防衞廳内部の舊將官の顧問會議を頂點とする舊軍人の間に激しい論爭が展開されている。……結局漸進急進の差はあつても〃砂田衣がえ構想〃に正面から反對、實質をかえない改正は無意味であると主張（國防軍を創設せよということ）。十八日の新聞には「政府要請あればいつでも艦隊出動――砂田防衛廳長官は〃政府が最高方針を決定し、自衛隊の出動を要請するならば、いつでも艦隊を出動させるしこの場合勝つ自信はある〃といつた。十九日には「郷土防衛要項案――三十一年度は隊員五千名、所要豫算七千萬で發足、昭和三十五年度には隊員五萬名、所要豫算百億圓を目途にすることに決定」。また同じ日の他の重要記事は「東南アへの兵器輸出、米と本格折衝へ――NATO式供給機構設く……政府、財界は石川經團連會長が六月渡米の際アメリカ國防省首腦部から、示唆された東南アジアに對する兵器供給の構想について在日米大使館、在日米軍事顧問團との意見調整を急いでいたが、このほど工業クラブに政府・財界・米大使館並びに極東軍司令部代表が集まり、SEATOに對する極東の兵器供給問題について積極的な意見の交換を行い、日本は東南アに對する兵器輸出計畫を早急に立案し、アメリカはこれに積極的な援助を與える、ことに意見が一致した」

このように「國民政黨」に成長せよと、社會黨に親切な忠告をして自らは國民のための政黨だと錯覺している保守黨は、金融資本家や軍需産業財閥など一にぎりの階級の代表者でアメリカ資本と結びつき、アメリカ一邊倒の政治を行つているのです。

アメリカやヨーロッパに大きな反響をよんだ糸川博士たちのベビー・ロケットの實驗が秋田の海岸で行われた、なんでそんな重要な實驗がそんな不便な片田舎でと不思議に思つたら、島國日本の海岸で日本人が自由に使える海というものは新潟と秋田と北海道の一部ぐらいだというではありませんか。この頃北海道でわが戰力なき軍隊は壯烈な大演習をしましたが、その千歳、島松の千六百四十萬坪の大演習地はアメリカ軍の演習地で、アメリカ軍は既に撤退してしまつたのに未だにアメリカのもので、わが軍隊はアメリカ軍から借用したのだといいます。

さらに基地擴張にからむ官民國民同士の衝突や混亂、革新陣營は社會主義思想の相違にもかかわらず、目前のこういう事態のために今や力を結集しなければなりません。

社會黨統一大會の宣言には「この國内及國際の輿望に應えるものこそ日本社會黨の統一である、社會黨の統一を中心とする革新勢力の進展こそが日本及び世界の明日に光明を投ずるものである。われわれはまずこれらの輿望に應えるためにあらゆる戰爭政策に反對し全力をつくして平和をかちとり、これを確保しなければならない」といつています。

憲法學者の鵜飼信成教授は「戰爭放棄の原則は、世界各國の立法例におけるどの規定と比べても次の三つの點で全く異つた新しい内容をもつている、即ち**（一）ひとり侵略戰爭だけでなく、あらゆる戰爭を例外なく放棄していること、（二）戰爭の放棄だけでなく戰爭にいたらない武力の行使や威嚇まで放棄していること、（三）戰爭の放棄を規定しただけでなく、それを有効にするために一切の戰力の放棄を規定していることである**、といつています。このように明瞭に軍備を否定し、またこの點にこそ格調の高いマックアーサー元帥が世界はこれに眞似なければならないと推賞した高貴な内容をもつているにもかかわらずどんどん再軍備が進んでいくということについて國民私たちは決して鈍感になつてはならないと思います。統一された社會黨は再軍備阻止の音頭をとり秘密外交による既成事實さえ覆すほどの強力な國民運動を展開して貰いたいと思います。

厚生大臣賞はほしくない

吉《よし》村《むら》とく

選擧の時、若いアルバイトの運動員の中に全く血の氣のない影のような靑年が目についたので、あの人は無理じやないかしら、といつたが二三日して來なくなつた。

八月の暑い或日、私の出納長をしてくれた男の家で、その時の靑年の話が出て近所に家があるときき、すぐその母親にあつてみた。なりも振りもかまわない働き者という風な人で、この夏を病人は越しにくく寢がさが低くなつて、夜半に息しているかどうか口のところに手をかざしてみると、ねていると思つたのが、お母さん何している、といいますねんと目に淚が一ぱいになつてくる。

昭和二十五年の多夫に死なれて以來この靑年を頭に五人の子をかかえて煙草店を細々したが道路が廣くなつたので草煙の賣れゆきが惡くなつた。朝五時起きして附近の會社の寮に飯炊き、と掃除にゆき、歸つて店番がてらに仕立物をする、空地におひもや菜つ葉を作るという風に寢る間をちぢめても追つきません、當節は學校を出ていなくては話にならんと思うて子供だけは學校にやりたい、病人もすぐの妹が中學だけで勤めに出たので、次の妹は高等學校だけ食うものをくわずでも出してくれというさかい、母子教育資金を月七百圓もらつて學校ゆきさしていましたら、去年病人があまりつらいいうて保護にかけてもろて病院へいれさしてもらえんものやろうか、と役所へお願しましたら妹を高等學校に出しているのに贅澤なといわれ、折角學校へいつている者をやめさせるのはかわいそうな、と思つたけれど家へ歸つて子供達に相談したら、妹はやめるといいました。兄の方はやめたらいかん俺さえ早く片付いたら、家の者に迷惑かけんのにところげて悲しがります。私は辛ろうなつてかけ出して役場へゆき、何とかなりまへんやろかとたのみましたがいかんいうたらいかんのじや、一體あんたはかわい氣がない、五人も子供があつたら一人位どうかなつてもいいやないかと叱られた時にはかーつとなつて、役所のまん中で手放しでわあわあ泣きました、その時、保健所の人が四號菌が出ているいう話しをしてましたが醫者にもかかれず一年しましたから惡うなつていますやら、お宅の選擧の時も二日手傳わさしてもろて、體がくたくたになり朝頭があがらんようになつたので金とろう思うて命おえてもあかんとやめさせました。

開放性の患者が影のようにうろうろ街をあるき、食う爲に仕事にありつこうとあがいている姿に私はぞつとした。民生安定所に早速かけ合つてみるとしやんとしたケースウォーカーがやつてきて、醫療保護にかけられない理由を説明し出した。高等學校へいつていては基準にならぬこと、高等學校は義務教育ではないから國民の血税でまかなう保護に贅澤は許されないと最後にいづた。一々ごもつともなのである。現在の厚生省が示す基準に忠實にしているのであるから私は押かえす言葉はなかつたが、でも、勉學したくて母子教育資金をもらつて高等學校へゆくことが人間として贅澤だと叱られて、すまされてよいものだろうか。金がなくては教育のうけられない現在の日本を呪わしく思つた。教育が金に換えられずに受けられる國々も澤山あるのに、義務教育ですら子供が毎日のように學校へお金をもつてゆく。

ケースウォーカーはあたり前のことをいつまで不思議がつている女の市會議員をよほど血のめぐりが悪いとみたか、高等學校さえやめさせればこのケースは保護にかかりますといつて歸つていつた。

開放性の結核患者が死ぬかも知れない程弱つている。何とかしなくてはならぬのに貧乏とは病氣になれば勝手に死ねということか。

結核豫防法というものがある事を思い出して保健所へあたつてみてレントゲン寫眞をとらせた。想像通り兩肺素人目にもわかる程空洞だらけになつていた。一年前四號菌が出た時、なぜ療養の手續きしなかつたか、となじると結核も多いので手がまわりまへん、とか保健所は指導する所で治療する所ではないとかにげまわつた。規則がどうあろうと一カ年放置された爲に一つの生命がこんなにむしばまれてしまつた、一體どうしてくれるんだ、という怒りが私の心の底からつき上げてきた。

何とか療養所に入れるよう調べてほしいということに對して、あわてもおどろきもなく、結核豫防法による入所命令は家族が病人と同室で暮している場合に限るのでこの家は病人が三疊の別室にねているからかからないという返事がきた、結核豫防法とは本當に結核を豫防する法律なのだろうか。

神戸から乘物で二時間程の距離にある療養所の所長に知人のあるのを思い出して相談に出かけてみたら、丁度百床の増床したところで豫定の患者を入れても一床位は都合がつくというよい返事をもらうことができた。

高等學校ゆきの娘は學費生活費一切をみようという有志が出たり、結核指定醫が病人を一回もみずに診斷書をかいたり、市會議員なんかを間に入れてけしからんといわれたり、悲喜こもごも一カ月ほどもやもやして、病人はやつと療養所へ入ることが出來た。

參考までにこの場合の醫療保護の基準をきくと次の通りである。

煙草賣上收入	三六〇〇圓
寮の炊事掃除代	三〇〇〇〃
部屋貸賃	二五〇〇〃
土地の又貸し	一〇四九〃
長女勤勞收入	四三一五〃
合計	一四四六四〃
特別勤勞控除	一二〇〇〃
五人家族最低生活基準額	九六九六〃
本人負擔額	三五六八〃

母親が店の賣上げで生活出來ないから朝働きにゆき、せまい家の一室を人に貸したり土地を又貸ししたり長女の收入も家に入れさせたりして病人をかかえて一五〇〇〇圓に足らぬ收入で生活していたのが醫療保護の計算では一〇八九六圓で親子五人生活し、三五六八圓はき出せということになるのである。病人は療養所に入つた、けれど母親は必死になつて三五六八圓とつぶやいてうなだれた。

數日前の新聞に五人の子供と老母を守つて十三年間働きつづけ、成人した子供が手助けして十八坪の家を新築した四十歳の未亡人が今度の文化の日に厚生大臣賞の受賞候補者になつたという記事をみつけて、この出來事と思い合せて割切れぬものを感じた。この未亡人は廿七の若さからぼたんかがり等して働きつづけたという。砂をかむ樣な毎日を重ねて今日になつたきびしい美くしさは誰でも認めるが今更大臣賞をもらつたとしても、失われたものの方が多すぎる。この樣にがんばつて働けと未亡人に求めてもらいたくない。飯にもならない軍備にずるずると國費をもつてゆかれている現在、子供をかかえた母親に社會保障をもつと強く闘いとらなければならぬ、厚生大臣が文化の日にけなげな未亡人に賞をくれるという、これが文化だろうか。

未亡人のくらし

——土佐の片隅で——

川《かわ》口《ぐち》光《みつ》子《こ》

『ね、どうして寝ると思う?』

私は友の顔をのぞきこんだ。幸せな妻の座にいる友は明るい瞳をとまどつたようにパチパチさせた。十五を頭に六人の子供を連れた三十八歳の未亡人を母子寮に入所させたのである。四疊半に一間の押入れがついたその一室に母子七人がどうして寝たか。

『ふとんを出すと押入れがあくでしょう。上の段に男の子が二人、下の段に女の子が二人、部屋にお母ちやんを眞中にして左右に一人づつ、ゆつくりしたものよ。問題じやないの。それより昨夜ごはん食べた? つて聞くと、うん……おかずは? みそ! つて元氣いいの。』

返事をせずに、素直な友はつらそうな目をして上を向くのだつた。その後、この友は婦人會の有志から集めた救援物資を届けてくれた。有難かつた。がそれだけでは何ら問題の解決にはならぬことを友に理解してもらわなくてはならない。やつとありついた病院の掃除婦の口も扶養家族が多いという理由で規定の月日が過ぎても本雇にされず、僅かな理由でとうとう彼女は馘になつてしまつた。中年の特技のない子澤山の後家にどんな仕事が待つているというのだろう。やつとみつけたのが食堂の皿洗い。勞基法なんて全く價値のない社會で、毎晩二時三時の勞働が祟つて彼女はとうとう倒れた。健保も國保もない。醫療扶助・生活扶助・敎育扶助と許される最大限の恩恵を受ける身となつたのである。病院のベットで、

『私は精一杯働いた。でもこんなことになつちまつて……子供だけは卑屈にしたくない、働きさえすれば食べられる世の中にならないものでしょうか。』

と彼女はため息をついている。

四年間、母子相談員の仕事をして私は何百というケースを取扱つた。彼女達の必死の訴え、嘆き、怒り、ため息、苦惱、私はその一つ一つの解決の爲に自分のありたけの力を出した。前例の場合でも病院の人事委員會に何度足を運んだろう。家族手當はもらわなくともよいからとまで懇願した。又食堂のおつさんに交替勤務の交渉に行つて『手替りの女の給料はお前さんが出すかネ』と冷笑もされた。もちろん私の努力のいくつかは實を結んでいつた。轉落から浮び上つた人、安定した職についた人、幸せな再婚に進んだ人、それらの明るい顔が私を力づけてくれた。けれどつき當る壁の厚さに私の腕はともするとなえてくるのである。母子福祉資金の豫算が少くて貸付ができなかつたばかりに娼婦になつた未亡人、滿十八歳を過ぎているからといつて施設に入れない精薄の子供等々。私はもう、どうしてもじつとしていられなかつた。

現狀でどうがんばつたところで限界はしれている。自らの手で制度を、政治を動かさなくては!!……私は職をなげすて、生活をかけて市會議員に立候補した。この四月のことである。自由黨の鐵壁吉田の牙城で始めて女が社會黨を名乘つて立つたのである。(地方選擧といえどもそれは意味深い)事務長から炊事係まで全部未亡人、十圓二十圓のカンパ、涙ぐましい努力だつた。ニコヨンのおばさんが毎日はだし詣りをしてくれた。街頭で、會場で、善意ある多くの民衆の涙の拍手を受け

ながら私は未亡人の實狀を訴えづつけた。

一度の演說もしないような保守の男子がゆうゆうと當選してゆき、開票日には事務長も補候もぶつ倒れるほど鬪つた私は落選した。聲をあげて泣いたのは私より、私をとりまく未亡人達だつた。

その日から私は三人の子供を抱え、無一物の失業未亡人である。米びつには一週間分の米もない。

私はたしかに三日ねた。

四日目から起きた。友人達が見舞つてくれた僅かなお金が手の中にあつた。それで布を買つた、裁てるだけ裁つてエプロンを縫いそれに美しいフランス刺繡をほどこした。賣ると賣れた。半分で米を買い半分で又布を仕入れた。私がこんな事を始めたと知ると、血まなこになつて内職をほしがつている未亡人がつぎつぎと『縫わしてほしい』とやつて來て希望に應じきれなくなつた。次々と新しい手藝品を考え出してどうにか運轉している。

あれから半年が經つ。私はやつとまた周圍の人々の身の上相談に時間をさくこともできだした。社會事業にてい身したい、政治をやりたい、という私の願は强い。しかし今の私には目をはらして夜半まで針を運ぶ生活しか許されない。私は自分の腕で稼ぎ出す以外一錢の收入もないのである。もし病んだら、萬一死がおそつたら。私は三児の健康な寝顔をみながら、冷たいものが背を走るのを感じる。でも私は絶望していない。それは私一人の問題ではないからだ。大ぜいの仲間の問題だから一緒に悩み一緒に解決に進まう。

九月に社會黨の婦人部代表者會議があつた。中央から是非出てくるようにと呼かけがあつた。丁度選擧の時使つた移動マイクが賣れたのでその金を持つて私は上京した。あれが賣れたら皆にレインコートとレインシューズを買うという子供達との約束を破つて――

『おみやげに東京の鹽せんべいを忘れないでネ。』

中學生の長女はレインコートをおせんべいにかえて汽車の窓へ手をふつた。

『ぼくお留守番して、ウンと數算がんばつとく。お母ちゃんも東京でべんきようしといでよ。』

と小學生の長男はゲンコを振つてみせた。

『あゝ、まけない。どつちがえらいか母さんときようそうよ。』

明るい南國のもと、母と子は顏をみ合せて笑いくづれた。

短歌

萩《はぎ》元《もと》たけ子《こ》選

「母ちゃんから生れたもん」といふ子おき泪のごわず走り出し吾れ　木内哲子

今もなほ「母ちゃん」といふ聲耳にありそれ故に吾れは生きてやり度し　同

經費少くおいしいものをいいものをと云へば隣家の人は嘲笑す　佐藤榮子

壁ごしに爭ふ聲す耳そばだてわがさいわいに心ほぐれぬ　池上壽里

夕暮のあぜみち遠く農夫みゆ行樂がへりの車窓の我に　轟目里子

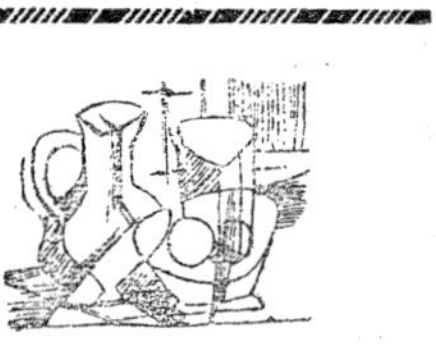

★ルポルタージュ★

『箱根八里』の勞働

——別珍工場の女子勞働者——

三《さん》瓶《ぺい》孝《こう》子《こ》

昨年の夏のことです。私はT縣婦人少年室のUさんに案内されて、その地方の別珍工場を見たり、女子勞働者に會つたりして來ました。今年また、別珍足袋の季節が間近になりましたので、別珍工場に働く女子勞働者のことをお話しましよう。

赤い子供の別珍足袋、紫や青の大人の別珍足袋は、一寸見た眼には田舍くさいが、溫くて家庭用にはなくてはならない必要品となつています。店頭のあの足袋を見ると、「ああ多だ」と思わせられます。この別珍が、若い婦人の並々ならぬ肉體勞働の製品であることを知つている人があるでしようか。私もその製造工程を見て初めて驚いたのです。

生地を織るのは未晒綿糸三〇番手ほどの撚の弱い糸で普通に織るのですから、他の織物工場と同じことです。問題はあの毛を立てることなのです。別珍には〇・三〜四ミリほどの、ビロードのような短い毛が立つているでしよう。あの毛を刃物で剪る作業が、「生きた人間の手」でやるのです。まだ機械化はむづかしいとのことでした。誰もあの短い毛を手で剪るとは想像もつかないことです。

別珍工場の剪毛女工さんは一日八里歩く「箱根八里」といわれているのは、實はこの毛を剪る作業のことです。

生地は巾三六吋、長さ六〇ヤールあります。二つの木の臺を一〇ヤール離して立て、そこに生地を一〇ヤール長さにのばしておきます。丁度二人が一〇ヤールを兩端で引つぱつていると考えたらよいでしよう。この張つた生地の上を、木製の把手のついた長さ三〇センチ程の針のような刃物で、織目を一本づつ縦に剪るのです。生地の片側の横糸が切れて毛が立つわけです。まず、織目の端の一つに刃物の先を輕くさして、右手で輕く刃物を押し進めて、剪りながら一〇ヤール歩く。これで一〇ヤール一本剪つたわけなのです。そしたらまた一〇ヤールもどる。こうして一〇ヤール間隔を作業時間中往復するのが、この剪毛作業、卽ち「箱根八里」です。刃物の把手は刃物の臺にもなつていて、刃物の先と生地の面とは約五度位の角度になつています。刃物に力を入れすぎると生地の裏側まで刃の先が通つてキズものになるし、刃物が織目を縦にまつすぐに進まずに、隣の目にはいつても毛並が不ぞろいになり、これもキズものになり、工賃が下ります。刃物の先に加わる手の力の加減が一定するよう歩く調子をとるのです。見たところ簡單に一〇ヤールを往復しているようですが、刃物の先と生地との接觸面には絶えず、無意識のうちに神經が使われています。こうして毎日歩くので、剪毛工の足はガニ股になるといわれています。養成期間一カ月という短さですが、作業のつらさから移動がはげしく、せいぜい二カ年位し勤續しかないから、ガニ股の人は見られませんでした。

私は剪毛作業の歩行距離を計算してみました。別珍は巾三六吋、一吋につき織目（剪る目）三五本、だから三六吋一巾につき一、二六〇本になります。一四（二反分）六〇ヤールの剪毛全行程は 60ヤール×1.260 卽ち七五、六〇〇ヤール、里程にして一七里一八になります。

剪毛工（女子）の勞働時間は午前八時から午後七時まで、拘束時間九時間、休憩時間午前午後各十五分、晝一時間で、實動七時間半（代表工場三カ所）、月二日休日制でした。一人當り一カ月剪毛高二〇〜二四反（一〇〜一二匹）です。熟練工一日一反（三〇ヤール）とするならば、一日の剪毛歩行距離は三七、八〇〇ヤール、卽ち八里半餘となります。これは一時間に一里餘を歩く計算になります。この歩行の早さは一般のハイキングの歩調より早いわけですが、たしかに彼女達は一〇ヤールの間をサッサッと往復していました。熟練工でなくとも一日七里は歩くわけですから、「箱根八里」もなる程と思いました。ハイキングでも一日七、八里は樂ではありません。この單調な、しかも神經を緊張させる作業を毎日續けるのはなみ大抵のものではありません。

賃金は剪毛一反三〇ヤール當りA級三〇〇圓、B級一六〇圓、C級九〇圓です。これを一圓あたり歩行距離に換算するとA級は一一四、五メートル、B級二一四・七メートル、C級三八一・七メートル剪毛の歩行をしなければなりません。

これらの女子勞働者達にも不況の波はおしよせていました。丁度私が行つた前日の朝、彼女達が工場へ出て見たら壁に賃金切下の貼紙がはられてありました。彼女達はそれを見て、その朝まで、前の出來高賃金の積りでセッセと働いたのに、がつかりしたといつていました。というのは、これらの工場では賃金計算は、月末に、支拂日の單價で計算されるからです。

剪毛工の話によると、賃下はこうでした。剪毛ヤール當り一〇圓（A級）が七圓二〇〜四錢に切下げ、織布部門の經過し（經糸をオサに通すこと）は一玉（六〇ヤール分）一圓七〇錢のものが一圓三六錢に、五枚朱子織工ヤール當り七〇錢が五三錢に、化織ヤール當り一圓七〇錢か一圓三〇錢にと、およそ二割が大切り下げられたのでした。剪毛工で一カ月平均二二反出來高の者は七六二圓の減收になります。五枚朱子の織工の場合には一カ月二五〇反（一反三〇ヤール）織上げですから、一ヤール當り一七錢切下では一カ月一、二七五圓の減收になります。一カ月平均六、七千圓の收入ですからこの減收は彼女達にとつて大きな痛手でした。

こうした賃下げは何故起つたかというと、それは親工場であるD大紡績會社、M大商社の單價切下であつたのです。經營者は、大資本の壓迫を勞働者達にしわよせて、一應はキリ拔けることができるが、更に大きい惱をもつていました。銀行の融資は半分に削減され手形割引の日はのびるだけであり、前年頃から足袋用として行田（埼玉縣）の需要が減少し、ストックが倉庫に澤山積んであるなどいろいろありました。この縣には織物工場は八つしかなく、みな中小企業でも大きい方なので、大資本の下請で、不況を何とか切り拔けられるわけですが、大資本に首根つこをギュッと押えられているようなものでした。

不況の大波が經營主におしよせれば、その波は彼女達をもまき込んでしまう。彼女達はこの大波を押しかえす力もなく、毎日「箱根八里」を超えるごとに、收入の不安を考えなければならないのです。

私はここの若い女子勞働者に會つて、一つの發見をしました。これらの工場は牧歌的なので、勞働者の意識は低く、何を聞いても口をきかないで下をむくと思われて行つたのでしたが、彼女達自身が、前に記したような（もつと多くの）ことを私に話してくれました。よく「意識が低い」という言葉を耳にするが、それは質問する人が、相手の意識を呼び起さないのだろうということです。

しいたげられる妻

―忍従は美徳か―

森《もり》川《かわ》みつ子《こ》

先日私たちの婦人團體で、婦人の地位は守られているかという問題で座談會を開いた。講師は都立女子大の三井爲友先生、いろいろお話を伺つたり質問をした時、先生は、男女同權とはまず、戀愛の自由がなくてはならない、戀愛の自由とは結婚の自由と離婚の自由がなくしてほんとうの戀愛の自由とはいえない、日本婦人は結婚の自由はあるが離婚の自由は本當にはまだ持つていない、戀愛結婚はするが離婚はしていない。まず第一に世間をはばかる。子供にしばられている。生活權を實際にもつていない。夫への不滿はあるが我慢している。離婚をしない、それを美德と思つている。日本婦人がそう思つている間は決して戀愛の自由を持つていないと同時に男女同權でない譯である。いいかえれば、日本婦人の地位は實際には守られていない。私はこの話を聞いた時、急に今まで考えていた男女同權、婦人の地位というもののどこかに、何か一つ黒い雲のようなものが邪魔をしていてどうもハッキリしないものがあつたのが、すつかり晴れたような氣がした。私たちが今まで見て來た主婦の惱みの中には、夫が二號を作つて歸らなかつたり、競輪競馬に夢中になつて家族を省みず生活費も與えない場合、幼兒を何人も抱えて離婚もできず、内職を探したり、保護申請をしたりするが、事實上夫のある場合は何としても保護費は出ず、内職くらいでは生活費にはならないので手も足も出なくなつている婦人が相當にある。たまたま離婚しても夫は約束通り慰謝料はくれず、子供の戸籍を引取るにはやはり家庭裁判所に申出なくてはならない。そのような現狀の中でたまたま職をもつている妻の離婚の時には、どのように家庭を省みない夫であつても、世間では女が職を持つているが故の離婚問題だと一口にいつてしまう。もちろん離婚まで發展するには、兩者間には何とか圓滿に家庭を維持し續けるように努力が拂われているはずだが、いざ離婚となれば、それが夫の不誠意のためであつても、女が職を持つているからだと簡單にかたずけられる向が多い。

私は女が職をもつことそれ自體は決して家庭を破壞することにはならないと思つているその證據に、最近の若い人はもちろん、相當の年配者で、しかも妻の方が社會的に有名になつている場合でも圓滿な家庭はいくらもある。ところが、たまたま妻が職をもち、夫より收入が多いとか、少しは社會的に地位を持つている場合、離婚すれば、その原因が夫の不貞無責任にあり、妻の方がいかに正しくとも、世間はまず妻の方を非難する。他人の家の實情には外見やちつとやそつとの交際で分らないような複雜なものがあるので簡單に批評はできない場合が多い。この間も私の近所で、人だかりがしている、通り掛りに立寄つて見ると、今まで近所の者がとても善い人だと信じていた夫が妻を眞晝間、表の三尺巾くらいの溝の中へ頭から投込んで、起き上ろうとするのを足でお尻をまた蹴つたので、殺すのかと思つた。近所の者が見兼ねて二人を引離してやつた。私もその一人だつたが、その妻が時々「うちの人は人前はいいけど、私を奴隷のように扱うので全くやり切れない」とこぼしていたことがあつた。しかし、この行動を見るまでは、妻の方が我儘だろうくらいに思つていた私も、この時初めて妻は全く苦痛の叫びをあげていたこと、金錢的にも行動にも全く自由を與えられていなかつたことを知つた。大勢の人だかりの中で妻は「私が今まで我慢していたからうちの人は善い人で通つていたけど、今日という今日は餘りにも我慢ができなくてとうとう口返答をしてしまつたらこんなひどい目にあつてしまつた。私が一錢の小づかいもないので内職したらその金までも取り上げようとするから、これだけはくれといつたらおれがお前をくわせてやつているんだ、お前が内職したつて俺の金だといつて……」妻は溝水を頭から肩からポタポタたらしながら私達に訴えた。

「さんざん毆つた上にとうとう表へ引づり出してお前のような奴は自分勝手なことをしたがるから、これからも一口も口のきけないようにしてやるつて、こんなひどい事をしたのです、見て下さい、この私の頭の中のコブを私だつて、男女同權位のことは知つているもの、少しくらいはいわせてもらつたつていいでしよう、それだのに、それだのに……」

私はまだこの光景が目に浮ぶ。その夫はいつのまにか家の中でタバコをふかしていた。こんな夫婦を見ると、たちまち離婚しなさいといいたくなる。その妻は二三日實家へ行つていたらしいが、妻がいないと臺所洗濯と困るというのでまた連れもどされて來た。その後も時々この家の前を通ると物を投げる音を聞く。けれども、妻はやはり我慢している。

「文句が有つたらおれを喰わせて見ろ！」

こんな風に云つて男權を振廻していると妻から聞いた。離婚したくても何かとおどかされるので恐くてできないといつていた。一日も早く眞の男女同權になり度いものである。それを實現するまでには私達婦人は相當な努力を拂わなければならないことを痛感した。

詩

婦人鬪士

通平寺伴助

婦人鬪士を　たとふれば
あをいみ空に　またたいて、
若き同志に　たたかひの
希望をつなぐ　明星か

婦人鬪士を　たとふれば
嚴しき道を　行く人に
力をつよく　呼びさます
綠の蔭か　野の花か

彼の女のかほと　手と足は
たゆむまのなき　勞働の
汗とほこりに　引きしまり
色淺黑く　光るなり

彼の女のなりは　粗末にて
かざりけなどは　つゆもなし
されどつつめる　まごころは
ダイアのやうに　かがやくよ

鬪かふ革命　婦人こそ
すぐれて高き　女性なれ
おれたち民の　あこがれの
次の世を生む　母なれば

通平寺氏（假名）は明治末、日本の社會主義運動の初期に堺、幸德氏らと共に活動し、有名な革命歌「ああ革命は近づけり」の作者として知られた方。本誌の讀者から見ればお祖父さまといつてよいこの老戰士が舊作をお送り下さつたので、原則として婦人に限る紙面ですが、特にご好意に感謝しつつ掲載させて頂きます。

《座＝談＝會》

南信 農家の主婦は語る

▷出席者◁

原　たまみ（51歳）　小林ひろえ（50歳）
牛山きみの（49歳）　原たけの（45歳）
小林はるみ（52歳）　小池花代（60歳）

空前の大豐作と言われる今年の農村の實態はどうか、またこの豐作の陰に默々と働いている農村婦人の生活はどうか、この機會に消費者の皆樣に是非知つて頂きたいと、十月上旬有名な蓼科高原のふもと、長野縣諏訪郡茅野町玉川を訪ね、直々農村の主婦の聲をうかがつてみました。

玉川は今年の四月町村合併によつて茅野町の一部となつたところ。現在茅野町の全戸數は七、七一三戸、內農家五、四〇〇戸で七一％を占めています。全農家の耕地面積は三、五五一町三反、一戸平均六反五畝ですが、略農、養蠶、西洋野菜、りんご等多角的な經營で、ことに西洋野菜の栽培で知られ、關東關西方面大都市の大半の需要に應じている由です。そのため現金收入も多く農村としては惠まれている方でありましよう。しかし最近發表された茅野町の多額納稅者上から百戸の中には農家は一軒も入つていなかつたそうです。

座談會に出て頂きましたのは村での中堅層の奥さんたちで、實際に土にまみれて働いている農家の主婦の方々でした。

編集部　ちようど農繁期に入りまして、お疲れのところをご出席頂きましてありがとうございました。今晩は皆樣のほんとうのお聲をお聞かせ頂きたいと存じます。都會では、農村は豐作景氣で大變だというように思つている人も少くないようですが、ほんとに噂通りか、どうか、それがどのように農村をうるおしているか、また、農村婦人の生活はどういうものか一般に知つて頂きたいという考えから伺つて次第でございます。

ご承知の方もあるかと存じますが、昭和二十八年の官廳調査によりますと、農業に從事している婦人の數は八百九十二萬で、男子の八百五十一萬に比べて約四十萬多くなつています。そして婦人の中でも一番過重な勞働をしながら惠まれないていのが農村婦人と言われています。これは日本經濟のなり立ち、農業經營の形に大きな原因があるのでございましようが、それにしても婦人の聲が少な過ぎるのではないかと思います。

本誌では勤勞階級と婦人の解放、地位向上を目指していますので、農村婦人の聲を他の職場や地域にある婦人の聲同樣できるだけ取りあげ、ご一緒に世の中に訴えていきたいと考えております。どうぞお氣樂に井戸端會議の積りでお話し願いたいと存じます。

では、はじめに今年の豊作情況についてお話し願いましようか。

豊作ブームはどこのこと？

小林はるみ　豊作だと言つても取つてみないうちは安心できません。それにこの間の雨で稻がころび（倒れ）芽がでたところが大分あります。こんなことは今までなかつたことですが。

牛山きみの　暴風の被害が割にひどかつたんですよ、この邊は。

原たまみ　九月十日頃の大雨で相當の被害を受けていますからね。

原たけの　暴風の被害より大雨の被害が大きかつたですね。

牛山きみの　それでも豊作にはちがいありませんね。普通一反歩から七俵、よくつて十俵ですが、今年は十二、三俵はとれそうで二割は確かに増收です。粒を數えてみたら一つの穗に二百七、八十から三百ついていましたよ、平年作で百七十〜二百、二百つけばいい方なんですが。

編集部　この邊は純農家が多いのですか。

牛山きみの　農業一本の家は少ないのですよ大低製材とか、養蠶とか、なにか他の仕事を持つています。

原たけの　食べるだけ米を作つて、現金収入を他に求めている兼業農家が多く、餘り供出もしません。ですから豊作ブームには餘り關係のない方です。

（寫眞向つて左二人目より牛山きみの、小林はるみ、小林ひろえ、原たけの、小池花代、原たまみさんら）

小林はるみ　うちでは毎年二十俵くらい供出していましたが、今年は十六俵です。現金収入は主に畑のものの、西洋野菜、りんごなどで得ています。

小林ひろえ　私のところはカラフトからの引上者で、中途から百姓をはじめたのでとても大變でした。供出は田四反歩作つて二十俵くらいそのほか養蠶をしたり、洋菜をやつたり、養鷄をしたり多角的にやつていますが、食べるだけで一杯です。

原たまみ　ほんとに小林さんのところではよく働きますね。

原たけの　私のところは純農家で、田七反、畑六反作つています。そのほか養蠶をやつています。米はいつも七十五俵くらいとりますが家族八人で、働き手は私たち夫婦だけ、それに日雇をたのむんですが、年がら年中忙がしくて新聞は暇な時小説を讀むのがせいぜい、堅い記事など讀みはじめるとすぐ居眠りがでてしまいます。少しでも文化的な生活をしながら百姓だけで築きあげるということはとてもできないことだと泌々思います。

編集部　田を多く作つていては今年はよろしいでしよう、電機洗濯機などいかがでした。

一同　電機洗濯機？　とんでもない。

原たまみ　うちでも田は七反五畝ばかり作つていますが、豊作景氣なんてどこのことかと思いますよ。この中で電機洗濯機のあるのは牛山さんのお宅だけですが、それも百姓はほんの少しで製材を主にやつているからです。百姓一方でいいつて家はほとんどありません。一昨年の凶作がずい分たたつているので。

小池花代　豊作で農村はお祭り騒ぎをしていると言われているようですが、この邊ではさつぱりそんな樣子はありませんね、凶作のたたりの後始末と生活向上のことで、お祭り騒ぎには一錢も使つていないようですよ。秋祭りも一度だけ、それも他處村の人を招ばないで家の者だけでささやかにする程度、百姓の生活は實に堅實です。

小林ひろえ　これ以上つめられない狀態で、お祭り騒ぎどころではありません。

原たまみ　文化的なものを買入れるとか、はでなお祭りをするとか、そんなことは農家の實狀が許しませんよ。

牛山きみの　なにさまいろいろなかかりが多くて、少しばかりよくてもとても追つきませんね。今年は水を引いた費用が餘分にかかつてきましたしね。

編集部　村で用水設備をなさつたわけですか。

原たけの　蓼科からコンクリートで水を引いたのです。その費用が反割りでかかつてきたのですよ。今迄は水番をつけて大騒ぎだつたのですが、これで水の問題は解決したのですが、その經費に惱まされているんですの。

原たまみ　うちへは六千圓かかつてきました。

小林ひろえ　そのほか農業手形の返濟もあるし、豫約賣渡しの前拂い金が殘つた家はこの村にはありませんね。

小林はるみ　肥料の代金も容易ではありません。

牛山きみの　三年前の凶作のたたりが大きいものですから、それが今年の豊作でとりもどせるかどうかというところですね。

編集部　二十八年の凶作は相當ひどかつたようですが、この邊のとれ高はどのくらいでした。

原たまみ　私のうちでは平年作の三分。

小林ひろえ　良いと言われた私のところで五分でした。

編集部　それでは飯米にも困つたでしよう。どうなさつたのですか。

小林はるみ　配給米と麥で補いをつけました。

原たけの　どこでも救濟資金を貸りてどうやら切り拔けたのです。その後始末に皆苦しんでいるんですよ。

小林はるみ　凶作で米が高くつていいと喜んだ人もないことはありませんでしたが、ごく僅かです。どこでも食べるのに一杯一杯なんですから。

戰前と戰後の農村生活

編集部　戰前に比べて戰後のご生活はいかがでしよう。統計などみますと、昭和九年を基準にした生活水準の復興ぶりは都會より農村の方が上つていますが。

原たけの　全體の生活程度は戰後の方が高くなつています。年々いくらづつかよくなつてきています。しかし反對にその一方苦しくもなつています。というのは機械を入れたり、臺所を改善したりして體は樂になつているはずなのですが、それだけ出費も多くなつているので、よけい働かなければならなくなつているからです。

原たまみ　體は戰前の方がまだ樂だつたように思いますね。私の娘時代には主婦が田圃に出るなんて珍らしかつたものですよ。

原たけの　それはところと家によるでしょう。この邊では皆出ますよ。

小林ひろえ　脱穀機や耕耘機など動力を使つてたしかに手を動かすことは少なくなつているのですが、時間がちつともないんですね。機械化の恩恵がみえないのですよ。

原たまみ　農業が多角的になつて仕事が多くなつているせいですね。

原たけの　臺所を改善しても前より田や畑に餘計出なければならないので返つて苦勞になつていますね。

小池花代　機械を入れたために苦勞が増えたことはほんとうです。

小林はるみ　出費が多くなつていますからね。機械ばかりではなく、旅行に出るとか、リクレーションをするとか、肥料代とか、税金とか。

編集部　税金ですか、この間日農の事務局長のお話によりますし、農家で所得税を納めている人は全體の約二割ということでしたが。

原たけの　國税を納める人は少ないかも知れませんが、地方税が大變なのです。戰前は年に二回くらいでしたが、この頃は毎月のようになにかかにかかつて來ます。それが隨分大きな負擔になつています。

今晩集まつている人たちは村でも文化的な進んで人たちです。普通の純農家なら私同樣朝暗いうちから夕方暗くなるまで、本を讀む時間も映畫を見る暇もなく働かなければやつていけないのです。うちの隣は村での豊農で大規模にやつていますが、皆とても働きます。他の人が田からあがつてもつづけていますし。雨が降つても休んだことなどありません。農業一本であれだけ積みあげるには、あんなにしなければだめなのです。

小林ひろえ　全くあの家はよく働きますね、私のところなど雨が降つてくればさつさと田圃からあがつてしまいますが、あの人たちは決してあがりません。子供が生れても嫁さんが乳をやつているのをみたことがありません。どうして育てるのか不思議なくらいです。それでも子供は丸々肥つてみんな丈夫です。

編集部　すると戰後は生活程度は上つたが、勞働は返つて重くなつた、農村は機械化されたが、その恩惠は餘りない、ということになるようですが、一體その矛盾はどこにあるのでしょう。

原たけの　やはり政治だろうと思います。農村へのシワ寄せということをよく聞きますが、こんなに働いても樂にならない、なにをしても百姓はもうからないということは世の中の仕組みのせいだとしか思われません。

小林ひろえ　私もそう思います。うちは洋菜を一生懸命作つていますが、自分で値段をつけられない、買手次第で、今年は早いものは良かつたのですが、後はだめでした。セロリー一箱（四貫〆）が三百圓にしかならないのです。組合もなく、全くひどいものです。

農家の辛さ

編集部　お百姓で一番辛いとお思いになることはどんなことでしょう。

小林ひろえ　なんと言つても養蠶の時ですね、朝四時から夜十一時まで休む暇もないのですから。

牛山きみの　ほんとに養蠶の時は話になりませんね、勞働基準法は農村には適用できませんよ、時間がきたからつて止めるわけにはいきませんでね。

原たけの　養蠶の時はどこでも二十時間勞働です、養蠶がすむと眼がガッタリ見えなくなります。

小林ひろえ　氣が張つているので人に起されないでも眼をさましますが、その辛いこと、終ると體の弱りが自分でも分るほどです。日なたではまぶしくつてものが見えなくなります。

小林はるみ　親の代からやつているので、やつてはいますが、あの苦しさはとてもほかの人には分らないだろうと思いますよ。

編集部　養蠶の期間はどのくらいですか。

原たけの　七月十日頃から二カ月の暑い盛りです。朝から夜中まで立通しで、朝起きると直ぐ畑にかけ出して行つて桑をつむで來てお蠶にやる、また畑にかけ出すと言つたような有樣です。

編集部　すると一番骨の折れるのは養蠶時ですか。

原たまみ　養蠶も大變ですが、農家ではやつぱり五月、六月の田植前後でしようね、二、三日遲れると十日も遲れた結果になり、收穫にひびくのです。だから大變なのです。

小林ひろえ　途中から百姓になつたせいか、暑い時の野良仕事が一番辛いですね、こんな思いまでして生きていかなければならないかと涙がこぼれる時がありますよ。

原たけの　この間公民館で岩波から「一人の母の記錄」というフイルムを持つて來て上映したのですが、內容は養蠶時の農村の女の生活なのです。後で批判會を開きましたら誰も暗いというのです。ほんとに「暗い」映畫なのです。しかし實際はもつと暗い生活だと言つている人がありました。この映畫の結びは、農村の貧しさに若い人たちが政治に疑問を持ち出すということでしたが、若い人はたしかにそうなつてきています。しかし母親たちはまだまだそこまで氣がつきません。農村では今リクレーションが流行つています、以前はそんなことはなかつたので、そういうことに女の人たちは唯一の解放感を持つているという程度です。

原たまみ　百姓の仕事の辛さや生活の暗さは都會の人には想像もつかないだろうと思います。實際いくら働いても仕事が後から後から待つていて、きりがないのです。

小林はるみ　都會にも住宅難とか、失業とかあつて生活の慘さは町の方がひどいかも知れませんが、仕事の辛さや生活の暗さは農村の方がひどいと思いますね。

原たけの　勤勞の喜びなどと言つていますが骨身を刺す苦しさには勤勞の喜びは感じられません。

原たまみ　一家揃つて仕事をする時は樂しいと思う時もありますが、男たちは皆出掛けてしまつて暗くなつて一人で野良からあがつてくると牛は二匹もひもじがつて鳴いている、子供たちには早く御飯にしてとせがまれる、水は汲まなければならない、どこから手をつけていいか泣きたくなつてしまいます。

小林ひろえ　私たちは引上げ者だし、百姓のほかに養蠶、養鷄、洋菜となんでもして隨分働きましたがいくら働いても食べるのに追われてちつともよくならない。全く暗い氣持でした。でも今年は村から大變よい婿を迎えて働き手が增えたので明るい氣分になりました。これからはよくなるだろうと希望を持つていますが。

小林はるみ　農家にはお嫁の來手がないことそれが大きな悩みです。

原たまみ　そうなんですよ、それはなんとかしなければならない問題ですわ。

農村婦人の體を樂にするには

編集部　それと關連があると思いますが、皆さんのお體を樂にするにはどうしたらよいとお考えですか。

原たまみ　それが私たちにとつて一番問題なのですが、むつかしい問題ですね。

小林ひろえ　炊事の合理化ではないでしょうか。

原たまみ　水道やガスにすれば女の體はたしかに樂になりますよ、でも經濟が許さないでしよう。マキだつてよいものを使えば樂なのに高くて費いきれないから桑の根などたくのでとても骨が折れてしようがない。

小林はるみ　東京に行つて文化生活を見て手間がはぶけるのに感心しました。あれではどんな人でも頭がよくなるはずだと思いましたね。農家の女は一日のうちで自由な時間というものがないので本を讀みたくとも讀めません、こんなではいつまでたつてもだめですね。

牛山きみの　生活改善が叫ばれていますし、村でもかまどを直したりしましたが、大して樂にはなりませんね、一つところを改善してみたところでどうにもなるものではありませんし、また一軒だけではできないこともありますよ。だから全體的になんとかしなければききめがないでしよう。

小林ひろえ　改善してはじめは便利だと思つてもいつか元にかえつてしまいますね。

原たけの　今日聞いた話なのですが、生活保護を受けている人がさんまを買つたというので近所の人にねたまれ、役場に投書されて保護費を削られたというのです。百姓の氣持は一生のうちで一番せつない思いをするのは隣で藏が建つ時だと言われています。小さなことで仲間同士でけんかしているのです。お互苦しんでいるくせに共同の立場でものを考えることなどしないのです。

牛山きみの　百姓根性というものがありますね。大きなことに氣がつかず、小さなことでいがみ合うというような。

小林はるみ　狹いところにいるとどうしてもそうなつてしまうのですね。なるべく世間に出て勉强するように努めればいいのですが、そんなこともしないで、人の惡口など言つている。外に出たがらない人に限つてよく人の噂などしますね。百姓が輕蔑されるのも頭がおくれているせいもあるのですのに。

小林ひろえ　東京の人は財産はないかも知れないが、自由な時間がありますね、百姓では裁縫や洗濯は仕事のうちに入らないのですから、なんと言つても仕事が多過ぎるんですよ。それに年寄がいて昔の習慣をそのままにしようとしていることなどもあつて容易ではありません。

原たけの　農村では富農ほど封建性が强いので、それも生活改善に大きな障りになつていますね。結局一人々々が何をやつても女の體は大して樂になりませんね、農村全體の問題として取組まなければだめでしようね。

嫁と姑の問題

編集部　嫁と姑の問題は農村ほど大きいようですが、この村ではどうでしよう。

原たまみ　私たちの時代にはほんとに辛かつたが、これからの人は違つてくるでしようね。

牛山きみの　自分で苦しんだので嫁には苦勞させたくないと思つていますが。

原たまみ　うちの嫁は嫁に來たような氣がしないと言つています。今の若い姑は大體理解があります。しかし、六十臺、七十臺の年寄はそうはいきません。嫁には先にご飯を食べさせたり、風呂に入れたりはしませんからね。私たちはその苦勞をして來たのです。

牛山きみの　私のところの嫁は態度がよく、高校を出ていますが百姓仕事を厭がりもせずよく働いてくれますよ。

原たけの　先ほども言いましたように、ここにいらつしやる方は皆特別で、理解のある方ばかりなんです。農村としてはやはり女の問題として一番大きい問題ですよ。

編集部　では旦那さまの方はいかがですか、亭主關白は農村の方が多いと思いますが。

牛山きみの　昔とは隨分違つてきました。五十以上はだめですが四十五以下は變つています。男の人は自分では變つた積りでいるらしいですが、變り切れないですね。

原たまみ　口では解つたようなことを言つていても實際はだめですね、氣恥しいとか、まわりに氣がねするということもあるでしょうが。でも變りましたよ、昔は男が子供をおんぶするなんてなかつたのですが、今の人はしていますものね。

子供の希望數

編集部　ここでは産兒調節は行われているでしょうか、戰前と戰後のお子さんの數はいかがでしょうか。

牛山きみの　若い人たちはほとんど産兒制限をしています。誰でも希望は一人か二人、多くて三人と言つています。

原たけの　二、三人ですね。戰後の方が子供の數はどこでも少くなりました。生活が苦しいからでしよう。

編集部　東北などの山奥へ行くと勞働力としてたくさん子供が欲しいと言つているそうですが、この邊は文化程度が高いので、やはり子供を粗末に育てたくないという考えからですか。また相續問題にも關係がありますか。

原たけの　相續のことは餘り問題になつていませんね、大低放棄しているようです。五反か六反の耕地を分けてしまつては農家はたちゆけませんからね。やはり目先の生活が苦しいからですよ。私など自分の子供にはどうしても農業はやらせたくないと思つています。

小林はるみ　子供に苦勞はさせたくありませんので。

原たまみ　ほんとにこの苦勞は自分だけでたくさんだと思います。

農家の主婦の希望

編集部　最後に皆さんのご希望をうかがわせて頂きたいと存じますが。

原たけの　文化的な生活をしたいと思つています。働くことも厭でないし、ぜいたくもしたくはありませんが、時間の餘裕があつて本を讀んだり、映畫をみたり、世の中のことが分るような生活がしたいということです。

小林はるみ　働えたら働きがいのある生活ですね。働いても働いても希望が持てない生活では生きてるかいがありません。

原たまみ　なんのためにこんなに苦しい勞働をしているのだか分らなくなる時がありますよ。農家では牛乳が餘つて困つているのに、アメリカの脱脂乳を學校給食に使つているでしよう。せめて土地でできるものくらい政府で使つてくれたらと思いますね。こんなことのないような世の中になつて貰いたいと思いますね。

小林ひろえ　いろいろありますけれど、正直者が損をしない世の中になることがなによりですね。百姓だつて金もうけばかり考えて働いているわけではありません。作る喜びもありますよ。しかし、その作つたものをだまし取られるような世の中の仕組みは堪りませんね。

編集部　では遲くなりましたからこの邊で、永い間いろいろとありがとうございました。

（文責・菅谷）

〈小品〉

糟《そう》糠《こう》の妻《つま》

花《はな》田《だ》歌《うた》

イエが大切にしているぬかみそは、戰後にこしらえたものだけれど、イエの郷里では、これまで三、四十年を經てきたものを使つている家が多く、結婚のときにも、家のぬかみそを分けてもらつて、持つてゆくしきたりがあつた。

イエは、もうおばさんになつていたが、ぬかみその生活は、いまでもイエの仕事の一つであつた。イエがぬかみそをまぜるとき、いつごろからか、孫娘のタマがそばにきて、よくみるようになつていた。みているばかりでなく、イエがするとおりに、ぬかみそにすれすれに小さな鼻をつけ、匂つたりすることなどもあつた。そんなとき「いい匂い」などといつたりした。これもおばあさんのイエのことばそのままである。たまにおかあさんがまぜたりするとき、

「おかあちやん、もつと指でおさえなさいよ」

などと、文句をいつたりしている。タマがそういつてるところへ、たまたまおばあさんがき合わせたりすれば、兩の鼻かぶらをひくひくさせ、

「タアコ、お嫁入りのとき、このぬかみそ持つてゆくんだよ」

と、いつたあんばいである。

それほど大切なイエのぬかみそも、冬の間は、これをまぜると、手がしびれるほどつめたいので、冬は鹽重しをして、しまつておくのである。ぬかみその上に一分ほどの厚さで鹽をおき、よくたたきつけておけばかびないということも、長年のしきたりで、その方法を鹽重しといつていた。

幼いタマは、そんなことをしる由もなく、今日もぬかみそのところへきて、まぜなさいというのであつた。

「おばあちやん、まぜなさいといつたでしよう。」

タマは、しつこくいうのであつた。

「ハイ、ハイ」

おばあさんは、毎日、いつてきた自分の言葉に、責任をもたねばならなくなつた。いつたん冬ごもりの用意をした、ぬかみその蓋を再び開かねばならなくなつた。あつく鹽をまいていたぬかみその斗樽を持ち出したとき、おばあさんは、長いこと忘れていたボーイの崔少年のことを思い出していた。

それは、日本が戰争に敗けなかつたずつと前のこと、滿州に日本人が大きな顔をして住んでいられたときのことで、やはり、ぬかみそにからんだことであつた。

イエは瀋陽に住んでいた間も、ずつとぬかみそを用いていた。大切にしていたことも、いまと少しも變りなかつた。ボ

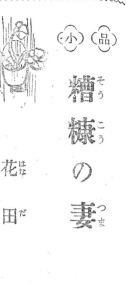

ーイの崔少年に、用事をなんでもたのんでいたが、ぬかみそだけは、さわらせなかつた。外出するときでも、ぬかみその樽だけは、さわつてはいけないと、とくにいつて出た。崔少年にはそれがふしぎでならなかつた。

ある日のこと、イエは夫と共に一泊旅行に出ることになつた。崔はこのときをのがしてはならぬと思つた。崔の考えでは、オクさんがあのように見せたがらぬのは、用意ならぬものが埋めてあるのだと思いこんでいたのである。家のなかに、じぶん一人と思つたときの崔のよろこびは、想像以上であつた。一人になると、さつそく、ぬかみその斗樽をもちだし、蓋をあけた。ぷんと、なんともしれぬ匂いがした。イエのぬかみそは、どぶついていることはなく、いつもかたかつたから、下まで手をとおすのには、力がいつた。崔がみたものは、大根やキャベツの類であつた。崔のまなざしはその度にくもつた。底の底までみとおしたが、崔の顔にはよろこびはなかつた。手には何ともいえぬいやな匂いがのこつた。崔はその匂いを落すのにも困つた。がつかりしたことは、もちろんである。

翌日、イエ夫妻は豫定のとおり、かえつてきた、食事の用意に、イエが臺所に出てきたとき、ぬかみそのことがばれた。

「崔、さわつたね」

「オクさん、うそいわない」

「崔、なにいつてるのよ、わたしは、ぬかみそのことをたづねてるのよ」

「オクさん、うそいわない」

「うそなんかいわないよ」

「オクさん、信用する」

「崔、今日はどうしたの」

「ぬかみそみたよ、金ない、オクさん、うそいわない」

「オホ……崔、あのなかにお金が入つているとおもつたのね」

「……」

崔は、うつむいて泣いていた。

崔少年が、イエの一家にボーイにきたてのころは、夕方になれば「ムーチン、マーチン」と、いつて兩親をなつかしがり、さびしがつていたほど幼なかつた。そんなとき、イエがさし出した菓子で、きげんがなおつていたが、イエに心の底から打ちとけていたわけではなかつた。ぬかみそを大切にするイエの思いの入れ方が、普通ばなれしていたことから、金がかくされているのだと、思いこむ次第であつた。このことがあつてから、崔は、イエをすつかり信頼するようになつた。

崔のこの話は、三十數年前のことであつて、いま崔はどのようなくらしをしているか、杳としてわかりもしないのであるが、イエがぬかみそにかけているおもい入れは、三十年前もいまも同樣であつた。孫娘のタマがぬかみそに興味をもつていることから、タマこそは、糟糠の妻になれると、イエは思い込んでいた。タマはまだ數え年の四歳であつた。

村人と宗教

松平《まつだいら》すゞ

先日私の家に見知らぬ中年の婦人と靑年の二人連れが、附近の家まで來たからと、尋ねて來ました。女の人がまず、毎日新聞紙上に出ているトラックが電車と衝突して何人か死んだとか、中學生が水泳中溺れたとか强盜が入つたとかの數々の不幸な三面記事をのべて、これはみんな宗教が間違つているからです、今までの佛教でもキリスト教でも救われないのです。今私がお話申す教えならきつと救われます。今夜〇〇〇の家でお祭り申すからぜひお集りに來て下さい。お金はいりません、こんな有難い話はありません、日本の現在はほんとうに寒心に堪えないので、どうしても信仰していただかなければなりません、これが私の義務です。と、續けさまに述べられますので、私が靑年に學校に行つていますか、と問いましたら、「〇〇高等學校二年生です」と。「ではあなたも信者の一人ですか」と聞きましたら、靑年は日本を建て直すにはこの宗教より外にないと信じて一人でも同志を作ろうとこうして參りました。ぜひ今晩參詣して下さいと言うのです。そしてあなたの御不幸は信仰に依つて救われます、こうして山の中で一人さびしくお暮しになるのも信仰がないからです、ぜひ私の宗教に加入して下さい、と熱心にすすめました。私は現在の生活に不幸を感じてはいないと說明してその人たちを歸しました。翌日附近の人に聞いたところ折角おすすめに來られたからと數十人の集りができて、鐘をならし、拍手を合せて題目をとなえ、夜の明けるまでつづけ最後に他の宗教の人と衝突し、大きな聲で爭い泣き聲さえ聞えたとのことでした。

先日、北歐の旅から歸つた大學教授と話をする機會を得ました。コペンハーゲンで物理學を研究してスエーデンやノルエー、それにフィンランドなどにも遊び、英、佛、獨、西等も一巡し歸途印度のボンベイに立ち寄つて來たとのこと。北歐は何地に行つても生活はゆたかで、貧乏はない、大財產家もないが健康で文化的生活をしている、ただしインドは違う、アジアは何處も貧乏であるが、特にボンベイ附近の田舍に入ると榮養失調でやせ衰えた人が多い、これは他でもない、ヒンズー教の信者は肉食は一切しない、という習慣が身體の發育を害しているのだ、長い間の宗教で何んとも致し方ない。上層によい人があつても一般の人たちが身體が惡いんでは文化生活も資源の開發も遠い話である。デンマークでも教會に行くのは老人に多く若い人達には少いようだ、とのことでした。

私は宗教は昔から爲政者に都合よく作られているような氣がする。被支配者のためにあきらめの生活を强要し、どんな悲しい時でも苦しい時でも神樣なり佛樣にすがりついてお念佛なりお唱え言を申せば救われるというのではないでしょうか。こういう私を近所の若い人があの年をしてまだお寺詣りもせず、說教を聞きに行くではなしあれで死んだら浮かばれるだろうか、と心配しているそうです。

信仰を利用しての强制勞働はあの近江絹糸がいい例です。しかしあれは大きな工場ですから問題化したのですが、小さい村や街の集りではそれが問題とならずにいるのです。

私を信賴している靑年の一人が、またお寺の寄附だ、いやになつてしまう、だけど反對すればおやぢにおこられる、こんな馬鹿な話はないけれど、と。

投書欄

小さな夢

中《なか》川《がわ》きん

終戰後の社會の變化のうちで最も著しいものの一つは、男女平等の原則の確立と思います。今日、都會では婦人が各種の職場に進出して活動していますが、農村婦人はひとり取殘され、その地位は極めて低く舊態依然といつても過言でないようです。

農村の家庭生活には根強い封建性が殘存しており、女子供は從屬的位置におかれ、女のくせに、子供のくせにといつて、その人格が尊重されず、その要望が不當に壓えられている例が多いのです。女性の中にもそれを當然のように思つて夫唱婦隨といつたことを未だに美徳と考えている者が多いのですから、問題になりません。

農業勞働や家事勞働で忙しい忙しいといつても一日の中に三十分くらいの暇を見出すのは不可能なことではなく、その三十分を利用して本をよむと一年のうちにはかなり勉強もでき、人間としての成長もでき、科學的な知識や技術も身につけることができて、生活を改善し、婦人の地位を高めることができると思うのです。ところがそれに氣ずかず、暇があればむだ話に時をすごし、新聞や雜誌に目を通そうともしません。だから主人の命のままに、ただ働くばかりという生活をつづけざるを得ないのだと思います。最近の農村は男子で農業高校を出た人がだんだん多くなつてゆきつつあります。ところが女子の高校出は農家にとつぐことを好みませんので、男女の教育差はますますひどくなり、こんなことが原因となつて、婦人の地位は向上どころか、いつまでも置去りにされるのだと思います。

この「婦人のこえ」にも、農村婦人の聲が盛んに採りあげられ、農村婦人にも愛される雜誌となるように祈つて止みません。公民館や婦人會などでこれを中心に讀書會など用いたらどんなによいことでしよう。

私は農村婦人の公休日設定を叫んでいるのですが、婦人の目ざめと、男子の理解で、これを實現し、そうして公休日には讀書會やリクリエーションなど催したらよいと考えております。この小さな夢の大きな役割を信じつつ、ペンをとりました。（香川縣・農家主婦）

誤傳について

荒畑寒村

「五十年前の社會主義運動と婦人」（十月號掲載）を拜見いたし、松岡文子女史のことで一寸申上げます。松岡さんはずい分我ままな人で、多少の非難もあつたようですが、大杉や私などを小僧扱いにして呼び捨てにしていた、というような記憶をもつていません。それに臺所仕事に全然手を出さなかつたというのも、少し云い過ぎで、炊事にはやはり當つていましたね。私は松岡女史のいささか高慢チキな所に多少の反感を抱いておりましたが、少し氣の毒な感がしますから、同女史のために辯護いたしておきます。何しろその頃は、往年の女傑景山英子、當時の福田英子女史なんかが、始終平民社に出入して睨みをきかしていましたから、松岡さんのようなヒーヒータモンなんか、とても傍若無人の女王ぶりなんか出來やしませんでしたよ。

平和憲法を守りましょう

本誌・社友

（五十音順）

淡谷のり子　阿部艶子
安部キミ子　磯野富士子
石井桃子　石垣綾子
圓地文子　大谷藤子
小川マリ　大人節子
川上喜久子　小倉麗子
桑原小枝子　神近市子
木村光江　久米愛
久保まち子　芝木好子
清水慶子　杉村春子
菅谷直子　田所芙美子
田邊繁子　高田なほ子
戸川エマ　長岡輝子
新居好子　西清子
西尾くに子　萩元たけ子
深尾須磨子　古市ふみ子
福田昌子　宮崎白蓮
三岸節子　米山ヒサ

日本勞働組合總評議會傘下
各勞働組合婦人部
全國産業別勞働組合（新産別）
連合傘下各勞働組合婦人部

原稿募集

◇**創作**　四百字詰　一五枚以内

◇**論文・隨筆・ルポルタージュ**　職場でも家庭でも婦人の立場から訴えたいこと、發言したいことはたくさんあると思います。

また政治や時事問題についてご意見やご批判をお持ちの方も多いと思います。

そうした皆さまのご意見、ご批判、ご感想あるいは職場や地域のルポルタージュなどをふるつてご投稿下さい。

四百字詰 原稿用紙　七枚以内

◇**短歌・俳句**　生活の歌を歡迎いたします。選者のご健康上の都合により當分の間添削を中止いたします。惡しからずご了承願います。

送り先　「婦人のこえ」編集部

婦人界だより

「婦人のための法律相談所」開設

婦人人權擁護同盟（代表者田邊繁子さん）と東京婦人會館（代表者村岡花子さん）では弱い婦人の立場を守るために、「婦人のための法律相談所」を設け、十月八日開始いたしました。

一、**取扱い内容**　主に婦人に關係ある法律問題一般、たとえば、離婚、結婚、婚約取消し婦人の人權じゆうりんなど。

一、**擔當者**　渡邊道子、鍛治千鶴子、久米愛子さんらの辯護士及び田邊繁子、池田民子、高根包子さんなどの專門家。

一、**場所**　産經會館六階東京婦人會館（東京都千代田區大手町一ノ三）

一、**日時**　毎月第二及び第四土曜の十時～十二時

一、**費用**　整理費として五十圓當日持參。

普選法公布三十周年 婦人参政十周年 記念行事

今年は大正十四年五月五日普通選擧法が公布されてから三十年、昭和二十年二月十七日婦人參政權附與が公布されてから十年に當りますので、政府は右の二記念式典を十一月十五日日比谷公會堂で行い、併せて全國十二カ所で記念講演會を催します。

一方、婦人界では婦人參政十周年を迎えるに當つてこれを全日本の婦人のお祝いにしようと婦人部、婦人有權者同盟はじめ、各政黨婦人部、主要婦人團體、勞組婦人部及び報道關係のひとびとによつて、十二月十七日の大會を中心に、各種催し、記念出版など多彩な企畫が着々進められています。

ノルウェーの主婦年次有給休暇

ノルウェーでは戰後新築された家屋の半分は國立住宅銀行から貸出された資金でたてられた。その資金の利率は年二分五厘。

ノルウェーでは主婦に對し二週間の年次有給休暇が認められその間邦貨二萬二千圓の手當が國家から仕拂われる。この國には休暇手當基國家評議會がありそこでも他の團體でもそういう手當が用意されている。

婦人のこえ

12月號

1955

平和憲法を守りましょう

本誌・社友
（五十音順）

淡谷のり子	阿部艶子
安部キミ子	磯野富士子
石井桃子	石垣綾子
圓地文子	大谷藤子
小川マリ	大内節子
川上喜久子	小倉麗子
桑原小枝子	神近市子
木村光江	久米愛
久保まち子	芝木好子
清水慶子	杉村春子
菅谷直子	田所芙美子
田邊繁子	高田なほ子
戸川エマ	長岡輝子
新居好子	西清子
西尾くに子	萩元たけ子
深尾須磨子	古市ふみ子
福田昌子	宮崎白蓮
三岸節子	米山ヒサ

日本勞働組合總評議會傘下
各勞働組合婦人部
全國產業別勞働組合（新產別）
連合傘下各勞働組合婦人部

原稿募集

◇**創作** 四百字詰 一五枚以内

◇**論文・隨筆・ルポルタージュ** 職場でも家庭でも婦人の立場から訴えたいこと、發言したいことはたくさんあると思います。

また政治や時事問題についてご意見やご批判をお持ちの方も多いと思います。

そうした皆さまのご意見、ご批判、ご感想あるいは職場や地域のルポルタージュなどをふるつてご投稿下さい。

四百字詰 原稿用紙 七枚以内

◇**短歌・俳句** 生活の歌を歡迎いたします。選者のご健康上の都合により當分の間添削を中止いたします。悪しからずご了承願います。

送り先 「婦人のこえ」編集部

婦人界だより

婦人參政權 十周年記念行事

來る十二月十七日は婦人參政權を含む改正選擧法が公布されてからちようど十周年に當るので、これを記念するため各種婦人團體、勞組婦人部、各政黨婦人部、婦人議員、婦人官公吏、婦人有識者等は「婦人參政十周年記念行事委員會」（委員長 市川房枝、副委員長各政黨婦人部及び婦人團體、勞組婦人部代表各々一名、企畫部長 藤田たき 財務部長 鹽原靜）を設け準備を進めておりますが、左のような行事が實施されることになりました。

記念行事期間 三十年十二月～三十一年四月

記念行事

一、**舊婦選運動者との懇談會** **十二月三日**正午、磐若苑

二、**婦選獲得十周年記念講演會** **十二月十七日**午後一時～五時 共立講堂（整理券二十圓 一般婦人の參加歡迎）

この日は各政黨々首挨拶、ペイジェント婦選運動史、討論會「婦人の政治的向上を阻むものは何か」＝講師、大宅壯一（又は中島健藏）、田邊繁子（又は石垣綾子、羽仁説子、坂西志保）、阿部眞之助＝などがあります。

三、**十年間における婦選行使の實狀調査**

四、**展覽會の開催**（右調査結果及婦選運動を含む）

五、**パンフレット**刊行（右調査結果及婦選運動等）

六、**全國婦人議員大會**＝三十一年二月三、四、五の三日間 **ところ**、虎の門共濟會館ホール、參加者 都道府縣、市町村會議員

婦人のこえ

1955年
十二月號

十二月號　目次

随筆

寡婦控除

西《にし》　清《きよ》　子《こ》

年の暮が近づいてきて、毎年のことながら私のところにも、このほど、税金の豫備申告書というのが、郵便物にまじつて、税務署から屆けられてきた。これは、來年の税金を査定するための下調べのようなものなのだが、あまり有り難くもない。といつて國民としての義務を怠るわけにもゆかないので、危介だなあと、顔をしかめながらその書類をみているうちに、私はフトあることを思いだして急にニヤニヤと笑いだした。

それは友達のはなしなのだが昨年のことだつた。彼女も二人の子供をかかえて未亡人としての道をけわしく生きている一人である。ささやかな店を開いて、それで母子三人がどうにか人樣に、さして大きな厄介にもならず暮しているのだが、そうした境遇のなかにあつても律氣で明るく常に前をみつめて生きているという性格の彼女なのである。

こんな風だから税金もキチンキチンとおさめてというと、なにか税務署の優秀納税者表彰の片棒をかつぐみたいでおかしいようだが、實際のところ、彼女もその一人にはいつてもよいくらいの善良な一市民であつた。昨年もいつもの通り確定申告をするために、指定の日に地域の税務署へ朝早くから出かけておとなしく順番を待つていた。おなじように左右に腰をかけてならんでいる人々の顔は誰もユウウツに曇つていた。下駄ばきのままの商人風の人、鞄をさげた計理士のような男、帽子を無雜作にかぶつた文筆職業らしい人、そうした人々のあいだにまじつて女は彼女一人であつたが、誰もそんなことにはかまつてもいられない、特に注意をはらう氣持のゆとりもないといつた恰好で、部屋の空間をじつとみつめているのだつた。

もちろん彼女もさきほどから何となしに落ちつけなかつた。胸のなかにわだかまつている思いは、ことしはいくらになるのかしら、という心配であつた。どうぞ少しでも安く査定してもらえますように――。彼女もいつしか待合室の重苦しい空氣のなかに沈んでゆくのだつた。いつとき待たされたあと、ようやく呼び出されて係官の前に腰をおろした。彼女はそのトタンに思いもよらぬきびしい自分にかえつていることを意識するのだつた。シッカリしなければ、そして、對決するような表情で向きあうのだつたが、係官は思つたよりも懇切であつた。身分の聞き書きが始まり、商賣の收入が書きこまれて、その人は器用な手つきでパチパチとソロバンをはじいたり拂つたりしていたが、

「税額は××圓になります。けれども奥さんには未亡人の控除額が特典として加わりますから××圓にしかなりません」とこういうと事もなげに計算された紙片を彼女に示すのだつた。彼女は嬉しさにドキンとしたが、同時にアッとおどろいてしまつた。未亡人のため

の控除などいつのまにつくつてもらえたのだろうか、それにしても、何というかつなことだつたろう。

このおりの感動が私に語られた。しかし私もおなじにうかつ者で、そのようなよい制度のあることなど少しも知らなかつた。そこでこのことを未亡人會會長の山高しげりさんに逢つたとき聞いてみたところ、女史は例のニコニコ顔を一層にうれしそうにくずして「そうなのよ、そんなのあるのよ、私たちがやつた仕事なの」とクックツと笑われるのだつた。こん度は私がすつかり感動してしまつた。婦人と政治などということが、何かにつけてやかましくいわれるけれども、何にも知らなかつた一人の未亡人が、税務署で思いがけなくうけたよろこびと感動の背後には、地味ながらも着實な婦人の政治運動の實績のあつたことを知つて、彼女もはじめて大きく目が開かれたことであろうし、私も教えられたことである。

これは、私をニヤニヤとさせた税金につながる樂しい挿話であるが、世の中には折角のよいものをこん度は悪用するという人間もまだ斷ちがたいということを、おなじ寡婦控除について知り、それは私をこのうえもなく憤らせた。というのは、ある保險會社で、そこに働いている未亡人たちの俸給にはこの特典が除かれており、つまり會社はトクをしていたという事實があつたということをきかされたからである。おそらく未亡人である婦人社員たちは、自分たちにもうけられている新しい制度については何にも知識がなかつたのであろう。これも問題であるが、會社側の破廉恥は呆れはてたものである。

それにしても知らなかつたために、ひどく損をしたり不幸になる場合がいまの女性の生活にはまだ多いようである。知らせて頂くこともだが、知ろうとする意欲はなかな中休みするどころではない。ウッカリしていると知つている筈のことさえもが、雲がくれしそうな世の中だから餘程に氣をつけなければならない。事務的ではあろうが善良な税吏の場合ばかりが、いまの世の中のすべてではないようだ。

短歌

萩《はぎ》元《もと》たけ子《こ》選

鎌倉驛僧と美人と外人に山と海との風交じり吹く　茂木菊江

鐵くづを日に四五回はせおひしと未亡人くづやの物語りきく　毛利久子

庭隅のひそけきしげみに鳴く聲を淸しみつつもその名を知らず　東山もゝ代

一流にまぎらはしき名の藝人等一組となりて來る町祭　楢原蒼生子

音も出る色もついてるそれなのにスクリーンからまだ香が出ない　西澤滿智子

◇保◇守◇的◇外◇貌◇

婦選運動の思い出

新《にい》妻《づま》イト

普通選擧が施行されてから三十年、また婦人に參政の權利が與えられてから十年、そのお祝いが最近行われました。日がたつてしまえば、何でもなかつたように感じられ、また何にも知らずにいた人は、選擧なんて面倒くさい、誰が出たつて同じことだ、本當に手間かき仕事さと、まだまだこういう婦人が幾分か殘つているように、婦選運動された人たちも、かなりの苦心と努力がはらわれたわけです。私など思い出を語るほど、認められた仕事もしないので、書くことは誠におこがましき次第です。そこで私としての思い出をここに述べることにします。

　普通選擧が布かれない以前の頃から考えると、隨分日本も進んだものと思わされるのはその頃の制限選擧で、一定以上の納稅した者でないかぎり、選擧權はもてなかつたので、總選擧の際はその一票を獲得するため、病人を戸板にのせ、投票所まで運ぶのを見たこともあり、常にはなかなか顏も見られない、町の富豪のお歴々が、ずらりと首を揃えて、いとも丁寧に戸別訪問する姿は、今も目に殘るくらいです。そしてその政爭のはげしかつたのは、反對派の家へ壯士が拔刀であばれこみなどしたのを、子供心に覺えています。

　私が政治に關して目を開かされた最初は、治外法權の撤廢された明治三十二年當時尋常二年生であつた私は、受持ちの先生から、「これからは外國人たちが隣りに住むようになるかも知れないから、輕蔑したり、日本人として笑われるようなことをしてはいけない」と云うような意味のことをさとされ、判らぬながら治外法權のあつた話をきかされました。私がなぜこのように内地雜居が身にしみたかというに、私の生地が横濱であり、當時たとえば居留地に近い公園の大部分は、私たちには開放されていなかつたなど、敗戰後の日本の狀態にも似通うところがあつたからです。

　次に政治は人が行うものと、はつきり教えられたのは、たしか明治三十五年かにあつた總選擧のときです。その時の横濱市で立候補した人々は、神様のように濱つ子が押していた島田三郎と、金貸しだと噂されていた或る金持ちと、それに大臣級の大物加藤高明、奥田義人などが輸入候補で激戰が行われ、ついに大物一人が落選、一人は當選だつたが、島田三郎とあまり得票に差があつたためかどうかは知るところでなかつたが、とにかく當選を辭退したので、金貸しが繰上げ當選となつたときです。先生はまたも教壇で、濱つ子の政治知識の無智を歎き「女だつて確かりしなくてはいけない」と、十二、三歳の女生徒たちに、不惑を越えた女の先生は憤慨して話し、政治の何たるかを教えたのでした。

　こうしたことが私を大いに啓蒙し、尾崎咢堂らの普選運動にも興味がもたれ、東京で行われたデモンストレーションなど見に行つたものです。

　しかしこうした時代はまだまだ野次馬的で

政治など本當に判つたものではなかつたが、大正六年頃米國で、彼の有名な英國のパンカースト夫人の演說をきき、すつかり興奮させられてしまい、殊に日本の女性に不利な法律は改正されねばならぬことを考えさせられました。それから米國の婦人參政權運動に興味をもち、知識を得るために關連した本など買いあつめ、また東京朝日新聞などにも寄稿したものです。そうしているうちに第一次世界大戰は終り、戰勝の大行進が行われたとき、多くの女性も混り、整然として行進しているのに、自分たち日本婦人を省みて、ただいくじなく、家庭にのみこびりついていてはいけないと反省させられました。さらにまた幸い大統領の選擧に相遇し、はじめて參政權を行使した婦人たちを見、一層强いものを感じさせられたわけでした。

そして間もなく日本に歸えり、どうしても婦選獲得の運動に着手しなければと思つたが歸つて早々大阪に居を構えなければならなかつたので、知らぬ土地ではあり、手も足も出なかつたところへ、新婦人協會の大阪支部から通知があつて二、三度會合に出席したが、誠に微々たる勢力でしかありませんでした。一年もせずに東京へ舞い戻り、新婦人協會はごたごたが起つており、西川文子氏らの眞新婦人協會からも誘われたが、參加する氣持ちも出ず、その頃まで總同盟の前身であつた、友愛會傘下の組合に出入し、勞働問題に專念していました。そのうちロシアの大饑饉で兒童たちの苦しんでいるのを救おうと、その救濟運動に、その頃の文筆家、知識層の婦人がほとんど集り、種々な催しで金を集め、ロシアの子供たちのために送つたことがあつたがこれが動機となり、婦人運動の機運も持ち上つてきました。もちろん政治的なものではなかつたのです。

ところが折しも關東に大震災が起り、住むに家がなく、というより夏だつたからよいものの、大多數の人は野宿であり、幼い子供は乳に飢える有樣のところへ、地方から同情で送られたふとんは、芝浦にあげられたままなのを見て、誰からの命令でもなく社會事業家や、婦人運動者が集まり、市吏の手傳いをして配給し、牛乳くばりなどしばらくの間働きました。ようやく一段落がつき、折角集まつたこれらの人たちが、また別れ別れになつてはつまらないと、ここに東京連合婦人會なるものが生れたのです。この婦人會の中には、政治、勞働、敎育、社會、授産の五部からなり、各々その立場によつて、活發に運動が展開されました。私は政治部に屬し、河崎なつ、山高しげり、山川菊榮氏、それに久布白、ガントレット氏など矯風會の人たちもいました。

その頃婦人參政權の運動には「婦人參政同盟」「婦人同志會」、矯風會の「婦人參政權協會」などあつたが、いずれも議會のはじまる頃になると國會にお百度踏むのが行事で、折角集められた署名が請願されても、毎年葬むられるのが通常でした。ですから當事者は非常に熱心ではあつたが、第三者からは線香花火的に思われ、議會運動が參政權獲得の運動のようにさえ誤解されていたほどです。そこで東京連合婦人會の政治部では、幾つも同じ目的の會があるより、これを一丸になし、週期的な運動でなくもつと一般婦人の啓蒙を加えた運動を起さなければなるまいと話合い、それには誰か中心に働いてくれる人がなければならないとあつて、白羽の矢が立てられたのが市川房枝さんです。當時氏は米國から歸えり、國際勞働協會に勤めておられたのであつたが、專心やつてもろうのには、その方のお勤めをやめてもらわなければならないが、私たちには氏を支えるだけの力はなく、當惑するのみでした。しかしとにかくお勤めを止める止めないは別として、一度お願いしてみようと、一夜婦風會の事務所、當時連合婦人會の事務所を置いてもらつていた關係上、遠く大久保の事務所へお招きして、婦選運動に參加して頂きたいことをお願いしたのです。もちろんその時は會長をば引受けてくれはしなかつたが、參加される意向が判つたので、ガントレット恒子さんを會長に、婦人參政權獲得期成同盟という長々しい名の下に、婦選運動は新しく發足しました。まず指導者たちが政治をよく知らなければならないので、婦人に關する民法の研究が、片山哲氏を先生に迎えて行われ、地方へ講演、座談會に赴むき、文書の發表など啓蒙につとめました。それから後あまり名が長くてよびにくいところから婦選同盟と改められ、市川さんも本腰を入れて會長に座り、山高さんが女房役で、運動は活發に展開し、地方支部にも熱心に運動する人が出て來ました。

ようやく婦選運動も軌道にのつてきましたが、まだ地方では理解する人が少く、あるときはこのようなことがありました。それは講演依賴の手紙の末に「御來縣の際は保守的外貌にてお出で下され度」とあり、市川さんはじめ居合わす者が額をあつめ、考えた結果推察されたことは、その頃私共は洋服を着ていましたが、今日のように一般化されていなかつた時代なので、恐らく優しやかに見える日本着を着て來いと云うことであろうと落着しました。そこで市川さんも大島の着物に、借り着の紋付羽織を着用し、出かけていつたほどでした。第一、婦選獲得などと、けものへんのついた字を使うなど、女が男を引搔くような感じがしていけないと云われたり、講演を聽きにゆくさえ、男を尻りに敷くような話などききにいつてはいけないと、主人から叱られてゆけないと、斷つて來る者も少くはありませんでした。こうした時代をよちよち步きながら、戰爭時代にはいりましたが、この頃は正に逆コース時代で、「今は生意氣な氣焰をあげないで、何でも協力して働け、英國も米國も戰時働いたおかげで、女に參政權が與えられたではないか」と云われ、あまり活發な動きは見られませんでした。そして日本は敗けて、婦人參政權がころがりこんできたわけです。

私としては、こうした婦人參政權獲得の運動にも參加はしたが一方、今日の無產黨の母體であつた、政治研究會に加わり、無產者の政黨をつくるために、地方遊說などにまわり日本ではじめて無產大衆の黨ができることになりました。ところが折角骨折つたのにもかかわらず、女の政治結社加入は許されていなかつたので、私たち女はおいてきぼりをくつてしまつたわけです。そこで私たちの仲間はそれにそつて、無產婦人同盟を結成し、とにかく委員長にまつりあげられてしまいました。その頃は社會主義の社の字を云つただけで、警察によばれたりした時代ですから、當時福本派など威勢のよい論をはく人もいて、今の共產黨の野坂龍子さんなどの方が、押されていたくらい、ですからスパイも入りこんでいて、充分な仕事はできなかつたが、これも婦人の政治運動につくしたひとこまと云えましよう。

健保の改惡を防ぎましょう

醫博　藤《とう》間《ま》身《み》加《か》榮《え》

皆さん！　健康保險が「赤字」だと騒ぎたてておいて、これに對して今、政府はどんなことをもくろんでいるか、御存じでしょうか。私たち全日本女醫連盟準備會では、さる九月十七日、山の上ホテルで、法政大學講師吉田秀夫先生（社會保障問題の權威）から、この問題についての講演を伺いました。私はこの問題を、先日總評全國青年婦人代表者會議に訴えましたが、今ここにその講演の中で、患者側の皆さんに關係のある點をご紹介しましよう。

健康保險の政府管掌は、昭和二十九年度に四一億の赤字を出し、勞災保險も、この四、五年は赤字がなかつたが、二十九年度は中小炭鑛などが、バタバタ倒れる中で、二〇億の赤字になりました。失業保險はできて以來、一カ月の受給者數が、五〇萬をこえることはなかつたのが、二十九年八月には、七一萬に達し、年間收支約一〇億の赤字を出すことになつた。これはそれほど多くの勞働者が首きられ、企業がつぶれたことを示すものです。

世論におされて政府は社會保障の問題をとりあげずにすまされず、不完全ながら或程度の保障制度を作つていますが、もともとすべての國民の健康を守り、生活水準を引上げようという社會保障の根本理念から出た政策ではなく、國民大衆の眼をごまかすための、申わけ的な政策であるため、「通牒」という名の行政措置によつて、いろいろの改惡を强行しています。たとえば、昨年七月、結核療養所の入退所基準が、やはりこの通牒で行われこれに對して結核患者が坐り込みをして抗議し、東京でも、一、八〇〇名も參加して、遂に死者まで出したことは覺えておいでの方が多いでしょう。

最近では、政府が各種の審議會や協議會の決定を無視することもひどくなり、こんどの健保改惡法案も、社會保障審議會（勞働者代表九人、資本家代表九人、學識經驗者九人による構成）では否決したのに、それを無視して國會に提出し、被保險者の支拂う保險料率は、今までの千分の六〇から六五にまで、ひきあげてしまいました。

失業保險は、從來は半年保險料を支拂つておけば、半年給付が受けられたのを、改惡案では九カ月支拂つて、三カ月しか給付が受けられないことになつているようです。

保險料率が高くなる以上に、被保險者を苦しめるのは、診療費の一部負擔と差額徴收、被扶養者つまり被保險者の家族の範圍がせまくなることなどです。これらは社會保障審議會で否決され、更に最高審議會に提出して、ここでも否決されたところ、厚生大臣は、私設の七人委員會をつくりました。その構成メムバーは次の通りです。非現業共濟組合連合

會理事長　今井一男氏、船員保險會長　清水玄氏、日本開發銀行理事　中村健城氏、國民經濟研究協會常務理事長　稲葉秀三氏、一ツ橋大學教授　高橋長太郎氏、早大教授　平田富太郎氏、大阪市立大學教授　近藤文二氏。本年五月に發足した、この七人委員會は、健保の赤字對策に就て諸方面に意見を求め、七月十四日には、公聽會を開きました。日醫、日齒、日藥、健康保險組合連合會等は、意見を出しましたが、總評、海員組合、總同盟はいずれも七人委員會は、私設機關である故をもつて出席せず、意見も述べていません。この七人委員會から厚生大臣への答申は、八月十七日の朝日新聞にも掲載されました。あの記事を讀むと、一見健保は前進するかの如く感ぜられますが、決して安心はできません。なぜなら「一部負擔は必ずやる」と厚生大臣は語つていると傳えられるし、健保連も日經連も、これをやれといつているといわれ、大勢は一部負擔、差額徴收はさけられまいと見ているとのことです。

一部負擔ということは「貧乏人は病氣しても醫者にかかるな」ということになります。なぜなら、現在の初診料五〇圓の自己負擔、家族診療の半額負擔ですら、多くの患者が支拂いに困つている有樣なのですから、この上被保險者自身、初診料、再診料、往診料、入院中の食費は自己負擔ということになると、大部分の勤勞者が、拂えなくなるのは火をみるよりも明らかですから。また「差額徴收」を認めることの裏には、現在の健保診療が、すでに制限診療である上に、醫藥分業、新醫療費體系の實施により、診療の內容がなお粗末になることを豫想され、從つて金のある者は、差額を支拂つて、完全治療を受けたらよかろう、という考えがかくされていると思われます。

一例をあげれば、ある醫師が一婦人の子宮筋腫を、早期に發見し、そこで最近の研究が教えるところに從つて、男性ホルモンの注射をして、手術をせずに子宮筋腫をなおすことを企てる。これはしかし、制限診療という健保の診療指針のワクのなかでは許されないから、結局は子宮筋腫は大きくなつたところで手術してとるということになる。ところで、差額徴收を認めるとなると、金のある者は注射してもらう、金のない者は手術まで待つということになるわけです。この間に立つて、われわれ良心ある醫師は、二重の苦しみをうけます。一つは人道主義の上に立つて國民全體の健康を守ることが制約されること、他は、自己の生活を支えられないこと、の二つであります。

社會保險、社會保障問題を考えるとき、日本は國全體が、貧乏しているので、後退するのは當り前だという考え方があります。こういう考え方が、果して正しいであろうか、私は讀者の皆さんと一緒に考えてみたいと思います。

いま政府が、聲を大きくして、保險診療をしぼませ、被保險者と醫師と藥劑師とにそのシワよせをしようとしている健保の赤字というのは、一體いくらでしようか。それは前述のように政府管掌健保で四一億の赤字にすぎないのです。その他のものも前述の通り、これを同じ貧乏な日本政府があみだしている軍人恩給の額と比較してみましよう。同じく國庫が負擔す軍人恩給は八〇〇億で、ここ一、二年たてば、一、〇〇〇億にもなるといわれしかもこれは物價に應じてスライドすることになつている。健保に一〇億、國保に七〇億の國庫負擔では、全く問題にならないではありませんか。日本政府は、何よりだいじな人命を何より輕く扱おうとしているようにみえます。なぜこの最も大切な仕事のための社會保障豫算をふやそうとしないのでしょうか。

更に一歩進んで、國際狀勢に目をうつしてみましょう。世界の平和の力は增大し、戰爭の危機は、うすらいだと考えられます。インドシナ、朝鮮の休戰も、大きい平和の力によつて實現し、今年になつては遂に米英佛ソの四巨頭會談が行われ、原子力平和利用會議が開かれ、なごやかに、イデオロギーの介入しない會議が成果を收めております。最近は四外相會議が開かれ話合いが、すすめられている。平和の力が擴大すれば、社會保障の後退を食いとめ、更に前進させることができるはずです。日本はどうか、對日講和ができたとはいえ自國內に、七〇〇の軍事基地をもち、アメリカ兵が駐屯している、原子砲が國內にもちこまれ、政治も經濟も財政も産業も悉く從屬的であり、完全な獨立自主が保たれていない現狀であります。政府及び與黨の領袖が渡米する、だが防衛分擔金を社會保障にということを主張することができないという悲しくあわれむべき現狀であり、ここに社會保障、社會保險の後退の原因がひそんでいると考えられます。

勞働者、農民、市民、醫療擔當者の皆さん共に手をとりあつて社會保障の前進をかちとるために團結しようではありませんか。

昨年一月、吉田內閣が大巾に社會保障豫算を削減しようとしたとき、ニコヨンの人たちや、勞働者、醫者等が、關係各省をとりまき、厚生省や勞働省まで、この運動に便宜をはからなければならないところまでおし、全國各地の知事、保健所、市町村、社會事業團體、社會政策學者などからも、續々と抗議が出されて、とうとう二十八年度豫算なみに復活させた例を思いおこそうではありませんか。

（一九五五・一〇・二〇）

そんな日本ではいけない

赤松典美

イギリス船からお金をなげたことを
ラジオで聞いた。
どうゆうりゆうでお金をなげたのだろう。
私は不思議に思つた。
そのお金とゆうのも外國の人がなげた
きたないお金です。
心あたたまつたお金だろうか。
そのお金を拾う有樣はまるで動物の
けんかみたいだつたろう。
この問題一つで國全體がいためつけられる。
だけど政府の責任もあると思う。
たいほうとか軍隊のような物にお金をつか
うならば、そうゆうかわいそうな子供がいる
かぎり國中うまいぐわいにいかないだろう。
軍隊にお金をつかうのは、私は絕體反對です。
そんな日本ではいけない。
國全體で、きおつけて　いかなければ
いけないと思う。

（名古屋・ツルマ小學校六年生）

スウィーデンの消費者保護

スウィーデン
社會民主婦人同盟
I・トルソン

スウィーデンでは消費者にできるだけいいものを安く手にいれさせるようにいろいろの方法が講ぜられたものの、もうこれでいいというところには來ていない。けれどもこの上何をすればいいかということは私たちに分りかけてきたように思う。營利的なものでない週刊紙または月刊紙を出して、それを買うだけの關心のある人々に役に立つ報道や勸告を與えたり、消費者の團體にはいるだけではたりない。私たちは生産物とそれが消費者にわたる方法ができるだけ消費者のトクになるように、生産と分配とのいろいろの段階に影響を與えなければならない。いいかえれば、それは金もうけのためでなく、消費者のための生産と分配とを意味している。

ぜひ必要な五つの手段──わがスウィーデンのような、資本主義と社會主義との混合している、しかし主として資本主義的な經濟の中で、なお一層消費者の利益をはかるにはどういう方法が必要だろうか。

一 家庭用の小さな道具をもふくむあらゆる種類の消費者用の商品のみならず、家事勞働をできるだけやりよくするためには臺所その他家の中のいろいろの部分にどういう設備をしたらいいか、また家事を最も効果的にするにはどういう計畫がいるかというような問題について調査と實驗が行われなければならぬ。

二 調査と實驗の結果はできるだけ多くの人びとに知らせなければならない。展示會、映畫、講習會、講演、ラジオ、テレヴィの利用等。

三 買物をする時には消費者がその目的にピッタリ合つた品を、そのふところ工合とつりあつた値で買えるようにするために、適切な報道が與えられなければならぬ。そこで商品の張紙にこまかくゆき屆いた注意書が必要であり、またよく訓練されて役に立つ店員が必要である。

品質とねだん──四 こういう方法をとるほかに、なおたりない點は、物價統制または物價の監督制度をもつて補わねばならぬ。私たちの經驗によると物があり餘る時期にもまた競爭の烈しい商賣人同士の間でも物價を監督する必要のある點は同じである。なぜなら競爭は一般にねだんの競爭という形をとらないからである。それどころか、生活標準の上つている時期には、競爭の結果は、低物價以外の方法で消費者の注意をひこうとするために生産及び分配のコストが必要以上にひきあげられることが多い。そしてまたスウィーデンのような經濟の中ではコストはそう高くないにもかかわらず、マージンが高すぎるのが恒久的な現象である點にも私たちは氣がついている。「消費者の戰い」は質の問題だけでなく、價格の問題でもあることを特に强調する必要があると思う。

五 最後に、商店で買つた商品についての苦情處理機關が必要である。

以上のことについて私たちはどれだけのことをすでにやつただろうか。私たちはほんの一歩をふみだしたというだけの印象しかうけていない。一九四五年に發行されたスウィーデン勞働黨の戰後の綱領の中には、消費者問題についての項目が二十七あつた。

消費者の調査所——一九四四年には社會民主婦人同盟をもふくむ四つの婦人團體の指導のもとに國家、協同組合協會及び民間會社の出資でまかなわれる家事調査所ができた。當時すでに極端な缺乏と配給制度のともに、どんな風に家事のやりくりをするかを主婦に敎えるために國立の家庭相談所ができていた。その相談所の仕事は戰後までもちこされ特に纎維製品專門の機關となつた。數年前以上二つの機關は合同して一つとなり、今では主として國庫負擔によつてはいるが、なお上記の諸團體及び勞働組合會議からも少しは出資して維持される半官的調査所として運營されている。

調査・報道及び敎育——この調査所には(a)調査と檢査。(b)報道と敎育の二重の任務がある。

(a)については調査所はその檢査した商品に一定基準の品質と適應性とを示す特殊のマークをつけることを許さない。それをやればそのマークで保證された基準を生産者が守るように恆久的に生産を管理しなければならない、調査所の經費はとてもそれだけの仕事に應じきれない。

(b)については報道と敎育とは新聞、ラジオ、映畫等を通じ、また婦人團體、勞働組合、協同組合等と密接に提携して行われている。スウィーデンの各郡の農村經濟團體には高度に熟練した家事相談員があり、婦人團體の求めに應じて講演や講習會をやる。

商品のくわしい説明——商品の張紙に書いてあるくわしい説明については國立の一局とヌウィーデン基準調査所という、實業家、技術家、及び多勢の消費者代表から成り立つている團體とがある。この局の義務はいろいろの部門の商品の張紙等にくわしく、確かな説明を書くことである。そういう説明書が決定する前に、その草案が關係團體に送られ、それぞれの團體はそれに目を通して修正意見を送ることができる。製造業者がそういう張紙を使うかどうかは任意だが、私たちは消費者にそういう張紙のある商品をさがすように敎育する。それにはその局の頭文字が出ているのですぐわかる。

物價統制——スウィーデンの物價統制は思いきつた矛盾にみちている。わが國にまだ物價統制局があるのは勞働黨內閣が續いているからにすぎない。每年反對黨はそれを廢止しようとしている。別の機關で統制されている家賃のほか、直接物價を統制されている商品は十種にすぎない。あとは價格を監督されている。上にものべたように、わが國の經驗では現在のような時期にも或種の物價監視は必要である。この問題は目下調査中である。

消費者の苦情處理機關——最後の問題、消費者の苦情處理機關については、今なお手がつけられていない。頭のいい婦人ジャーナリストをふくむこの方面の先驅者は、商品の下手なデザイン、劣惡な品質について公衆に發言させようとしてあらゆる努力を拂つた。私は國立の苦情處理機關が必要だと思うが、それはまだできていない。ただ洗濯とドライクリーニングについては、業者と消費者とから成る委員會ができている。ここでは洗濯やクリーニングのし方の惡いのや、そのための被害の申出を受付けて調べる。(次頁へつづく)

全世界の婦人へ

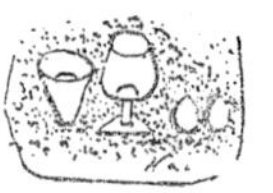

―國際社會民主婦人評議會のアッピール―

一九五五年七月、ロンドンで開かれた社會主義インタナショナルの婦人部の會議にはイギリス、フランス、ベルギー、カナダ、デンマーク、フィンランド、ドイツ、スウィーデン、スウィス等の代表が出席。今後この會を社會民主婦人評議會とよぶことに決定。デンマーク社會民主黨の婦人部長で國會議員でもあり、久しく國際婦人運動のために働いてきたニナ・アンデルセンが一九五五―五七年の議長に選ばれた。

會議は二つの重要な決議を採決したが、その一つは低開發諸國の婦人の地位向上を援ける、も一つは原水爆に關するものであつた。

低開發諸國の婦人の問題については、スウィーデンの社會事業家で、醫師である夫と共に世界保健機構WHOと共に二年間南インドに滞在し、後進國の事情に明るいシグネ・ホージェル夫人が議題の説明に當り、正確な知識と共によい刺戟を與えた。

一、低開發諸國婦人についての決議

「一九五五年七月九日及び一〇日、ロンドンの會議に參加した社會民主婦人國際評議會は、全世界の社會主義者と共に、經濟的、技術的低開發諸國の人民を援助する國際行動を至急に起さなければならないことを痛感するものである。こういう行動は基本的な正義の問題であると共に、國際的理解と平和の確實な政策でもあるのである。

それは、そういう一切の援助計畫に際して貧乏と社會的後進性の一番むごい犧牲になりがちであり、急な經濟的變化の時期には、家族生活の崩壊のために苦しむことの多い婦人の地位を引あげる方法に特別の考慮を拂うことが極めて重要なことを强調している。

本評議會は、反對論と偏見との中で、解放のために戰い、婦人から基本的人權を奪い、その肉體的な自由さえも奪う傳統的な習慣を廢止するために努力している低開發諸國の婦人たちを稱賛する。

本評議會はすべての加盟團體及び會員に對し、低開發諸地域の經濟及び社會的基準を引きあげる國連及び他の諸機關の仕事を支持し强化すること、婦人の間にこの仕事への關心と理解をよび起す運動をすること、できる所ではそれを促進する實際的な努力をすることを求める。

本評議會は、これら諸國の婦人、特に社會主義の婦人グループと、緊密な連絡を保ち、國際社會民主婦人運動が正しく、安定した、平和な世界を作る上に力をそえることができるようにすることを誓うものである」

二、原水爆禁止決議

(前頁よりつづく)

初めに述べたように、わが國ではまだ消費者の問題を充分に解決していない。けれども私は次の數年間にスウェーデンでは「消費者の戰い」に大いに見るべきものがあるだろうと思う。わが國の只一人の婦人大臣は、消費部面の政府の政策全體に對して責任をもつており、遠くない將來に大きな進歩が見られることと私は信じている。

原子兵器と平和に關する決議

「私たち社會主義婦人は、ますます危險な種類の武器が發明されて來ていることを深く心配してきた。醫療關係の同志は、原子爆擊をうけた後、生存者に何年にもわたるひどい傷害の殘ることを證言した。彼らはその影響が幾代にもわたつて續くのではないかと恐れている。

次の世代を生む母としての世界の婦人は、こういう脅威に對して抗議の聲をあげる義務がある。私たちは、人類を破滅させる恐るべき技術の進歩に對し全力をあげて抗議する。

私たちは國連に對し、即時に原子專門家の國際會議を召集すること、その會議があらゆる生物に對する原子力の影響を全世界の前に明らかにするまで、嚴重な國際管理のもとにあらゆる國々における原水爆の實驗中止を保障するためにイニシアティヴをとることを要請する。私たちはまた原子力を平和的目的のためにもせよ、大規模に用いる危險性と、危險な副產物を無害化し、またはそれらを安全な方法で貯える可能性とについての調査を進めることを考慮して貰いたいと思う。

全世界の最も有名な科學者たちが、初めて相ともに原子兵器の問題を討議した。彼らはその科學的知識にもとずいて人類の生存をおびやかすいかなる戰爭にも反對する最も緊急な警告を發している。……次の戰爭は地球上のいつさいの生命を危くすることを信じて私たちはあらゆる國々の責任ある政治家に對し、平和な世界を建設するためにその全力を傾けられんことを求める。

私たちはすべての婦人が世界の良心へのこの訴えを支持して下さるようお願いする」

角を出さないで

高木ツキエ

政治のおこぼれを頂いて細々と生きている阿波國のかたすみにも近頃新生活運動という文字がチラホラし始めました。新憲法を忠實に實行してゆくことが新生活だと思つていた私には、この新生活運動の意味が理解できなくなりました。新憲法を舊憲法にかえそうとあせつている政府がこれを提唱しているとすれば、憲法改正のための準備工作ではなかろうか。それにつけても思いだすのは戰時中に新體制とかいつて小學校を國民學校（排他的な日本國民を養成する學校）と改名して無垢の學童に軍國主義を吹きこんだり、竹槍訓練をさせたり、國民を極度に壓迫した時代のことです。新體制。新生活運動。どちらも新という冠を被つているが、内容は復古精神が充滿しているのではないでしようか。この冠の下から復古調の角が出てこないようにと祈つてやみません。良妻賢母の美名のもとに男子の奴隷にされてしまつた私たち婦人は、再び同じ失敗をくり返さないよう愼重に行動しなければならず、たえず向上し一生努力することこそ婦人自身を守る最大の武器であると思います。また日本を守る力は軍備ではなくて國力の充實產業と文化の發展と進歩的な思想の普及にあるということも認めましょう。

ふるさとの思い出（一）

あんね達

「私は、「ふるさとの思い出」の中で、明治維新以來の日本の歷史の縮圖をみようと思います」

三《さん》瓶《ぺい》孝《こう》子《こ》

「あんね」とは、姉の意味ではなく、年頃の下婢の呼稱で、あんねの上に、名を呼んで「おせいあんね」「おうめあんね」と呼びました。東京の「ねいや」とは大へん感じが違いまして、もつと親しみのもつものでした。

あんね達は、物堅い舊家に行儀見習や料理裁縫などを習いかたがた奉公に來た娘たちでした。今の言葉でいえば女中ですけれど、もつと主從關係の深いものであつたのです。大てい小さい農家の娘でした。

彼女達は小學校を出ると來て、嫁入りまで奉公するのでした。主家では、結婚しても心配ないように、料理裁縫家事一切の仕事を覺えさせ、嫁入り支度を與えて、生家へかえさねばなりませんでした。奉公には期間がきめられてあつたようですが、私はおぼえていません。大正時代までの東北の舊家の女中たちはどこの家でもこうなのでした。

子供達はみな、「あんね」と呼んで親しんだものです。あんね達は、ムヂリを着て、モンペをはき、日本髪に結つていました。その頃の私の家は（どこの家でもそうでしたが）早起きでしたから、あんね達は朝うす暗いうちにおき、門の內外を掃除し、御飯の仕度をし、茶の間の御茶の用意などをしました、走り使いは小さいあんねがするのです。

あんね達は、暇には裁縫を習いました。私の子供の頃、私には大變年よりに見えましたが、四十歳位のばあやがいました。このばあやは大へん裁縫が上手で、赤、白、緑の木綿糸で美しい雜巾を刺しました。雜巾といつても、茶の間の茶道具の傍に置くもので、新しい木綿に刺すのです。青森縣津輕地方の小ぎんの刺し方です。ばあやは多分津輕地方の生れだつたのでしょう。あんね達は、この婆やから、この模様刺を習いました。母が着物の縫い方を敎えました。母のそばに來て、おじぎをして禮儀正しく習うのでした。舊家の主婦は裁縫でも何でも知つていて、何でも出來なければならなかつたのです。あんね達は、夕食後のあとかたづけの後、茶の間の下手《しもて》の敷居に手をついで、母に「ごめんなんしよ」「おやすみなんしよ」と挨拶して自分の室に下り、自分の用事をするのでした。私は夜、あんね達の室へ遊びに行きました。

あんね達の中には、子守に來て、子供が大きくなるまで、世話する者もありました。子供一人に大てい一人のあんねがつくのです。こうしたあんねと子供との間には肉身も及ばぬ愛情が湧きまして、子供もあんねを慕い、あんねも自分の世話した主家の子供を我が子のように眞身に可愛がるのでした。この習慣は私の家ばかりでなく、舊家や大商人の家はみなこうでしたから「女中つ子」などというようなものではありませんでした。

弟を赤坊の時からずつと大きくなるまでめんどうをみたあんねは「おせい」といいました。おせいは町でも評判のよいあんねで「下總屋のおせいあんね」といわれるほどのほめ者でした。

おせいの家は山形の士族でしたが破產して私の町に來たらしく、大へん貧しかつたが、おつとりした行儀のよい親達でした。おせいが私の家に來た頃は町はずれの貧しい長屋に住んでいました。弟はおせいにおぶさつて、あんねの家に行き、貧しさを見て來て大へん心配したので、私の家では疊や何やら送つたり父親を學校の小使に、おせいの兄を私の家の分家の小僧に入れました。

　ある年の正月のこと弟が四つか五のようでしたが、あんねとあんねの家に行きました。弟はあんねの家に餅が編んで下げてあつたのをみて、「おせいあんねの家、金持になつてよかつたね」と、うれしそうな顔をしたとかで、あんねの親達は涙を流して嬉びました。弟は子供ながら、あんねの家の貧しさをよほど心配していたのでした。弟はよく「大きくなつたら、あんねに金の指輪を買つてやるんだ」といつたのをいまでも皆して話すことがあります。

　こうして子供にとつて、あんねはなくてはならない人だつたのです。こんなよいあんねは、なかなか得がたいのでした。この弟ももう子の父となり、おせいあんねも、よいところに嫁入りして、今では人も雇入れて手廣く印刷業をやつて幸福に暮しています。もう相當の年になりました。今でも時折、弟のことを思い出して話をするそうです。

　あんねより年上の女中には「どん」という呼稱がつきました、「どん」の方は御飯たきや水仕事をする方です。

「おいね」どんはオハグロをつけた、色の黒い、小さいマゲを結つた男のような女でした。その頃は三十前くらいでしたろうが私には大へん年上にみえました。おいねどんは若い頃、磐城の炭鑛で女鑛夫をしたことがあるといつてました。日本では昭和の初まで、鑛山の坑内作業に女子を用いました。その後禁止されたが、日支事變以來また坑内作業に女子を使用し、戰後また廢止したのです。

「おいねどん」は私にこんな話をしてくれました。

　磐城の炭鑛の仕事はとても激しくてつらく、どうしても堪えられないから、何とかして逃げようと思つていたが、監視が嚴重でなかなか出られませんでした。勿論賃金なぞキチンと拂つてくれません。ある雪の夜、やつとのことで炭鑛を逃げて出ました。ところが、これもやはり山から逃げて來た男に途中で會いました。雪の夜道です。自分が女であることを、その男に感づかれないようにと思いまして、その男を先に歩かせ、自分は後になり、なるべく話をしないようにし、聲も出來るだけ太くしました、そうしてようやく山をのがれて町に出たといいました。

　そのころは、私は北海道の監獄部屋の話など、まだ聞いたことのない時代でしたが、あとで、その頃の磐城の炭鑛にも監獄部屋といわれる、鑛夫虐待があつたのだな、と思いました。

　このおいねどんは、私の家にいるうちに嫁に行きました。飴屋へ行つたのです。いつも鎭守のお稲荷さまの大祭には相變らずオハグロをつけ、小さい丸髷を結つて、飴屋の店を出しました。私は「おいね飴屋」と名づけて、お祭りごとに飴を買いました。「おいねどん」と呼びますと、おいねどんもなつかしそうにニッコリして飴を分けてくれました。

　私は戰後郷里のお祭には行きませんが、もし「おいねどん」が丈夫で生きていて飴屋をしていたら、また飴を買いたいと思います。もう六十すぎている頃です。

　あんねやどん達は大正の終頃でなくなりました。同じくあんねと呼んでも、職業紹介所から月給で來るようになりました。戰爭中女中を雇うのも六カ敷くなつた頃から、あんねの呼稱はなくなつて、お花さんと、というような呼び方に變りました。

★ルポルタージュ★

日！本！の！悲！劇！

砂！川！町！

菅《すが》谷《や》直《なお》子《こ》

一時ジャーナリズムのニュースのトップを切つていた砂川問題も、去る十一月九日六百名の武裝警官に援護された調達廳測量班に第一次分の農地測量を强行され、一段落すると共に新聞やラジオからその名を消した。砂川町内灘のようにこれで世人から忘れられてしもうだろうか？　やつぱり泣く子と地頭には勝たれないものだろうか？　いや、とんでもない、問題はむしろこれからです、と地元の人々きつぱりと言つている。

「心に杭は打たれない」と砂川の町には大きな立看板が至るところに立ててある。たしかに畑に杭は打たれてしまつた。しかしいかなる權力をもつて砂川の人々の心に杭を打つことができるだろうか、とはこの町を訪れたものの誰れしもが抱く疑問であろう。

砂川の人々の强い抵抗や、勞組の應援情況については旣に多くの新聞、雜誌に詳報されているし、さまざまの批判もある。しかし私たちがどうしても納得のいかないのは、たとえいかなる協定があろうとも、自國民同士に血を流させて平然として保守合同に血道をあげていた政府の態度である。民衆の不滿を强權をもつて取押えようとする獨裁・專制政治にも似た非民主的な政府のやり方である。

何故砂川の人々はあのように決死の覺悟で基地擴張に反對しているのであろうか。大正初年以來のこの町の運命をたどつてみよう。

砂川町は立川市からバスで西北に向つて約十五分、五日市街道を挾んで東西に細長くのびた町で、立川基地とは低い鐵柵一重で隣接している。人口約一萬二千六百餘り、世帶主の職業別をみると農業が最も多く六百五十五次に駐留軍要員の五百四十三でその他はずつと少なく、日本經濟を象徵している町である。

慶長年間開墾されて以來三百餘年、平和な農村として過して來たこの町が軍國主義に踏み荒され始めたのは大正五年であつた。その年舊陸軍の飛行五聯隊の基地がここに建設され、今日の悲劇の種が植付けられたのである。それから大正十一年に立川飛行場の擴張によつて町はまたしも削られた。次いで昭和に入り、支那事變が擴大され太平洋戰爭に發展すると共に飛行場は擴張また擴張で、昭和十年・十三年・十四年・十六年と殆んど毎年のように接收され、面積百二十一町が取上げられ、家屋七・八十戶が移轉させられた。

戰時中立川飛行場を庭先にかかえている砂川町の被害はひどかつた。家屋の全壞三四、半壞一一一、死者二五、負傷者一三名に及んで、まさに最前線の苦痛を味つた。

こうして敗戰を迎え、やつと永い間の接收の心配と爆擊の恐怖から解放されたと町民が喜んだのもつかの間、その年の十一月の末、進駐軍はなんの事前通告もなく、惡魔のようなブルトーザーをもつて作物もろ共畑を削り、滑走路を延長してしまつた。この酷薄、非情な接收の仕方も、全ては無條件降伏という日本の非運のためと、涙をのんで堪えて來た砂川の人々は日本の獨立に唯一の期待をかけて來た。二十五年九月サンフランシスコ條約は結ばれ、日本の獨立は認められることになつた。しかしその結果はどうだつたろうか、その後も接收は止まず、前後十一回の接收を受けたのである。戰前は「お國のため」という軍部の强壓によつて、敗戰後は無條件降伏の名において、そして獨立後は日米行政協定という日本に負わされた足カセによつて砂川町は日本とアメリカの軍國主義に足を斷たれ、手をもがれ、そして今またノド元を締めつけられようとしているのである。

今度の十二回目の接收豫定地は二萬三千坪、三十二世帶、（最初の豫定は五萬三千坪、一四〇世帶）これを實施されると町は分斷され、敎育も交通も一大障害を起すことになる。いやそれより最も困ることは三十二世帶の大部分が農家である關係上生活が破壞されてしまうことである。この三十二世帶のうち條件派といわれる九世帶は小作人とか、間借人、あるいは立川に居住する地主で、殘る二十三世帶の絶對反對派は生え拔きの農民で先祖代々この土地を耕して來た人々である。父祖の地に對する愛着も元よりあろう、がそれと共に農地は一年や二年でものにならないということであるようだ。

立川飛行場から四分間に一臺ずつ飛立つ飛行機の爆音は、この町のどこにいてもその度に相手の話が聞えなくなり、滑走路近くの畑では耳を蔽わずにはいられない、音の嫌いな私などは半日とは堪えられない。このような土地すら、ふるさと故に、生きるために死を賭して守ろうとする砂川の人々、これこそ民族の悲劇でなくてなんであろうか。

（闘う砂川町の人びと）

十一月十日、前日調達廳の測量班に杭を打たれた畑の中で、滑走路から飛立つアメリカの飛行機を恨をこめた眼で眺めながら、天城富美枝さん他十數名の反對派の婦人たちは反對理由を次のように語つた。

×　×　×

なぜ私たちがこんなに反對しているか、事情をよく知らない方は不思議に思うでしよう。私たちだつて行政協定くらいは知つていますよ、それにしても政府の態度に餘り誠意がないからです。ご存知でしょうが私たちはこの間箱根に陳情に行つたんです、このままの野良着姿で馳けつけていつたんです。ところが鳩山首相は晝寢中だといつて三時間も待たされ、その揚句とうとう面會拒絶です。せめて奥さんにでも合わせて欲しいと頼んだのですが、奥さんは政治にはタッチしないと取合つてくれないんです。

これまで私たちは十一回も接收されて、その度ごとにだまされ續けて來たのです。この前の接收代金だつてまだ濟んでいない始末なんですよ。それで年寄の反對が强いのです。動いちやだめだ、まただまされるとひどく强硬なんです。政府が誠意を示せばこんなことにはならなかつたでしよう。

代替地のことだつて、調達廳のものじアないんです。西武電鐵が持つているところで、西武で賣らないと云えばそれまで、他に替りの土地は示していないのです。しかもその西武電鐵の土地というのが水がない上に、草は腰まで茂つていて、これまでどうにもならないので誰も手をつけなかつたというところで、十年も耕さなければとても作物などできないというひどい土地なのです。そこに家を壞して持つていけという んですよ、もちろん十年間の補障などするとは言つておりません。どうしてこんなに砂川をいじめるんでしよう、それでなくてもこの町がどんなにアメリカの被害を受けているか、あの飛行場の直ぐそばにあるのが砂川中學なんですが、あすこの子供たちは夏休中補習教育をしても他の學校の生徒に追いつけず、上級學校への入學率がひどく悪いんですよ、なにしろこの爆音でしよう、思考能力が全然低いんだそうです。この爆音のひどさは、飛行場から三千メートル離れたところで地下鐵がすれ違う音響と同じだと言われています。しかもこんどの飛行場の擴張はグローブマスターという二百五十人乘りの大型を發着させるためだというのでしよう。この上爆音がひどくなつたらどういうことになるのでしよう。村山病院では、今以上になつたら病院を移轉させなければならないと言つているそうですよ。今はこれでまだ靜かな方なんです、朝鮮動亂の時はひどい目に會いましたよ、毎朝二時になると大型飛行機が飛出すんです。そのすさましさつたら、子供まで、町中みんな飛び起きてしまつたものです、とても寢てなどいられませんでした。

大體基地の擴張は戰爭を前提としたものでしよう。世界が平和に向つているのになぜアメリカの基地を擴げなければならないでしよう、私たちは平和を守るためにも基地擴張には絶對反對です。條件派の人の中には一生に一度でいいから千圓札をこんなに(兩手の間一尺くらい)持つてみたいという人がいるそうです。しかし今迄接收された土地の代金をもつて良くなつたという人は一人もありませんよ、皆んな困つています、それを見ても百姓が土地を手離したらお終いだということがわかります。

昨日の測量で、調達廳は豫定通り第一次の測量が濟んで滿足だと發表しましたが、隨分でたらめな測量で、あんなものを私たちは認めませんよ、切れたメートル尺を大急ぎで結び合せてはかるといつたものですもの。でもあれで土地收用委員にかけてしまう積りでしよう。そしてこの柵を取拂つて畑をブルトーザーにかけてしまうでしよう。しかし畑はブルトーザーにかけることはできても、人間までブルトーザーにかけることができるかどうか、宅地の測量は來年の三、四月頃といわれています。私たちは死を以つて抗議する覺悟です。今基地擴張反對同盟には婦人部員が百名います。これは今度の接收豫定に入つていない家の女の人たちも入つています。今度反對しなければいつかは接收されるというので皆眞劍です。婦人部ですか、これは九月十三日、四日の第一回の强制測量の時流血事件が起つたでしよう、あの直後婦人と青年が非常に硬化して婦人部と青年鄕土愛好會(六〇名)ができたのです。砂川は日本の基地問題のテストケースだと思います。そのためにも私たちは頑張らなければなりません。基地の住民がどんなに苦しんでいるか政府は分つているのでしようか。自分の國の國民を殺してまで、アメリカに盡す義理がどこにあるのか、保守政黨の性格というものがはつきりと分りましたよ。

× × ×

まことに基地の悲劇こそ、氣狂いじみたアメリカの世界政策という大きな車輪の下にうめく日本の縮圖であろう。

主婦のこえ

みのりの日まで

——私たちのグループ——

加藤《かとう》シゲ代《よ》

ここ世田谷の一角に居を移した當時は、この靜な無風狀態のような地域と、妻の座に安住していられる奧さんたちの日常生活に、自分たちの生活とのズレを感じて、うまく地域に順應でき、隣近所とおつき合いできるか、と不安だつたのですが、思い切つて一日「婦人雜誌の附錄見せて戴けません？　とても高くてね、附錄の實用記事は時々ほしいんですけれどもねエ、二百圓ではねエ」と話しかけて見ると、「私もそうなんですよ。だから、時々立讀み」と、意外な御回答。次の日、前の奧さんに同じことを言いかけて見ると、オヤ！　これも、やつぱり。思い切つて、一人が、見榮を捨てて見ると、みんな、オホホと笑いながら、私もよ、私もよと少しづつ、生活のヴェールをはがしてくれる。「見榮をはつて、探り合つているより、みんなで衣を脫いだおつき合いの方が樂だわよ」と回覽雜誌の計畫を話し、買物の往き來に誘い合つた奧さんたちが、十五六人集り、私たちの小さな地域のグループは五年前に發足したのでした。

お誘いの對象を、「同年輩の主婦たち」と或程度區切つたことがいわゆる「婦人會」といつたものの陷り勝ちな、幹部だけの活動に終る弊をさけることができ「私たちの會」として長く續けられている要素かも知れません。

月五十圓の出費によつて、發會以來、每月婦人雜誌二、三册、グラフ、週間誌、單行本など今では、兩手に抱え切れないほどの文學教養本が讀まれ、私たちの視野を擴め、考えを高めるのに役立つています。

そればかりではありません、每月一回、必ず集つて話し合う時をもつたのですが、今まで、氣づかなかつた、我家のよさも、惡さも、妻の地位も再認識されたのでしようか、A夫人は、とても其の日は話題が豊富で、ご主人の歸宅が待たれるそうですし、B夫人は、もう四十代の男性はみんなこう言つたものと、諦めて、一生我慢するつもりでいたのですが、二人の男の子のためにも、と、會でいろいろ見聞きしたことを話し努力しているうちに大變民主的になつて「家族全體のことを考えてくれるようになつたのよ」と嬉しそうに話す。

小さな會の運營ではあつたが、今日まで續ける間には、なかなか人知れぬ苦勞をしたことだつた。高級な井戸端會議から發足させた集りを、他から講師を呼んだり、それぞれのご主人たちを訪ね、會のもち方や、理想を話して協力を賴み、喜こんで御出席を願つたのも四、五人。

五年の間を振り返つてみる時、その時々の會合の形式は幼稚ではあつても、社會を見る一つの大きな窓になり得たという功績はあつた。今までに、意識してか、しないでか會員は成長を續けＰＴＡはもちろん、祭禮の寄附や街灯費の値上げ、町內會のあり方などに、少なからぬ批判を、實行に移してきた。お互の家を解放して、會場は持廻りということもやつと實踐に移せるほど、心の距りもとけ合つてきたのです。

小さな地域の集りは、仲々容易ではありません。それは決して高踏的な理論を振りかざしては進めない。徐々に、遲々と、しかも信念をもつた幾人かの主婦たちが支柱になつて家庭を高め、地域を高める、勇氣をもつた一人でも多くの主婦の立ち上りを助ける、地道な困難な活動を續けていつて、始めて先覺者の蒔いた種を、ほんとの實のりとして、自分の手に抱く時があるのだと思い、各地で幾多の抵抗と鬪いながら、これを育て培う活動がなされなければならないと思うのです。

にがい砂糖のはなし

四《よつ》谷《や》信《のぶ》子《こ》

「お砂糖がめづらしく値下りしましたわね」

「そう最近どつと輸入されたせいらしいわ」

こうした會話は、いつも主婦の話題となつてでてきている。この言葉のなかには、お砂糖の値だんが常に安定していないこと、また一時的にどつと輸入され、潤擇に出まわつたときをのぞいて、いつも一斤百圓前後という高値で消費者に賣れていることを物語つている。

子供が喜んでしやぶるキャラメルにも、御主人がおいしいおいしいと舌づつみをうつ奥さんのお料理にも使われる、この眞白く精製されたお砂糖も、終戰直後はなかなかその顔をみることもできず、これほど貴重な存在はなかつたほどである。ところがみたところ、いかにも純粋で、潔白をあらわすかのようなこのお砂糖には、これにまつわる面白からぬ噂さが、ちよいちよい耳に入つてくる。以下は「甘くてにがいお砂糖のはなし」とでもいうものである。

さきの二十二國會で「砂糖の價格安定および輸入に關する臨時措置法案」という法律がだされたが、これは結局、會期末に大波亂をまきおこしたまま、憲法調査會法案、國防會議設置法案などと共に、流産のうき目をみたことを記憶されていることと思う。この砂糖法案がなぜだされたかというと、政府の云い分では、砂糖の價格を安定させ、業者から超過利潤を吸上げるというのである。砂糖の價格を安定させることは誠に結構な話しであるが、どの程度の線で安定させるかが問題である。國會での政府答辯から推察すると、取引所相場で大體一斤八十二、三圓位にとふんでいるようであり、これが消費者にわたるまで、問屋等の手を經て更に高くなり、決して安くない價格である。殊に、政府と砂糖業者との關係を考えるならば、どつちにころんでも安い價格にきめられることは、まづ、あり得ない筈である。池田勇人氏と名古屋精糖との關係は誰知らぬものとてないだろうし、第一次鳩山内閣が成立したとき、舊自由黨とのみ密接なつながりをもつ業者に對し河野農林大臣が、砂糖の專賣制をもちだしておどかし、今年の二月衆院選擧には、億という金が業者から獻金されたと傳えられている。これくらいの利害關係をもつているのであるから、決して業者の悪いようにはきめることはないし、業者側も表面は反對していたけど、内心は必ずしも反對ではなかつたようである。しかも政府がこの法案をだして、少くとも多少の利潤を業者から吸いあげようとしたことからも、いかに今までの砂糖業者が莫大な利益を得ていたかがわかるであろう。

一體この砂糖の價格であるが、戰前昭和十年頃は取引所相場で、一斤約二十錢で、そのうち七錢七厘五毛が税金であつた。いまの物價を當時の約三百倍とみると、一斤六十圓、うち二十三圓二十五錢が税金ということになる。ところが最近の落着いた取引所相場は、大體七十七、八圓、うち二十八圓が税金となつている。税金も五圓ばかり高くなつているが、税抜きにしても一斤當り、十二、三圓、二割ばかり高くなつている。そこでなぜ高くなるかということだが、云うまでもなく需要と供給の關係である。戰前昭和九—十一年平均の國民一人當りの年間消費量は、約二十三斤強であつた。ところが今年三十年度の輸入計畫では一人當り十九斤餘の見込みでまだまだ足りない、そこで需要に供給がおいつかないから、結局割高な砂糖を食べることになる。しかも砂糖は國內で生產されるのはごく少量で、ほとんど輸入にあおいでいる。この輸入先が、キューバ、臺灣、インドネシャ等からだが、ちよつと古いが、二十八年度には、臺灣から三〇萬トン、キューバから五〇萬トン買入れている。ところが價格は、キューバ糖はトン當り九七ドルだが、臺灣糖は一一八ドルという高値である。それにもかかわらずあえてキューバについで大量に買付けて、臺灣側に儲けさせていることは、臺灣の增大する軍事費と、アメリカ、日本、臺灣という、反共防衞に躍起の三角關係が、そこになにかわりきれぬものを思いうかばさせる。そうだとするならば、日本人は高い砂糖をなめながら間接的に臺灣の防衞に參加するという、甚だ面白くないことをやつているわけだ。ところで、これら輸入した砂糖は、輸入先によつて違うが、平均CIF價格（船賃その他を含んで、日本に着いたときの價格）でトン當り百三、四ドル見當、これに二割の輸入關稅、荷役料、精糖加工費を加え、更に一般製造業なみの利潤一六%をみこめば、一斤當り稅込みでドル糖（ドル圈から輸入する砂糖）で六十八圓、ポンド糖で六十九圓が適正價格であるといわれる。それが相場のおちついたときで七十七、八圓、ちよつと輸入が不圓滑になると、九十圓以上で取引きされるのだから、いかに精糖業者が儲けているかがわかる。消費者の手に入るときは、更に元卸商から問屋、小賣商の手を經るから、一層高くなるわけである。それに加えて消費者が疑問に思うことは、戰前には中白、赤ザラという安くて、甘味の強い砂糖がでまわつていたが、今はもつぱら精白されたものばかりである。というのは、戰前は輸入の大部分が直消糖（中白などで輸入後加工せずに賣りだせるもの）であつた。ところが今では粗糖を輸入して、これを國內で精白し、高く賣りつけている。ここにも何か「からくり」がかくされているにおいがある。粗糖は臺灣ではトン當り百十二ドルに對し、赤糖は百二十五ドルでわずかに高いが、しかし粗糖を精白して消費者に賣りつける方が、よほど高くなつてしまう。だから消費者としては、安くて甘味の強い砂糖も輸入して、便宜をはかつてほしいと思うのが當然である。ところがここに「からくり」があるのだが、現在日本には溶糖設備（粗糖をドロドロにして精白する）能力が二百五十萬トンもある。しかし今年は年百萬トンより輸入されず、これによつて操業している施設は四〇%にしかすぎない、だからどちらにしても、この設備を遊ばさず、なんとか最大限に動かそうとし、それでも動かせないものの施設の償却費までも、消費者に轉嫁させているとすれば、甘い砂糖も消費者にとつては藥のようににがいものでしかない。このように、精糖業者は文字通り甘い汁をすつているのだが、その證據には、これら精糖會社の純益率（拂込み資本に對する利益の割合）が、昨年九月期の精糖會社大手四社では全產業平均では四割であるのに、なんと十九割九分というありさま、本年三月期でも十三割七分と、全產業平均三割五分をはるかにしのいでいる。この莫大な利益をふところにいれる業者は輸入のための外貨割當てをとるのに狂奔するわけだ。外貨の割あてさえもらえれば、だまつていても、何億か何十億かしらないけれど、私などが一生涯お目にかかる機會もないべらぼうなお金が、ふところにころげこんでくる仕組みもある。

（二三ページへつづく）

東海道のむかし

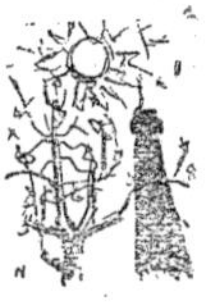

山《やま》川《かわ》菊《きく》榮《え》

これは昭和十八年、私の住む村岡村（今は藤澤市に合併）の昔を老人たちに聞いた覺え書きの一部です。年代にズレのある點はそのつもりでごらん下さい(筆者)

天朝さまのおくだり

「早えもんだ。あれからもう四五十年にもなるだんべ」

安政の大地震にも、大正の大震災にもビクともしなかつた頑丈な百姓家の、大きなワラ屋根の下の、日當りのいい椽側で、洗いざらしのめくら縞のしごと着にブツリ、ブツリ針を通しながらおばあさんは話します。

「街道すじはえれえさわぎよ。何しろ天朝さまが始めて江戸へおくだりになるてえんだから」

「天朝さまのおくだり」？ それでは明治元年のことではありませんか。

「おばあさんじようだんじやない。四五十年どころですか。天朝さまが始めておくだりになつてから、八十年近いじやありませんか」

そういうと狐につつまれたような顔をして息をつめたおばあさんは、じつと考えてからいいました。

「へえ、もうそうなるかねえ、あれから。あれは明治の天朝さまよ。何しろごけらい衆が多くて藤澤の宿場にはとりきれねえ。私の家にもお供の兵隊さんが十人ばかりとまつたつけが、この邊の百姓家にはたくさんとまつたものよ」

ここは藤澤の宿場の東のはずれ、舊東海道にそうてその南側にある村で、街道ぎわにはまだ昔を忍ばせる掛け茶屋もあり、松並木を二里たらず東へいけば戸塚です。おばあさんは八十三だといいますから、明治元年には六つだつたでしょう。

「お通りの日には街道へ拜みに出たけれど、何しろ五つ六つの頃だし、なんにも覺えちやいねえ。下いろう、下いろうつて、青竹もつたのが先に立つて、お大名衆のご通行と同じだつたよ。拜みに出た者はみな地べたに頭すりつけたきりよ。ドドン、ドドン、太鼓をうつて樂隊がツイ頭のそばを通つたね。下にいろう、下いろう。ドドン、ドドン。それきりだ、あとは何にもおぼえがねえ。子供の頃は夢みてるようなもんだね」

おばあさんはそういつて笑うと、針のメドを通してくれといいます。私はそのついでに縫物もひきとつて襟をくけ始めると、おばあさんはそばで話をつづけました。

「お大名衆のお通りはおつかなかつたけが、天朝さまのお通りも同じことよ、立つちやいけねえ、立てば斬られちまうつていうだから大人のうしろに小さくなつてふるえてただ、樂隊が頭のすぐそばを通つてもこわくて頭があげられねえ、頭あげたらピシャーリ青竹でたたかれるだ、おつかねえ、おつかねえ」

とおばあさんは今のことのように笑つて肩をすくめましたが、ふと私の着ているものに目をとめました。

「そのきもの今どき買つたんじやあるめえ」

それは昭和のはじめ、八十九歳で亡くなつた山川の父のかたみのきものの、藍の萬すじの

のひとえを私のドレスにしたて直したものでした。そういうと、

「そうだろ。私の若えころ、よく人がそんなの着ていた。そんなの織るのはらくじやねえタテ糸四本、ヨリをかけてね。私あカイコもかえば、綿も作るし、ハタもたくさん織つたね」

とおばあさんは私の着ている布地の糸のヨリ方、織り方を手まね入りで説明してくれました。

　はじめ私がはいつていつた時、うす暗い土間にタスキかけ、ハダシで立つていたこのおばあさんのまだ腰もまがらぬ頑丈な體格、日にやけた頬、立派な目鼻だちを見て、とてもそんな年寄の氣がせず、これはこの邊の農家によくある二人姑のうちの若姑の方で、もひとり大姑があることと思いましたが、きいてみると、この人自身が八十を越した大ばあさんなのでした。おばあさんはからだばかりか頭もたしかなもので、イセキ（この邊では跡とりのことを男女ともイセキといいます。女の場合はイセキ娘とも）にも嫁も先だたれ、今は赤ン坊をおぶつて働いている孫嫁と親戚の老人とを相手に、應召中の孫息子に代つて家長役をやつているのでした。家は畑が二町歩あまりの自作農です。同じ村岡村の中でも私の近所とちがい、この部落は高臺で水の便がわるく、水田はなくて畑ばかり、お米はオカボを作るだけです。

「私が子供のころ、お父つあんは毎晩馬二匹ずつつれて立場（たてば—宿場のこと）へ出かけたよ。その頃はまだこの街道がにぎやかでようく人が通つたものよ。大きな長持を雲助が多勢でかついだりしてね。前二人、あと二人でかつぐぐらいのはいくらもあつた。雲助がたくさんいたつけが、みんないれずみをして年中すつぱだかだ。雪のドンドンふる日もフンドシ一つのすつぱだかだ。寒いから立場についてゼニもらうとすぐショウチュウをあおる。飲んでうつから稼ぐそばから文なしだ。みんなならず者よ。よつぱらつて夏でも冬でも道ばたにゴロゴロねてるんだ。ねてるかと思えば死んでる奴もある。ケンカはのべつだから殺されたのかもしれねえ。死んだつて殺されたつて誰もなんとも思やしねえ。どこからきたのか、どこへいくのか、旅の者のいき倒れもよくあつたよ。そこら邊にチョイチョイと穴ほつてホトケをころがしこむだ。いくつだつてかまわねえ、いつしよにごろごろとやる。まるで芋いけこむとおんなじだつたよ、ハッハハハ」

　話しあきたか、おばあさんはタスキをかけると椽側からすべるようにおりてハダシのまま納屋の前までいき、むしろの上の豆がらをさつさと片つけにかかりました。

（二一ページよりつづく）

　だから業者はきそつて外貨獲得に、必死のあの手この手のかけひきをやる、そこには政府通産省との間に面白からぬことがあるのではないかという邪推も生れてくる。精糖業者間では「日本精糖工藝會」という團體をつくり、外貨の割あて、獲得、價格などについていかに儲けを多くするかを、がつちりと計算している。しかもそれに加えて政府の砂糖對策が、精糖メーカーを保護する立場だから、ねがつたりかなつたりというわけだ。その反面消費者はますます高い砂糖をなめることとなる。消費者からいわせれば砂糖は鹽と同様に專賣制にして安い砂糖をなめたいということだが、しかし保守黨政府のつづく限り精糖業者はホクホク顔で、消費者はにがい顔で砂糖の顔をなめる日が續くことであろう。

第五回國際家族計畫會議を見る

加《か》藤《とう》禮《れい》子《こ》

世界の人口過剩や受胎調節の問題を討議する國際家族計畫會議が十月二十四日から二十九日まで芝のマソニックビル（舊水交社）で開かれた。

　廣い會場は殆ど一杯で席をさがすのは容易でなかつた。前方は外人席で、時たま後の控室との間を行き來するインド婦人の色とりどりのサリー姿が周圍の日本婦人のじみな洋服と對照的だつた。講演は前もつて配布されているテキストによつてなされており、しかもスピーカーの音量はごく靜かに調節されているので、始めのうち、私には誰が何について話しているのか全くわからず、ただあたりを見まわしていた。若い男性もかなり出席していて熱心にノートをとつていた。保健所のお醫者とのことであつた。しかし半數以上を占めるのは中年の婦人であり、その殆どが女醫、助產婦など直接受胎調節を指導している方々とお見うけした。だれもみな數册の分厚い飜譯テキストから、現在行われている演說を探し出すのに骨折つていられる樣子だつた。參加費五百圓を拂つて全國から集まつて來られたと聞く。

　やつと會場の雰圍氣に馴れた頃日本の農村における家族計畫普及の實情を報告された古屋芳雄博士、ハワイの製糖會社の受胎調節を指導されているラーセン博士の講演が終つてインドから來られた二人のシン博士のお話が始つた。インドでは目下公費で受胎調節法の普及につとめている、地方の民衆の大多數は月收三千圓程度であるから生活程度は低い、そのため殆どの人は無學文盲、殊に姙娠の生理については無知である。婦人の平均結婚年齡は十三・八歲、四十歲以上になると八人以上の子持ちは普通である。それでも多くの人は乳幼兒死亡率が高いところから數人の子に生き殘つて貰うためにはそのくらい產まなくてはならないと考えている、だからその中で家族計畫運動をおし進めて行くのは容易ではない。せめて結婚年齡をもう五六年引き上げたいが、そうすると婦人は身體機能が成熟してから出產することになるので姙娠間隔が短くなり、結局子供の數は中々へらないだろうとのこと。聽衆は顏の下半分をおおう眞黑なひげ、眞白に光るターバンを珍らしそうに眺めながら熱心に耳を傾けていた。

　會議は時間割通り進行した。講演者に與えられる時間は十乃至二十分、質問者には二、三分に限られていた。何年もかけた研究の成果を、何十日も往復に費やして發表に來たのだが、わずか二十分とは、と壇上で嘆く講演者もあり、時間切れで討議を打切られては、とマイクの前に並ぶ質問者の眞劍な姿も見られた。何しろ通譯のために時間が倍かかるのである。世界の人が共通の一つの言語を用いたなら、どれほど多くの問題が片つくことだろうか。

　今場の前方、どつしりとした金屛風の傍に參加國の國旗が飾られている。米、英、獨、伊、オーストラリア、セイロン、シンガポール、南亞、香港、プエルト・リコ、タイ、オランダ、パキスタン、インド、スウェーデンからはるばる參加されたとのことだ。共產圏諸國は生產の無限の可能性という觀點から計畫出產に反對であり、フランスは受胎調節は普及しているが國としては人口の増加を願うためにいずれも不參加である。壁には家族計畫の意義と調節の方法とを平易に説いた紙芝居がはられ片隅の臺の上に各國の普及パンフレットが展示されて多くの人を集めていた。

二十九日にはわが國の家族計畫普及についての研究會が開かれた。保健所、縣、國の立場からそれぞれ報告が行われた。

杉並保健所の奈良林祥氏からは、保健所は實地指導員の存在を廣く知らせたいこと、指導員の助産婦さんに積極的に知識を得てもらうこと、指導員の自宅を中心に普及して行くことに力を入れているとのお話があり、インド、米國の出席者から、この樣な民間の地元の人による普及が最も効果的で望ましい旨の發言があつた。

柴山知輝氏によると、栃木縣では當面の目標を出產間隔を適當にすることに置く、その普及方法は①保健所、市町村を中心とする集團教育、②特に受胎調節が必要な人程集團教育に不參加の傾向が見られるため保健婦を家庭訪問させる　③結婚屆を受理する度にパンフレットを配布する。受胎調節の方法としては①荻野氏法を教え、②優秀な器具藥品を廉價で世話する、③家庭藥配布者に頼んでそれらを各家庭に置いて貰う。そして特に受胎調節の必要性を男性にも强調しているとのことであつた。

木村又雄氏は、家族計畫は個人の幸福の問題であつて國の人口問題と直接關係はないが種々の條件、例えば受胎調節の普及率は出生率と反比例しているという事實などから考えて一つの問題として解決をはかつて行くつもりであると話された。これに對して、國が優生保護法をゆるめたために人工姙娠中絶は野放しの狀態になつた、實地指導員の收入を確保せよ（助産婦は自らの收入をへらすようなこの運動に月額二五〇圓の手當で從事しているそうである）ペッサリー第一主義で行けというがわが國の家庭の實狀から見てこれは不適當ではないかとの意見が出て、會場に强い共感の空氣が流れた。

閉會に近く、國連保健機構や各國の衛生大臣に送る大會決議の採擇の時だつた。この極めておだやかな會場に一寸緊張の色が現われ擧手による採決が必要になつた。一つは決議を保健機構のみでなく、經濟、社會に關係のあるすべての機構へ送つて、國連全體の問題として解決して行くべきであるとの香港の主張及び、インドのシン博士による〃人工增加は世界平和への脅威となる怖れがあるから、各國は受胎調節施策を積極的に推進すべきである〃との決議案中の字句は、國の政策として家族計畫を行つていない中、ソ、パキスタン等が平和に寄與していないとの印象を與えるので削除した方がよいの提案であつた。これは特に米國人出席者との間に活潑な論爭となりかかつた。結局は原案のまま採擇されたが、果してこの會議の趣意書にあるように、「國民の勤務努力にも拘らず……我國各種の社會的經濟的苦難の根本原因はこれを人口過剩に」のみ歸せられるのだろうか。

私は、個人生活の幸福の追求が家族計畫運動の主な推進力になつている西歐諸國と、生活不安がこの樣に社會的關心を集めさせているアジア諸國との差異を思つた。

會議はあふれる感謝、盛大な拍手、美しい花束の中に幕を閉じた。

《座ヘ談ヘ會》

若い女性の生活と思想

☆出席者☆

全專賣勞組婦人部長　宇《う》野《の》八《や》重《え》子《こ》（19歳）
東洋女子短大二年生　礒《いそ》本《もと》奈《な》津《つ》子《こ》（20歳）
東洋女子短大二年生　平《ひら》野《の》澪《みを》（21歳）

編集部　戰後十年も經ちまして、一頃盛んに言われたアプレ・ゲールという言葉ももうカビの生えた感じがしますし、十年一昔で十年も過ぎれば變つたものは變つたなりに良くも惡しくも一應普遍性を持つて來ているのではないかと思います。しかしその變り方がどうもまだうなづけないという人も多いし、またよく理解されてはいないと思います。それで今日は戰後の若い人たちが、どんなに變つたか皆さんの生活やご意見をうかがいたいと存じまして、表題のような座談會を開くことに致しました。餘り堅苦しく考えずに率直にお考えを述べて頂きたいと存じます。

　では宇野さんからどうぞ、宇野さんは大變お若くて全專賣勞組（煙草工場）という大組合の婦人部長という重要な役についておられる方ですが、組合のことを先に話して下さいませんか。

宇野　全專賣の女子組合員は一萬三千ほどおります。男女合せた平均賃金が一萬六千、男女の賃金差はあまりありません。女子の平均賃金が高いのは煙草工場の女工さんたちは勤續年數が他の產業に比べて長いからで、平均年令は二五・二歳、平均勤續年數は七・一年です。これはますます永くなる傾向があります。停年制がないということもあると思いますが、どこの工場にも托兒所があつて結婚して辭める人が少ない、ひどいところになると未婚者は三分の一位です。で、組合活動も自然既婚者を對象としたものが主になり勝ちですが、同じ女子勞働問題の中に未婚者と既婚者の問題がさらにあるという複雜さです。

編集部　未婚の婦人部長さんが、既婚者の問題に奔走するとは何彼と大變でしようね。

宇野　それに私なにしろ若いでしよう、勉强しなければならないことが一杯あつて夢中ですわ、組合運動が毎日の生活です。

編集部　礒本さんはいかがですか、あなたは惠まれたご境遇にある方ですが、學生生活はどうですか。

礒本　勉强に追いつめられて、學生運動はさつぱりです。卒業土產においていこうと思つてこの間クラブ結成をはじめたばかりです。授業時間は週二十一時間で全部つまつています。

編集部　ご生活は樂しいですか？

礒本　好きな勉强ですから……やつぱり樂しいですわ。

編集部　わが青春に悔なし？

礒本　勉强はできる時にしておこうと思つて

單位を全部とつているんです、六十四單位とれば卒業できるんですが、九十二單位とつています。

編集部　模範生ですのね、じア娯樂など全然なし？

磯本　音樂や映畫は月二回くらいいつていましたが、今年になつてからは月一回くらい。

編集部　宇野さん、娯樂は？

宇野　娯樂としては映畫くらいです。月二回くらい、大體八時からの夜間割引を見ることにしています。

磯本　歸りが遲くなつてこわくありません？

宇野　近いし、淋しくないところですから。音樂や演劇も好きですし、東京にいる間できるだけ見ておきたいと思つていますが、仕事の豫定がつかず、前賣切符を買つておけないのでまだいつたことがありません。

平野　私は映畫專門、一月どのくらいか數え切れないほど、少くも週三回は見ます、大體外國ものですが、割引を見ることにしていますので一回三十圓くらいですみます。

編集部　宇野さん東京にお出になつたのはいつ頃からですか。

宇野　今年の夏福島の須賀川から出てきました。何も分らないまま出て來たので人一培しなければ皆さんに追い付けません。夜學に行つて働く人たちと親しくなりたいと思いますが、仕事が八時頃になることがたびたびでいけません。今、日本合唱團に入つています。田舎にいた時もコーラスをつくつてやつていました、田舎の方がお友だちがあつて樂しかつたですわ。

寫眞左から宇野八重子、磯本奈津子、平野澪さん

編集部　今の若い方はみな音樂が好きなようですね。

宇野　大てい好きですわ、組合活動にもコーラスは必要ですわ。

平野　學校でも皆好きですね、「ジャズは好きだけどクラシックはいやだ」なんて人は少なく一般に兩方きく方が多いようですし、音樂會もよくいらつしやるらしいです。誰もきまつて入場料の高いのを嘆いてますね。最低三百圓、五百圓なんていうと一大決心が必要ですから。私は宇野さんと同じ日本合唱團に入つています。學生の方、働いている方などたくさんいらしつて歌つていますが、音痴でも樂しいですね、歌うということは。タリアビーニの歌やエルマンのバイオリンはもつぱらラジオで間に合わせているんです。良い演奏を安く聞かせて下さる機關がないのでしょうかね。

若い女性の生活費

編集部　女子學生の學資はどのくらいですか。

磯本　私は寮に入つているのですが、月一萬二千圓くらいかかります。學資は父と兄から半分づつ、その外今アルバイトに家庭教師をしています。

編集部　衣類やご本にどのくらいお費いになるか知れませんが、一萬二千圓は多い方じァありません、ご卒業になつて就職なさつても女子の初任給一萬二千というところは少いでしようね。

礒本　だから先生が大學生をお嫁さんに貰うと二、三年は赤字だつて言つています。

編集部　自宅通學の平野さんはどのくらいですか。

平野　私は少ない方だと思います。學資だけ父が出していますが、生活は兄がみてくれています。あとは自分がアルバイトで得た範圍内で適當に遊ぶだけですし、そうですね全部で五、六千圓位ではないかと思います。着るものもできるだけ自分で買うようにしています。とにかく、二本立三十圓くらいの映畫をみるのですよ。

編集部　宇野さんはいがかですか。

宇野　私は十人兄妹の六番目なんですが上の兄姉は皆片ずいて、それぞれ生活が一杯なので私が親や弟妹の面倒をみなければなりませんのでできるだけ切りつめて家に送つています。自分の小遣はほんの少しです。ただ無理をして働いていますので食物に氣をつけているので、それに寮費を入れて六千圓くらいかかります。

礒本　お洋服なんか欲しくありません？

宇野　たまには欲しいと思うこともあります。でも家のことを考えると、少しでも親を樂にしてやりたいと思うちやうんです。貧しい家で多勢の子供を苦勞して育てていることを考えますとね、この間家に歸つた時、父は職人なんですが、役人や勤め人には恩給や退職金があるが職人は年をとつてもなんにもない、とても不公平だつて言つていましたが、いつまでも生活に苦勞しなければならないなんてほんとに氣の毒だと思います。

編集部　それじァテン・エージャーの樂しみなんて何もないわけですか、今流行のマンボはご存じない？

宇野　マンボは踊ります。組合運動の一つとしておぼえたのです、田舎にいる時に。職場にはいろんな人がいますので、マンボも一がいには否定できないんです。

編集部　面白いものですか。

宇野　やつぱり面白いですわ、東京に來てからはチャンスがないのでちつともしませんが踊る人は日常生活が暗いので一ときでも樂しく過したいと思いますし、踊つている時だけが樂しいという人もおりますもの、須賀川ではマンボを踊る人は女工さんが多いんです、紡績の人もよく來ましたわ。

編集部　お小遣が隨分いるでしよう、やはり一回いくらのチケットで踊るんですか。

宇野　田舎では入場料を一回拂えばいいのです、五十圓くらいです。マンボは田舎でも隨分流行つています。私たちはじめ事務所にダンス敎師の免狀を持つている人がいたのでその人から基礎から習つたんです。多い時は三十人くらい集まりました。今年のクリスマスには他の單産に招待狀を出して華々しくやろうと言つています。女だけだと集りが悪いんです。どうしても男の人が入らないとだめですわ。

ボーイ・フレンドと戀人

編集部　そこでボーイ・フレンドの問題はどうでしよう、皆さんお持ちですか。

礒本　たいてい持つているようです。大學生でボーイ・フレンドのいないのは奇蹟的だと言つています。

編集部　職場ではいかがですか。

宇野　やつぱり皆あくがれていますけど、でも自分から進んで求めようとはしないようです。皆待つてはいます。

礒本　女の人は皆そうじァないんですか、積極的に働きかける人は少ないでしょうね。

編集部　男女間の純粋な友情を認めて、その上でボーイ・フレンドというものを求めていらつしやるのですか。

礒本　男女間の交際には限度があつて、純粋な友情はないと思います。同性間にあるような厚い友情は異性には求められませんわ、戀愛に入る前の友情は素晴しいと思いますが、戀愛に入るとがつかりしてしまいます。

編集部　それではボイ・フレンドとリーベ（戀人）とはどう違うのですか。

平野　ボーイ・フレンドとは自分がガール・フレンドと接する場合と同じ氣持でつき合える人、戀人とは、その過程において、あるいは別でもいいのですが、少くとも結婚の對象とまで考えられる人とするのがもつとも一般的な區別の仕方だと思います。でもなかなかむずかしいですね、男女間の愛情と友情を區別するのは。自分の戀人にガール・フレンドがあり、その人と會つて話をしたりすると、同じ仕事をしているんだから共通の喜びや悲しみがあるはずだし、話がはずむのも當り前だなんて頭の中で判つていても、やつぱり感覺的にはわりきれないものがあるんです。

礒本　ボーイ・フレンドはガール・フレンドと同じ立場にある人たちだと思います。戀人となれば、戀愛のケースを通じて結婚の對象として考えなければならない人ではないでしようか。

グループ戀愛について

編集部　新聞や雑誌に見るようなアプレの亂脈ぶりと言つたものが皆さんの周圍に實際にあつたことがありますか。

礒本　高校の先生のところへ遊びに行つたら、私九州ですが、母校の人たちが他の男子高校生とグループ戀愛事件を起して警察問題になつたたつて仰言つていました。そういうことが二、三回あつたそうです。

編集部　グループ戀愛は戰後のものですね、戰前にはなかつたように思われますが。

礒本　戰前の人たちは戀愛をかくれてしたでしよう、ところが戰後は解放的になつて皆大ぴらにしているので目立つのじァないでしょうか、だから根本的にはそう違つていないと思うのです、返つて今の方が健全じァないでしようか。

編集部　健全とはどういう意味で。

礒本　考えがゆがめられないで、率直に行動するという意味です。

編集部　たしかにそういうことも言いましよう。しかしグループ戀愛については私はどうも解放的だから健全という見方は少々どうかと思いますね、むしろ何か子供つぽいものを感じるんです。と言うのは人間は體と頭が一緒に成長していくものではない、大抵の人は體から先に大人になつていくのだそうですね十七、八の思春期というのはこの體が大人になつた年令なんですね、そういう危險な年令を戰前は道德とか貞操觀念で、目かくしして過させたわけですね、戰後はその目かくしを性の解放とか何んとか言つて取拂つてしまつた、そこにいろいろな混亂が起つたわけでしよう。グループ戀愛と言うものもそうした混亂の一つの現われで、戀愛と言えるか、どうか、むしろ桃色遊戯という言葉が一番適切じァないかと思います。ですから大ぴらにすらにする、本能のままに行動するということと人間として健全ないき方というのとは違うんじァないでしようか。新しい性のモラルの必要もそこにあるのではないでしようか。

宇野　ほんとうの戀愛だつたら戰前も戰後も變りはないと思いますね。ただ十七、八の頃は反抗心が強い年令なので自分ではなんの氣もなしにつき合つているのに大人が變な眼で見るもんだからそれに反撥して妙なことになる場合が多いんです。ですからそういう點大人にも氣をつけて頂きたいんです。

若い女性の關心の的は？

編集部 皆さん一番關心を持つている問題はどんなことでしようか。

礒本 今後の生き方、私たちなら就職か、結婚かという問題です。就職でも私たち來春の卒業生は二百名ほどあるんですが、就職の決つた人はたつた一人、後は全然目當がありません、これでは働きたいと思つても考えさせられてしまいます。

宇野 私は將來も組合活動をつづけていきたいと思つていますのでその點迷いはないのですが、結婚のことも考えないわけにはいきません。すると理解のある男性でないとだめですし、自分から求めなければならないわけですが、困ることは職場と家庭を兩立させる自信がないんです。その實例を作らなければと婦人雜誌の共稼ぎの體驗記など熱心に讀んでいます。でも二、三年は家庭の事情で結婚できないのです。自分が好きな勉强もできなかつたため社會に出て苦しんでいるので、妹たちだけは高校へ入れてやりたいと思います。

編集部 宇野さん、職場と家庭を兩立させる自信がないとおつしやいましたが、どうしてですか。

宇野 組合運動をしていると毎晩のように出て步かなくてはならないし、出張もする、そうなるとうるおいのある家庭生活と云うのがなくなつてしまうおそれがあり、仲々むずかしくて……

編集部 でも組合運動をしている男の人は毎晩のように奧さんを放り出して出て步いているわけでしよう。

宇野 男の人は組合運動をしている人でも口では進步的なことを言いながら、いざとなると女らしい人を求めるんです。女は求められる方でしよう。そこが問題なんです。だから組合運動をしている女の人が夜はお花やお茶を習いてよい奧さんになろうとしている人が多いんです。組合の會合があつてもお稽古があるからつて集つてこないんです。男の方でもバリバリした女はいやだなア、君もあんな女になるなよ、なんて言つているんです。

礒本 同性が素晴しいなアと思う人を男の人は氣に入らない、ハイハイつて自分の言うことをなんでもきく人が好きなようですわ。

編集部 宇野さんは、そういう男の中から結婚の相手をお選びになるつもり、それでも組合運動をしている人は一般の男よりはあなたのお仕事に對して一番理解があるはずでしようけど。

宇野 交際範圍がまだ狹いので……きつとりつぱな人も多いだろうと思います。

礒本 同じ職場では戀愛がし難いというのはほんとうですか。

宇野 專賣では職場結婚が少くないようです。朝夫が子供を抱いて二人揃つて出勤し、夕方待ち合せて一緒に歸る風景など羨ましいと思います。

編集部 戀愛と結婚を分けて考えていますか

宇野 私は戀愛か、友情かから結婚に進みたいと思います。

礒本 私はお見合結婚をするだろうと思います。戀愛と結婚ははつきりと分けておりません。お見合をして交際している間に戀愛が起るというのが理想的ですが、でもそれには一寸疑問があるんです。結婚を前提としていることに。

編集部 では礒本さんは周圍が反對する結婚はなさらない？

礒本 保守的だと言われますが、自分だけよければというようなことはしたくないんです

編集部 それではマーガレット女王の場合どう思います。

礒本　ああいう場合しようがないじゃないかと思います。周圍のことを考えれば當然で、自分のことしか考えないのはいけいと思いますわ。

宇野　私は女王の結婚を期待していました。女王の愛情が足りなかつたと思うのです。でもどこまで眞實が報道されていたか疑問ですが。

礒本　周圍の壓迫が强かつたんじゃないでしようか。それと自信がなくつて自分を主張することができなかつたのではないないかと思います。實は私も戀愛の經驗があるんです。それで保守的になつてしまつたんですが、生活についてしつかりした考えを持つていない時戀愛をし、結婚することが間違いでないか、どうか考えてしまつたんです。

貞操について

編集部　最後に一つおうかがい致したいのですが、皆さん貞操についてどうお考えになつていますか。

礒本　世間では概して女性に關してのみ重要視しているようですが、私はそれは一方的だと思います。理想的には結婚まではお互いが潔白であるべきです。心的に肉體的に生れたままの姿で唯一人の人と結婚できれば素晴しいと思います。しかしそれは理想であつて人間は成長する過程において戀愛し、失戀するでしょう。心的には不可能といえますね。男性が女性に貞操を要求する限り、男性も絶對的に守るべきです。男性の本能には理性をもつてしても勝ちがたいといつて逃げるのですが絶對によくないことだと思います。といつていずれの側に間違いがあつたとしても、それを乘りこえるだけの精神的なつながりをもつているはずです、精神的にくずれることが一番救いがたいですね。

平野　私も同感です。

編集部　ではこのへんで、どうもありがとうございました。（文責・菅谷）

（三二ページよりつづく）

たとえば、資金カンパを頼みに行くと共産黨員ではないのかとか、社會黨は共產黨のようなものだとかいつてじらしたり疑つたりしたあげく、署名するだけならとにかく、資金カンパには應じられないというのです。

　今日までの農民運動の歴史の中で、共產黨や一部社會主義者がまちがつた理論のもとに指導してきたこと、そしてこれまでの政府も農民に對して眞實のことを何も知らせず、彼らを犠牲にした政策を行つてきたこと、これは動かせない事實であり、農民の悲劇でした彼らに正しい歴史の流れを教え、資本主義社會の害悪をさとつてもらうことは、その性格からいつて容易のことではないでしょう。しかし、今日では農村もたえず古い殼をぬけだし、新しい衣を身にまといつつあります。廣島で開かれた原水爆禁止世界平和大會に行つた時、平和廣場で同じ農村の青年男女と歌をうたいましたが、新しい世界に向つてほとばしり出る情熱と感激の中で農村は本當に變つてきていると云うことを感じました。

　現在、一部に戰雲のくすぶつている所もありますが、世界は全體としては緊張緩和に向つています。それにもかかわらず日本のアメリカ從屬化は深まり、軍備擴張は進み反動政策は强化されております。このような時、社會黨が統一されたことについて何かと批判はありますが、正しい階級政黨たる理論のもとに勞働者、農民の中にはいつて日常鬪爭をおし進めてゆくことに農民も協力すべきです。建設的な理想のもとに搾取のない平和な村をつくるのは私たち若い農民のつとめで、その過程を通じて農民は勞働者と提携すべきだと思います。

豊作だが村は苦しい

瀬《せ》本《もと》久《ひさ》子《こ》

私の村では昨年の凶作にひきかえ今年は豊作なので肥料代、生活費などの借金を重ねている中・貧農民は、ほつと一と息というところです。

しかし、私は豊作に對する一方的な見方は不滿でたまりません。なるほど農民の中には、豊作によつて浮き浮きした氣持になり、豫約前渡し金石二千圓にとびついて臺所改善をやつたり、電氣洗濯機などを買う人もありますが、そんなことのできる人は實に僅かで大部分の農民は、昨年の埋め合せをするのが精いつぱい。過重な勞働から解放され、合理的な生活を營むために電氣洗濯機を買つたり臺所を建てたりするお金どころではありません。政府は、豊作をたてにとつて米の統制撤廢を叫んでおりますが、中・貧農はもとより勞働者もまた、自分たちを苦しめるこういう政策やそれを支持する資本家と闘わなければなりません。

農民が窮すれば潜在失業者を出して、それがすぐ勞働者の低賃金となり、低米價政策が行われて農業恐慌が始まります。今年も農産物はその氣味でした。ほしいと思つても物を買うことのできない勞働者の生活は、とりもなおさず農民の生活です。否、農民は彼ら以上に貧しい生活をしているのです。

農家の七〇%以上は兼業をしなくては食べてゆけない狀態なのですがアメリカからの剩餘農産物の買入れ、軍備擴張費のシワよせはいうに及ばず、すべてが商品化されている農村經濟の中で、農産物の價格が生産費につりあわず、所得税はへつても（今年は豊作なので今まで石當り所得税が行われていたのが反當り所得税に切り替えられるために所得税は高くなるとみつもられています）町村税の重さにあえぎ、やむを得ず滯納する人がふえている現狀です。

次々に合併された町村の財政も、そして農民の各家庭も赤字續きであり、何よりも恐ろしいのは、農村でも一家心中や自殺、家出人がふえてきたことです。これはどうしてでしようか。いつたいどこに解決の糸口を求めることができるでしようか。

ここで少し私の村のことを話しましよう。

ここは岡山縣の備南で保守系の地盤ですが、最近では勞組の人々の努力によつて革新系を支持する人々がふえてきたようです。しかし、村の人々が眞の自覺に基いて革新系を支持するようになるにはまだ容易でないという氣がします。去る十月中旬に社會黨の代議士が國會報告演說會をしましたが、合併された町の人口約一萬七、八千人のうち、出席したのは僅か五十人ばかりという淋しさ、特に中年の男が多かつたのです。演說のあと、農村の當面の問題から日中貿易に至るまで熱心な質問があり、こういう機會がもつとしばしばあれば、社會黨の伸びる芽は充分にあると嬉しく感じましたが、靑年や若い婦人の出席が少く、政治的關心が低いのを何とか高くしなくてはと思いました。私の村の靑年團長は「靑年團は政治活動をやるべきでない」といいますが、村の經濟鬪爭は政治鬪爭に必然的につながつており、私は政治に關心をもたない限り、現在ではどんな行動も行きづまつてしまうと思うのです。

革新派の代議士の演說會を開くのに協力したり、基地擴大反對鬪爭支援カンパのために歩いたりするといろいろ非難をうけます。

（三一ページにつづく）

執筆者紹介

西　清子氏　明治四〇年神戸市生れ。早稲田大學政經學部卒・職業文筆、主要著書「職業婦人の五十年」（近刊）

加藤禮子氏　昭和四年東京生れ、津田塾大學英文學科卒。小岩英語會講師、その他飜譯家庭敎師

加藤シゲ代氏　大正七年東京生れ財團法人食糧學校卒、榮養學、參加團體　社會黨・日本婦人有權者同盟。

社會黨婦人部役員決定

婦人部長　常赤松子

副　部長　渡邊道子

全國委員　大野はる　大橋春江　小畑マサエ　岸本千代子　九津見房子　榊たか子　菅谷直子　田中壽美子　千葉千代世　中大路まき子　中川秋子　中村惠子　林貞子　藤卷美代　本多シズエ　本島百合子　山場ふじえ　若岡キヨ　廣瀬美千代　牛込常

編集後記

基地問題、紫雲丸事件、炭坑事件等部分的に不幸な事件はありましたが、恒例のような風水害もさしてなく五穀豊じようを喜びつつとにかく平和のうちに一九五五年の年の瀬を越えることができますのは御同慶の至りです。

×　×

日本の政治史上今年は意味深い年でした。二月の總選擧、四月の地方選擧、社會黨の統一、保守合同、男性普通選擧公布三十周年、婦人參政權十周年など、ことに二月の總選擧で革新政黨が三分の一の議席を得、一應保守黨の望む憲法改正を喰止めたことはなんと言つても今年のヒットでした。

×　×

保守合同で現われた自由民主黨衆院二九九、參院一一八、合せて四百一七名、寄木細工とは言いながら一つ穴のむじなに變りはなく數の暴力の恐ろしさは吉田内閣で經驗ずみ、戰後最大の保守政黨と聞いただけでもゾッとします。民意じゆうりんは保守黨の血統、また民主レールを踏みにじつて暴走されてはたまりません。これにブレーキをかけるものはひとえに世論の力でしよう。

第三次鳩山内閣は新方針に憲法改正を正面切つて表明しました。ほかにも國民のため差迫つて解決しなければならない問題は山積しているはず、それを放置して、なぜこうも憲法改正を急ぐのでしよう、おそらく小學生だつて不思議に思うことでしよう。こんな危險な玉子は早いうち世論の力でたたきつぶしてしまいましよう。

×　×

年末に當り、本誌のため、常に並々ならぬ御協力を頂いております各方面の皆さまに心から御禮申上げます。では皆さま、どうぞよいお年をお迎え遊ばされますよう

（菅谷）

婦人のこえ　十二月號

定價三〇圓（〒五圓）

半年分　一八〇圓（送共）

一年分　三六〇圓（送共）

昭和三十年十一月廿五日印刷

昭和三十年十二月　一　日發行

編集發行人　菅谷直子

東京都千代田區神田三崎町二ノ七

印刷者　堀内文治郎

東京都　港區本芝三ノ二〇

（硫勞連會館内）

發行所　婦人のこえ社

電話三田（45）〇三四〇番

振替口座東京貳壹壹參四番

●——解説者紹介

鈴木裕子（すずき・ゆうこ）

一九四九年生まれ

女性史研究家

主要編著書

『新装増補　山川菊栄集　評論篇』全八巻別巻一巻（編　二〇一一―一二年、岩波書店）

『自由に考え、自由に学ぶ　山川菊栄の生涯』（二〇〇六年、労働大学）

『忘れられた思想家・山川菊栄――フェミニズムと戦時下の抵抗』（二〇二二年、梨の木舎）

復刻版
婦人《ふじん》のこえ
第2巻　ISBN978-4-86617-254-5
第1回配本［第1巻〜第4巻］分売不可　セットコード ISBN978-4-86617-252-1
2024年11月28日発行
揃定価　本体80、000円＋税
発行者　山本有紀乃
発行所　六花出版
〒101-0051　東京都千代田区神田神保町1-28
電話 03-3293-8787　ファクシミリ 03-3293-8788
e-mail : info@rikka-press.jp
組版　昴印刷
印刷所　栄光
製本所　青木製本
装丁　臼井弘志